海岱地区史前考古论集

王守功 著

文物出版社

北京·2016

图书在版编目（CIP）数据

海岱地区史前考古论集／王守功著．—北京：文物出版社，2016.4

ISBN 978 - 7 - 5010 - 4532 - 7

Ⅰ.①海… Ⅱ.①王… Ⅲ.①石器时代考古 - 山东省 - 文集 Ⅳ.①K871. 104 - 53

中国版本图书馆 CIP 数据核字（2016）第 034790 号

海岱地区史前考古论集

著　　者：王守功

书名题签：严文明

责任编辑：王　伟　杨新改
封面设计：李　红
责任印制：张　丽

出版发行：文物出版社
社　　址：北京市东直门内北小街 2 号楼
邮　　编：100007
网　　址：http：//www. wenwu. com
邮　　箱：web@ wenwu. com
经　　销：新华书店
印　　刷：北京京都六环印刷厂
开　　本：710mm×1000mm　1/16
印　　张：22. 5
版　　次：2016 年 4 月第 1 版
印　　次：2016 年 4 月第 1 次印刷
书　　号：ISBN 978 - 7 - 5010 - 4532 - 7
定　　价：128. 00 元

自 序

怀着惴惴不安的心情，拿出自己二十多年来对山东史前考古思索的几篇论文。

本来不应该现在就拿出自己的论集，一是自己还相对年轻，应集中精力对山东史前考古进行更深入的研究；二是自己对山东史前考古还处于入门阶段，不应该以自己不成熟的观点有碍别人的视野。有一些朋友也在劝我，应该晚点再总结自己的论点，要考虑学界的一般做法。但是从我个人考虑，早早出版自己的论集，有自己的无奈和不得已。

1985 年大学毕业后，我一直在山东省文物考古研究所工作，1997 年以前主要进行山东史前遗址的发掘与研究，先后参加和主持了滕州薛国故城发掘、济南宁家埠遗址前期发掘、临淄后李遗址发掘、章丘城子崖遗址后期发掘、西河遗址的调查、小荆山遗址的第二次发掘、阳谷景阳岗遗址的发掘与勘探、寒亭前埠下遗址的调查与发掘，积累了大量史前考古资料。其后，参加了郑笑梅先生主持的国家社科重点课题"山东早期新石器文化研究——后李文化研究"的课题研究，前后大约四年时间，撰写了一些后李文化研究的文章，现课题虽已结项，但由于种种原因，成果一直未出版。1998 年以后，根据单位安排，我主要进行了东周和汉代遗址及墓地的勘探发掘工作，先后主持发掘了滕州东小宫汉代墓地、丰山汉代墓地、东郑庄汉代墓地、东康留东周墓地、嘉祥县长直集汉代墓地、郯城县大埠春秋墓葬、麦坡汉代墓地、章丘危山汉代王陵、寿光双王城盐业遗址群等。主持了山东社科课题"鲁中南汉墓研究"、"山东渤海沿岸古代盐业研究"等。21 世纪以来，我从事的大多是商周及汉代的考古工作，参加史前考古与研究的工作机会很少。2011 年，根据工作需要，我被调到山东省文物局工作，虽然大遗址保护与考古处的工作内容还没有完全脱离考古工作，但主要进行的是管理工作。一个人的精力有限，科研与管理不可兼得，因此这本论集的收集出版，有向学术与科研告别的意味，是无奈，也是不得已。

本书共收集 14 篇论文，其中《北辛文化相关问题的探索》是与兰玉富共同完成的，《试析景阳岗龙山文化城址——也谈海岱文化对中原文明的影响》是与李繁玲、王绪德共同完成的。所有论文基本上都是 2010 年以前完成的，未发表的有关后李文化的论文主要是进行"后李文化研究课题"时写的，由于课题最后成果没有正式出版，所以在征求课题组有关同志的意见后在此予以发表。有些论文由于与本书收集的论文内容有重复，故没有收录（如《略谈山东地区新发现的后李文化》，《中国文物世界》第 115 期，1995 年 3 月号；《后李文化的初步分期及相关问题》，《中国文物世界》第 118 期，1995 年 6 月号等）。有的论文由于涉及文明起源问题的探讨，其论述的时间延续到岳石和夏商时期。需要说明的是，《山东龙山文化》一文是我写的一本科普性小册子，由于该文基本反映了我对山东龙山文化的基本思考，因此，虽然与其他论文体例有些差别，但稍作删改后仍收入本集。

借论集的出版，我要感谢北大的老师，他们的音容笑貌和谆谆教诲尚历历在目、犹在耳畔；感谢在我工作后给我关怀和支持的张学海、郑笑梅、王树明、王永波、吴文琪、罗勋章等先生；感谢工作上给我们支持的谢治秀等山东省文物局领导及李传荣、郑同修等山东省文物考古研究所的同仁；也感谢我的家人。没有他们的关怀和支持，就没有现在的我。

特别要感谢的是严文明先生，在学校时他就是我的授业恩师，工作后给予我更多的关怀和指导。论文收集后，曾专程拜访先生，就论文编制出版情况向他做了汇报，得到先生的肯定并为论集题了书名。先生德高望重、治学严谨，能为一本微不足道的论集题名，是我的荣幸，也是论集的荣幸。

王守功

2015 年 2 月 20 日于泉城

目　录

试论后李文化

后李文化是以淄博临淄区齐陵镇后李遗址一期文化的发现命名的。它的发现与确立，是中国新石器时代考古的重要成果。

（一）发现与认识

1988～1990 年，为配合济青公路建设，山东省文物考古研究所对后李遗址公路路基占压部分进行了两年四个季度的发掘工作①。发掘工作从遗址西部开始。该发掘区的第 10、11、12 层中仅出土少量夹砂红褐陶片。由于出土遗物较少，没有引起足够的重视。1989 年秋，在发掘区中部确定文化层时，发现第 10 层下开口的灰坑与第 9 层下开口打破 10 层的灰坑二者之间有明显的区别，前者出土的陶片均为含砂陶，不见泥质陶，器类简单；后者出土陶器可分为夹砂陶、泥质陶，与鲁中南地区大汶口第 5、6、7 层出土遗物相近。基于此，发掘者将两者分别称为"后李一期文化"、"后李二期文化"。在翻检以往发掘资料时，我们在邹平市调查资料中，发现有与后李一期文化相类似的陶器。发掘者在第一、二次发掘简报中指出"第 10、11、12 文化层出土的遗物则展现出一种全新的文化面貌，陶制品几乎均为夹砂红陶和红褐陶，基本不见泥质陶。器类简单，造型古朴，主要为圜底器和平底器，未见三足器，代表性器物有深腹罐形釜和敞口盂等。就地层关系而言，此类遗存的相对年代要早于北辛文化晚期。从类型学的角度分析，似乎也早于邹平苑城西南庄发现的属于北辛文化早、中期的遗存。同类遗存过

---

① 济青公路文物考古队：《山东临淄后李遗址第一、二次发掘简报》，《考古》1992 年第 11 期；《山东临淄后李遗址第三、四次发掘简报》，《考古》1994 年第 2 期。

去曾在邹平孙家遗址发现过,应属于一种新的(考古学)文化遗存"①。

根据后李遗址新石器早期文化的发现,1989 年冬,山东省文物考古研究所与济南市文物处的有关同志对济南市文物普查资料重新进行了核检。从以往普查拣选的遗物中,发现近 10 处含后李文化遗存或文化因素相近的遗址,大大增加了后李文化的范围和数量。

1991 年开始,山东省文物考古研究所在对章丘市龙山镇城子崖遗址进行发掘时,在龙山三村窑场(后定名为西河遗址)发现一处与后李一期文化面貌较一致的遗址。此后有关同志陆续从窑场捡回大量陶片,并借用取土形成的断崖,清理了两段地层剖面,发现 5 座灰坑和 1 座房址。其后,发表了调查简报②。同年夏天,山东省文物考古研究所对该遗址进行抢救性发掘,获得一批重要的实物资料。

以上的调查、发掘工作表明,后李一期文化不仅有一组特点鲜明、组合稳定、重复出现的陶器群,并且有一定的时空分布范围,具备考古学文化命名的条件,于是提出了后李文化的命名③。

十多年来,山东省文物考古研究所对此课题的调查、发掘和研究工作十分重视,先后组织力量对西河、小荆山、前埠下、彭家庄等遗址进行了较大规模的发掘工作,获得一大批后李文化的遗迹、遗物。

为加强后李文化的研究,1995 年,山东省文物考古研究所成立了课题组,以"山东地区早期新石器文化研究——后李文化研究"为题目申报国家社科"九·五"规划重点课题并得到立项。后李文化课题组成立后,课题组成员围绕课题进行了大量的基础资料研究工作,先后赴天津、北京、河北、河南、江苏、安徽等地进行考察,于 2000 年完成课题研究报告并通过鉴定。

---

① 山东大学历史系考古专业:《山东邹平县古文化遗址调查》,《考古》1989 年第 6 期。
② 山东省文物考古研究所:《山东章丘龙山三村窑厂遗址调查简报》,《华夏考古》1993 年第 1 期。
③ 王永波、王守功:《我省考古有重大发现》,《大众日报》1991 年 8 月 15 日第 1 版;王永波、王守功、李振光:《海岱地区史前考古的新课题——试论后李文化》,《考古》1994 年第 3 期。

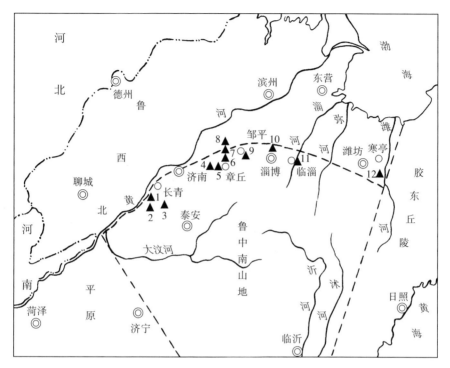

图一　山东后李文化遗址分布示意图

1. 长清月庄　2. 长清张庄　3. 长清万德西南　4. 章丘西河　5. 章丘摩天岭　6. 章丘小荆山　7. 章丘茄庄西　8. 章丘绿竹院　9. 邹平孙家　10. 张店彭家庄　11. 临淄后李　12. 寒亭前埠下

目前发现后李文化的遗址有：潍坊前埠下、临淄后李、张店彭家庄、邹平孙家及章丘小荆山、茄庄、绿竹园、摩天岭、西河、长清县月庄等十余处。经发掘的有前埠下、后李、彭家庄、小荆山、西河等遗址（图一）。这些遗址大多分布于泰沂山系北侧海拔 40～50 米的山前丘陵和山前冲积平原上。

（二）重要遗址和重要发掘

1. 后李遗址

遗址位于后李官庄西北 500 米处，西临淄河，遗址东西长 400 米，南北宽 500 米。经过四个季度的发掘，发掘面积约 6500 平方米，发掘区内均有后李文化的堆积。

后李遗址地层堆积可分为 12 层，其中 10、11、12 层为后李文化时期的堆积。10层下开口的遗迹有灰坑、灰沟、窑、房址、墓葬等，11、12层下无遗迹单位。后李遗址灰坑内填土一般较纯，含少量陶片，但有些灰坑填土内有1～3件陶釜，应与祭祀或粮食储藏有关；有的灰坑内有大量兽骨。发现的七八条灰沟长7～12、宽0.5～1.2、深约2～2.5米，灰沟底部均有一层因水长期浸泡而形成的灰绿色土。发现的一座陶窑为竖窑穴，分为窑室、火膛、泄灰坑三个部分。墓葬分长方形竖穴土坑墓和竖穴土坑侧室墓两类。由于被北辛文化—明清时期遗迹打破较甚，许多后李文化时期的遗迹遭严重破坏，虽发现几个烧面，但没发现完整的房址。出土遗物多破碎严重，主要有陶器、石器、骨器、角器。陶器均为含砂陶，个别有掺云母、蚌片的现象。陶色可分红褐、红、灰褐、黑陶，以红褐为主。器类有釜、钵、盆、罐、碗、盂、小口壶、陶支座等。虽然后李遗址早期的遗迹、遗物比较匮乏，但由于发掘面积较大，基本反映了后李文化的基本状况，是后李文化发现与认识的基础。

2. 西河遗址

位于章丘市龙山镇龙山三村西北200米，东与龙山城子崖遗址相距2千米，当地人称"鳖盖子"。1991年城子崖发掘时，发现此处有后李文化遗存，因属龙山三村，上有窑场，故当时称"龙山三村窑厂遗址"。后因其西有巨野河的支流（当地人称"西河"）经过遗址西部，在公布省级文物保护单位时，定名为"西河遗址"。

西河遗址东西长300米，南北宽400余米。遗址北部大都被窑场破坏。1991年春季进行了较详细的调查，同年夏季在窑场的北侧进行了发掘，发掘面积450平方米，发现F1、F2等重要遗迹。1997年秋季对西河遗址进行了第二次发掘工作，发掘面积约1350平方米，发现后李文化时期的房址19座[①]。西河遗址的发掘，共发现房址20余座，为研究后李文化的房屋建筑及聚落形态提供了资料。西河遗址的两次发掘资料表明，后李文化除典型的30～50平方米的大房子外，尚存在少量10～30平方米的小型房子。

---

① 山东省文物考古研究所：《山东章丘西河遗址1997年发掘简报》，《考古》2000年第10期。

西河遗址的遗物仍以陶器为主，主要器类有釜、双耳罐、钵、匜形器、壶、盆等。石器不甚发达，有一定数量的骨、角、蚌器。从文化面貌看，西河遗址与后李遗址大体一致，但也存在一定的差异。

3. 小荆山遗址

位于章丘市刁镇茄庄村西南约 500 米。在确定其有后李文化遗存后，山东省文物考古研究所等单位曾多次进行调查①、钻探、发掘工作。1992 年对该遗址进行了第一次发掘，1993 年进行了第二次发掘②。1999 年对该遗址进行了钻探。通过以上工作，确定小荆山遗址为后李文化时期重要的环壕聚落遗址。

小荆山遗址东西长 350 米，南北宽 500 米。由于窑场取土，遗址中部遭严重破坏。发现的主要遗迹有环壕、房址、灰坑等。小荆山遗址的环壕呈圆角等腰三角形，周长约 1130 米，环壕分为自然冲沟与人工开挖两部分，平面形状基本利用了原来的自然冲沟。小荆山遗址的墓地分为南、北两区，墓地均在环壕之外，头向亦不相同，均朝向居住区。遗址中部环壕内分布有较零散墓葬，或与居室葬有关。小荆山遗址除 H126 外，其他灰坑均出土遗物较少。后李文化堆积分 4、5、6 三个文化层，其中第 4、5 层下存有遗迹，第 6 层下没有发现遗迹。出土遗物以陶器为主，有大量的石、骨、角、蚌器。小荆山遗址石器发达，是目前发现石器最多的后李文化遗址。根据层位关系，小荆山遗址分为两期Ⅳ段。小荆山遗址的分期是后李文化分期的初步尝试。

4. 前埠下遗址

位于潍坊市寒亭区前埠下村西 50 米处，地处潍河西岸一个东北—西南向的高埠上，海拔高度约 39 米。遗址东西长 350 米，南北宽 300 米。1997 年，为配合潍坊—莱西高速公路建设，发现该遗址，并于夏季进行了发掘，发掘面积约 1700 平方米③。

---

① 章丘市博物馆：《山东章丘县小荆山遗址调查简报》，《考古》1994 年第 6 期。

② 山东省文物考古研究所、章丘市博物馆：《山东章丘小荆山遗址调查、发掘简报》，《华夏考古》1996 年第 2 期。

③ 山东省文物考古研究所、寒亭区文物管理所：《山东潍坊前埠下遗址发掘报告》，《山东省高速公路考古报告集（1997）》，科学出版社，2000 年。

由于发掘区位于遗址东北部边缘地带，在发掘区内没有发现后李文化的地层，仅发现一些灰坑及柱洞。出土遗物以陶器为主。陶器绝大多数为羼滑石陶，均含一定数量的细砂，不见泥质陶。陶器器类有釜、罐、钵、壶、器盖等，其中以釜类器为主。釜的口沿下多饰不连续附加堆纹或錾耳，腹上饰有对称的竖宽带錾耳。陶器烧成火候较高。遗址中出土较多数量的石、骨、角、蚌器，并出土有 2 件玉凿。前埠下遗址出土遗物与月庄遗址相类，而与其他遗址有明显的区别。

5. 彭家庄遗址

位于淄博市张店区房镇彭家庄东南 500 米处，地处鲁北冲积平原南侧，西约七八千米是长白山系的丘陵，南距孝妇河约 2 千米。遗址东西长 800 米，南北宽 1000 米，面积约 80 万平方米。是一处面积较大的后李文化遗址①。

2000 年，为配合滨州—博兴高速公路建设，发现并发掘了该遗址。发掘面积约 500 平方米。主要遗迹有房址、灰坑、烧灶、灰沟等。房址保存不甚完好，一些房址地面也不平整。灰坑陶片较少，但含大量动物骨骼。出土陶器均为含砂陶，陶器以釜为主，器类有釜、钵、壶、罐等。出土的双口壶、平底釜、折腹罐类不见或少见于其他遗址。此外有少量石、骨、角、蚌器出土。

（三）文化面貌

1. 遗迹

主要有环壕、房址、窑、灰沟、灰坑、墓葬。

（1）环壕

发现于小荆山遗址。环壕平面呈圆角三角形。三边长分别为 280、420、430 米，周长约 1130 米（图二）。环壕明显可分两部分：西段及东南段的西半部系利用自然冲沟，宽 19～45 米，深 3.2～5 米，不甚规整。西北段及东南段的东半部系人工开挖而成，壕沟较规整，断面呈倒置的梯形，上口宽

---

① 魏成敏、高明奎：《张店彭家庄遗址》，《中国考古学年鉴·2000》，文物出版社，2001 年。

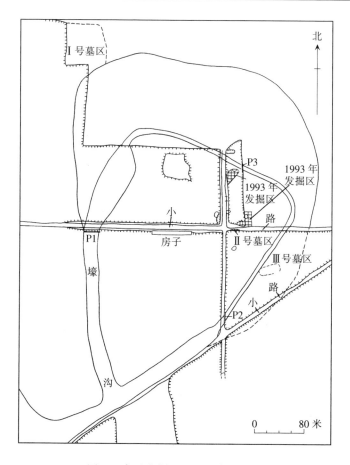

图二　章丘小荆山遗址环壕平面图

4~6米，深2.5~3.6米，沟底填土为蓝绿色，当是水长期浸泡形成的。环壕内东西长300米，南北宽约400米，总面积约5万平方米。发掘及钻探资料表明，在环壕存在大量后李时期的房址、灰坑。

（2）房址

目前已发掘后李时期的房址30余座，均为半地穴式建筑。地穴部分平面多呈圆角方形或长方形，门道一般在南侧。面积多在30~50平方米之间，大者超过50平方米。有的房址居住面上有部分烧烤的现象（小荆山遗址F11、西河遗址F1等），有的在房内地面垫以烧土粒（小荆山遗址F18）。后李文化房址活动面上大都发现有房屋使用时的遗存，如烧灶、支座①、陶器、石器等。根据房内遗存情况可将房内分为三个活动区。(1) 炊灶区,主要由支座及炊具组成,大多位于房址中央或略偏一方,由 2～3 组支座组成,每组 3 个,有的还有炊具(陶釜)。(2) 加工区及储藏区,一般在房址地穴的边上,遗物比较分散,主要有加工用的磨盘及储藏用的陶釜。在地穴周围有三个或两个一组的石支垫(或为残支座、磨石,或为天然石块),有的上面有陶釜,当是储备粮食和水之用。(3) 活动及睡眠区,有些房址内有烧烤面及烧土垫地的现象,显然应为人们休息睡眠的地方。

小荆山遗址 F11 为半地穴长方形房址,开口于 5 层下,地穴部分长6.25、宽 5.08 米,活动地面距地穴开口 0.4～0.6 米,地穴部分四壁经烧烤,西北角有一片约 3.2 平方米的烧烤面。在房址的南部拐角处有一门道,门道平面呈梯形,长 0.46、宽 0.56～0.8 米,有两级台阶。地穴四周有 10个柱洞。活动面除烧烤部分呈灰色土外,其他部分为黑褐土,由于挖地穴时地面不甚平整,活动面厚薄不一。活动面上遗物可分为 3 组:一组位于西北部,由陶釜及支座组成;一组位于中部,有 9 个石支座及陶釜;一组位于西南部,有 1 件陶釜。此外,在活动面南部有 2 件石磨盘(图三)。

西河遗址 F58 位于 1997 年发掘区的西部,开口于 3 层下。平面呈圆角长方形,北部较宽。地穴部分长 5.75、宽 3.6～4.45、深 0.36 米。门向南,斜坡式门道。居住面及部分壁有的地方经火烤。房内正中有一灶,由 3 个石支座组成。居住面西北部及东南部分别摆放一组陶器,共有大小陶釜 17 件(图四)。

房址内大多未发现柱洞,明确有柱洞的房址很少。房址内存在大量房屋使用时期的用品,有的放置井然有序,人们在废弃时并没有搬运走。由于在房址上没有发现火烧及水冲的痕迹,因而这些遗物应是人们有意识废弃的。弃置大量房屋使用时期的用具,是后李文化房址的特点,因而使后李文化的房址更具研究价值。

(3) 窑址

发现 3 座,其中后李遗址 1 座,小荆山遗址 2 座。后李遗址 Y6 开口于

---

① 简报中为支脚,为行文统一,本书统用支座。

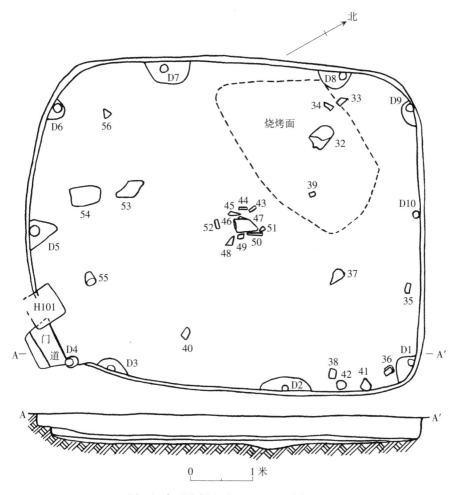

图三　章丘小荆山遗址 F11 平、剖面图

D1～D10. 柱洞　32、47、55. 陶釜　33、34、43～46、48～52. 石支座　35～42、
56. 石块　53、54. 石磨盘

H3047 下，为竖穴式陶窑，分为窑室、火膛和泄灰坑三个部分（图五）。窑室大部分被上部分灰坑打掉，仅存窑箅。窑箅近火口处已塌陷，有 7 个火孔，分布不规则。火孔呈圆形或椭圆形，与火膛之间成为直壁或斜直壁。火孔烧结程度不高，直径 0.1～0.15 米。窑箅直径 0.84、厚约 0.1 米。火膛口两壁较直，宽 0.5、高 0.45、进深 0.25 米。内膛平面呈不规则形，底较平，火膛上顶壁孔周围烧结成青灰色。泄灰坑为不规则圆形坑，位于火膛

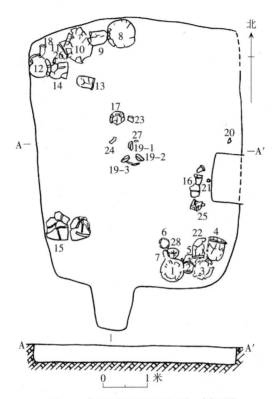

图四　章丘西河遗址 F58 平、剖面图

1～15. 陶釜　16、18、25. 陶釜片　17. 陶盘　19－1～19－3、22、26. 石支座
20. 石斧　21、28. 石磨棒　23. 砺石　24. 石块　27. 陶片

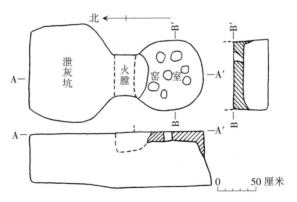

图五　临淄后李遗址 Y6 平、剖面图

北侧，并与之相连接，坑底略高于火膛底。

彭家庄遗址发现几个下部有圆洞相通的烧坑，因面积太少，很难断定其为陶窑。

（4）灰沟

灰沟 10 余条，在后李、彭家庄、西河、小荆山等遗址均有发现。后李遗址的七八条灰坑呈东西向或东北—西南向，长 7~12 米不等，宽在 0.5~1.2 米之间，深度多在 2~2.5 米。沟壁较直，底较平，沟底部及填土内均呈蓝绿色，系水长期浸泡的结果。后李遗址 G27 上部被晚期遗迹打破，平面呈长条形，长 11.9、宽 0.5~0.7、深约 2.5 米。沟内堆积分两层，上层为棕褐色土，厚约 2.1 米；下层为灰绿色土，土质疏松，含沙量大，厚0.4~0.7 米，出土少量陶片及兽骨。彭家庄的灰沟多呈南北向，规模、形状及沟底部堆积与后李遗址相同。

（5）灰坑

在后李文化的各遗址中，发现大量灰坑。平面可分为圆形、椭圆形、不规则形。坑壁有外斜直壁、内斜直壁及直壁之分。填土大多比较纯净，除小荆山遗址 H126 及前埠下遗址灰土较多的几个灰坑外，填土内出土陶片甚少。在后李遗址发现一些埋有陶釜的灰坑，大多坑内填 1 件陶釜，也有个别在一坑内埋 3 件釜，或与食物储藏有关。后李遗址 H2048 开口于 9 层下，椭圆形直壁平底坑，长径 1.6、短径 0.85、深 0.8 米。填土为黄褐色土夹灰土粒。坑内埋有 3 件陶釜及 2 个石块，在 H2048:1 釜内有少量木炭、烧骨及骨器，H2048:5 釜内有少量骨块。此类灰坑目前仅发现于后李遗址。

（6）墓葬

已发掘的后李文化遗址中，有两处发现墓地：后李和小荆山遗址。

后李遗址共发现后李文化时期的墓葬 10 余座，分散在居址中。由于被晚期遗存打破，许多墓葬被破坏，因而墓葬的排列方式不甚明显。从墓葬结构看，均为长方形单人土坑墓，依墓室位置不同，可分为土坑竖穴墓和土坑竖穴侧室墓两类。土坑竖穴墓计 10 余座，土圹呈长方形，土坑一般长 2、宽 0.6~0.8 米，均为仰身直肢葬（图六）。土坑竖穴侧室墓七八座。墓圹部分呈长方形，向下挖至一定的深度后，再向墓室一侧挖出侧室。侧室

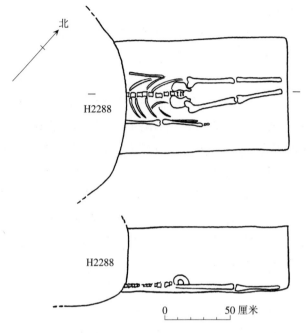

图六　临淄后李遗址 M96 平、剖面图

外侧较高，内侧较矮，形状不甚规整，大小仅容一人。墓主人均仰身直肢葬。后李遗址 M111 为竖穴土坑侧室墓，墓圹长 2.14、宽 0.6、深 0.6 米。侧室是在墓圹北壁及东壁向外掏挖而成，平面呈不规则椭圆形，墓主人为40~50 岁的男性，仰身直肢，头向东（图七）。除个别墓随葬少量装饰品外，后李遗址的大部分墓葬无随葬品。

　　小荆山遗址发现墓葬 20 余座，依据调查、发掘及钻探资料，遗址有三处墓地，编为Ⅰ、Ⅱ、Ⅲ号墓区。Ⅰ号墓区位于遗址的北部，是 1999年对遗址进行钻探时发现的，在长约 60 米的断崖上共发现 6 座后李时期的墓葬。从暴露情况看，均为仰身直肢，头向南，除个别有蚌饰外，无其他随葬品。该墓地向东南约 100 米即为环壕西北角。Ⅱ号墓区位于环壕内中部偏东，与居址相叠压，仅发现 2 座，其中一座头向南，该墓区的墓葬或为居室葬。Ⅲ号墓区位于环壕东南段壕沟外侧，由于窑场取土，大部分遭破坏。1992 年在取土场中部一条 3~4 米宽的土梁上，发现 21 座（图八）。从墓葬排列看，21 座墓分为三排。墓葬皆为竖穴土坑墓，墓向在

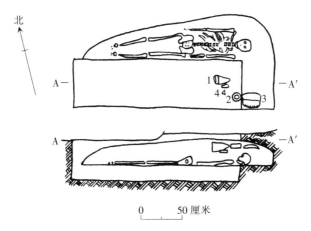

图七　临淄后李遗址 M111 平、剖面图
1、2、4. 陶支座　3. 蚌壳

6°~18°之间，墓圹长 2 米左右，宽 0.5~0.7 米，其宽度仅容一人身宽。无葬具。墓主人皆仰身直肢葬，头向北。仅个别墓内随葬蚌壳、骨饼等饰件。

小荆山遗址Ⅰ、Ⅲ号墓区分别位于环壕南北两侧，头向均朝向环壕内居址的方向。

2. 遗物

主要有陶器、玉石器、骨器、角器、蚌器及牙器。

（1）陶器

陶器特征明显，了解和掌握其特点，对了解后李文化的文化内涵、类型划分等具有重要作用。

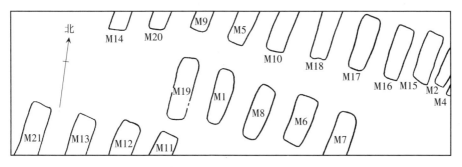

图八　章丘小荆山遗址墓地平面示意图

陶器质地较均匀，均包含一定数量的细砂。除晚期出现含砂粒较粗及前埠下遗址陶器夹滑石外，也有少量羼云母及蚌末。有的人称为夹砂陶，亦有人称之为"自然陶土"。考虑到所夹细砂并非有意羼进去的，且自然陶土中亦有泥质陶，因而称之为"含砂陶"较合理。

陶器的颜色以红褐陶为主，存在一定数量的红、灰褐、黑褐、青灰褐。有些器物陶色斑驳不纯，常在一件器物上存在几种颜色。造成这种现象一方面与烧制技术有关，另一方面也是与烧成后在使用过程中受火程度及废弃后埋藏条件有关。

陶器制作工艺比较原始，以泥条盘筑为主，在小荆山遗址亦见贴塑的现象。有的陶器表面施一层陶衣。许多陶器在制作时，将口沿向下折叠1.5~5厘米，使口沿部形成双层，这主要是由于后李文化器形较大，以此增加陶器的牢固程度。在叠沿下常饰有戳印、压印、捏掐等留下的各类纹饰。陶器烧成温度较低，多数陶器陶质疏松，遇水即溃，极难复原。晚期陶器有许多陶器烧成火候较高，表明烧制技术有一定的提高。

陶器装饰以素面为主，口沿下有以刻、压、刺、戳等手法形成的各种花纹，少数釜的腹部有附加堆纹。后李、彭家庄、前埠下遗址的非叠唇釜口沿下饰不连续的附加堆纹。此外，后李遗址的深腹罐口沿上有几周绳索勒印纹，不见于其他遗址。

陶器以圜底器为主，少量平底器、圈足器。晚期出现少量的多乳丁足器。陶器器类单调，主要器类有釜、钵、碗、罐、壶、盂、盆、匜形器、器盖、杯、盘、支座及陶猪、陶面塑像等（图九、一〇）。

釜　是后李文化最具特色的陶器，数量多，约占陶器的70%~80%。器形一般较大，多为圜底，也有少量平底釜、多乳丁足釜。依据形制的不同大致可分为五个类型。

折沿釜，在釜类中占绝大多数。口沿折叠成双层，有的折叠后口沿甚厚，有的折叠后反复挤压，口沿比腹壁略厚。断面很难分出折叠的痕迹。依据形态及发展演变关系不同，可分为侈口釜、直口腹与斜直腹釜等，许多釜的底部有烟炱，当是长期烧烤形成的。

沿下带錾耳或附加堆纹的釜，该类釜主要见于后李、彭家庄、前埠下遗

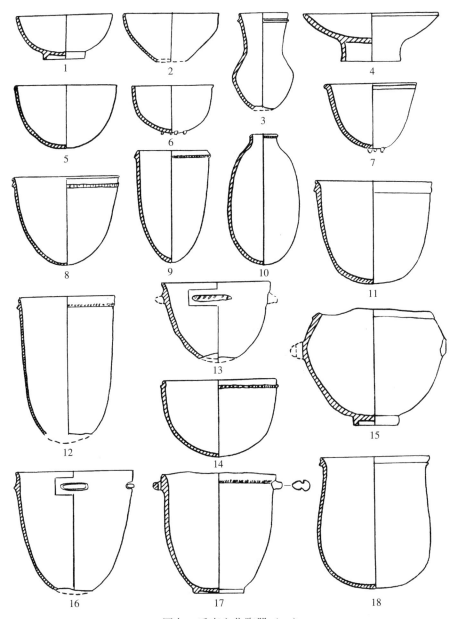

图九　后李文化陶器（一）

1. 碗（西河 F61：1）　2、5、6、14. 钵（后李 H156：7、前埠下 H255：1、小荆山 F11：61、小荆山
H126：11）　3、10. 壶（后李 H1677：1、小荆山 H126：2）　4. 盘（西河 F58：17）　7～9、11～
13、16、18. 釜（小荆山采集、后李 F11：1、小荆山 F039：1、小荆山 H126：1、小荆山 H126：6、前
埠下 H255：2、后李 H2048：1、小荆山 F13：6）　15、17. 罐（小荆山 F17：19、小荆山 H126：3）

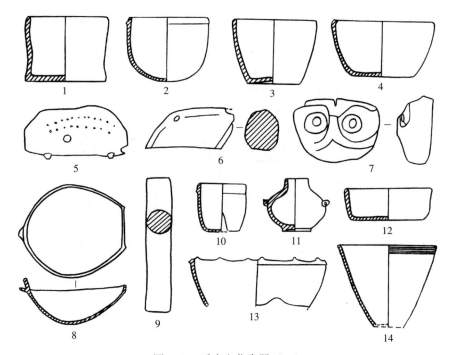

图一〇　后李文化陶器（二）

1. 杯（小荆山 T3842⑤：1）　2、10. 釜（小荆山 ZX：37、西河 H1：1）　3. 盂（后李 F12：2）　4. 钵（小荆山 H126：4）　5、6. 陶猪（小荆山 F13：2、西河 F65：23）　7. 陶人面（西河 F56：11）　8. 匜形器（小荆山 H123：2）　9. 支座（西河 F62：39）　11. 壶（西河 F61：2）　12. 盘（小荆山 H111：1）　13. 盆（小荆山 F12：18）　14. 罐（后李 F12：5）

址。主要特点是直口，口沿不折叠，深腹，圜底。有的附加堆纹不连续，起錾手的作用；錾耳均为横錾，一般有两个或四个。

卷沿或折沿釜，发现较少。一般器形较小。

多乳丁釜，见于后李、小荆山、西河等遗址。一般形体较小，底部附加若干乳丁状矮足，少者三个，多者八个。由于乳丁足较矮，且数量多超过三个，不能起到鼎的作用，只能稳固器身。

此外，在西河及彭家庄遗址各发现 1 件平底釜。

钵　数量较多，按制作方式不同分为折沿钵、直口钵两类。有的口沿折叠成双层，底部有平底、圜底之分。在小荆山遗址后李文化晚期遗存中发现多乳丁足钵。

碗　数量较少，多斜直腹，圈足。

罐　依形态不同，可分直口深腹罐、敛口罐、折肩罐三类。口沿有叠沿和不叠沿的差异。直口深腹罐仅见于后李遗址。折肩罐仅见于前埠下遗址，与北辛文化罐类相近，应为晚期形态。

壶　数量较少，口沿有的折叠，有的为直口。一般直口，长颈。形体瘦长。有的腹部有横耳。

盂　直口，腹壁略内收，平底内凹。

盆　按照腹部不同可分为弧腹盆、折腹盆两类。弧腹盆有的折卷沿，有的直口上带三角形花边。折腹盆一般小卷沿，含少量细砂，有的已近泥质陶。一些多乳丁足的圜底残片或与此类器有关。

匜（或箕形器）　仅见于西河、小荆山遗址。平面呈椭圆形，一侧有流口。与之相对一侧有舌状突把手，有些为单孔把手，有些为双孔把手，其把手变化较多。

盘　分平底与圈足两类。平底盘为直腹或斜直腹，平底或大圜底。圈足盘较少，目前仅见于西河遗址。

杯　仅发现于小荆山。曲腹，平底或圈足。

支垫、支座　支垫仅发现于西河遗址，呈耳状，形状不甚规整，形体较少，发现于灶部。支座一般形体较大，均为含砂陶。一类为角状实心支座，座底较平；一类为乳丁状空心支座；也有的支座呈柱状。

泥塑陶猪　陶猪发现2件。小荆山遗址出土的陶猪整体呈长条形，体态丰满，横断面圆形，短吻、矮足，似半驯化的家猪。西河遗址出土陶猪只存前半部，头部呈锥状，吻部前突，闭嘴，两个圆形鼻孔，细长眼，小耳，似野猪状。

陶面塑像　西河遗址发现的陶面塑像似猫头鹰，圆眼高鼻。只存上半部。似先做成一个圆形泥饼，又在泥饼上贴上泥条，塑成鼻梁，再在鼻梁两侧贴上两个小泥饼构成眼眶，最后用管状物戳上两个圆孔做眼珠。

（2）玉器

后李文化玉器较少，仅在前埠下遗址发现2件，小荆山采集1件。玉器的形体较小，均为玉凿。3件玉凿中，有2件平面呈梯形，以玉根为料，淡蓝色石英质；1件呈长方形（残），灰黑玉。取料采用打击与磨切相结合的方法。前埠下 H44：2 系以玉根为料加工而成，凿的一侧两面均保留有磨切形成的条状痕，顶端有打击而产生的凹窝，因凹窝间的凸棱上有较光滑的磨面，因此这些凹窝是取料（或打击成型）时的遗留，而非使用时形成的。玉器表面大都经精心磨制，似经抛光（图一一，2）。小荆山遗址环壕内采集的玉凿与之相类。前埠下 H259：14 为灰黑玉，一侧有磨切形成的条状凹槽，后端残，前端磨制精致，温润光亮（图一一，1）。

（3）石器

后李文化的石器比较发达。该时期的遗址大都分布在丘陵或山前平原上，距山区最远的彭家庄遗址离山约六七千米。地理环境为人们选取石料提供了方便。此外，许多居址临近河流，河内冲积的鹅卵石也为人们提供了大量可选的石料。石器的质料主要有：橄榄岩、花岗岩、板岩、页岩、千枚岩、粉砂岩、砂岩、滑石等。

石器种类丰富，制作水平较高，有些石器制作相当精致。制作工序可分为选材、制坯、琢修、打磨、钻孔等。不同的器类制作方法及工序也有所不同，支垫石和部分支座多仅经打制成毛坯，磨棒、磨盘、犁形器和一些支座经精心琢修。斧、凿、铲和镰等多在打制、琢修后又进行磨制，是石器中的精品。石器种类主要有斧、铲、锤、镰、石球、凿、磨棒、磨盘、研磨器、磨石、犁形器、支座和石饰等（图一一，3～15）。

（4）骨器、角器、蚌器及牙器

后李文化的骨、角器比较发达，牙器较少，由于保存条件不好，蚌器大多朽烂。按功能可分为生活用品、生产工具及装饰品，其制作有选材、破料、成型、磨光、穿孔等工序。主要器类有锥、镖、镞、匕、柄首器、凿、针、笄、叉和佩饰等（图一二、一三）。

（四）文化类型与分期

1. 关于文化类型问题的讨论

关于后李文化的类型问题，不少学者都进行过有益的探讨，并提出了各自不同的观点。

早在 20 世纪 90 年代初期，有的学者依据后李遗址一期文化，并结合邹平孙家、章丘西河等遗址的调查资料，提出了"后李文化"的命名，认为

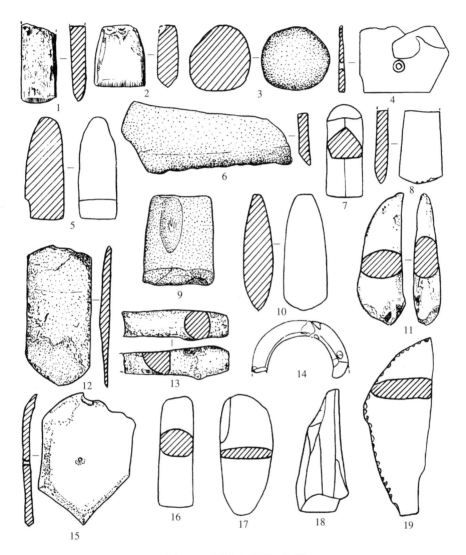

图一一 后李文化玉、石器

1、2. 玉凿（前埠下 H259：14、前埠下 H44：2） 3. 石球（前埠下 H246：2） 4、17. 石磨盘
（小荆山 F11：54、小荆山采 003） 5、7. 研磨器（小荆山 F18：25、小荆山 F13：2） 6. 石镰
（西河 F63：2） 8、10. 石斧（小荆山 F14：1、小荆山 F13：4） 9. 石锤（前埠下 H143：2） 11、
18、19. 石支座（小荆山 ZX：26、小荆山采 001、小荆山 F14：9） 12. 石铲（小荆山 ZX：23）
13、16. 石磨棒（小荆山 ZX：7、小荆山 F057：1） 14. 石饰（前埠下 H259：6） 15. 犁形器
（小荆山 ZX：45）

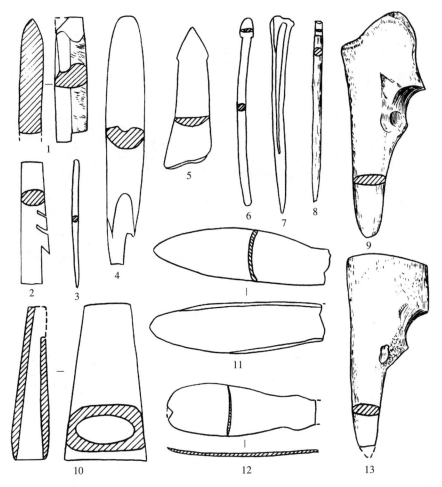

图一二　后李文化骨器

1. 骨凿（前埠下 H248∶4）　2、4~6. 骨镖（前埠下 H259∶43、前埠下 H35∶2、前埠下 T3250
⑥∶1、小荆山 H109∶1）　3. 骨针（前埠下 H123∶1）　7、9、13. 骨锥（小荆山 H133∶3、前埠下
H193∶1、前埠下 H133∶1）　8. 骨笄（前埠下 H259∶2）　10. 柄首器（小荆山 T3731⑤∶1）　11、
12. 骨匕（小荆山 H126∶5、后李 F12∶1）

这些遗址文化面貌基本一致，应属同一文化①。

① 王永波、王守功：《我省考古有重大发现》，《大众日报》1991 年 8 月 15 日第 1 版；
王永波、王守功、李振光：《海岱地区史前考古的新课题——试论后李文化》，《考
古》1994 年第 3 期。

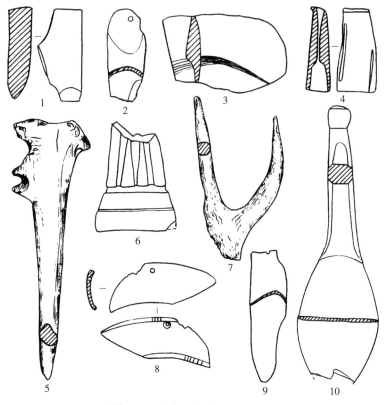

图一三　后李文化角、蚌、牙器

1. 角凿（小荆山 F11∶29）　2、9. 蚌饰（小荆山 F14∶20、小荆山 H133∶4）　3. 蚌镰（小荆山
H109∶11）　4、6. 角柄首器（小荆山 H120∶1、小荆山 H103∶1）5. 角锥（前埠下 H294∶1）7. 角
叉（前埠下 H259∶17）8. 牙饰（小荆山 H131∶1）　10. 角匕（前埠下 H259∶19）

　　1991 年，山东省文物考古研究所对西河遗址发掘后，有的学者认为后李遗址与西河遗址文化面貌存在一定的差异，后李与西河应为不同类型的文化，进而提出"西河文化"的命名①。持该论者认为西河遗址与后李遗址在陶系、器类、器形、纹饰等方面都有明显的差异，两者的墓葬迥然不同，石器也有差异。目前资料表明两者之间的差异是主要的。陶器中的某些共性是因为两者相邻互相影响的结果，从而认为西河与后李为两个不同的文化。当然，论者在论证两者为不同文化的前提下，也未能"完全排除两者

①　张学海：《西河文化初论》，《张学海考古论集》，学苑出版社，1999 年。

是同一考古学文化的两个类型的可能"。只是认为，两者如为同一文化应称为"西河文化"，而不是"后李文化"。

也有的学者认为后李文化的分布范围除鲁北地区外，还应包括皖北地区，并以此为基础，将后李文化划分为三个不同的地方类型：

鲁北类型，以后李、西河、小荆山遗址为代表，包括鲁北地区已知的所有遗址。该类型的面貌特征如前一部分所述。

前埠下类型，以前埠下遗址为代表，根据该地区已知考古学文化的分布情况推测，这一类型应分布在潍河流域及其以东的胶莱平原，并可能外延至半岛东部地区。将来如被证实，则可改称为半岛类型。

皖北类型，以小山口、古台寺①遗址为代表（图一四）。分布范围可能为淮河以北的苏、鲁、豫、皖交接地带。

此外，也有学者认为后李文化与北辛文化两者之间年代相衔接，应为同一文化，提出"若视两者同为北辛文化，并将鲁北区的两期谓之后李类型，鲁中南区的则称为北辛类型可能会更好些"②。

以现有资料看，后李遗址与西河遗址之间尽管文化面貌存在一定的差异，两者之间的共性是主要的。首先，从发现的遗迹看，虽然小荆山遗址不见后李遗址的竖穴土坑侧室墓，但两者都有竖穴土坑墓，其房址、灰坑也无明显的差异；从出土遗物分析，陶器均以红陶、红褐陶为主，说明其烧制技术无较大的差异。作为主要器类的陶釜尽管形制有所差别，但尚不能看作文化之间的差异。应该认为，时代越早，人们制作陶器的随意性就越强。后李文化的陶器形体较大，又以手工工艺制作，其在制作、晾干、烧制、埋藏乃至现代发掘后的修复过程中，都会出现这样或那样的变形，因此，不同遗址之间的一些差异，不能从文化性质的角度去理解。就现有资料看，小荆山、西河遗址为大家公认的同一类型的遗存，两者相距 23 千米，但文化面貌也略有不同，如小荆山 B 型釜（口较直）的比例高于 A 型

---

① 中国社会科学院考古研究所安徽工作队：《安徽淮北地区的新石器时代遗址调查》，《考古》1993 年第 11 期；中国社会科学院考古研究所安徽队：《安徽宿县小山口和古台寺遗址试掘简报》，《考古》1993 年第 12 期。

② 张江凯：《后李早期陶器的类型学研究》，《中原文物》1998 年第 4 期。

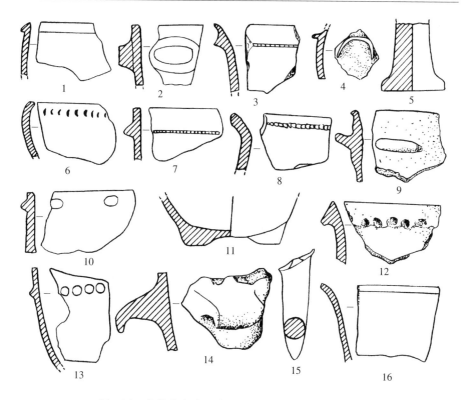

图一四　安徽古台寺、小山口、石山子遗址出土陶器

1. 釜（古 T④：23）　2. 釜（小 H3：4）　3. 釜（小 T1⑤：8）　4. 罐（石山子）　5. 支座（小 T1 ⑤：1）　6. 钵（古 T4④：22）　7. 釜（古 T4④：16）　8. 罐（小 H3：3）　9. 器耳（石山子）　10. 釜（古 T4④：25）　11. 三足器（古 T4④：27）　12. 罐（石山子）　13. 釜（小 H3：7）　14. 器耳（石山子）　15. 鼎足（古 T4④：28）　16. 盆（小 T1⑥：7）（图注中"古"指"古台寺"，"小"指"小山口"，"石"指"石山子"）

釜（侈口釜），但在西河遗址 B 型釜的比例较少，我们不能因之将两个遗址划为不同的文化类型。其次，文化面貌的比较必须以同一时期的遗存为对比对象，西河遗址大部分遗存晚于后李遗址，不加分期即进行文化面貌的比较，只能扩大两者之间文化面貌的差异。

同时，我们也注意到，就目前发现资料而言，后李文化的分布范围还仅仅局限于泰沂山系的北侧及东北侧，在泰沂山系的南侧尚未发现这一时期的遗存。皖北地区以小山口、古台寺为代表的新石器早期遗存自身的文化面貌尚不清晰，与后李文化之间也有一定的差异，因此尚不适于将两者划为同一文化；至于"前埠下类型"，碳－14 数据表明其绝对年代大约距今 7500 年，晚于后李、西河等遗址目前发掘资料的年代，其文化面貌与后者之间是时代还是地域差异，尚有待于更多的发掘资料证明。

此外，后李文化与北辛文化之间文化面貌有较大的差异，两者的文化分布中心也有所不同，不能将两者视为同一文化。碳－14 测年数据也证实了这一点。

由此可见，后李文化的类型学研究必须与分期研究结合进行。

2. 分期

（1）小荆山遗址的分期

后李文化各遗址中，小荆山遗址分期工作做得较早，虽然分期结果的某些细节有待于进一步的商榷，但其基本理清了后李文化陶器的演变规律。

小荆山遗址的田野考古工作包括多次调查、两次发掘及一次钻探。由于济南市文化局文物处、章丘市博物馆 1992 年抢救性发掘的资料尚未发表，故分期工作以 1993 年发掘资料为基础，并结合调查、钻探资料①。

小荆山遗址 1993 年发掘区内后李文化的地层堆积包括 4、5、6 三个文化层，文化层内出土遗物少且残破较甚，不具备分期意义。在 4、5 层下，发现许多灰坑、房址等遗迹。这些遗迹中，灰坑与灰坑之间、房址与灰坑之间存在叠压、打破关系，为我们进行分期研究提供了依据。

此外，所发现的半地穴式建筑的房址中，其活动面上的遗物多完整且有规律摆放，应为人们废弃房子时的遗留，而房址填土中出土的遗物则为房子废弃后的遗存，两者之间存在一定的时代差异。有些房址（如 F11）填土及活动面上均出土较多的遗物，且器物形态又有所不同，也具有分期意义。

根据地层及遗迹之间的叠压、打破关系，将小荆山遗址出土的文化遗存分为三期四段（图一五）。

一期包括I段。属于一期I段的遗迹单位有 H126、H132、H133 等。这些灰坑主要分布于发掘区的西部，在 1993 年发掘区内没有发现该时期的房址。

---

① 山东省文物考古研究所、章丘市博物馆：《山东章丘小荆山遗址调查、发掘简报》，《华夏考古》1996 年第 2 期。

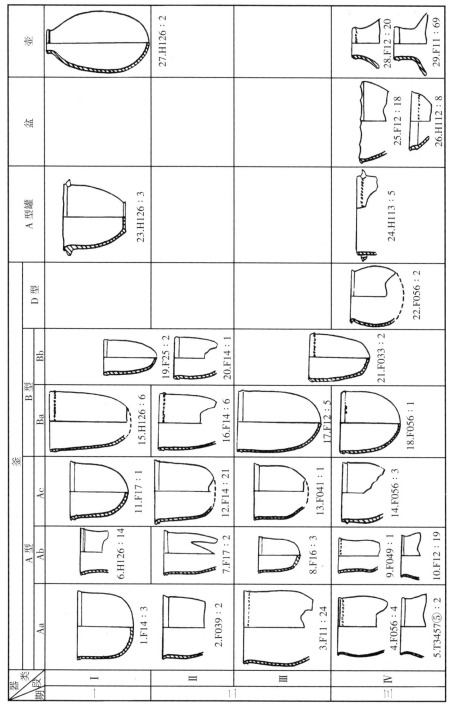

图一五　章丘小荆山遗址陶器分期图

二期包括Ⅱ、Ⅲ段。

Ⅱ段以 F14、F17 活动面出土遗物为代表。属于Ⅱ段的遗迹有 F14、F15、F17、F039（断崖上暴露但没清理的房址编号前加"0"，有些采集到遗物，可进行分期，下同）等 4 座房址，没有发现该段的灰坑。

Ⅲ段以 F12、F16 活动面上出土遗物为代表。属于Ⅲ段的遗迹单位有 F11、F12、F16、F041 等 4 座房址及 H120 等灰坑。

Ⅳ段属第三期，如前所述，Ⅳ段包含遗迹单位较多，时代延续较长。属于 Ⅳ 段的遗迹单位有 F13、F18、F049、F056 等 4 座房址，H103、H107、H108、H109、H111、H112、H113、H114、H115、H117、H118、H123、H127、H128、H129、H130、H134 等 17 个灰坑，此外，F11、F12、F16、F17 房屋废弃后填土出土遗物亦属该时期。

根据各期段典型陶器结合不同，我们可以得出小荆山遗址陶器分期、分段图。从图一五中可以看出主要器物演变的逻辑关系。

A 型釜　口沿从微侈至侈口较甚，叠沿部分由宽变窄；腹部由直腹逐渐成为鼓腹，因而，在口沿下形成内束的"颈"。底部由尖圜底转为大圜底。

B 型釜　口沿由直口微侈变为直口，到晚期口微内敛；叠沿由宽变窄，腹部由直腹到鼓腹，有些成为球腹。早期多为尖圜底，到晚期多为圜底或大圜底。

C 型釜　口沿由较敞变为较直，腹由较直变为鼓腹。

D 型釜　仅见于二期，无其他三型釜的叠唇现象，卷沿，球腹。

四型釜中，其口沿按两个趋向变化，B、C 型釜口沿由较侈到较直，而 A 型釜口沿由较直变为侈口较甚。其腹部及底部演变规律较一致，都由直腹到鼓腹到球腹的演变轨迹。

A 型罐　Ⅰ段为侈口，Ⅳ段为直口或微敛。

壶　从颈部看，由束颈变为直颈，肩部由溜肩向鼓肩演变。

从以上分析可以看出，无论从层位关系，还是从出土遗物，小荆山遗址三期四段之间的划分是明显的，同时，还应注意到，在Ⅱ段陶器中仍存在Ⅰ段的代表性器物，Ⅳ段陶器中仍存在Ⅲ段的代表性器物，这些代表性器物的交替出现，说明各段间时间差距较少。同时，我们也应注意到Ⅳ段陶器从陶质看，虽然也均为夹砂陶，但其夹砂的程度有所不同，有的夹砂陶含砂量较高，器表十分粗糙，而有的盆、钵类含十分少量的细砂，已接近泥质陶。从器类上，出现折腹盆、花边口沿盆，也出现了多乳丁足及弧足器，这些应为盆、钵类的足。我们知道，后李文化以夹砂陶和无三足器（鼎）类为其主要特点，小荆山Ⅳ段陶质的变化及多乳丁足器的出现，标志着后李文化已接近尾声。

（2）后李遗址的分期

后李遗址的早期文化堆积包括第 10、11、12 层三个文化层，不同层位的众多遗迹（主要是灰坑）之间构成了复杂的叠压打破关系，为后李文化的分期提供了相对年代序列。但是，由于晚期遗存干扰过甚，早期地层缺失严重，绝大多数遗迹单位残缺不全，缺失原生开口层位；出土遗物（主要是陶器）又比较少，陶器的成型工艺也不够规范，给分期工作增加了一定的难度。

由于后李遗址早期文化的多数遗迹单位缺乏必要的分期器物，必须辅以类型学的方法加以分析整理。我们以三个文化堆积层为主线，以遗迹单位间的叠压打破关系辅之，参考其各自的出土遗物，确定不同遗迹单位的相对年代序列。

根据地层叠压关系和出土陶器型式的分析整理，可以将后李遗址的后李文化遗存归纳为Ⅰ、Ⅱ、Ⅲ段三个相对的早晚年代序列，即早、中、晚三期[1]。

早期：以第 12 层、H2533、H3222 和 F10 等为代表，包括 H1604、H1548、H2361、H2577、H2958、H3044 和 H3197 等。

中期：以第 11 层、H118、H625、H2048、H2282、H2885、H3148、H2472、H2599、H2600、H2911 和 H3827 等为代表，包括 H509、H1442、H1540、H1547、H1584、H2486、H2491、H3698、H3157、H2348、H2458 等。

晚期：以第 10 层、H1716、H2339、H2386、H2425、H2566、H2513、H2574 和 H3785 等为代表，包括 H493、H889、H912、H947、H960、H1607、H2011、H2023 和 H3312 等。

---

[1]   山东省文物考古研究所：《临淄后李》，待刊。

根据典型单位遗物的出土情况，参照其他单位的器物组合，可以整理出后李遗址早期遗存的陶器分期图（图一六）。

从分期图中可以清楚地看出，除敛口器和小口壶在早期就有鼓腹存在外，各类器物的演化轨迹基本上是一致的，即由早期的敞口内斜曲腹，发展演变到中期的直竖桶腹，晚期则几乎无一例外地演化出不同程度的鼓腹。浅腹类器物由于腹深较小，鼓腹虽不甚明显，但其腹部的大斜曲内收、中度斜曲内收到中腹部轻度外鼓的演化方向，与其他器物也是一致的。从总体上看，除器物造型的上述变化外，单个陶器的体量存在着从早到晚逐步变小的趋势。分期研究的结果还表明，该遗址后李文化的各种器类在其早期即已出现，唯有卷沿器类出现于中期。

需要特别指出，多数器类的早期型式在中期阶段继续流行，晚期的大多数遗迹单位则包含有早、中期的各种器形。这可能反映两个方面的问题：其一，结合不少残破陶器有穿孔修补痕迹和大陶片改制器盖、陶饼，以及陶窑数量少、规模小、制陶工艺低下等现象推测，由于当时的制陶业还很不发达，陶器来之不易，破碎后轻易舍不得抛弃，修补后继续使用，实在无法做盛器使用的则改作他用。这应是某些早期陶器得以保存到下一个期段的原因之一。其二，制陶业的低水平运行，导致了陶器型式的更新换代相对缓慢，观念意识的传统惰性又使旧有式样在新型式出现后得以继续流行，这应是晚期遗迹单位有较多早期型式陶器的主要原因。

（3）从文化分期看类型问题

通过对小荆山、后李遗址的文化分期研究，我们发现后李遗址后李文化的陶器演变规律与小荆山遗址基本一致。小荆山遗址一、二期与后李遗址的一、二期基本对应，后李遗址三期似乎早于小荆山遗址的三期。从小荆山遗址分期情况看，其Ⅲ、Ⅳ段之间明显存在缺环，Ⅳ段较复杂，可进一步详细划分。

通过分期研究，我们也发现两者之间存在一定的差异。从总体看，后李遗址与彭家庄遗址较为接近，小荆山遗址与西河、孙家等遗址较为一致，这样，我们可将后李文化从长白山系向北延伸部分为界线，划分两个类型，以西为西河类型，以东为后李类型（或前埠下类型）。从文化面貌看，二者

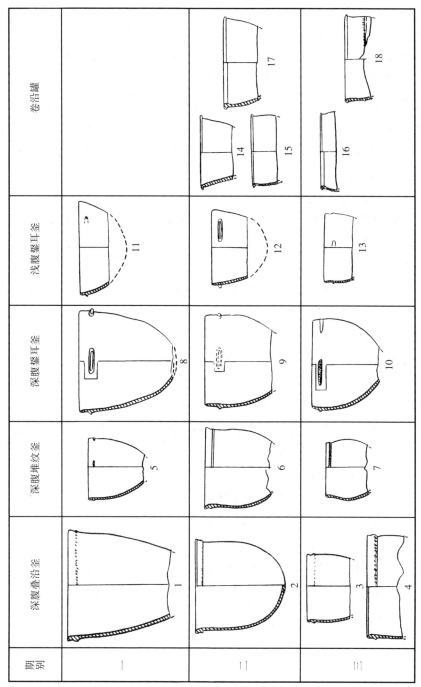

图一六 临淄后李遗址陶器分期图

期别	深腹叠沿釜	深腹堆纹釜	深腹鋬耳釜	浅腹鋬耳釜	卷沿罐
一	1	5	8	11	
二	2	6	9	12	14 15 17
三	3 4	7	10	13	16 18

除陶质、陶色有一定的区别外，后李类型的深腹平底（Aa 型）罐、B 型釜不见于西河类型，而后者的匜形器、D 型釜也不见于前者。

从分期情况看，后李遗址的分期基本代表了后李类型的分期，但后李遗址出土遗物大多较早，只能做初步的分析。

前埠下遗址出土遗物明显晚于后李遗址，二者之间有较大的差异。或认为其与后李遗址应分属不同的类型，限于资料（前埠下发掘面积小，遗物不甚丰富且时代较晚），并考虑到长清月庄出土与之文化面貌较一致的遗存，暂将之划为后李类型晚期。

小荆山遗址的分期代表了西河类型的分期，西河遗址没有与小荆山遗址以 H126 为代表的早期遗存，其大部分属小荆山二期，其晚期具有小荆山Ⅳ段的基本特征，但从出土遗物观察似乎早于小荆山Ⅳ段，因此，小荆山Ⅲ、Ⅳ段之间的缺环要靠西河遗址晚期（段）来填补。

尽管两个类型之间存在一定的差异，但作为占陶器绝大多数的陶釜的演变规律是一致的，从而我们可以找到其间相互对应的关系，进而对后李文化进行统一的分期研究。

从总体看，后李文化可分为三期六段。

早期可分为早、晚两段。

早期早段以后李、西河、小荆山最下层出土的遗物为代表。虽然由于陶器残破较甚，无法做文化面貌的分析，但它代表了后李文化的一个期段。

早期晚段以后李一期及小荆山一期为代表。

中期可分为早、晚两段。

早段以小荆山Ⅱ段及后李遗址二期为代表。

晚段包括小荆山Ⅲ段及后李遗址三期。

晚期分为早、晚两段。

早段以小荆山Ⅳ段为代表，彭家庄遗址出土的遗物有一部分应属该段。

晚段以前埠下遗址出土的遗物为代表，长清县月庄遗址出土遗物与前埠下遗址相近，所属期段亦应相同。

3. 年代

发掘过程中，我们在后李、西河、前埠下遗址采集了标本，并进行了碳－14 测定，测定数据如表。

后李文化碳－14 数据一览表

类别名称	原编号	实验室编号	样品种类	测定年代	校正年代（BP）	实验室名称
后李遗址	H3822	BK90158	木炭	7645±70	8163	北京大学考古系
	M111	BK90159	人骨	4330±160		北京大学考古系
	H2600	BK90160	兽骨	7300±100	7851	北京大学考古系
西河遗址	F1②	BK91034	木炭	7410±80	7974	北京大学考古系
	F1③	BK91035	木炭	7325±80	7908	北京大学考古系
	F1②陶罐内	BK91036	木炭	7175±70	7726	北京大学考古系
	T11④	BK91037	木炭	7905±90	8411	北京大学考古系
	F53	ZK2979	木炭	6771±80	7523~7385	中国社会科学院考古研究所
	F55	ZK2980	木炭	7008±80	7660~7543	中国社会科学院考古研究所
	F58	ZK2981	木炭	6380±80	7198~7000	中国社会科学院考古研究所
	F61	ZK2982	木炭	6700±80	7470~7282	中国社会科学院考古研究所
	F62灶部	ZK2983	木炭	6521±74	7278~7176	中国社会科学院考古研究所
	F65	ZK2984	木炭	6860±82	7547~7398	中国社会科学院考古研究所
	F66	ZK2985	木炭	6882±70	7548~7440	中国社会科学院考古研究所
前埠下遗址	H133	BK98048	木炭	6575±90	7448±90	北京大学考古系
	H258	BK98050	木炭	6940±230	7781±230	北京大学考古系
	H259	BK98051	木炭	6640±95	7536±75	北京大学考古系
	H4	BK98052	木炭	6680±90	7540±90	北京大学考古系

　　从表中可以看出，后李遗址三个碳－14 数据中，M111 人骨为 4330±160 年，年代明显偏晚，其余两个数据一个样品为兽骨；另一个为木炭，以 H3822 的木炭测定年代较为古老；H2600 的兽骨年代略晚。张居中先生对舞阳贾湖所测的 19 个样品的碳－14 数据进行了分析（其样品有木炭、草木灰、人骨、果核），发现"相同层位的人骨和草木灰样品的碳十四年龄基本

接近，但明显低于同层位木炭样品的测年数据，个别情况下，其差别可达1000年之多"①。因此，H3822的测定年代或许更为接近后李遗址后李文化的实际年代。

　　西河遗址共测了11个碳－14标本，其中前四个为1991年发掘采集的标本。四个标本分属两个遗迹单位：T11④层及F1。其中T11④层样品的测年明显高于F1测定的三个数据。T11④层为含砂较多的黄褐土，出土少量陶片，是西河遗址中早于房址的地层堆积。后李文化中，小荆山遗址6层及后李遗址10、11、12层的土质、土色与西河遗址基本相同，亦含少量陶片，这些文化层下无遗迹单位。出土遗物以陶器为主，均为含砂陶，以釜类器为主，由于陶片过于零碎，无法做分期研究。但是，从这些文化层和陶片上可以得到两个启示：（1）这些文化层从年代上都早于各遗址中房址、灰坑等遗迹的年代。在后李遗址中，其西部该类文化层厚达1米以上，显然不是短时期内堆积形成的。（2）这些文化层中出土的陶片尽管数量较少且难以复原，但其主要文化特征与打破它的后李文化时期的遗迹内出土的遗物基本一致，因而仍属后李文化。尽管目前还无法从分期意义上与其他遗迹单位进行对比研究，但它代表了目前发现的后李文化的最早期。西河遗址T11④层中木炭的测年，应为其时代范围内的一个年代，既不能代表后李文化产生的年代，也不是该类堆积形成的最晚年代，因此，应该说后李文化至少在7905±90年就已产生。

　　西河遗址F1内的三个数据在层位上有矛盾。BK91034样品采自F1②层，测定年代为7410±80，BK91035样品采自F1③层，测定年代是7325±80，晚于②层的年代，因此前者只能弃而不用。

　　西河遗址1997年发掘在F53、F55、F58、F61、F62、F65、F66等7个房址中采集的木炭所测的碳－14数据有些明显偏晚。从出土遗物看，西河遗址F1明显晚于小荆山遗址H126（即小荆山Ⅰ段）的年代，而1997年发掘资料中，除在个别灰坑和地层中发现少量相当于小荆山Ⅳ段的遗物外，其房址内遗物均不超出小荆山Ⅱ、Ⅲ段的范围，在测定年代上，1997年7个房址所采样品的测年中，F58、F62的数据明显偏晚，与F1相差800～1000

---

① 　河南省文物考古研究所：《舞阳贾湖》，科学出版社，1999年。

年，而从文化面貌分析，两者之间不可能有这么大的时间差距。

前埠下遗址采集的碳-14样品均为木炭，由于样品太少，采用加速器法进行测定。四个碳-14数据中，H4、H133、H259的年代较为接近，H258的年代较早，超过西河遗址F65、F66的测定年代，因而只能以前三个数据为其代表年代。

通过以上分析可以发现，三个遗址测定的18个数据中，后李遗址M111，西河遗址F1②层（BK91034）、F58、F62，前埠下遗址H258等5个样品的测定年代明显存在误差，对后李文化的年代无参考作用；西河遗址F53、F61、F65等虽然测定年代偏晚（与前埠下遗址相比较），但无舍弃的充分理由，有待以后更多的考古发掘工作及碳－14测定数据印证。

根据地层及后李文化分期情况，后李文化所测碳－14数据可以分为以下四组：

A. 西河遗址T11④层木炭测定的7905±90，应是三个遗址中最早文化层的年代，其时代早于文化分期的早段，但它并不代表后李文化产生的年代。

B. 以后李遗址H3822、H2600测定的数据，应为后李文化早期偏晚段的年代。

C. 西河遗址F1、F55、F66测定的数据，应代表了后李文化中期的年代。

D. 前埠下遗址H4、H133、H259测定的数据，代表了后李文化晚期晚段的年代。

（五）源流

后李文化的上限距今8500年左右，是目前山东地区发现最早的新石器时代文化。从分布范围看，其主要在泰沂山系北侧的山前丘陵或山前冲积平原上。

有人认为：在距今79000～26000年Warm冰期后时，海平面高于今日（华北平原）30米黄土沉积，华北平原为一海湾①。如此说成立，则在新石

---

① 丁骕：《中国地形》，1954年，台北。

器时代早期,山东地区除泰沂山系及胶东丘陵外,周围均为海面,后李文化的居民应是旧石器时代生活在泰沂山系人群的后裔。

山东地区旧石器时代文化主要分布于沂河、沭河流域,有的学者将这一地区的旧石器文化称为"沂沭旧石器文化"。其后在这一地区发现的细石器文化称为"沂沭细石器文化"①。这些遗址和地点均在泰沂山系的南侧,目前在山系的北侧发现较少,或与北侧旧石器考古工作未能深入开展有关。泰沂山系北侧旧石器和细石器时代文化的考古,将有助于后李文化源头的解决。

山东地区晚于后李文化的新石器文化是北辛文化。关于两者的关系,学术界有不同的认识,概而言之,有以下两种观点:

(1)后李文化与北辛文化无直接传承说。持该论者认为:"西河、后李类型和北辛文化三者是并立的,不会有直接传承关系,它们应是分别分布于泰沂山南北两侧的新石器文化,各有自己的源头"②。论者的主要根据有三条:

①从陶器标型学考察,小荆山遗址与西河陶器至少存在两个以上的缺环,其下限肯定已晚到距今6000年以内;小荆山遗址的陶器出现了与北辛文化后期陶器有联系的折腹钵,而磨制石斧等已十分精致,与大汶口文化石斧很难区分,说明小荆山的晚期遗存已有可能进入7000年以内。

②北辛文化的年代上限是距今7600年,考虑到此数据的标本不是北辛遗址的最早遗存,所以其年代可能要更早些,实际上可到距今8000年,北辛文化早期和西河文化晚期的年代已经重叠。

③西河文化与北辛文化的面貌截然不同,代表北辛文化主要特征的三足鼎类器,西河文化仍不见踪影。值得指出的是,三足支撑的观念在西河文化先民的头脑中是早就存在的,而且早就在生活中得到了很好的运用

① 张学海:《论四十年来山东先秦考古的基本收获》,《海岱考古》(第一辑),山东大学出版社,1989年。

② 张学海:《泰沂山北侧地区考古的新进展》,《张学海考古论集》,学苑出版社,1999年。

（指居址中用三支座支撑陶釜的灶膛）。但陶器造型却始终坚持圜底和矮圈足，这充分说明了西河文化陶器造型，与三足鼎立观念无缘，仅此一点就足以证明西河文化与北辛文化具有不同的文化传统。

（2）后李文化为北辛文化的直接源头说（两者为同一文化论者可归此说）。持该论者同样注意到北辛文化的年代问题，首先对其分期及年代进行了探讨，将北辛文化分为三期五段，"北辛文化的积年似乎也只能确定在7100～6100年之间"①。论者认为：

从分布范围看，后李文化已知的分布区完全落在北辛文化的分布范围之内，可知两者不可能是同时并行的两支考古学文化。从历史年代和时间跨度上看，后李文化与北辛文化之间虽然可能还有一定的缺环，但大致上属于两支前后相接依次发展的考古学文化。

两者在陶器的造型风格、陶器组合、装饰、制作工艺及陶器的具体特征上，都有着千丝万缕的联系。尽管这种联系是次要的、非主导方面的，但透过这种联系，可以看出两者在文化发展上的传承关系。

有关后李文化与北辛文化关系问题不同观点的产生，主要是由于人们对北辛文化早期与后李文化晚期文化面貌的认识，以及对其绝对年代的不同理解。近年来，北京大学等单位先后对长清县张官庄、月庄遗址进行了调查、发掘②，其工作收获对后李文化与北辛文化关系的解决具有重要的意义。从调查、发掘所得遗物看，张官遗址属北辛文化早期遗存，发掘者认为其绝对年代应在距今约7500～7000年；月庄遗址除北辛文化遗存外，尚有后李文化的遗存。两个遗址紧邻，或为同一遗址。月庄遗址后李文化的文化面貌与前埠下遗址基本一致。前埠下遗址后李文化遗存的绝对年代为距今7800～7500年，与张官遗址北辛文化年代较为接近。由此可见，月庄遗址基本代表了后李文化的晚期，张官遗址则代表了北辛文化的早期。从文化面貌看，两者之间既有一些相似或传承的因素，也有明显的差异，具体表现在：

（1）张官遗址北辛文化遗存中存在大量陶釜，尽管形态上与月庄存在

---

① 王永波：《关于类型与谱系的探讨》，《后李文化研究》，待刊。

② 燕生东、曹大志、蓝秋霞：《长清张官遗址发掘的主要收获》，《青年考古学家》总第十二期。

一定的差异，但明显表现出传承关系。该类陶釜在北辛文化中期仍占相当的比例，说明后李文化对北辛文化具有重要的影响，甚至可以说，北辛文化主要文化因素是承袭后李文化。

（2）同时，我们也注意到，张官遗址北辛文化遗存中存在一定数量的三足器，该类器不见于月庄后李文化晚期遗存中。而后者的叠沿及沿下有附加堆纹錾耳和竖宽带耳的风格也不见于前者。此外，张官遗址的泥质双耳罐与月庄遗址后李文化的陶器风格有明显的差异。

以上分析使我们认识到，北辛文化是后李文化在受到别的文化影响（或冲击）后形成的一种文化，其文化因素不是单一的。至于两者之间房屋面积存在的差异，当与社会结构的变化有关，不能仅仅从文化传播的角度去考虑。

（六）与周围地区同期文化的关系

这里所谓其他文化，是指与后李文化分布地域相邻、时代接近的一部分考古学文化。山东周围地区与后李文化时代大致相同的文化有：兴隆洼文化、磁山文化、裴李岗文化、贾湖文化及以小山口遗址为代表的皖北原始文化。

（1）与兴隆洼文化的关系

兴隆洼文化主要分布于辽宁西部及内蒙古的东南部，其南或可达燕山南麓[①]。后李文化与兴隆洼文化虽然分布地域相距较远，属不同文化系统，但两者基本文化特征却有许多相近之处。具体表现在：①两者都存在作为防御系统的环壕遗址，前者见于小荆山遗址，后者见于兴隆洼、白音长汗遗址。②两者的房址面积均较大，后李文化的房址面积多在 30～50 平方米，兴隆洼文化的房址多在 50～70 平方米，个别大房址面积达 140 平方米。③陶器均为含砂陶，以直口筒形釜（或罐）为主，陶器的形体较大。后李遗址出土的直口深腹罐的形状及纹饰与兴隆洼文化有明显的相似处，说明两者之间或许已经有了文化的接触与交流。但是，两者之间的

---

① 任式楠：《兴隆洼文化的发现及其意义——兼与华北同时期的考古学文化相比较》，《考古》1994 年第 8 期。

差异是明显的：后李文化以圜底器为主，而兴隆洼文化多为平底器；前者的石器磨制十分精致，大型打制石器较少（除支座外）。两者之间相距较远所表现出的文化相似性，或由于两者年代相近且两者社会组织基本相同，生产力水平一致而形成的共同因素和特征。从房屋及陶器形态分析，两者社会组织的基本单位都应是家族。

（2）与磁山文化、裴李岗文化、贾湖文化的关系

磁山文化是分布于冀南地区的一种原始文化，其影响向北达冀中易县一带①。裴李岗文化主要分布于河南南部地区，两者之间文化面貌有较强的相似性，曾一度被当做同一文化②。贾湖文化主要分布在淮河中上游支流沙河、洪河流域，或认为其最北可达北汝河和颍水流域，最东达大别山北麓一带③。其一期文化不见于裴李岗文化。本文所谓贾湖文化，主要指贾湖遗址的一期文化。后李文化与前三者之间文化面貌有明显的区别。

在房屋建筑上，磁山文化、裴李岗文化、贾湖文化发现的房屋均为半地穴式建筑，除个别呈方形、长方形外，基本都属圆形、椭圆形或与之相近的不规则形。以单室为主，贾湖遗址出现经几次扩建形成的两间至四间的多间式房屋，单室的面积都在 10 平方米以内④。后李文化的房址基本呈方形或长方形，面积远远超过前者。

从出土遗物看，磁山、裴李岗文化既有含砂陶，也有泥质陶，器类以鼎、壶、钵为主，器形、器类较后李文化复杂。贾湖一期文化陶器器类有罐、壶、盆、钵等，一期Ⅰ段无泥质陶，Ⅲ段泥质陶约占 2.4%，泥质陶从无到占一定的比例。文化面貌与后李文化也有明显的不同。

后李文化的埋葬习俗与裴李岗文化、贾湖文化有明显的区别。后两者的墓葬除一次葬外，还存在二次葬、合葬等习俗，墓葬中多有随葬品，随葬品从炊具、水具到生产工具，无不具备，反映了其个人占有财产的程度。后李文化的墓葬除少量饰件外，很少有随葬品，说明其个人占有的物品

---

① 拒马河考古队：《河北易县涞水古遗址试掘报告》，《考古学报》1998 年第 4 期。

② 河北省文物考古学会等编著：《磁山文化论集》，河北人民出版社，1989 年。

③ 张居中：《试论贾湖类型的特征及与周围文化的关系》《文物》1989 年第 1 期。

④ 任式楠：《公元前五千年前中国新石器文化的几项成就》，《考古》1995 年第 1 期。

较少。

由此可见，后李文化与磁山文化、裴李岗文化、贾湖文化之间基本是独立发展的，缺少文化的接触与交流。

（3）与以小山口、古台寺遗址为代表的皖北原始文化的关系

小山口遗址位于安徽省宿县曹村区桃山乡小山口村北约 2 千米处，北距徐州市 20 千米，在遗址下层发现的新石器早期遗存，距今 8027～7600 年（高精度树轮校正值）。出土陶器以含砂红褐陶为主，泥质红陶占一定的比例，个别陶色不纯，常见陶片内夹草木灰的现象。陶胎较厚，器形不甚规整。烧成火候较低，陶器的器类有釜、盆、钵、支座等。

古台寺遗址位于小山口遗址南约 10 千米处，出土陶器均为手制，火候较低，陶色不纯。陶质分为含砂陶和泥质陶，陶器表面为红褐色或灰褐色，内表多为灰黑色，器类有釜、鼎、钵等。从文化面貌看，与小山口遗址既有相似之处，又有一定的区别。其相似性表现在两者陶色相近，以素面为主，有一定数量的附加堆纹，器形以釜为主。但古台寺遗址除釜、钵外，还有长锥形鼎足、三足器和圈足器，陶器上的篦点戳印纹等亦不见于小山口遗址。从总体看，古台寺遗址早期遗存与小山口遗址性质相近，年代或许略晚。

关于皖北地区以小山口、古台寺遗址为代表的早期新石器文化与后李文化的关系，目前有两种观点：有的学者认为两者应为淮河流域的侯家寨文化①；也有人认为小山口、古台寺遗址文化面貌与后李文化相似，两者或为同一种文化②。

由于小山口、古台寺遗址发掘面积较小，遗迹仅见个别灰坑，出土陶器多残缺不全，基本没有完整器，文化面貌并不清晰。考虑到山东地区鲁中南尚未发现后李文化的遗存，后李文化分布主要区域在古济水流域的南侧，而小山口、古台寺遗址代表的文化主要分布在淮河流域，因此目前似不宜将两者划为同一文化。

① 阚绪杭：《试论淮河流域的侯家寨文化》，《中国考古学会第九次年会论文集（1993年）》，文物出版社，1997 年。

② 栾丰实：《海岱地区考古研究》，山东大学出版社，1997 年。

（4）与朝鲜半岛、日本新石器文化的关系

一些学者在研究后李文化与周围文化的关系时，注意到在朝鲜半岛及日本新石器文化中，有许多以圜底器为主要特征的文化，认为其与山东鲁北地区的后李文化具有渊源关系①。

朝鲜半岛，在新石器时代，依文化面貌的差异可以分为两个大区，即出土平底栉目纹陶器的北部地区和出土圜底栉目纹（即刻划和压印形成的各种几何纹）陶器的中西部地区。后者是尖、圜底栉目纹陶器分布的中心地区。

中西部包括以大同江流域为中心的区域，这里的新石器文化或称为弓山文化，可以分为四期②。第一期以智塔里第一地区Ⅰ号房址为代表。出土陶器陶胎中夹有石棉和滑石，器表装饰以刻划和压印的各种几何形纹样为主，器物造型除个别为平底外，绝大多数为筒形圜底釜，也有少量盆形圜底器。弓山文化第一期的年代，一般认为早于辽东半岛的小珠山中层，与北辛文化某一阶段相当，晚于后李文化。

从宏观上看，后李文化与朝鲜半岛中西部的新石器文化同属筒形釜系统，后者的器形及纹饰与北辛文化也有许多类似之处。

1996年冬，韩国国立文化财研究所尹根一研究官和韩国鲜文大学李亨求教授一行六人，到山东进行学术考察时，曾专门与山东有关专家讨论了后李文化与韩国新石器时代文化的相互关系，认为后李文化与朝鲜半岛一种以圜底为主要器形的早期文化可能存在着某种内在的关联③。

日本列岛的西南部，即九州一带，在绳文时代较早阶段，也存在来源不甚明确的筒形圜底系陶器④。主要表现在轰式陶器和曾畑式陶器中。轰式陶器的分布以九州地区为主，向北扩大到本州和四国的西南部，年代距今7000年前后。轰式陶器式样主要有两类：一类是粗筒形圜底釜，其总体特征与后李文化数量最多的筒形圜底釜最为接近；另一类是敞口折腹釜类器，与鲁北、鲁中南地区出土的折腹釜形体较一致。

---

① 栾丰实：《海岱地区考古研究》，山东大学出版社，1997年。
② 徐国泰：《朝鲜的新石器文化》，平壤，1986年。
③ 王永波：《(后李文化) 文化交流与传播》，《后李文化研究》，待刊。
④ 小林达雄：《绳纹土器大观》，1991年。

曾畑式是九州地区的重要陶器式样之一，分布区域与轟式基本相同而略小。曾畑式陶器式样以粗筒形圜底釜为主，也有少量圜底钵或碗，这些种类在前曾畑式期即已存在。与后李文化及北辛文化也有许多相类似的文化因素。

关于朝鲜半岛、日本九州新石器文化与后李文化的关系，大致有两种认识，即外来说和自生说。前者认为起源于后李文化（亦有认为朝鲜半岛文化来源于西伯利亚）。

在后李文化时期，农业革命正在完成或已经完成，人们基本在相对稳定的环境中生活，各遗址文化延续时间都较长就是最好的证明。因此，大规模迁徙的可能相对较小。在中国内地的新石器早中期，从辽宁半岛到长江下游的沿海地区，圜底釜形器大量存在，不能简单理解为文化的迁徙。各大区域都有各自的文化起源，在发展过程中相互影响而保持了各自的文化传统。后李文化与朝鲜半岛、日本九州新石器时期的文化关系，亦应如此理解。

（七）经济形态和社会状况

1. 经济形态

主要有农业、狩猎业、采集与捕捞业、家畜饲养业等经济形式。

（1）原始农业

随着中国大地距今1万年前后新石器时代遗址的发现，人们在陶制品、生产工具上，发现大量原始农业的信息，炭化稻壳（粒）的出现及孢子花粉、植物硅酸体分析，又为古代农业起源提供了直接的科学依据。

无论如何，农业的起源有几个基本的条件：生存的压力，适宜的自然环境，长期的采集经济对植物生长规律的认知。全新世之初，随着气候环境的改变，生活在鲁中南中山、低山丘陵的人们开始走出洞穴，迈向原野，从而在山前地带得到迅速发展。然而，全新世之初气候环境冷热程度的剧烈波动，迫使人们开始对一些作物进行人工栽培，以补充因人口增加、气候波动造成的食物匮乏。张居中先生在对中国各地农作物栽培情况进行综合分析后，认为北纬28°~38°是东南亚地区最早发生农业革命的地区[1]。目前发现的后李文化遗址集中在北纬36°~37°，正是可能最早产生原始农业的地区。

---

① 河南省文物考古研究所：《舞阳贾湖》，科学出版社，1999年。

后李文化的生产工具中，石器除后李、小荆山遗址出土少量残破的石铲外，没有明显可直接用于农业耕种的工具。小荆山遗址出土的大量"犁形器"多残破不全，从保存较完整的一件（调查编号 ZX：45）平面呈五边形，长56、宽40、厚4厘米，其形状及刃部极似犁具①。然其形体太大，即使当时土壤较松软，亦很难利用，且该类石器不见于这一地区以后的原始文化，当另有用途，不能作为生产工具。角器工具中，有一些较大的角叉、锥、棒、锄类，或与原始农业中的点种及松土有关。蚌器中的蚌刀类既可收割农作物，也可进行非农作物的采集。当然，应该存在大量木器农具（小荆山遗址出土的许多角、骨质柄首器可能与之有关），但当地土壤不利于木器保存，我们已无法了解。该地区晚于后李文化的北辛文化中，存在大量石铲，结合其他地区的发现，可以认为"北辛文化时期，原始农业进入锄耕农业"②。相比之下，后李文化发现的少量石铲不足以实施土地的耕作。因此，最大的可能是后李文化时期放火烧荒，然后，在含细砂较多的土地进行点种，进行着刀耕火种的农业经济。

后李文化遗址发掘中，没有发现炭化的农作物果实，在对前埠下遗址植物硅酸体分析中，禾本科植物的硅酸体含量最多，其中有丰富的黍亚科植物硅酸体，可能表明有些植物遗存是人类利用黍亚科植物可食部分的结果，但目前尚未建立谷子等黍亚科粮食作物硅酸体判别标准，无法确定人类利用的是哪些黍亚科植物，更无法确定是否有农作物的遗存③。因此，目前尚无法依据后李文化自身资料，判断农作物的种类。

就目前山东地区考古资料看，原始社会遗址中，北辛文化发现粟糠④，大汶口文化发现稻类粉壳、黍壳、粟壳标本。与后李文化时代及所处纬度

---

① 章丘县博物馆：《山东章丘县小荆山遗址调查简报》，《考古》1994年第6期。

② 何德亮：《山东史前时期自然环境的考古学观察》，《环境考古研究》（第二辑），科学出版社，2000年。

③ 山东省文物考古研究所、寒亭区文物管理所：《山东潍坊前埠下遗址发掘报告》中《附录二：前埠下遗址植物硅酸体分析报告》，《山东省高速公路考古报告集（1997）》，科学出版社，2000年。

④ 中国社会科学院考古研究所山东队等：《山东滕县北辛遗址发掘报告》，《考古学报》1984年第2期。

相近的河北磁山文化中，发现大量储存谷米的窖穴①。考虑到后李文化区所处纬度、地理环境以及北辛、大汶口文化农作物种类和前埠下遗址硅酸体样品中较多数量的代表黍亚科的硅酸体，可以肯定，后李文化分布区亦应为粟、黍农作物发源地之一。

（2）狩猎业

后李文化时期，鲁中南山地及低山丘陵北侧气候温暖、雨量充沛，森林、灌林丛生，为野生动物的生长提供了充足的食物来源。大量的野生动物出没于森林、草原之间，为人们提供了丰富的狩猎资源。南部低山丘陵面积广阔，人口稀少。人们的狩猎活动区域可延伸至山区深处。因此，虽然后李文化时期原始农业已开始出现，但其狩猎业在先民的生活中仍占重要地位。

后李文化遗址中出土大量的动物骨骸，小荆山及前埠下出土动物遗骸中，有 16 种哺乳动物。除可以确认为家养的猪、狗以及可能是经过人驯养的牛、水牛、羊外，其他如狼、斑鹿、鹿、梅花鹿、獐、狐、狗獾、中华鼢鼠等均为野生动物，是人们狩猎的对象。在前埠下遗址大汶口文化遗存中，尚发现虎、麂等动物遗骸，该类动物在后李文化时期也应存在。从动物骨骸数量及分布看，狩猎活动在先民生活中依然占有重要地位，是提供肉食的主要手段。偶蹄类动物是先民们的主要捕猎对象：梅花鹿、斑鹿、鹿、獐、野猪等为首选目标，其次是狗獾、貉、狐等小型动物。

发现的两种鸟类骨骸有雉、鸡，鸡的个体较小，如非家养，亦应为人们狩猎的对象。

以现有资料看，后李文化及其以后的北辛文化、大汶口文化中，狩猎活动一直在人们的生活中占有重要的地位，其主要原因为：（1）温湿的环境及茂密的丛林、草原，使大批的野生动物得以生长，一些食肉类动物还时常危及先民们的生命及财产（特别是家畜）安全，人们的狩猎活动，既可谋取大量肉食，又可保证安全。（2）人口稀薄，狩猎能力相对低下，使生态保持了一定的平衡。龙山文化特别是龙山文化以后，随着中原地区人口的增多，狩猎能力的增强，也由于气候的变迁，一些野生动物如野猪、獐、鹿、麂等在中原地区逐渐绝迹或稀少，狩猎业在人们的生活中失去了

———————————

① 河北省文物考古学会等：《磁山文化论集》，河北人民出版社，1989 年。

其原有地位。

（3）采集及捕捞业

采集及捕捞业都是人们早期经济形式，优越的地理环境及气候条件，无疑为采集、捕捞业提供了理想的场所。

采集活动是人类早期生活的重要来源，是农业出现之前，人们得以生存的重要保证。在早期人类生活中，采集活动的范围十分广阔，植物的根、茎、果都是人们采集的对象。后李文化时期森林—草原的植被环境，无疑为采集经济提供了便利条件。由于目前资料尚少，还无法弄清采集的具体植物种类。前埠下遗址（H133）"灰坑中的禾本科植物表皮细胞比较完整地保存下来，说明这些禾本科植物不是被燃烧后作为草木灰堆积到灰坑中的，很有可能是人类利用禾本科植物的可食部分后将剩余部分丢弃在灰坑中（很有可能这些灰坑就是禾本科植物的加工场所）"[1]。后李文化发现的大量粮食加工工具，不仅可加工农作物，亦可加工野生的植物果实。采集经济是原始农业产生的摇篮，其自始至终都受气候及植物种类的影响。

后李文化遗址大都傍河而居，南为山地，北为海拔较低的平原或沼泽、湖泊，其北距海边也不会太远。充沛的降雨量更使居址周围的水文条件得到改善，为人们的捕捞业创造了丰富的条件。

经鉴定的小荆山、前埠下遗址的动物遗骸中，水生动物分为三类十二个种属。包括圆顶珠蚌、珠蚌、扭蚌、剑状矛蚌、楔蚌、丽蚌、青蛤、蓝蚬、青鱼、草鱼、鲶鱼、鳖等。其中，青蛤为海滨潮间带常见的软体动物，生活于泥沙质的海底表层，丽蚌、楔蚌、扭蚌等适应于温暖的流水环境中，现主要生活于长江以南地区的河流或与河流相通的湖泊中，四种软体动物已不见于现后李分布的区域内，主要是由于气候的干旱，气温降低及海岸线变迁。

由于一些遗址中的土壤不利于蚌壳的保存，鱼的骨头细小，不易收集，但在发掘中，我们发现大量朽碎的蚌片及鱼骨骸，其个体数量惊人，其实际情况不是所谓鉴定的数量可以反映的。因此，不能单凭鉴定、统计的个

---

[1] 山东省文物考古研究所、寒亭区文物管理所：《山东潍坊前埠下遗址发掘报告》中《附录二：前埠下遗址植物硅酸体分析报告》，《山东省高速公路考古报告集（1997）》，科学出版社，2000年。

体去评估其捕捞业的水平。

总之，古代的地理环境、水文、气候等条件，不仅决定了捕捞业攫取的对象，也关系到采集量的大小（相同捕捞技术下）及捕捞业在人们经济生活中所占的地位。

（4）家畜饲养业

后李文化优越的自然环境为人们提供了丰富的动物资源，但这种资源是不稳定的，受自然环境条件及狩猎季节的限制。人们为有稳定的肉食来源，将在猎物丰富或狩猎季节时捕捉到动物加以短期喂养或圈养，从而开始了对动物的驯养。因此，就像采集业对农业一样，狩猎是家畜饲养的"摇篮"。

家畜饲养首先应有大量可供饲养的活的动物；其次，要有一定的饲养环境；此外，还要有家畜生长所必需的饲料。最初，人们驯养动物的种类也较多，前埠下遗址从灰坑内的动物遗骸来看，先民们驯养捕捉到的野生动物，特别是野猪和梅花鹿，并将野猪逐步驯化为家猪饲养繁殖①，牛、羊等也应是驯养的对象。

家畜首先是从圈养开始驯化的。后李文化居址多在山前地带，山谷、沟壑众多，无疑为圈养提供了良好的场所。其次，森林—草原环境为家畜饲养提供了饲料来源。有人认为，古代人们主要以粮食养猪，并把众多家猪的出现当做粮食已有剩余的象征。其实，最初的养猪也是以草食为主的。孔庆生先生通过对前埠下遗址后李文化及大汶口文化1岁半以上家猪第三臼齿资料的测量，认为其与野猪很难区分②。这固然与驯化程度有关，但最根本的原因，应是其在驯养后食物结构没有发生大的变化。因此，直到大汶口文化时期，家猪仍保留许多野猪的特征。

除狗外，人们最初驯养的动物多为食草性动物，丰茂的植被环境是动物饲养的根本保证。

---

① 山东省文物考古研究所、寒亭区文物管理所：《山东潍坊前埠下遗址发掘报告》中《附录二：前埠下新石器时代遗址中的动物遗骸》，《山东省高速公路考古报告集（1997）》，科学出版社，2000年。

② 山东省文物考古研究所、寒亭区文物管理所：《山东潍坊前埠下遗址发掘报告》中《附录一：前埠下新石器时代遗址中的动物遗骸》，《山东省高速公路考古报告集（1997）》，科学出版社，2000年。

2. 社会状况

主要指社会的组织结构、家庭、婚姻及习俗等。后李文化的环壕、房址、墓葬资料及出土遗物为我们对其社会状况研究提供了资料。

小荆山后李文化环壕平面呈圆角等腰三角形，周长约 1130 米。环壕内东西长 300 米，南北宽 400 米，总面积约 5 万平方米。环壕内发现大量后李文化的房址。环壕及环壕内遗存，是后李文化某一时期该聚落的基本遗存。西河遗址没有发现环壕，钻探资料表明，在遗址范围内，后李文化的房址可分为三区：东北区为 1991 年发掘的 F1、F2 及周围区域；中区即 1997 年发掘的 19 座房址及周围区域；东南区为 1993 年钻探时发现的七八座房址。三区之间有一定的距离。

后李文化的房址在已经发掘的后李、西河、小荆山、彭家庄遗址中均有发现，目前已发掘 40 余座，调查发现 40 余座。其中西河、小荆山遗址的房址保存较好。房址均为半地穴式建筑，依据形状及规模可分为两类：

第一类房址面积较大，多在 30～50 平方米之间，平面呈圆角方形或长方形，门道多向南，有的局部经烧烤或垫加烧土粒。房址中部活动面上多有 1～3 组由支座组成的烧灶，地穴四周散布一些陶器及加工工具。

第二类面积较小，面积多在 20～25 平方米，目前仅发现于西河遗址。平面形状不甚规整，未发现烧灶。

从功能上看，第一类为居住的房址；第二类未发现灶坑，为储存或加工的场所，或为附属于第一类房址的临时住所。

从后李文化的环壕与房址分析，后李文化的社会组织形式可分为三个层次：聚落（或胞族）—氏族—家族。

小荆山及西河遗址为聚落（或胞族）文化的遗存；西河遗址的房址分区排列，说明在同一聚落中，存在更小的活动组织——氏族。小荆山遗址由于发掘及钻探资料较少，尚不能确定其环壕内是否存在分区的现象。至于在同一地点分区居住的氏族是否属同一胞族，目前尚无确切的论证资料。

后李文化发现大量房址，每一房址内居住的是比氏族更小的组织单位——家族。

后李文化作为居住的房址面积一般较大，比同时期的裴李岗文化、贾湖文化房址的面积要大得多，这种差异既反映它们之间建筑技术的差异，但更重要的是与其社会组织的基本单位不同有关。

从出土遗物看，后李文化特别是后李文化的早、中期，作为炊具的陶釜的形体远远大于其后北辛文化的陶鼎。大型的房屋与形体较大的炊具相结合，说明后李文化社会组织的基本单位应为家族的形式，而非后来的一夫一妻的家庭形态。

目前已发掘和发现的后李文化时期的墓葬 40 余座。从墓葬较为集中的小荆山Ⅲ号墓区看，墓葬排列有序。后李文化的墓葬分为土坑竖穴墓和土坑竖穴侧室墓两类，后者仅见于后李遗址。墓葬均为单人仰身直肢葬，墓区内头向一致，各墓区头向不一。无葬具，仅个别墓内随葬少量装饰品。

通过后李文化与周围其他文化及山东地区晚于后李文化的北辛文化墓葬的对比研究，我们注意到以下几个问题：

（1）裴李岗、贾湖及白家文化①的墓葬中，多有随葬品，贾湖遗址M277 内随葬品多达 66 件。随葬品的种类有陶器、石器、骨器、牙器等。从功能上讲，陶器的盛器、炊器、水器，石质品的各类生产工具，骨质品的生产工具、装饰品及牙饰等，都成为随葬品，贾湖文化和白家文化还出现明器随葬的现象。功能如此齐全的随葬品，一方面表现了当时人们意识中的人、鬼关系，另一方面反映了氏族（或家族）内部已存在个人占有财产。马克思曾经说过，随葬品是死者"生前认为珍贵的物品，都与已死的占有者一起殉葬到坟墓中，以便他在幽冥中能继续使用"②。

与之不同的是，后李文化墓葬中，除个别墓随葬有蚌器等装饰品外，几乎没有什么随葬品。说明后李文化时期，个人生前除占有佩带的装饰品外，其他用品全为公有。

在讨论个人占有品时，我们不能不注意这样一种现象：后李文化的房址大多在 30～50 平方米，这样大的房址，显然不是一个小家庭的居所，而时代与之大致相当的裴李岗、贾湖文化房址的面积要小得多，面积多在 3～10 平方米，在贾湖遗址还发现 2～4 间的分间房址。如此悬殊的居住面积，并非是建筑技术的原因，当是与其氏族（或家族）内部的结构相适应。

---

① 王仁湘：《论渭河流域早期新石器文化发展的两个阶段》，《考古》1989 年第 1 期。

② 马克思：《摩尔根〈古代社会〉一书摘要》，人民出版社，1965 年。

后李文化时期每个人都生活在各自的氏族（或家族）的房屋内，一切生活用品、生产工具均为公有，属个人私有的仅仅是一些装饰品，因此人们死后的随葬品只能是这些属个人的饰件。裴李岗、贾湖文化的小房址说明人们生活在比氏族（或家族）更小的单位里，其生活用品及生产工具已归个人所拥有，并作为死后的随葬品。后李文化与其他文化随葬品的差异，概因于此。

由此可见，后李文化时期，人们的私有观念要落后于周围其他文化。

（2）与周围文化相比，后李文化的建筑方式、聚落结构及文化面貌同兴隆洼文化更为接近。兴隆洼文化目前发现墓葬的遗址有兴隆洼及阜新查海遗址。在兴隆洼遗址尚未发现专门开辟成区的公共墓葬，但在兴隆洼的房子里发现多座墓葬。在170座房址中，居室墓葬30余座。一室内仅有一座墓。墓葬均为长方形竖穴墓，位于房址穴壁的一侧，并与穴壁平行。墓葬打破房址的居住面，说明死者是在人们居住一定时期后埋葬的。墓主人多为成人，仰身直肢葬，头向依墓葬在房址中的位置不同而有差异。有的墓葬有随葬品，数量不一。随葬品以小型器物为主，有陶、石、骨、玉、牙、蚌器等。从功用讲，除M118随葬一件陶杯外，其余均为生产工具和装饰品。

阜新查海遗址发现房址55座，居室墓葬6座。墓内多有随葬品，其摆放位置、种类、数量与兴隆洼相似。个别墓比较特殊，如在F7房址内发现1座小孩墓，人骨已朽，仅存一颗臼齿的牙冠，知其头向北。根据牙齿的位置判断，墓主人所佩缀的大、中、小3对6件长条匕形玉质装饰品，应在死者的颈部至腹部。F43内的一座居室墓人骨腐朽，北端出土一对玉玦，南端出土7件陶器，这种随葬日用陶器的习俗，不见于兴隆洼遗址①。

兴隆洼文化的居室葬为我们研究后李文化的随葬品及房址废弃原因等问题带来了新的启示。

尽管目前在后李文化的房址中尚未发现居室葬的资料，但在废弃的房址中有成组的生活用品及生产工具，且房址中也没有发现焚烧或洪水冲刷的痕迹。因此房址的废弃很可能与后李文化的人们在其氏族（或家族）内

① 杨虎、刘国祥：《兴隆洼文化居室葬俗及相关问题探讨》，《考古》1997年第11期；辽宁省文物考古研究所：《辽宁阜新查海遗址1987～1990年三次发掘》，《文物》1994年第11期。

成员（或在家族中占重要地位的成员）死后，将房屋及房屋内的日常用品作为随葬品这一葬俗有关。一些民族中存在着居室葬的资料是这种葬俗曾经存在的有力证明。

由于田野发掘对后李文化的房址缺乏解剖，因此其是否存在居室葬的问题尚不十分清楚。这也是今后田野工作中应注意的问题。

（3）随葬品既反映了人们对个人财产的占有程度，又表明古代居民对自身与鬼魂关系的认识。

在古代人类的认识中，死亡是生命进入另一个世界的继续。"灵魂不灭"是古代人们的普遍认识。按照原始思维"互渗律"法则①，在原始社会早期人们的认识中，人与其所拥有的物品是一体的。因此人们死后其附属的财产也要随之埋葬，否则死者在另一个世界就不得安宁，会直接危及家人乃至整个氏族。在旧石器时代晚期—新石器时代早期，属于个人的仅仅是一些装饰品，生活用品、生产工具均非个人专有，当时墓葬的随葬品也只能是个人随身佩带的装饰品。旧石器晚期及后李文化墓葬随葬品的情况当是这一状况的反映。

氏族首领（或家族长）对房屋及日常用品具有更高的使用和所有权。兴隆洼文化的居室葬及一些少数民族的墓葬资料说明了这一点。后李文化房屋及室内生活用品、生产工具的舍弃可能与此有关。

在裴李岗、贾湖、白家文化的墓葬中大多有一定数量的随葬品，这应是氏族（或家族）成员拥有的个人财产普遍增多的体现。后李文化则与之不同。

贾湖及白家文化中明器的出现，反映人们已经认识到了活人与死人的不同，这是古代人、鬼关系认识上的一次重要转变。

通过后李文化及其他文化的分析，我们发现，无论是个人对财产的占有程度，还是对人、鬼关系的认识，不同文化之间的发展是不平衡的。

（八）人类学研究

后李文化的人骨鉴定由韩康信先生负责完成②。

---

① （法）列维·布留尔著，丁由译：《原始思维》，商务印书馆，1981 年。

② 韩康信：《山东章丘小荆山遗址墓葬人骨鉴定报告》，待刊。

小荆山遗址的墓葬资料主要是 1992 年济南市文化局文物处发掘的 21 座墓葬，这批墓葬的人骨虽经发掘者的收集和重视，但由于在埋藏过程中受到挤压而严重变形，几乎所有头骨都呈残碎破裂状态，从而为人骨的人种学研究带来困难。依据现存资料，主要对人骨的性别、年龄、身高进行了鉴定与测量，并对骨骼的形态特征加以观察与记录。

后李遗址后李文化墓葬人骨鉴定时间较早。由于当时对后李文化的认识尚不明确，因而人骨鉴定也未引起足够重视，人骨鉴定是与周、宋、清代的人骨同时进行的。后来韩康信先生对其中保存情况较好的两个头骨进行了测量，稍稍弥补了早期鉴定工作的不足。

由于后李遗址后李文化墓葬的人骨埋葬在沙质黄土中，保存环境好于小荆山遗址，其人骨虽有一定程度的石化，但损坏较少，骨骼表面的钙质结核也薄，这为鉴定工作提供了方便。

对墓葬内出土人骨的观察及测量，得出以下结论：

（1）后李文化的居民与黄河流域其他文化一样，同属蒙古人种，人骨测量的数据显示，其与华南原始居民有明显的差异。

（2）通过对人骨的性别、年龄鉴定，发现死者年龄大多在 50 岁以下的青壮年时期，小荆山墓地成人平均死亡年龄为 37.9 岁，说明死者的生存环境相对恶劣。

（3）从死者前位齿的沉重磨蚀可以推测，后李文化居民的食物除农作物的供给外，还可能依赖自然采集的食料。齿列除铗子型咬合外，还存在依靠狩猎—采集为生的民族中较常见的钳子型咬合形式。

（4）同一墓地中既有成人又有儿童和婴儿，说明儿童、婴儿与成人一样，死后葬于同一墓地。

（5）从人骨的保存形状看，后李文化墓葬人骨上往往附着有颗粒状的钙质结核，表明其时代的古老性。

（原载《山东 20 世纪的考古发现和研究》，科学出版社，2005 年）

后李文化时期环境与社会生活初探[*]

后李文化是 20 世纪 90 年代初在鲁北地区发现的新石器早期考古学文化，其出土陶器多含砂（或夹滑石粒），无泥质陶及三足器，均为手制，制作工艺简单，具有明显的原始特征。据碳－14 年代测定，结合地层资料分析，其绝对年代距今约 8500～7500 年。目前已经有五处遗址经科学发掘，其中临淄后李、潍坊前埠下遗址发掘的动物骨骼进行了鉴定，前埠下遗址采集的 3 个样品进行了硅酸体分析，对后李遗址多个样品进行了孢子花粉分析。以上工作为我们对后李文化时期的环境研究提供了重要的资料。然而，对于一个时代环境的研究，仅仅依靠以上资料是远远不够的。本文试图以上述资料为基础，结合山东地区的自然环境及后李文化发掘的其他资料，对后李文化时期人与自然的关系进行探讨，以期达到抛砖引玉的作用。

（一）后李文化时期的自然环境

自然环境包括地理位置、地形地貌、水文条件、气候条件和动植物群落等。

1. 地理位置及地形、地貌

自二叠纪以来，随着鲁中穹隆与辽胶地块的上升运动，伴随着地壳的褶皱或扭折、断裂、侵蚀、造山运动及河淮地区的凹陷①，山东地区的地貌逐步形成今日的鲁中南山地丘陵、胶东低山丘陵、鲁西北冲积平原及胶莱

---

* 本文为与李芳合写。

① 俞德渊：《中国地质学》，地质出版社，1959 年。

平原四个地理单元。

有的学者根据对华北平原黄土沉积速率与海平面升降变化的推算，认为"26000 年到 79000 年 Warm 冰期后时，海平面高于今日（华北平原）30公尺黄土沉积，华北平原为一海湾，其中正在加积"[1]，并复原了公元前5500 年的海岸线。也有的学者根据旧石器、细石器文化的分布情况，重新复原了晚更新世晚期海岸线，进而认为"后李文化阶段的海岸线与晚更新世晚期的海岸线大致接近"[2]。就目前发现情况看，后李文化分布范围东至潍坊市寒亭区前埠下，西至长清县月庄，呈带状分布在鲁北山前低矮丘陵或山前冲积平原上，其距离山地远者不过六七千米。海拔高度多在 20~55米之间，东西跨度达 250 千米。

如果人们复原的晚更新世晚期海岸线成立，则后李文化时期的人们乃是居住在一个面积大约为 3000 平方千米的大岛（鲁中南古岛）北侧的岛民。

2. 水文及气候

（1）水文条件

后李文化分布于东至潍坊、西至济南的鲁中南中山、低山丘陵北侧、小清河以南地区。在这区域内分布着大大小小的河流，直接流入海洋的有潍河、虞河、白浪河、弥河、小清河。其中小清河是汇集了来自南部山区的塌河、淄河、杏花沟、巨野河等河流后入海的。因此，在后李文化分布范围内，其河流走向主要由南向北流。历史时期，以小清河及渤海南岸、西岸的海岸线变化较大。

小清河为古济水的一部分。济水，古四渎之一。《周礼·职方》、《汉书·地理志》、《说文》作"沛"，他书皆作"济"。据《汉书·地理志》、《水经》，其时济水自今荥阳县北分黄河东出，流经原阳县南、封丘县北，至山东定陶县西折东北注入巨野泽，又自泽北出经梁山县东，至东阿旧治西，自此以下至济南市北泺口，略同今黄河河道，自泺口以下至海，略同

---

① 丁骕：《中国地形》，台北，1954 年。

② 胡秉华：《山东史前遗迹与海岸、湖泊变迁及相关问题》，《中国考古学会第九次年会论文集》，文物出版社，1997 年。

今小清河河道。隋代开通济渠后，巨野泽以上逐渐湮废，巨野以下渐以清河著称。金代以后，自泺口以下成为以泺水为源的小清河，1885 年，黄河夺济入海，泺口以上的古济水成为黄河的一部分。

渤海西岸及南岸的海岸线在古代明显偏西、南，西汉时期渤海南岸在今昌邑、广饶一线的北侧，西岸在今利津县城附近。

从发掘的几个遗址看，能够反映古代地下水位情况的有两个：后李遗址、小荆山遗址。

在后李遗址发现七八条东西向的沟①，沟长 6～12、宽 0.5～1.2、深 2～2.5 米，这些沟距现河岸约 150 米，尽管这些沟的用途目前尚不清楚，但在水沟下部均发现蓝绿色水浸现象，应该是积水长期浸泡的结果。由于该地距河较近，且次生黄土含沙量多，易泄漏，因此，沟内积水不可能是人为浇注的，沟内水平面基本代表了当时的水位线，抑或代表了当时淄河的水面情况。

2000 年夏季，张店区彭家庄遗址发掘时，亦发现几条与后李遗址形状及堆积相类的沟，其性质与用途应相同。

1999 年，在小荆山遗址的西部发现一圆角等腰三角形环壕，在北部及南部壕沟底部，均发现水长期浸泡形成的蓝绿土，其土质、土色与后李遗址沟底部的堆积基本一致。以南部壕沟剖面为例，壕沟上部较宽，坡较缓，距地表 2.5 米以下，沟壁较陡直，沟底有较粗的沙粒，填土呈蓝绿色。可以认为，水浸染到的层面，应为当时该地区的水位线。

（2）气候条件

山东地区属暖温带半湿润季风气候，受海洋影响较大，气候特点是夏季多雨，冬季晴朗干燥。全省年平均气温在 11～14.5℃，一月 -5～-1℃，七月 24～28℃，大体东部偏低，西南部偏高。气温年较差、日较差东部沿海较小，西部内陆较大。无霜期一般 180～220 天。各地年平均降水量在 560～1170 毫米，从东南向西北逐渐减少。

气候学家根据生物遗存及孢粉资料揭示，在距今 10000～9000 年期间，

① 济青公路考古队：《山东临淄后李遗址第三、四次发掘简报》，《考古》1994 年第 2 期。

海河、黄淮平原地区为气候迅速变暖时期，尽管年平均气温与现在接近或偏低，但其降水量却明显增高，加速了植物的生长。距今 9000 ~ 8000 年气候又向偏凉的方向转化。到距今 8000 ~ 3000 年则进入大暖期。在距今 7500 ~ 5000 年期间，在山东郯城、鲁北、莱州湾出现生长于热带和亚热带湖沼水域的水蕨孢子，说明当时气候要高于现在 4 ~ 5℃。同时在距今 8000 ~ 5000 年期间渤海湾和胶州湾出现了北温带植物区系成分水青冈（*Fagus*），水青冈在该地区全新世高温期出现说明当时夏季风明显增强，冬季风急剧地减弱，降水量增高，相对湿度加大。从鲁北平原的惠民、禹城等地取得的有关距今 8000 ~ 5000 年时代孢粉组合资料，都是以落叶乔木和喜温的松为优势，同时伴存亚热带的乔木，如山核桃、枫香、枫杨、铁杉、水青冈和水蕨等①。

总之，后李文化（距今 8500 ~ 7500 年）时期，该地区属气候温暖、湖沼发育的森林繁盛期。

3. 动、植物群落

（1）动物群落

经发掘的后李文化遗址（后李、西河、小荆山、前埠下）均出土有大量的动物遗骸，目前仅有小荆山、前埠下遗址出土的动物遗骸经过鉴定②。

两个遗址出土的动物遗骸代表了哺乳动物、鸟类动物、爬行类动物、鱼类动物、软体动物五大类，包括斑鹿、鹿、梅花鹿、獐、野猪、狼、狐、貉、家猪、家犬、狗獾、羊、牛、水牛、中华鼢鼠、雉、鸡、鳖、青鱼、鲶鱼、草鱼、圆顶珠蚌、珠蚌、扭蚌、剑状予蚌、楔蚌、丽蚌、蓝蚬、青蛤等 30 个种属。根据其中野生动物种类的现代栖居形态环境及分布情况，我们可以对当时地理环境和气候特征进行推测和分析。

青蛤等是海滨潮间带常见的软体动物，生活于泥沙质海底表层，考虑

① 张丕远等：《中国历史气候变化》，科学出版社，1996 年。
② 山东省文物考古研究所、章丘市博物馆：《山东章丘小荆山遗址调查、发掘报告》中《附录：小荆山遗址中的动物骨骼》，《华夏考古》1996 年第 2 期；山东省文物考古研究所、寒亭区文物管理所：《山东潍坊前埠下遗址发掘报告》中《附录一：前埠下新石器时代遗址中的动物遗骸》，《山东省高速公路考古报告集（1997）》，科学出版社，2000 年。

到当时人们的活动能力和范围，出现该类动物遗骸的前埠下当时应距海岸不远，人们才有可能赴海滩捕捞回这些软体动物，以供食用。

楔蚌、丽蚌、扭蚌等主要分布在温暖湿润的南方省区，栖居在河流及与河流相通的沼泽、湖泊区。这类生物贝壳在遗址中出现，说明后李文化时期的气候较为温暖、湿润，降水丰富，年平均气温可能比现在高4~5℃，与现在江南地区气候相似；其次表明遗址周围有有利于这类软体生物的流水环境，即有流量中等的河流、湖泊存在，河湖底质为泥沙。

青鱼每年要到江河干流流速较高的场所产卵繁殖，现生种主要分布于长江以南的平原地区。遗址中发现大量青鱼咽齿，以及其他淡水鱼类和鳖类的骨骸，进一步说明后李文化时期气候较为温暖，雨水充沛，且河湖沼地众多。

貉是一种在河滨捕食鱼类及小动物的兽类，常生活在靠近水域的草原环境中。

野猪、狐等常栖身于河流、湖泊附近的灌木丛或山林之中；狗、獾广泛栖息在山林、草坡、田野，以小型兽类、昆虫及植物的根茎为食。

鹿、斑鹿、梅花鹿、獐等动物常栖息于滨岸苇丛、山边林地及沼泽草地等环境，主要分布于长江下游。周代以前，其分布区要比现代居群更靠北方。后李文化遗址中大量鹿、獐类遗骸的发现，说明这种动物有相当数量的居群存在，当时的环境也适宜其繁衍生息。

狼主要栖居在山林、丘壑之中，狼骨骸的出土，与后李文化遗址的地理环境相吻合。

综上所述，在后李文化时期，鲁北地区为森林—草原环境，众多的河流、湖泊散落其间，降水充沛。河岸湖滨灌木丛林，南部低山丘陵上森林覆盖。各种动物出没于丛林、灌林中间、河湖滨岸。当时的气温可能比现在高4~5℃，大致与福建一带的气候相似。

（2）植物群落

对后李文化时期植物群落恢复工作，目前仅后李遗址做了孢子花粉鉴定，前埠下遗址做了少量的植物硅酸体分析。

后李遗址的孢子花粉由中国科学院地质研究所的周昆叔等先生负责鉴定，由于种种原因，"只在第五号样中发现松（Pinus）的花粉19粒，毛莨科（Ranunculaceae）花粉 2 粒，蒿属（*Artemisia*）9 粒和藜科（Chenopodi-aceae）1 粒"，说明"遗址堆积期间，其附近植被是不茂盛的，除有些松树外，主要是一些喜旱类，如毛茛、蒿和藜的分布"①。由于孢粉发现较少，其所代表的植物种类不能反映当时的植物群落。

前埠下遗址硅酸体标本由靳桂云博士 1997 年亲自到工地采集，并完成分析。在遗址的地层、灰坑、柱洞中共采集 28 个样品，其中 3 个样品属后李文化时期②。硅酸体统计结果表明，多数样品以棒型、尖型、长方型、方型、扇型硅酸体为主；帽型、齿型、短鞍型及芦苇扇型、中鞍型硅酸体较少。

在 H133 等灰坑采集的样品中，含有大量的炭屑，并多见禾本植物和木本植物硅酸体，说明人们将这些植物作为燃料燃烧后倒入灰坑中。也说明先民生活区域有较多的灌木、乔木及禾本植物生长。灰坑中的禾本科植物表皮组织比较完整地保存下来，说明这些禾本科植物很可能是人类利用其可食部分后，将剩余丢弃在灰坑中。

硅酸体类型中，主要分布于寒冷干燥地区的短鞍型、帽型和齿型含量较少，分布于暖湿气候环境的方型、长方型所占比例较大，这种硅酸体的结合，说明当时气候比较温暖；起因于芦苇的中鞍型和芦苇扇型占一定比例，说明当时降雨量较大，存在芦苇生长所需的河湖、沼泽。

（二）环境与人类文化

人类自其产生之日起，就与其周围自然环境有密不可分的关系。生活在后李时代的先民们，其聚落的选择及形态、经济形式、技术工艺乃至思想领域无不打上自然环境影响的烙印。

1. 聚落对地理环境的选择

选择什么样的生存环境，对人类至关重要。从山东地区现有考古资料看，旧石器及细石器时代，人们活动的区域主要集中在鲁中南中山、低山

---

① 周昆叔 1988 年 7 月 2 日给王永波同志的来信。
② 山东省文物考古研究所、寒亭区文物管理所：《山东潍坊前埠下遗址发掘报告》，《山东省高速公路考古报告集（1997）》，科学出版社，2000 年。

丘陵及胶东低山丘陵地带，其海拔高度均在 50 米以上。这既与冰后期海面上升有关，也与人们穴居生活及采集狩猎经济密切相关。

大量考古资料证明，在中国新石器时代早期（公元前 10000 ~ 前 7000年），开始"出现了食物生产，诞生了生产型经济社会"[①]。后李文化时期人们离开山地，到低山丘陵边缘及山前冲积平原居住，显然与其经济结构改变有关。然而，如何选择新的居住址却受到自然环境的多重制约。现我们只能通过聚落遗址周围地理环境的分析，理解其相互关系。

后李遗址地处地势较平坦的山前冲积平原，其南为鲁山山系北端的低山丘陵，西为淄河。淄河为一条古老的河，其从西南部山区东北向流经淄河店北折，由于处于河曲地带，其东岸受到河水的不断冲刷。从断河岸上尚存有后李—唐宋时期的地层情况分析，现河岸为后代不断冲刷形成，并非后李时期的堤岸线。通过对后李遗址中后李文化遗迹分布的分析，我们发现，遗址的中心部位在距现河岸 100 米以东。

后李遗址的海拔高度为 51 ~ 52.6 米；北部及东部逐渐降低，海拔高度降至 50 米以下，向南及东南则海拔高度逐渐增高与南部鲁山山脉的驴山、牛山等相连接。

由此可见，居住于后李遗址的后李时期无疑找到了十分理想的地理环境，其西近河，长年流淌的河水既解决了人们的生活用水，又丰富了人们的渔猎生活。东、北为略为低洼的地带，利于居址的排水，保持居地的干燥。南部山区，既是古代居民理想的狩猎场所，也是洪水暴发时人们得以避难的"避风港"。居址周围地势平坦，土壤松软，易于耕种，是食物生产的理想场地。

小荆山遗址位于山前冲积平原的最南端，南侧紧邻小荆山。小荆山向北延伸有几条山脊，至平原地区已不甚明显，但仍可看出其高于两侧。聚落遗址坐落在山西北侧一条南北向山脊北端的东侧，故遗址西、南部较高，东、北部略低。遗址最高处仍低于同一经线山脊顶部 0.5 ~ 1 米。山脊西侧渐低至漯河。

---

① 朱乃诚：《中国新石器时代早期文化遗存的新发现和新思考》，《东南文化》1999 年第 3 期。

后李文化中晚期，小荆山遗址上曾修建了环壕，其环壕更是巧妙地利用了当时的地形地势①。环壕平面呈圆角三角形，其东南边呈东北—西南向，避免了山谷积水的直接冲刷。环壕周长 1130 米，其西壕及东南壕的西半段是利用了原来的自然冲沟，这段自然冲沟呈"V"字形，最宽处为 50 米，一般宽 20 米左右，深 3.2 ~ 5 米。这段"V"字形冲沟决定了小荆山环壕的基本形状，其长度也占了环壕周长的一半左右。环壕另一半为人工挖掘而成。在"V"字形冲沟顶端有一宽 50 米的缺口，向西呈扇形穿过西侧山脊的顶部，这样，环壕内的积水可排放到西部的漯河。缺口深 2.5 米，这个深度既可保持环壕内常年有水，也可在雨季使积水及时排至西面的漯河。

环壕内的聚落布局也明显受到地形的影响。发掘及钻探资料表明，环壕内分布着密集的房址，而"V"字形冲沟内侧，却未见到房址及其他遗迹，这或许与该段环壕易被洪水冲刷有关。

在刘小荆山环壕聚落中环壕作用的推测时，我们认为，环壕的修建，除了防止其他部族袭扰（人的因素）外，它还能防止野猪、狼、虎等野兽的侵犯，而在当时，其南部山区不乏此类动物。此外，环壕的修建也可以防止山洪对人们居住地的直接冲击。

也许因为小荆山北侧优越的地理环境（其北部有半环绕的漯河，南有广阔的山区），后李文化遗址分布相对密集，小荆山、茄庄西、小坡遗址都分布在这个相对较为封闭的地理单元中。

依据人们对居址地理环境的选择，已发现的后李文化遗址可分为两类。一类分布于山前冲积平原上，后李、茄庄、小坡、彭家庄等属此。另一类分布于近山坡地，该类遗址有小荆山、西河、前埠下、孙家等。

与其他原始文化一样，后李文化时期人们选择居住条件主要有两个：依山、傍水。

我们知道，旧石器时代，人们主要生活在山地洞穴中，以采集、狩猎为其主要获取食物手段。山东地区旧石器、细石器地点均发现在海拔 50 米

① 山东省文物考古研究所等：《山东章丘市小荆山后李文化环壕聚落勘探报告》，《华夏考古》2003 年第 3 期。

以上的地区。末次冰期结束后人们才走出洞穴，进行了农业经济的空前革命。种植经济在丘壑起伏的山地无法开展，人们才逐步走向山前平原地带。在距今8000年前后，雨量充沛，同时，海岸线也较今天更靠近山区，因此，海拔50米左右的山前地带成了人们进行种植经济的理想场所。山前的环境，既可进行采集、狩猎经济以弥补刚刚起步的农业经济的不足，又可避免洪水及海平面升降对人们生活造成的危害。

目前山东地区发现最早的水井属北辛文化时期①。到大汶口文化水井发现数量仍然甚少。后李文化遗址中没有发现水井，其生活用水或许主要依靠邻近的河溪；同时，靠近河溪，洪水及雨水能够尽快得到排除，这在气候温暖、雨量充沛的时代尤为重要。因此，汲水及排水都是人们临水而居的重要原因。

2. 自然环境与经济形式

后李文化时期温暖湿润的气候、依山傍水的地理环境为其农业、狩猎、捕捞、采集及家畜饲养业提供了有利条件。从后李文化分布情况看，目前发现的遗址数量较少，在泰沂山系北侧潍坊东部到济南南部300余千米的山前冲积平原上零星发现十余处这一时期的遗存。广阔的空间，为后李时期人们的生活提供了较好的生存环境。山东目前发现的万年前后的扁扁洞遗址，位于沂源南部山区中，因此后李文化时期的人们，是第一批走出山区的先民，其生活、生存方式，是其在山地时期的延续和发展。因此，采集、狩猎等古老的行业依然是人们食物的主要来源，农业和养殖业是生活的补充和保障。

（1）采集及捕捞

采集活动是人类早期生活的重要来源，是农业出现之前人们得以生存的重要保证。后李文化时期森林—草原的植被环境，无疑为采集经济提供了便利条件。由于目前资料尚少，还无法弄清采集的具体植物种类。前埠下遗址（H133）灰坑中的禾本科植物表皮细胞比较完整地保存下来，"说明这些禾本科植物不是被燃烧后作为草木灰堆积到灰坑中的，而很可能是人类在这里加工禾本科植物后将剩余部分丢弃在灰坑中后留下的遗存，这类

---

① 济宁市文物考古研究室：《山东济宁市张山遗址的发掘》，《考古》1996年第4期。

灰坑有可能是古人类加工或堆放禾本科植物的场所"①。尽管无法弄清这些禾本植物的种类及采集或种植而来，但其或为野生，或者两者兼有。后李文化发现的大量粮食加工工具，不仅可加工农作物，亦可加工野生的植物果实。采集经济是原始农业产生的摇篮，其自始至终都受气候及植物种类的影响。

后李文化遗址大都傍河而居，南为山地，北为海拔较低的平原或沼泽、湖泊，其北距海边也不会太远。充沛的降雨量更使居址周围的水文条件得到改善，为人们的捕捞业创造了丰富的条件。

经鉴定的小荆山、前埠下遗址的动物遗骸中，水生动物分为三类十二个种属。包括圆顶珠蚌、珠蚌、扭蚌、剑状矛蚌、楔蚌、丽蚌、青蛤、蓝蚬、青鱼、草鱼、鲶鱼、鳖等。其中，青蛤为海滨潮间带常见的软体动物，生活于泥沙质的海底表层，丽蚌、楔蚌、扭蚌等适应于温暖的流水环境中，现主要生活于长江以南地区的河流或与河流相通的湖泊中，四种软体动物已不见于现后李分布的区域内，主要是由于气候的干旱，气温降低及海岸线变迁。

由于一些遗址中的土壤不利于蚌壳的保存，鱼的骨头细小，不易收集，但在发掘中，我们发现大量朽碎的蚌片及鱼骨骸，其个体数量是惊人的，这是单凭鉴定的数量所不能比拟的。因此，不能单凭鉴定、统计的个体去评估其捕捞业的水平。

（2）狩猎

后李文化时期，鲁中南中山、低山丘陵北侧气候温暖、雨量充沛，丛林、灌林丛生，草原茂密，大量的野生动物出没于森林、草原之间，为人们提供了丰富的狩猎资源。南部低山丘陵面积广阔，人口稀少，人们的狩猎活动区域可延伸至山区深处。因此，虽然后李文化时期原始农业已开始出现，但其狩猎业在先民的生活中仍占重要地位。

后李文化遗址中出土大量的动物骨骼，小荆山及前埠下出土动物遗骸

---

① 山东省文物考古研究所、寒亭区文物管理所：《山东潍坊前埠下遗址发掘报告》中《附录二：前埠下遗址植物硅酸体分析报告》，《山东省高速公路考古报告集（1997）》，科学出版社，2000 年。

中，有16种哺乳动物。除可以确认为家养的猪、狗以及可能是经过人驯养的牛、水牛、马、羊外，其他如狼、斑鹿、鹿、梅花鹿、獐、狐、狗獾、中华鼢鼠等均为野生动物，是人们狩猎业猎获的对象。在前埠下遗址大汶口文化遗存中，尚发现虎、麂等动物遗骸，该类动物在后李文化时期也应存在。从动物骨骸数量及分布看，狩猎活动在先民生活中依然占有重要地位，是提供肉食的主要手段。偶蹄类动物是先民们的主要捕猎对象，梅花鹿、斑鹿、鹿、獐、野猪等为首选目标，其次是狗獾、貉、狐等小型动物①。

发现的两种鸟类骨骸有雉、鸡，鸡的个体较小，如非家养，亦应为人们狩猎的对象。

以现有资料看，后李文化及其以后的北辛文化、大汶口文化中，狩猎活动一直在人们的生活中占重要的地位。

（3）原始农业

后李文化的生产工具中，石器除后李、小荆山遗址出土少量残破的石铲外，没有明显可直接用于农业耕种的工具。角器工具中，有一些较大的角叉、锥、棒、锄类，或与原始农业中的点种及松土有关，当与种植有关。蚌器中的蚌刀类既可收割农作物，也可进行非农作物的采集。当然，应该存在大量木器农具（小荆山遗址出土的许多角骨柄首器可能与之有关），但当地土壤不利于木器保存，所以没有木器保存下来。该地区晚于后李文化的北辛文化中，存在大量石铲，结合其他地区的发现，可以认为"北辛文化时期，原始农业进入锄耕农业"②。相形之下，后李文化发现的少量石铲不足以实施土地的耕作。因此，最大的可能是后李文化时期，放火烧荒，然后在含细沙较多的土地进行点种，进行着刀耕火种的农业经济。

---

① 山东省文物考古研究所、章丘市博物馆：《山东章丘小荆山遗址调查、发掘报告》中《附录：小荆山遗址中的动物骨骸》，《华夏考古》1996年第2期；山东省文物考古研究所、寒亭区文物管理所：《山东潍坊前埠下遗址发掘报告》中《附录一：前埠下新石器时代遗址中的动物遗骸》，《山东省高速公路考古报告集（1997）》，科学出版社，2000年。

② 何德亮：《山东史前时期自然环境的考古学观察》，《环境考古研究》（第二辑），科学出版社，2000年。

后李文化遗址发掘中，没有发现炭化的农作物果实，在对前埠下遗址植物硅酸体分析中，禾本科植物的硅酸体含量最多，其中有丰富的黍亚科植物的硅酸体，可能表明有些植物遗存是人类利用黍亚科植物可食部分的结果，但目前尚未建立谷子等黍亚科粮食作物硅酸体判别标准，无法确定人类利用的是哪些黍亚科植物，更无法确定是否有农作物的遗存①。因此，目前尚无法依据后李文化自身资料，判断农作物的种类。

（4）家畜饲养

后李文化优越的自然环境为人们提供了丰富的动物资源，但这种资源不稳定，受自然环境条件及狩猎季节的限制。人们为有稳定的肉食来源，将在猎物丰富或狩猎季节时捕捉到的动物加以短期喂养或圈养，从而开始了对动物的驯养。最初，人们驯养动物的种类较多，前埠下遗址从灰坑内的动物遗骸来看，先民们驯养捕捉到的野生动物，特别是野猪和梅花鹿，并将野猪逐步驯化为家猪饲养繁殖②。牛、羊等也应是驯养的对象。

家畜首先是从圈养开始驯化的。有人认为，古代人们主要以粮食养猪，并把众多家猪的出现当做粮食已有剩余的象征。其实，最初的养猪也是以草食为主的。孔庆生先生通过对前埠下遗址后李文化及大汶口文化1岁半以上家猪第三臼齿数据的测量，认为其与野猪很难区分③。这固然与驯化程度有关，但最根本的原因，应是其在驯养后食物结构没有发生大的变化。因此，直到大汶口文化时期，家猪仍保留许多野猪的特征。

除狗外，人们最初驯养的动物多为食草性动物，丰茂的植被环境是动物饲养的根本保证。

3. 生产技术工艺对自然环境的利用

有什么样的生产环境，就会出现什么样与环境相适应的生产技术、工

---

① 山东省文物考古研究所、寒亭区文物管理所：《山东潍坊前埠下遗址发掘报告》中《附录二：前埠下遗址植物硅酸体分析报告》，《山东省高速公路考古报告集（1997）》，科学出版社，2000年。

② 山东省文物考古研究所、寒亭区文物管理所：《山东潍坊前埠下遗址发掘报告》中《附录一：前埠下新石器时代遗址中的动物遗骸》，《山东省高速公路考古报告集（1997）》，科学出版社，2000年。

③ 同②。

艺。陶器的制作、生产工具的改进，无不与自然环境相关。

后李文化的陶器均为含砂陶。后李遗址个别陶器羼有蚌壳粒，前埠下遗址绝大多数羼有滑石粒，这与当地资源有关。陶器的胎质与各遗址地层的质地基本一致。后李、前埠下遗址部分陶器表面施不甚典型的红陶衣，其陶衣所用细泥土在河岸断面的淤泥层中即可找到，不必专门进行淘洗。这种施陶衣的工艺少见或不见于西河、小荆山遗址。

当地玉料缺乏，除小荆山、前埠下发现少量玉器外，制玉工艺不甚发达。

石器制作一般与周围石料的类型有关。后李遗址南部的低山丘陵及邻近的河床，都有大量的石料，为石器制作提供了便利的条件。后李文化的石料主要有橄榄岩、花岗岩、板岩、页岩、千枚岩、粉砂岩、砂岩、滑石等，人们利用不同的石料制作不同的工具，石斧多以花岗岩、橄榄岩等为料，石质坚硬。铲一般由页岩、板岩制成，石凿、锛多用页岩制作，刃部异常锋利。石质松软，易于琢制的砂岩成为当时先民们制作工具的重要石料，磨盘、磨棒、研磨器、各类磨石、石支座等莫不以砂岩为首选材料。小荆山遗址长56、宽40厘米的犁形器，就是以砂岩为料制成的，其厚度仅4厘米，其刃部与器身也不在同一平面。砂岩制作的各种磨石可进行磨刃（尖）、磨光、磨切工艺，与地理环境中存在大量该类砂岩的石料资源有关。

由于周围有丰富的动物资源，人们才能在食用动物肉质后，利用其骨骼制作各种骨器，产生磨切、砸壁的取料及磨尖、磨光的制作工艺。同时，也正是因为周围有各类不同种类动物，可以狩猎捕捞，人们才制作投掷（矛、镖）、远射（镞）等不同的工具，这是人类与环境相互作用的最好例证。

夏商以前，中原地区存在大量鹿属动物，其坚硬的角成为后李文化时期人们制作工具及艺术品（或与宗教有关）喜爱的材料。为了能将带有许多枝杈的鹿角一分为二，先民们发挥了其精湛的磨切技术。

（三）结语

后李文化早期气候处于凉、暖交替时期，而后期的绝大部分时间属大暖期。然而，即使在大暖期中，也有短期的降温时期。

　　后李文化的遗址多靠近山区，目前发现距南部丘陵最远的遗址（彭家庄遗址）离山约七八千米，这既是对新环境的选择，也表现了先民们对山的依恋与依赖。遗址大多坐落在河边台地上，既解决了生活用水问题，又增强了抗洪能力。

　　温暖、湿润的气候，山前平原的优越环境为先民们提供了良好的生存环境，先民们在进行原始的采集、狩猎、捕捞的同时，进行制陶、建筑、工具及工艺品的生产，也不断发展原始农业，以增加其抵御各种灾难的能力。以往，人们往往夸大原始农业的发展程度，甚至把饲养家猪看成是粮食剩余的标志，其实这是一种误解。直至大汶口文化时期，人们在其遗址中仍可发现大量的狩猎、捕捞的野生动物遗骸，说明狩猎及捕捞在人们的生活中仍占有重要地位。

　　由于后李文化发掘遗址较少，对其自然环境及对人类活动影响问题的研究尚处于起步阶段，许多资料尚有待于今后的发掘工作去充实。

后李文化的墓葬研究

　　人类将死者的尸体或尸体残余按一定的方式放置在特定的场所，称为"葬"。用以放置尸体或其残余的固定设施称为"墓"。在中国考古学上，两者合称为"墓葬"。在墓葬中，往往还包含着各种随葬品①。以现有资料而言，世界上发现最早的且被多数人承认的墓葬，当属欧洲旧石器时代中期尼安德特人所创造的莫斯文化的墓葬。该文化的墓葬中，有的人骨与洞熊骨相伴，或以为是其随葬品②。到旧石器时代晚期，各地发现的墓葬更多，并且往往有随葬品伴出。在中国，北京山顶洞人将死者埋葬在山洞下，并在人骨周围撒上赤铁矿粉末及随葬钻孔小石珠等装饰品。山顶洞人据放射性碳元素断代为距今 18865 ± 420 年③。由于旧石器时代距今年代较为久远，人口少，又多居于山洞内，故发现墓葬数量较少。到了新石器时代，随着人们走出山地丘陵进入平原，人口的增多，居住地点的固定，墓葬的数量也大大增多，在相对较广阔的区域内，人们也有了一定的埋葬制度与习俗，这为我们对当时墓葬的研究提供了可能。后李文化是我国已发现较早的新石器时代文化，其墓葬的发现与研究，具有承前启后的作用，因而具有十分重要的意义。目前，有两个遗址中发现后李文化时期的墓葬：临淄后李遗址、章丘小荆山遗址。

---

① 《中国古代墓葬制度》，《中国大百科全书·考古学卷》，中国大百科全书出版社，1986 年。

② （苏）谢·亚·托卡列夫著，魏庆征译：《世界各民族历史上的宗教》，中国社会科学出版社，1985 年。

③ 《中国古代墓葬制度》，《中国大百科全书·考古学卷》，中国大百科全书出版社，1986 年。

（一）后李文化的墓葬

1. 小荆山遗址

经多次调查、钻探及发掘工作，在小荆山遗址发现三个墓葬区（参见本书《试论后李文化》文中图二），依北、中、南方位不同，编为 I 、 II 、 III 区。

I 区位于遗址西北部，墓地南侧与居址相连接，北部大部分分布在居址以外。1999 年 3 月，山东省文物考古研究所在对小荆山遗址进行钻探时发现该墓区。

由于该墓区墓葬是在生土上直接挖坑埋葬，所以墓内填土与周围自然堆积的土层无法区别。墓内填土及周围土层均为黄褐土，夹少量细沙，土质较软。钻探过程中，在长约 60 米的断崖上发现 6 座墓葬，编号为 M03 ~ M08。由于墓内填土无法确定，加之墓圹较小，在断崖以东，没有探到墓葬，故 I 区范围不详。

从暴露的 6 座墓葬情况看，墓葬应为长方形竖穴土坑墓，均为南北向。从 M03 暴露部分看，墓主为仰身直肢葬，发现的几座墓葬均头向南。在人骨的表层，附有很硬的颗粒状钙质结核层。暴露的几座墓多未发现随葬品，仅在 M03 下肢骨一侧发现 1 件蚌饰（编号 M03 : 1）。M03 : 1 系利用矛蚌壳磨制而成，大多保存了原来的形状，仅在顶部钻一圆孔，顶部一侧磨出半圆形缺口，整体形状似一鸟首。

II 区位于遗址中部，在此次发现的环壕中部偏东地带。目前，从断崖上发现 2 座墓葬，编号 M01、M02。M02 上部被后李文化的房址及地层叠压，从暴露情况看，头似向西。M01 位于现代柏油路南侧，开口于房址 F042 下，仅暴露出头骨，在头骨顶部，发现 1 件蚌饰，形状、尺寸大致与 M03 : 1 相同。从已暴露的头骨位置看，M02 墓主头向南。

III 区位于遗址东南部，在已发现环壕东南段偏东的外侧。由于窑场取土，大部分遭毁灭性破坏。1992 年秋，济南市文化局文物处、章丘市博物馆对该遗址抢救性发掘时，在取土场中部一条 3 ~ 4 米宽的土梁上，清理墓葬 21 座（图一）。从墓葬排列方式看，21 座墓葬分为三排。北排有 M14、M20、M9、M5、M10、M18、M17、M15、M16、M2 及东部一座未编号墓共 11 座墓；中排

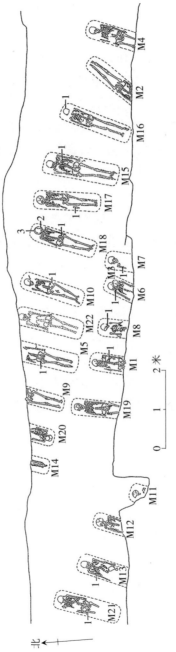

图一　小荆山遗址Ⅲ区墓葬分布图

骨钉：M8:1　蚌簪：M16:1、M18:3　蚌纽形饰：M18:2

M5:1、M6:1、M7:1、M10:1、M13:1、M15:1、M16:1、M17:1、M18:1、M21:1

蚌壳：M1:1、

有 M19、M1、M8、M6、M3、M7 等 6 座墓；南排有 M21、M13、M12、M11 共 4 座墓。皆为竖穴土坑墓，墓向在 6°～18°之间，墓圹一般长 2 米左右，宽 0.5～0.7 米，其宽度仅容一人身宽，无葬具，墓主人皆为单人仰身直肢葬，头向北①。在人骨的表面附着一层坚硬的颗粒状钙质结核。由于长期挤压，头骨多产生破裂。墓内仅个别墓随葬有蚌壳、陶支座和骨饼饰件等（图二）。

　　由于墓内无随葬品，这批墓葬的时代较难确定。墓葬发掘时，曾在 M10

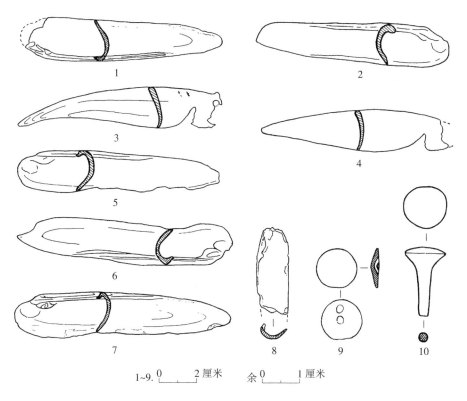

图二　小荆山遗址墓葬出土器物
1、2、5～8. 蚌壳（M13：1、M21：1、M18：1、M15：1、M10：1、M1：1）　3、4. 蚌簪（M18：3、M16：1）　9. 蚌纽形饰（M18：2）　10. 骨钉（M8：1）

① 章丘市文物管理委员会：《章丘文物汇考》，济南出版社，1994 年；栾丰实：《海岱地区考古研究》，山东大学出版社，1997 年。

填土中出土十几件陶片，陶片以夹砂红陶为主，少量灰褐、黑褐陶。夹砂陶多夹细砂，有一部分粗细不匀。除一件可能为钵类口沿外，主要为釜类口沿。从小荆山遗址分期看，M10 填土内陶片大致相当于该遗址分期的Ⅲ段①。考虑到同一墓区墓葬时代差异不太大，可以认为，Ⅲ区不是遗址Ⅰ、Ⅱ段时期的墓地。

三个墓区所发现的墓葬均为单人仰身直肢葬，没有发现陶器作为随葬品的现象，少量随葬品多为陶支座及饰件。Ⅰ、Ⅲ区在环壕以外，Ⅱ区位于环壕之内，考虑到发现的 2 座墓均压在房址、灰坑之下的层位关系，及在二次发掘时，在其西部发现许多如 H126 等小荆山Ⅰ段灰坑情况，Ⅱ区或为环壕修建之前的墓地。而Ⅰ、Ⅲ区应为环壕修建后人们利用的墓地。

2. 后李遗址的墓葬

后李遗址共发现后李文化时期的墓葬 18 座。后李遗址主要为周代及北朝前后的遗存。由于晚期遗迹破坏，后李文化时期的遗存大多遭到破坏，后李文化时期的墓葬也因为许多被破坏而无法弄清其分布规律。

从墓葬结构看，后李遗址后李文化时期的墓葬均为单人土坑墓。依据墓室位置不同，可分为竖穴土坑墓及竖穴侧室墓两类。

竖穴土坑侧室墓 6 座。墓圹部分呈长方形。向下挖至一定深度后，再在墓壁一侧（或两侧）挖出侧室，侧室外侧较高，内侧较矮。除个别随葬陶支座等外，一般无随葬品。M111 位于 T1926 东北部，上部被开口于第 9 层下的 H1858 及 H1958 打破，墓圹部分呈长方形，长 2.14、宽 0.6、深 0.6米。侧室是在墓圹北壁及东壁向外掏挖而成，平面呈不规则椭圆形，最大进深 0.55、高 0.1 ~ 0.3 米。葬式为单人仰身直肢葬，头向东，面向上。随葬品位于墓主人头部左侧墓道的填土中，有 3 件陶支座、1 件大蚌壳（参见《试论后李文化》文中图七）。

竖穴土坑墓 12 座。一般墓圹较窄，长度多在 2 米左右，宽度一般0.5 ~ 0.7 米，仅能容身，无葬具。M96 位于 T2026 东北部，开口于第 11 层下，南部被 H2288 打掉。从残存情况看，为长方形竖穴土坑墓，呈长方形，

---

① 山东省文物考古研究所、章丘市博物馆：《山东章丘小荆山遗址调查、发掘简报》，《华夏考古》1996 年第 2 期。

墓口残长 1.25、宽 0.85 米，墓深 0.48 米。墓主人头部被打掉，仅存下肢骨及上半身的大部，头向西南，仰身直肢，没有发现随葬品（参见《试论后李文化》文中图六）。

通过以上墓例分析发现，后李遗址后李文化的墓葬明显存在竖穴侧室及竖穴土坑两类，前者头向多向东，后者多向西南。

后李遗址发现的竖穴土坑墓与章丘小荆山遗址后李文化墓葬较一致，竖穴侧室墓目前仅见于后李遗址。

（二）人骨的人种学研究

后李文化的人骨鉴定由韩康信先生负责完成。

1. 小荆山遗址后李文化的人骨鉴定

小荆山遗址的墓葬资料主要是 1992 年济南市文化局文物处发掘的21 座墓葬，这批墓葬的人骨虽经发掘者的收集和重视，但由于在埋藏过程中受到挤压而严重变形，几乎所有头骨都呈残碎破裂状态，从而为人骨的人种学研究带来困难。依据现存资料，主要进行了以下几个方面的研究。

（1）性别、年龄

发掘的 21 座墓葬人骨均有骨架，由于后期挖土破坏，骨架大多残缺不全。韩康信先生对采集的骨骼进行了鉴定，通过鉴定发现性别、年龄特征及骨架保存状况如下：

①21 个个体中，18 个成人墓，其中男性 10 个，女性 8 个，3 个未成人包括一个 2 岁左右的婴儿，说明当时儿童与成人是埋葬于同一墓地的。

②从死亡年龄看，大多个体在 30～50 岁之间的壮年—中年期。17 个可估计年龄的（包括未成人）平均死亡年龄约为 32.6 岁，可估计年龄的 14个成人平均死亡年龄 37.9 岁。

采集的人骨表面往往附着有较厚的钙质结核，骨质有一定的石化因而相对沉重，与当地北辛文化、大汶口文化人骨有较明显的差异，这或许说明其埋葬的年代要相对久远[1]。

---

[1] 韩康信等：《山东章丘小荆山遗址墓葬人骨鉴定报告》，待刊。

（2）身高与形态特征

采集的人骨中，长骨大多残断不全，只有少数几个个体的长骨得以完整保存。韩康信先生对其中四个保存较好人骨的长骨进行了测量，测量的四个个体均为男性，身高在 167.1～174.6 厘米之间，平均身高 169.9 厘米。由于计算个体太少，且均为男性，其结果能否代表小荆山墓地死者实际平均身高，尚需更多的资料加以验证。

小荆山墓地人骨（特别是颅骨）在埋藏过程中因挤压而产生破碎、变形，加之变形后钙质在骨骼表面及骨缝断裂处产生结核，几乎没有一个头骨可以复原。韩康信先生对每个个体进行了形态特征的观察和详细记录，并对某些人骨进行了局部测量，其主要结论有以下几个方面：

①从残碎骨骸上观测到的某些体质特征是：中—短的颅形，眉弓和眉间突度不强烈结合低—平的鼻骨突度和浅平的鼻根凹陷及弱小的鼻棘，发达的颧骨，相对较高的面和偏低矮的眶形结合趋宽的鼻形，上齿槽突额明显等。根据这些综合特征，一方面显示与临淄后李遗址头骨形态的相似性，也显示出与黄河中、下游其他新石器时代墓地人骨中一般常见的蒙古人种属性。

②从前臼齿及颊齿的严重磨蚀可以推测，这些原始居民的食物除农作物的供给外，还可能依赖自然采集的食料，齿列除铗子型外，也见有钳子型，后一种咬合是依靠狩猎—采集为生的民族中常见的咬合形式。

③虽然人骨可观察的上下颌齿列不多，但能见者无一例有拔牙现象。

2. 后李遗址后李文化墓葬人骨鉴定

后李遗址后李文化的墓葬人骨鉴定时间较早。由于其时对后李文化的认识尚不明确，因而人骨鉴定也没有引起足够的重视，人骨鉴定是与周、宋、清代的人骨同时进行的。后来韩康信先生对其中保存情况较好的两个头骨进行了测量，稍弥补了早期鉴定工作的不足。

由于后李文化墓葬的人骨埋葬在沙质黄土中，保存环境好于小荆山遗址，其人骨虽有一定程度的石化，但损坏较少，骨骼表面的钙质结核也薄，这为鉴定工作提供了方便。

鉴定后李墓地人骨主要工作内容有：性别、年龄的鉴定，头骨的测量与观察①。

（1）性别、年龄鉴定

后李遗址中后李文化时期的墓葬18座，其中对17座进行了鉴定，能鉴定性别的14个人骨的男女数量一致；人骨中有一3~4岁的儿童，其墓葬形制与成人相同，说明当时儿童与成人一样埋入同一墓地；从死亡年龄看，大都在青壮年时期死去，人们的生命寿限很少超过50岁。

（2）头骨形态观察及测量

从整体看，这一组头骨有些短化，眉弓和眉间突度不特别强烈，相应的鼻根凹陷浅平，颅顶缝简单，额坡度可能较后斜，眶形趋低矮，眶口平面与眼耳平面相交属后斜型，鼻骨低平，鼻棘弱，犬齿窝不发达，上门齿呈现铲形等。

韩康信先生通过对这两个头骨测量数据与其他文化综合对比研究认为"后李的头骨与其周邻的黄河中、下游及长江下游的苏北苏南的头骨之间，在形态学上没有基本的区别。相比之下，他们与华南的史前头骨之间存在明显的形态距离，暗示他们在形态学可能不是同类"。

（三）与其他文化墓葬的对比

从年代上讲，在北方和华北地区，与后李文化同时期并存发展的考古学文化有：裴李岗文化、贾湖文化、磁山文化、白家村文化（或称为老官台文化）及兴隆洼文化。在山东地区，后李文化之后为北辛文化。为了解后李文化墓葬的特点，必须与以上诸文化进行对比研究。

1. 兴隆洼文化

兴隆洼文化与后李文化有较强的一致性，具体表现在：

①两者都发现了较为明确的环壕居聚。

②两者半地穴式房址的面积都较大，兴隆洼房址面积多在50~70平方米，最小的19平方米，最大的达145平方米。后李文化房址面积多在30~50平方米。

③两者都有形体较大的炊器。

---

① 韩康信等：《山东后李遗址墓葬人骨鉴定报告》，待刊。

以上相似情况说明两者之间处在相同的社会发展阶段。

兴隆洼文化目前发现墓葬的有兴隆洼、阜新查海遗址。在兴隆洼遗址尚未发现专门开辟成区的公共墓葬，但在兴隆洼的房子里发现许多座墓葬，一室内仅有一座墓。墓葬均为长方形竖穴墓，位于房址穴壁的一侧，并与穴壁平行。墓葬打破房址的居住面，说明死者是在人们居住一定时期后埋葬的。墓主多为成人，仰身直肢葬，有的墓葬有随葬品，数量不一。目前，该遗址墓葬的详细资料尚未发表。

阜新查海遗址仅在 F7 房址内发现 1 座小孩墓。墓葬位于 F7 的西壁内侧，为圆角长方形。长 1.2、宽 0.5、深 0.45 米。墓坑打破活动面，凿入下部基岩，直壁平底。内填淡灰色纯细沙。人骨已朽，仅存一颗臼齿的牙冠，知其头向北。根据牙齿的位置判断，墓主人所佩缀的大、中、小 3 对 6 件长条匕形玉质装饰品，应在死者的颈部至腹部。

陈星灿先生曾撰文专门对史前居室葬俗问题进行了研究，认为从旧石器中期开始，人们就已开始将死者埋在他们的住地[①]。在中国，北京山顶洞晚期智人墓地、黑龙江河依兰县倭肯哈达洞穴、江西仙人洞及广西桂林曾皮岩洞穴发现的墓葬均为居室葬。

从民族资料看，中国台湾十个土著居民中，有八个族居民死后葬在屋内的地下。大多数民族在房屋内没有空隙埋葬后即迁往新居，其中卑南族在遇到凶死，如被杀、难产、自杀则迅速埋葬在屋内，弃屋而重建新居。赛夏族死者埋入床下。埋葬后长男必须在其父死后十天内在死者床上相伴，其他家人则另居别宅。约十天后全家迁居他处，抛弃旧居。死者的日常用具一应随葬。邵族的室内葬在一屋中约埋十人，就放弃该屋，另外建一新屋居住。葬于屋内的仅限于老人及家族中的重要人物。年轻人、小孩、难产的妇女则不能葬于屋内。死者的日常用具皆随葬墓中。

由此可见，从民族学上，居室葬葬俗往往与弃房相关。

在兴隆洼文化居址中，实行居室葬者所占比例很小，在当时埋葬制度中不占主要地位。每一个居址内只有一座墓葬，可能死者在家族中占有重要地位。该类房址的废弃或许与此有关。

---

① 陈星灿：《史前居室葬俗的研究》，《华夏考古》1989 年第 2 期。

后李文化的埋葬方式分为竖穴侧室及竖穴土坑墓两类。与房址形成鲜明对照的是，在后李文化目前发现的墓葬中，除个别墓随葬有陶支座及装饰品外，没有一件陶容器，而后李文化废弃的房址中却发现成组的陶容器。我们知道，在新石器时代早期，人们制作和烧制一件大的容器并非易事，后李文化许多陶器都有修补的钻孔说明人们对陶器的珍视。这种成组实用器的遗弃及房屋的废舍，或许与后李文化时期人们的葬俗有关。

据笔者所知，目前发现的 30 余座后李文化的房址，在发掘后进行了就地掩埋的保护工作，很少进行全面解剖。因此，后李文化是否存在居室葬的习俗，是今后工作中应注意的一个问题。

2. 裴李岗文化、贾湖文化

裴李岗文化的墓葬目前已清理了 300 余座。其基本特征有：

（1）墓地规模不大，在同一墓地里有墓区或墓群之分。墓葬均为长方形竖穴土坑墓，以小型墓为主，也有个别大型墓（如裴李岗遗址有 2 座长、宽各 2 米左右的墓葬）。以单人仰身直肢葬为主，墓向多南北向。死者多为成人，亦有个别非成人。头向大多向北。

（2）绝大多数墓葬都有随葬品。随葬品主要有陶器、骨器等，多为日常生活用品或生产工具。随葬品数量多寡不一，少者 1 件，多者达 20 余件。一般在 3～5 件。

（3）随葬品放置方式和位置有一定的规律。

后李文化的墓葬也有分区埋葬的现象，以竖穴土坑墓为主，未见葬具，墓主人多仰身直肢。但与裴李岗文化相比，两者有明显的差异。主要表现在：

①后李文化的竖穴土坑侧室墓不见于裴李岗文化，而前者也不见大型墓。

②后李文化大多数墓葬无随葬品，个别墓葬仅随葬少量的饰件；而裴李岗文化的墓葬中除随葬装饰品外，尚有生活用品和生产工具。

在河南舞阳贾湖遗址共发掘贾湖文化墓葬 249 座[①]。通过对墓葬的分期发现，每一期墓葬均有不同的墓区或墓群。墓葬除个别为圆角长方形、长

---

① 河南省文物考古研究所：《舞阳贾湖》，科学出版社，1999 年。

椭圆形外，绝大多数为长方形竖穴土坑墓。墓葬规模差距不大。墓向以西向为主，次为西南，少量为西北。

埋葬方式比较复杂。可分为一次葬、二次葬、一次葬与二次葬的合葬、迁出墓等四类。一次葬又可分为单人一次葬和多人一次葬两类；一次葬与二次葬的合葬也可分为一个一次葬与一个二次葬的合葬、一个一次葬与多个二次葬的合葬两类。其中以单人一次葬为主。一次葬多为仰身直肢，也有少量俯身葬者。未成人与成人一样葬于公共墓地中，婴儿实行瓮棺葬。

墓葬中大多有随葬品，无随葬品的墓占 24.1%。随葬品多在 1~20 件，多者如 M277 达 66 件。随葬品的种类有陶器、石器、骨器、牙器等，以骨器数量较多。

与后李文化相比，两者有以下明显区别：

①贾湖文化墓葬单人一次葬占 67.6%，其二次葬及合葬的葬俗不见于后李文化。

②贾湖文化墓葬大多有随葬品，且多实用器。后李文化的少量随葬品仅限于装饰品。

③贾湖文化墓葬中随葬的龟甲、獐牙等风俗见于山东地区的大汶口文化，而后李文化的墓葬中则未发现。

3. 北辛文化

山东境内北辛文化时期的墓地目前发现两处：汶上县东贾柏遗址、临淄区后李遗址。

汶上东贾柏遗址现存面积约 4 万平方米。1988 年，中国社会科学院考古研究所山东队对该遗址进行了发掘，发现北辛文化时期的墓葬 23 座。墓葬主要集中在遗址的东部，以长方形竖穴土坑墓为主，近方形及椭圆形墓各一例。葬式以仰身直肢居多，也有上身仰直、下身盘屈的墓例（M8）。有单人葬、多人合葬、二次葬、迁出葬等埋葬方式。头向大多朝东。23 座墓葬中，除 7 座儿童墓及 1 座迁出墓外，其余 15 座墓共有人骨 17 具（M9 为三人合葬），其中 10 具有拔除侧门齿的现象，年龄均在 20 岁以上。多数墓葬无随葬品。

临淄后李遗址发掘北辛文化时期的墓葬 16 座。墓圹均为竖穴土坑墓，无葬具、随葬品。葬式分为单人葬和双人合葬两类。单人葬 15 座，均为仰身直肢葬。除 M19 随葬 2 件陶鼎外，其余都没有随葬品。双人合葬墓仅 M40 一座，墓圹长 1.82、宽 0.9 米，仅容两个骨架。均仰身直肢葬，头向东南。

后李文化与北辛文化的墓葬均为竖穴土坑墓，很少有随葬品，无葬具，但后者不见竖穴土坑侧室墓，前者无合葬墓。由于目前发掘北辛文化墓葬均为中、晚期，后李文化晚期墓葬也没有发现，两者之间尚有较长的时间差距，因此还无法解释它们之间的这些差异。

（四）小结

（1）前已发掘的后李文化时期的墓葬 30 余座。从小荆山Ⅲ区看，墓葬排列有序。后李文化的墓葬分为土坑竖穴墓和土坑竖穴侧室墓两类，后者仅见于后李遗址。墓葬均为单人仰身直肢葬，墓区内头向一致，各墓区头向不一。无葬具，仅个别墓内随葬少量装饰品。

（2）墓葬的人骨研究得出以下结论：

①后李文化的人们死后无论成人还是儿童均埋葬在同一墓地内。小荆山遗址成人平均死亡年龄为 37.9 岁，许多人在青壮年时期死去，说明人们的生存环境十分恶劣。

②对后李文化墓葬中人骨形态的观察和测量，可知后李文化的居民与新石器时代黄河中、下游其他文化的人们一样，同属蒙古人种。

③在后李文化居民的头骨上，尚未发现鲁中南地区北辛文化、大汶口文化中常见的拔牙及枕骨变形等习俗。

通过后李文化与周围其他文化及山东地区晚于后李文化的北辛文化墓葬的对比研究，我们注意到以下几个问题：

（1）裴李岗、贾湖、磁山文化以及白家文化①的墓葬中，多有随葬品，贾湖遗址 M277 内随葬品多达 66 件。随葬品的种类有陶器、石器、骨器、牙器等。从功能上讲，陶器的盛器、炊器、水器，石质品的各类生产工具，骨质品的生产工具、装饰品及牙饰等，都成为随葬品，贾湖文化和白家文

---

① 王仁湘：《论渭河流域早期新石器文化发展的两个阶段》，《考古》1989 年第 1 期。

化还出现明器随葬的现象。而后李文化墓葬中，除个别墓随葬有蚌器等装饰品外，几乎没有什么随葬品。说明后李文化时期，个人生前除占有佩带的装饰品外，其他用品全公有。

另外，我们注意到这种现象：后李文化的房址大多在 30～50 平方米，而与之时代大致相当的裴李岗、贾湖文化房址的面积要小得多，面积多在 3～10 平方米，在贾湖遗址还发现 2～4 间的分间房址。如此悬殊的居住面积，并非是建筑技术的原因，当是与其氏族（或家族）内部的结构相适应。后李文化时期每个人都生活在各自的氏族（或家族）的房屋内，一切生活用品、生产工具均为公有，属个人私有的仅仅是一些装饰品。而裴李岗、贾湖文化的人们生活在比氏族（或家族）更小的单位里，其生活用品及生产工具已归个人所拥有，并作为死后的随葬品。

（2）与周围文化相比，后李文化的建筑方式、聚落结构及文化面貌同兴隆洼文化更为接近。虽然兴隆洼文化的墓葬资料尚未发表，但兴隆洼文化的居室葬为研究后李文化的随葬品及房址废弃原因等问题带来了新的启示。虽然目前在后李文化的房址中尚未发现居室葬的资料，但在废弃的房址中有成组的生活用品及生产工具，且房址中也没有发现焚烧或洪水冲刷的痕迹。因此房址的废弃很可能与后李文化的人们在其氏族（或家族）内成员（或在家族中占重要地位的成员）死后，将房屋及房屋内的日常用品作为随葬品这一葬俗有关。

由于田野发掘对后李文化的房址缺乏解剖，因此其是否存在居室葬的问题尚不十分清楚。这也是今后田野工作中应注意的问题。

后李文化的玉石器及骨角蚌器
制作工艺初步研究

后李文化是山东地区早期新石器时代文化，其石器及骨角器的加工技术已经十分成熟。济南章丘小荆山遗址第一次发掘时，郑笑梅先生带领我们到现场参观时，认为小荆山后李时期出土石器的磨制程度与大汶口文化、龙山文化差别很小。由此可见，后李文化时期生产工具的制作工艺与旧石器时代晚期有明显的不同。工具制作工艺的研究对了解旧石器向新石器文化过渡及后李文化时期的生产力发展水平具有重要的作用。在整理后李文化的资料时，笔者对工具的制作工艺进行了观察，现将观察到的现象进行描述，以利于大家对这一时期工具制作工艺有进一步的了解。

（一）玉器制作

后李文化玉器较少，目前仅在前埠下遗址发现2件、小荆山采集1件。玉器的形体较小，均为玉凿。

3件玉凿中，有2件平面呈梯形，以玉根为料，淡蓝色石英质；另一件呈长方形（残），灰黑玉。取料采用打击与磨切相结合的方法。前埠下H44：2系以玉根为料加工而成，凿的一侧两面均保留有磨切形成的条状痕，顶端有打击而产生的凹窝，因凹窝间凸棱上有较光滑的磨面，因此这些凹窝是取料（或打击成型）时的遗留，而非使用时形成的。玉器表面大都经精心磨制，似经抛光。小荆山遗址环壕内采集的玉凿与之相类。前埠下H259：14为灰黑玉，一侧有磨切形成的条状凹槽，后端残，前端磨制精致，温润光亮（图一）。

1   2

图一　玉器制作标本

1. 前埠下 H259：14　2. 前埠下 H44：2

（二）石器制作

（1）石料来源

后李文化遗址大都分布在丘陵或山前平原上，距山区最远的彭家庄遗址离山约六七千米。地理环境为人们选取石料提供了方便。此外许多居址临近河流，河内冲积的鹅卵石也为人们提供了大量可选的石料。遗址中有些鹅卵石仅见崩疤，可能是直接利用鹅卵石做石锤用。

（2）选材

后李文化石器的质料主要有橄榄岩、花岗岩、板岩、页岩、千枚岩、粉砂岩、砂岩、滑石等。

根据各种石器的功能、用途不同而选用不同的石材，这是后李文化居民对石料利用的经验沉积。一般来讲，石锤、石斧多用硬度较高的橄榄岩、花岗岩；石凿、石铲制作采用板岩、页岩，其取料、制坯工序比较简便容易；研磨器、磨盘、磨棒、犁形器、支座及各种砺石用粉砂岩、砂岩、千枚岩，这些石料石质较软，易于制作且摩擦力大；制作精美的装饰品则多采用较软的滑石等。

（3）制坯

主要利用石锤打击出所要制作石器的初型，一些石器如支座、柱础等，仅经简单的制坯后即可使用（图二，3、5）。有的磨盘、砺石的边缘保留着

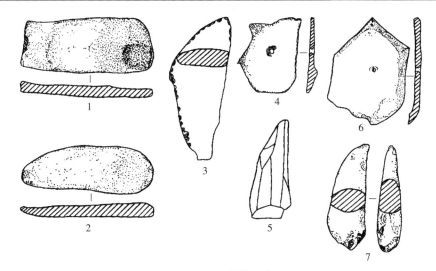

图二　石器制作标本

1、2. 磨盘（ZX：1、ZX：2）　3、5、7. 支座（F14：9、采001、ZX：26）　4、6. 犁形器（ZX：21、ZX：45）（均出自小荆山）

打击的崩疤。大部分石器经过制坯这一工序。

（4）琢修

是对石器毛坯的进一步加工。主要利用锤类工具将毛坯修整成一定的形状及琢平器物表面，为石器的打磨做好基础。一些层面较明显的石料如页岩、片岩制作的石器表面很少见琢痕，因为这类石料两面均较平整，石铲、石刀等石器多选用这类石料。有些石器如磨盘、磨棒、研磨器、犁形器及部分支座经琢修后不再打磨，因此这些石器通体布满琢痕（图二，1、2、7）。

特别值得注意的是犁形器的制作，这种器形目前仅见于小荆山遗址。犁形器多以砂岩为料，一般形体较大，平面形状不甚规整，有较长的锋刃。1991年调查之标本 ZX：45，呈五边形，长56、宽40、厚4厘米（图二，6）；标本 ZX：21，残长38、宽30、厚1~5厘米（图二，4）。将如此大的石料琢平且锋刃与器身的厚度又各不相同，并非易事。犁形器的制作代表了后李文化琢修工艺的最高水平。

（5）打磨

打磨石器表面是石器制作具有决定意义的一项技术，磨制石器的出现是新石器时代开始的重要标志。打磨技术始于旧石器时代晚期，山顶洞就曾发现磨制的骨珠、鱼牙、骨针等。到新石器时代，这一技术普遍运用于石器的加工制作。

后李文化打磨石器的技术十分精湛，有些石斧、石凿通体磨光，与北辛文化、大汶口文化的同类器很难区别。石器的打磨工具为砺石，在后李文化遗址中发现大量各种类型的砺石，有的砺石经长期使用而磨得十分扁薄。

后李文化石器通体打磨的主要有斧、凿等，有些斧的上半部打磨不精，明显可看出琢痕；有的石器如刀、铲等仅将刃部磨光。此外有大量的石器如砺石、支座、磨盘、磨棒等未经打磨。

（6）钻孔

后李文化的石制品中经钻孔的器物不多，主要有犁形器、石环和石饰等。

有钻孔的石器大多石质较软，如砂岩、粉砂岩、滑石等。钻孔的方法可分为三类：（1）以有尖的石器琢击出较大的圆孔。小荆山遗址犁形器中部的圆孔系两面琢击形成的；（2）以尖状器对钻。小荆山 F11：14 的石饰及前埠下 H259：6 石环上修补穿孔属此类；（3）前埠下 H259：6 石环内孔较大，应在坯料上钻孔后，再用砺石加以磨切而成。

石器中的砺石、磨盘、磨棒及研磨器的磨面十分光滑，斧、凿、铲等刃部有崩疤，这些磨面和崩疤是石器在使用过程中形成的，与制作工艺无关。

（三）骨、角、牙、蚌器制作

后李文化的骨、角、牙、蚌器比较发达。按功能可分为生活用品、生产工具及装饰品，其制作有选材、破料、成型、磨光、穿孔等工序。

1. 选材

后李文化时期温润的气候及森林—草原植被，为当时的狩猎、渔猎经济发展提供了条件，大量的动物遗骸为骨器、角器、牙器、蚌器的制作提供了丰富的原材料。

（1）骨器

从发现的骨器看，其原料大多为猪、牛、鹿等大型动物的肢骨。这类骨骼骨壁较厚，易于成型。

（2）角器

已发现的角器均以鹿类的角为原料。这一时期鹿的种类有鹿、梅花鹿、斑鹿等。

（3）牙器

主要以猪（或野猪）的獠牙及獐牙为料。

（4）蚌器

由于保存环境的原因，后李文化的蚌器发现较少且多破碎，少量蚌器主要以剑状矛蚌、丽蚌为原料。

2. 破料

破料是根据所要制作的器形加工成一定形状的坯料。破料的方法有以下四种：

（1）磨切

以扁薄的砺石将原料横向切开或纵向剖开。磨切而成的坯料形状易于掌握，即使枝杈较多的鹿角，也能纵向从中间剖开。一些器物的边缘制成后尚有磨切痕。

（2）砍削

一般为横向砍削较坚硬的角料，多用较锋利的刀旋转砍削，有的砍至一定深度后再砸断。一些角器的废料上常保留砍削痕。该类方法适于骨料、角料的裁取。

（3）凿劈

以凿类工具将原料纵向凿一排孔，使之劈裂成型。在一些角器的边缘常残留有凿痕，从凿痕看，该类凿的刃部较窄，宽约 0.8~1 厘米。

（4）砸裂

用锤类直接在原料上砸击形成坯料。这一方法一般不易掌握坯料的形状。有的骨料砸碎后形成许多骨片，选择合适的即可利用。

3. 成型

成型是对破料后形成坯料的进一步加工。有些器类在毛坯形成后可直接打磨，如大部分的锥、牙饰等；有的器类必须进一步的加工成型，如镞、镖、匕等。后李文化的成型工艺分以下三种：

（1）磨切

主要用于加工镞、镖等器形较复杂的器类（图三，4）。前埠下遗址骨镖及 C 型骨镞的倒刺、翼均为磨切而成，标本 H259∶43 骨镖的两个倒刺之间宽仅 0.1～0.2 厘米（图三，5），可见磨切的工具十分扁薄。

（2）砍削

主要用于镖、匕等器类的修整。前埠下遗址 H259∶19 角匕的柄上有十分明显的砍削痕（图三，1）。此外，一些笄、匕后端的凹槽，也是这种方法加工而成的。

（3）磨砺

将毛坯不合器形需要的部分磨去，使之最后成型，笄、针及部分骨锥的进一步成型都用此法。前埠下遗址 H248∶4 骨凿和 H35∶2 骨镖上都残留磨砺痕（图三，9、10）。

此外小荆山遗址出土的以骨、角为质料的柄首器前端的空腔，当是凿削形成的（图三，3、7）。这种加工空腔的工艺更复杂。

4. 磨光

毛坯成型后，即可对器身加以磨光。磨光的目的有两个：一是将器身磨平，减少摩擦力，增加美感；另一个是将尖、刃部磨得更加锋利。由于各类工具的功用不一，器身及尖刃部的磨光程度是不同的。大多数的锥类仅仅磨光尖部，器身上保留碎裂面；一些镞、镖的铤部保留磨砺痕；针、匕多通体磨光。

值得注意的是，一些骨锥系骨料打击成骨片后直接利用，其尖部虽然较光滑，但仍可发现凹凸不平的现象，这种光滑面是在使用时形成的。针、笄在使用过程中会更加光亮，却非抛光的原因。

5. 穿孔及其他

后李文化的穿孔技术不甚发达，骨、角、牙、蚌器的穿孔多为单面钻孔（图三，8）。未发现管钻技术。前埠下遗址 H258∶9 骨针后端钻孔仅 0.1～0.15 厘米（图三，2），反映了当时高超的钻孔技术。

为使器物更加美观和便于携带，有的在器身上加必要的修饰，如小荆山 H131∶1 牙饰边缘上的刻槽（图三，6）等。

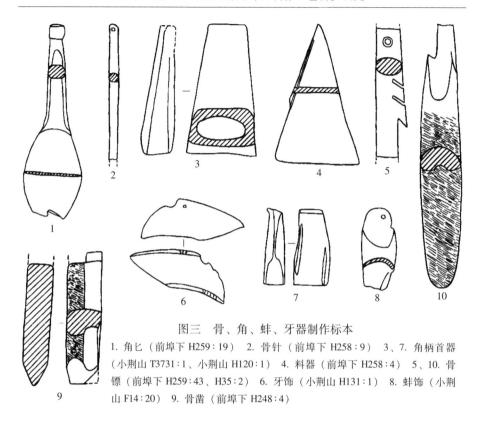

图三　骨、角、蚌、牙器制作标本

1. 角匕（前埠下 H259：19）　2. 骨针（前埠下 H258：9）　3、7. 角柄首器
（小荆山 T3731：1、小荆山 H120：1）　4. 料器（前埠下 H258：4）　5、10. 骨
镖（前埠下 H259：43、H35：2）　6. 牙饰（小荆山 H131：1）　8. 蚌饰（小荆
山 F14：20）　9. 骨凿（前埠下 H248：4）

（四）结语

　　人类区别于动物的最重要标志，就是能够创造性地发明和使用工具，包括劳动工具和生活用具。自人类的祖先有意识打造出第一件石器的时候，人类就告别了动物大家族而走上了独立发展的道路。在漫长的史前时期，这种技术创造和技术进步发展缓慢却从来没有停止过，正是因为有了这些缓慢而持续的积累，才造就了今天高的智能人类。观察、了解和研究考古学文化的手工制作技术，有助于了解当时社会的生产力发展水平，有助于了解当时人类的生活习俗、审美观念和思维方式，有助于从整体上把握人类历史进步的步伐。

章丘小荆山遗址的发现与研究

（一）环境与历史沿革

章丘市位于山东中部偏北，地处泰沂山脉北侧，与华北平原相接。地势由东南向西北倾斜，南部是与泰沂山脉相连接的山地丘陵，东侧是泰沂山脉向北延伸的支脉长白山系，北部沿黄河为界地势低洼，中部为山前平原，地理环境较为复杂。

该地区属暖温带大陆季风性气候，年平均温度 12.9℃，极高气温为 41.1℃，最低气温 −24.5℃。年平均降水量 627.9 毫米，无霜期平均 192 天。主要河流有黄河、小清河、绣江河、漯河等。湖泊有白云湖、芽庄湖等。

章丘市优美而复杂的地理环境及古代温暖湿润的气候条件，使古人们在该地区创造了灿烂的古代文化。

这里目前发现最早的是后李文化时期的遗存，已发现四五处，是后李文化分布较密集的地区。文化面貌有别于东部后李文化的后李类型，以龙山镇西河遗址命名为"西河类型"。

北辛文化时期，董东、王官庄遗址面积大，文化堆积丰富，文化面貌与鲁北地区相近，又有更多鲁中南地区的特点。

到大汶口文化时期，该地区古文化得到进一步发展，遗址增多，文化内涵更加丰富。焦家遗址出土的大量陶器、玉器、石器，表明其文化具有较高的水平。

龙山文化时期是该地区文化兴盛时期。1928 年城子崖龙山城址的发掘，是中国现代考古学产生的标志。以黑陶为代表的原始文化也以该遗址而命名。城子崖龙山城是我国发现最早的原始文化城址。

到岳石文化时期，文化面貌受外来影响而产生了较大的变化，以城子崖岳石文化城址及王推官庄遗址的发掘及"王推官庄类型"的确定，表明夏商时期，这里仍为一个重要的古文化中心。

商周以降，这里为谭国所在地。谭为一古老的部族，其立国或在商代，商之后，迁至章丘一带。有人认为其都城为城子崖发现的春秋城址。谭于公元前 684 年亡于齐国。《春秋·庄公十年》"冬十月，齐师灭谭，谭子奔莒"。从此，该地区属齐国版图。

城子崖城址向东不远是东平陵城，始建于战国时期，繁荣于汉代，是汉代全国著名的手工业城市，济南郡所，又为汉代济南国王都。西汉时期章丘为阳丘县及土鼓县。除济南王居东平陵城外，阳丘侯、巨合侯封地均在县境内。章丘市重要的地理位置，使有汉一代该地区经济文化十分繁荣。

汉代以后，曹操曾为济南相，司马遂受封济南王，都治东平陵城。晋元嘉年间，郡所始迁至历城，即今济南市。

到隋朝开皇十六年（596 年），改高唐为章丘，至 1992 年 8 月撤县设市，历经 1398 年。这一漫长历史时期，该地区创造了灿烂的物质文化。

（二）遗址的地理位置

小荆山遗址位于章丘市刁镇茄庄村西南及韩庄村南。南侧及东南侧是长白山系的小荆山、玉皇顶、长白山等。北部小坡东北为一片低洼地，地势南高北低。遗址西约 1.5 千米为漯河。漯河发源于章丘市南部山区，经官庄、普集、相公、绣惠等乡镇北流至刁镇茄庄村北后东折至小坡村东北的低洼地带，后经杏花沟注入小清河，因此，小荆山遗址处于漯河下游的河曲地带。

在遗址的中南部，有一东北—西南向公路占压遗址一部分。公路破坏了遗址的一部分。从小荆山顶向北有一条山脊延伸下来，至遗址西部山脊虽已不甚明显，但仍高于东西两侧。西侧山上水直接流入漯河，东侧则向北漫流后汇入漯河。由于连续多年少雨，漯河已基本干涸，现河道内也布满了田官庄等村落的房子。小荆山遗址位于山脊东侧，遗址西部较高，东侧略低。

　　小荆山东北侧山谷中土层为黄褐色亚黏土，土层甚厚。从 20 世纪七八十年代开始，这里一直是窑厂取土的理想场所。各村在山下建立的烧砖窑厂不断破坏着这里的地下文物。

　　小荆山遗址发现较早，当时窑厂烧砖时，破坏了大量墓葬。墓葬集中在遗址的南部及东南部，出土有陶器、瓷器、墓砖、石造像等，是一处汉—唐宋时期的墓地。后来，韩庄及茄庄在遗址中部取土时，曾挖出大量石磨盘、支座等石器，并出土许多陶器。章丘市博物馆对之进行了收集。1991 年，随着后李文化命名的提出及后李文化面貌的不断被认识，才明确小荆山是一处重要的后李文化遗址。此后，对该遗址又进行了多次调查、发掘工作。从目前已了解的情况看，环壕西部及南部有少量龙山时期的遗存，从断面上没有发现龙山文化层，仅发现个别灰坑。龙山文化遗存范围不超过遗址西部小荆山向下延伸山脊的顶部。遗址的东部及南部是大量汉—唐宋时期的墓葬，除小荆山遗址范围内，大部已遭严重破坏。因此，小荆山整个古代文化分布范围东西 550 余米，南北 600 余米，现划定的东西300、南北 500 米的范围主要指后李文化分布的范围，不包含西北部稀疏的龙山文化遗存及东部、南部汉—唐宋时期的墓葬。在遗址范围内，由于窑场取土，南部已被四个大的取土坑所破坏。目前仅南部的道路下及北部尚保存有后李文化遗存。西部两个取土坑底部，保留部分后李时期较深的灰坑、房址，东部两个取土坑底部保留有部分环壕的底部。小荆山后李文化遗存确认后，章丘市博物馆曾多次前往调查，采集了一批陶器、石器、骨角器，并对遗址进行了有效的保护，树立保护标志，目前各窑厂基本停止了在遗址的取土。

（三）　发掘、勘探概况

　　小荆山遗址经过两次发掘及一次勘探工作。

　　（1）1991 年秋至冬季，济南市文化局文物处、章丘市博物馆对小荆山遗址进行了抢救性发掘。

　　其时，由于窑厂取土，遗址正面临严重的破坏。此次发掘，首先为了弄清文化面貌，以利于保护工作的开展；其次，对窑厂取土坑内残余之后李文化遗存进行清理。因此发掘地点主要集中在取土坑内所留土梁及取土坑上下车辆的便道上。此次发掘主要在东南部清理了残存的 21 座墓葬和在东北窑场运土坡道上清理的 2 座残房基（F1、F2）及少量灰坑。F1 为半地穴式建筑，呈圆角长方形，南角有阶梯状门道。房内活动面以草木灰铺垫。居住面上有陶器、石器等遗物 20 余件，属废弃前房内使用。

发掘的 21 座墓葬位于遗址东南部，由于墓区在窑场取土时遭破坏，仅在土场残留的土梁上残存三排墓葬。墓葬东西向排列有序，墓圹为长方形竖穴土坑墓，均单人仰身直肢葬，头向大部分偏东 6°～18°，没有发现葬具痕迹，多无随葬品，个别墓主人手握一蚌壳，有一头上饰圆骨饼。

从出土遗物看，此次发掘的陶器属后李文化中晚期，多与小荆山遗址的第二次发掘中二期Ⅳ段相当或略早，有的遗迹或能早至Ⅲ段。

发掘工作接近结束时，济南市文化局邀请省考古研究所郑笑梅、张学海等专家及省有关业务人员观看发掘工地及发掘资料。发掘过程中采集的大量石器引起了人们的注意，有的石斧十分精美，人面像栩栩如生，不禁使大家对其年代产生怀疑，或认为其石器制作与大汶口、龙山文化不分上下，工艺十分先进，然而，遗迹中出土的同样精致的石器打消了人们的疑虑。

田野参观时，还注意到遗址东南部的一条深沟。由于窑厂取土，沟的大部分已遭破坏，但从土场取土所留隔梁上均能看到沟的剖面。在取土坑内，从东南到西北长约 200 余米。大家认为，这条沟或许与当时的聚落有关，由于缺乏地层及平面布局的资料，其用途问题仍悬而未决。

（2）为进一步了解小荆山遗址的文化内涵，弄清小荆山遗址的文化面貌，1993 年秋，山东省文物考古研究所、章丘市博物馆对该遗址进行了第二次发掘。

发掘工作始于 9 月底。开方之前首先对遗址进行了全面调查，并局部进行了钻探，最后将发掘中心定在遗址西北部。遗址布方采用坐标法，在遗址的西南部设总坐标基点，将遗址整个放在第一象限内，探方编号采用四位数，前两位表示 X 轴的序数，后两位表示 Y 轴的序数。为避免与1991 年济南市发掘编号的重复，各类遗迹单位不都从 "1" 开始编号，房址编号从 11，墓葬编号从 31，灰坑编号从 101 开始。采集遗物前加 "0"。

第一批探方共计 8 个，主要是解决层位问题。在北部探方发现了 F1 等重要遗迹。8 个探方地层堆积划分为 6 个文化层。第二批探方主要清理了第一批探方西侧取土坑车辆便道及取土坑剩余的一些隔梁，仍然以抢救性发掘为主。由于许多地方的断面上暴露有灰坑、房址，所以布方的针对性比较强，但是所发掘的房址等多残缺不全。此时，南北路西侧窑厂放置砖坯的地方发现 F11，其上部已遭严重破坏。我们迅速对其进行了清理，清理时房址活动面距地表不足 20 厘米。第二批探方除发掘了 7 座房址（均残）外，还发现了 H126 等重要遗迹。H126 出土遗物丰富，时代较早，代表了小荆山遗址较早时期的文化面貌。

在发掘的过程中，我们根据已获得房址堆积的基本特点，对遗址上窑厂取土坑内的断崖进行调查分析，发现许多房址的堆积。调查所知房址编号从 31 开始，前面加零以区别于发掘的房址，如 F031、F032 等。在长约 500 米的断崖上，我们共发现房址 31 个，编号 F031～F061。后李文化的房址内存在大量遗物，在调查、观察剖面的同时，我们从断崖上采集到许多遗物，由于采集遗物分属不同的房址，与地面采集遗物有所区别，因此我们将之划归各遗迹单位，遗物编号前不再加零，如 F056:4、F034:1 等。遗址发掘报告编写时，也将这些遗存进行了分期。

此外，我们对遗址南部 1991 年工作时曾注意到的沟的剖面进行了清理，从层位上确认该沟应属后李文化时期。

1993 年第二批探方尚未完全结束，因 11 月上旬连续的降雪，我们不得不转入室内整理。由于陶片烧成温度低，不易拼对，仅陶器修复工作就花费两个月。到 1994 年 1 月底，整理工作基本完成。本拟于春天再对遗址进行第三次发掘，但由于配合工程任务紧，发掘工作一拖再拖，到 1995 年初，我们才从茄庄驻地撤回所有发掘物资。

在对小荆山发掘工作再检讨中，我们注意到房址的柱洞。有些房址内的柱洞不甚明显，这是我们以后做后李文化房址的复原工作时，不得不注意的问题。

（3）小荆山遗址的钻探工作是在 1999 年 3 月进行。遗址钻探的主要任务是：①弄清两次发掘时均注意到的遗址南部沟的范围、性质；②遗址的范围；③弄清 1993 年在断崖发现房址的范围、形状等。钻探工作历时近 20

天，除第三项由于道路上大多铺设柏油而无法钻探外，圆满完成了前两项任务。

根据1991、1993年调查的情况，南部后李文化时期的沟呈东北—西南走向，大多数认为其或为遗址的环壕。对沟的钻探采用追踪法钻探。根据沟的走向，每隔20米打一排孔，确定沟的位置、宽度及深度。就以往资料对环壕的认识，我们认为环壕应呈长方形（方形）或椭圆形（圆形），按这一指导思想，在遗址的东部探出50米后就找不到沟的位置。经过大范围钻探及从1993年发掘的T3845北部断面上观察，终于找到沟的东部拐角。东部拐角确定后，在北部沿沟的走向继续向西找，然而到遗址西部却找不到沟的位置。为此，我们在遗址西部以2米的间距钻探，却无结果。崔水源同志在对周围断崖观察时发现一条南北向的深沟，沟内堆积均为黏土，向下黏土逐渐减少，从断崖观察这条沟南北长达三四百米，因此提出该处应为后李时期的壕沟之一的设想。要确定这一设想，首先应弄清这条沟与北部及东南部能否连接，其次要弄清底部是否为后李文化时期的堆积。

围绕以上问题，我们在遗址反复进行了钻探，终于弄清西段沟与北段及东南段相连接，平面范围呈圆角等腰三角形。至此，我们确认小荆山遗址为后李文化时期的重要环壕居落遗址。

为进一步弄清壕内的堆积，我们在三段沟上分别清理了剖面，从东南部及北部沟的剖面看出明显为人工开挖的壕，沟底发现积水浸染的蓝绿色土。西部壕沟较宽且深，在取土坑底部开1米×15米探沟一条，挖至6米深时，已到龙山文化层，向下到了水位线，无法继续清理。我们用钻探的方法得知，在水位线下还有1.3米左右才到壕沟的底部。

在确定小荆山遗址的范围时，我们在遗址的西北角发现一处这一时期的墓地。在约60米长的断崖上，发现6座后李文化时期的墓葬。由于墓葬填土与周围生土层很难区别，所以未能找清墓地的范围。

为进一步证实钻探工作取得的成果，我们于3月下旬请所里有关专家及同行到工地参观、指导。

环壕的钻探工作结束后，请齐秉学同志对该遗址进行了总平面图的绘制工作。为弄清环壕不同地段沟底的相对高度，以遗址中心部位为50米假设高程高度，测量了不同壕段地面的相对高程。

为确定小荆山遗址的范围，我们对 1993 年发掘时在茄庄西发现的遗址进行了调查钻探，明确了该遗址的范围、文化堆积，发现该处与小荆山遗址一样，为后李文化时期的遗址，两遗址相距 200 米左右，茄庄西遗址南北 300 米，东部被茄庄占压，剩余部分东西 200 米。此外，在茄庄西遗址北，发现以大汶口文化的居址及墓葬为主的山河村遗址，并对茄庄村西北商周时代遗址进行了钻探，从而进一步明确认识到，这一地区自后李文化以来，是古代人们活动的重要区域。

（四）遗址的文化内涵及以往工作的重要意义

历次调查、钻探、发掘资料表明，小荆山遗址是一处重要的后李时期环壕聚落遗址，其后李文化时期遗址的范围东西 350 米，南北约 500 米，总面积约 14 万平方米。在遗址以东及以南，有大量汉—唐宋的墓葬，后李文化环壕以外的西部地区有少量龙山文化时期的遗存。

在后李文化遗存范围内，南侧及东侧也存在一定汉—唐宋时期的墓葬，东北部有这一时期的文化堆积，厚一般约 0.5~1.5 米，打破后李文化遗存。遗址大部以后李文化遗存为主。由于窑厂的取土，使这一居址的大部分已遭毁灭性破坏。西部取土坑由于挖掘较浅，有些地方还存留有后李文化的遗存，遗址北部保存较好。因此，遗址的发掘与保护仍具有重要作用。

小荆山遗址的调查、发掘、钻探具有重要意义，主要表现在：

（1）遗址发掘所发现的遗迹、遗物，为后李文化分期提供了重要的依据。尽管遗址发掘面积较小，但出土遗物有明显不同。根据 1993 年发掘资料，将之分为两期四段，尽管一些细节尚需进一步充实、修正，但毕竟提出了后李文化分期问题，为后李文化的分期研究提供了一定的依据。

（2）遗址墓地的发现与发掘，为后李文化墓葬习俗及人种学研究提供了资料。在后李文化遗址中，虽然后李遗址也存在一定数量的墓葬，但由于晚期遗存的破坏，墓葬布局不甚清晰。小荆山遗址 1991 年发掘的 20 余座墓葬排列有序，为墓葬研究提供了重要资料。1999 年钻探中在西北部及环壕内中部偏东地区也发现墓葬，说明后李文化时期，该遗址至少有 2~3 个墓地。

（3）小荆山后李文化环壕的发现，为山东地区史前环壕聚落研究提供了线索和依据。自 20 世纪 80 年代以来，人们越来越多地注意到史前考古的聚落形态及环壕聚落的研究，并取得了突破性进展。在山东地区，尽管一些遗址已具备进行聚落形态考古研究的条件，部分遗址已显露出环壕的迹象，却没有得到充分的发掘与证实。小荆山后李文化环壕聚落是目前山东地区发现最早、结构最清楚的居址，它的发现，为中国早期新石器时代环壕聚落的研究提供了重要的资料，必将带动海岱地区史前聚落形态及环壕聚落的研究。

鲁北地区早期新石器文化的
发现与认识

20 世纪 80 年代以来，在山东省鲁北地区陆续发现一批早期新石器文化遗址，由于这些遗址多未经过科学发掘，调查资料少而零碎，使人们很难做出正确的判断。1988 年秋～1990 年春，济青公路文物工作队对淄博市临淄区后李遗址进行了大规模的发掘工作，在遗址下层发现一批早期新石器文化遗存，为鲁北地区早期新石器文化研究提供了可靠的地层依据和丰富的实物资料。本文试图依据后李遗址发掘资料，结合近年来鲁北地区的考古发现，将该地区早期新石器时代文化分为甲、乙、丙三组，分述它们的文化内涵，探索其相互关系，以期引起学术界对这一地区早期新石器文化的讨论。

（一）概述

鲁北地区已发现的早期新石器时代文化遗址近 20 处，集中分布于泰沂山系北侧，小清河以南，东到临淄，西到章丘市的山前冲积地带（图一）。经过发掘或试掘的遗址有六处。现分别介绍如下：

（1）后李遗址

位于淄博市临淄区齐陵镇后李官庄村北约 500 米处。1965 年，北京大学历史系考古专业在此实习时发现并进行了试掘，为配合济青公路建设，自 1988～1990 年进行了四次发掘①，发现遗址内涵丰富，文化堆积厚，可分为 12 层，包括自早期新石器、商周、汉至明、清等不同时期文化遗存。

---

① 济青公路文物考古队：《山东淄博后李遗址第一、二次发掘简报》，《考古》1992 年第 11 期。

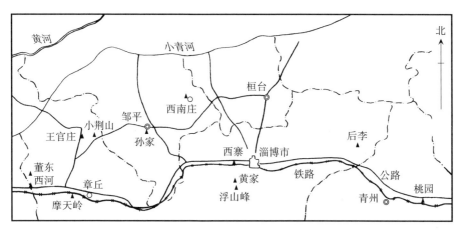

图一　鲁北地区早期新石器文化遗址分布图

遗址第9、10、11、12层均为早期新石器文化遗存。其中10~12层出土陶器均为夹砂陶，以釜、盆、罐、碗、支座为代表。简报称后李一期文化，并在1991年提出"后李文化"的命名①。第9层出土陶器以鼎、钵为主，另有少量的三足盘、三足钵、小口双耳罐等，简报称之为后李二期文化。

（2）桃园遗址

位于青州市东夏镇桃园村南，青州博物馆于1977、1978年先后两次对该遗址进行了试掘②。除出土有龙山文化遗物外，还发现有属早期新石器文化的鼎、小口双耳罐、钵、器盖、石铲等遗物，其形态与鲁中南地区的北辛文化相近，简报称为北辛文化的遗存。

（3）西南庄遗址

位于邹平县苑城乡西南庄西，是1975年邹平县人工开挖老马河时发现的。1985年以来，惠民地区文管所曾做过小规模试掘。山东大学历史系考古专业也作过多次调查③。山东省文物考古研究所于1987年对该遗址进行

---

①　王永波、王守功、李振光：《试论后李文化》，《考古》1994年第3期。

②　青州市博物馆：《青州市新石器遗址调查》，《海岱考古》（第一辑），山东大学出版社，1989年。

③　山东大学历史系考古专业：《山东邹平苑城早期新石器文化遗址调查》，《考古》1989年第6期。

了勘探试掘取得一大批实物资料①。西南庄遗址早期新石器文化遗物出于古河道的沙层中，缺乏原生地层，文化因素较为复杂，与鲁中南地区北辛文化面貌有相近之处，但又有一定的差异。

（4）王官庄遗址

位于章丘市刁镇王官庄北，济南市文物处及章丘市博物馆曾对该遗址进行过多次调查。1990年秋，山东省文物考古研究所对该遗址进行试掘，也发现该遗址含有早期新石器时代文化遗存。其中遗迹有灰坑和房址，遗物中陶器有鼎、钵、盘、器盖等生活用具。生产工具有石斧、石铲、石凿、蚌刀等②。根据地层及出土遗物形态的不同又可分为早、晚两段，早段遗物与邹平西南庄遗址同类遗物相近，晚段遗物与后李二期文化遗物略同。

（5）西河遗址（又称龙山三村窑厂遗址）

位于章丘市龙山镇龙山三村西北500米处，因遗址西部有西河经过，故称西河遗址，发现于1991年春，调查采集了一批属早期新石器文化遗物③。同年7、8月，对该遗址进行了抢救性试掘，出土一批龙山文化、大汶口文化和早期新石器文化的遗迹和遗物。早期新石器文化的遗迹有房址、灰坑、灰沟等，遗物有釜、盆、碗、罐诸类陶器及石磨盘、石磨棒、石铲、石支座等④。

（6）小荆山遗址

位于章丘市刁镇茄庄村南，遗址在小荆山北侧山脚下，故称为小荆山遗址。由于窑厂取土，遗址遭到严重破坏。1991年冬，济南市文化局文物处、章丘市博物馆对该遗址进行抢救性发掘，出土新石器早期文化的遗迹有房址、墓葬、灰坑、灰沟等，陶器有釜、罐、钵、碗等，石器有石斧、石铲、石磨棒、石支座等，小荆山遗址所发现的遗存与后李文化同类遗存

① 山东省文物考古研究所：《山东苑城西南庄遗址勘探、试掘简报》，《考古与文物》1992年第2期。

② 李玉亭：《章丘县王官庄遗址》，《中国考古学年鉴·1990》，文物出版社，1991年。

③ 山东省文物考古研究所：《山东章丘龙山三村窑厂遗址调查简报》，《华夏考古》1993年第1期。

④ 佟佩华：《西河遗址》，《文物考古通讯》第4期，1991年。

的面貌基本一致①。

此外，在鲁北地区，调查中发现的早期新石器文化遗址还有：章丘市绿竹园、摩天岭、董东遗址②，淄博市张店区浮山驿、黄家、西寨、石村③和邹平县孙家等遗址④。

鲁北地区所发现的这些早期新石器遗址所反映的文化面貌并不一致。根据各遗址出土器物形态不同，大致可分为甲、乙、丙三组文化。

甲组：以后李发现遗物为代表，包括章丘西河、小荆山、绿竹园、摩天岭、邹平孙家等遗址的早期遗存。发现的遗迹有房址、墓葬、陶窑、灰坑、灰沟等，出土陶器皆为夹砂陶，器类以釜、盆、罐、钵、陶支座为代表。

乙组：以邹平县西南庄遗址早期新石器文化遗物为代表。包括章丘王官、董东，淄博市张店区浮山驿、石村等遗址的早期遗存。乙组文化的遗迹有房址、灰坑等，出土陶器分为夹砂陶、泥质陶，还有一些陶器掺和蚌壳、滑石粒；器类有鼎、钵、罐、盆、器盖、支座等。文化面貌与鲁中南北辛文化有相同之处，但又有明显的差异。

丙组：以后李二期文化为代表，包括章丘县王官庄遗址、张店区的西寨遗址等。发现的遗迹有房址、墓葬、灰坑等。出土陶器以鼎、钵、罐、器盖为主，文化面貌与鲁中南地区北辛文化晚期相近，但仍存在一定的差别。

（二）甲组文化

经发掘的遗址只有三处，材料尚待发表，现以笔者发掘的后李遗址的材料为基础，结合西河遗址和小荆山遗址的材料做简要的概括。

1. 遗迹

有房址、墓葬、陶窑、灰坑、灰沟等。

① 刘伯勤等：《济南市发现一批新石器时代早期遗址》，《考古》1994 年第 11 期。

② 济南市文物处、章丘县博物馆：《山东章丘县西部原始文化遗址调查》，《海岱考古》（第一辑），山东大学出版社，1989 年。

③ 淄博市博物馆：《淄博市张店、周村古遗址调查》，《海岱考古》（第一辑），山东大学出版社，1989 年。

④ 山东大学历史系考古专业等：《山东邹平古遗址调查》，《考古》1989 年第 6 期。

房址：经发掘的三处遗址都发现了居住址。后李遗址由于被晚期遗址破坏较甚，发现的居住址多仅有残存的活动面、红烧土、灶坑等，残存面积较大的 F10，其活动面上有一灶坑，灶坑周围有 3 块长条状石支座，在灶的东部发现 2 件陶釜。西河遗址发现了完整的房址，为地穴或半地穴建筑，面积 40 平方米许。与后李遗址发现房址类同，房内有灶坑、石支座、陶支垫及完整的陶釜、盆、罐等遗迹、遗物。在小荆山发现的房址内有石磨盘、完整的陶釜等。

墓葬：在后李遗址及小荆山遗址均发现墓葬。后李遗址未见完整墓地，墓葬分为竖穴土坑墓及竖穴侧室墓两种，均单人葬，头向东或西，仰身直肢。小荆山遗址墓葬位于居住区南部，是一处氏族墓地。由于窑厂取土，大部分墓葬已遭破坏，残存墓葬 20 余座，排列成三排，均为长方形竖穴土坑墓，墓室狭小，无葬具，个别墓葬随葬有蚌壳，皆为单人仰身直肢葬，头向东北。

陶窑：在后李遗址及小荆山遗址发现残破陶窑。后李遗址陶窑保存有窑箅、火膛和泄灰坑。为竖直式陶窑。窑箅为圆形，上有 7 个火孔，分布不甚规则，呈圆形或椭圆形，有的呈垂直状或倾斜状，烧结程度不高，孔径约 10 ~ 15 厘米；火膛呈不规则圆形，壁较直，底较平，上部箅孔周围烧结成青灰色；泄灰坑呈不规则的圆形。

灰坑：坑口平面有圆形、椭圆形、不规则形，坑内填土较纯净，出土陶片较少，有一部分灰坑内埋有 1 ~ 3 个完整的陶釜，或正置，或倒置，灰坑仅能容下所置陶器，有的坑内出土较多的兽骨。

灰沟：后李遗址发掘区南部发现 6 条东西向的沟，沟长 6 ~ 12 米不等，宽 0.6 ~ 0.8 米，深约 2 ~ 2.5 米，沟壁较直。在小荆山遗址和西河遗址也发现了类似的灰沟。

2. 陶器

甲组文化陶器均为夹砂陶，未见泥质陶，少量陶器掺和蚌壳、粗砂粒。陶色以红褐陶、红陶为主，也有少量的灰褐陶、黄褐陶。陶器多为素面，纹饰有花边纹、附加堆纹、绳纹等。花边纹多在釜类器口叠沿的下唇部按压、戳印而成；附加堆纹主要施于釜类口沿外侧，有的施于釜类腹中部，用于加固陶器；绳纹一般施于钵、罐类的口部。陶器种类有釜、盆、钵、碗、罐、盂、瓶、陶支垫、陶支座等（图二），在小荆山还发现陶塑的猪和人面像。

釜：数量最多，在后李遗址中，占陶器总数80％以上，在西河及小荆

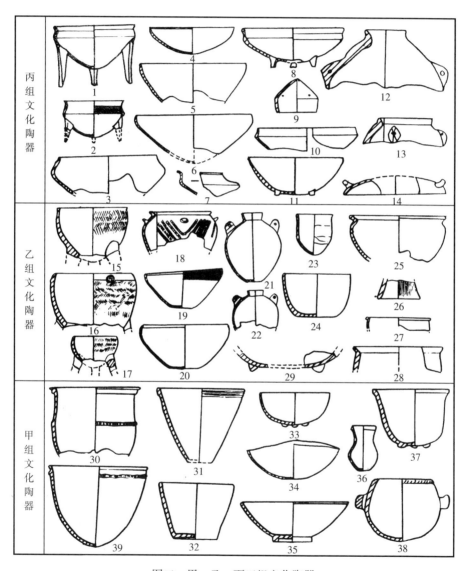

图二　甲、乙、丙三组文化陶器

1~14. 后李遗址　15~29. 西南庄遗址（其中15~22为A类陶器，23~29为B类陶器）

30、35. 西河遗址　31、32、34、36、39. 后李遗址　33、37、38. 小荆山遗址

山遗址中，所占比例相对减少。器形较大，腹壁较直，圜底，底部多有烟炱。

盆：可分为卷沿盆、折沿盆等。

钵：器形较小，有敞口、敛口之分，多为平底、圜底。

碗：敞口，斜直腹，圈足或假圈足。

罐：器形较大，口沿外翻折叠成双层，其上饰中绳纹，直腹，平底。

束颈高领瓶：所见甚少，高领、束颈，鼓肩、平底。

乳丁足器：在釜或钵类器物下部装有 3 个或 5 个乳丁状足，后李遗址仅发现几个乳丁足，小荆山遗址中数量较多。

箕形器：器口呈椭圆形，口部有提梁、鋬，见于西河及小荆山遗址。

陶支垫：夹砂陶，陶胎较厚，整体呈猪耳状，口沿呈椭圆形，从西河遗址陶支垫出土位置看，此类陶器应为石支座与陶器之间的支垫。

陶支座：分为牛角状实心支座和圆锥状空心陶支座，前者见于后李遗址、西河遗址，后者见于小荆山遗址。

在经过发掘的 3 个遗址中，出土陶器基本一致，但又有一定的差异，后李遗址陶器烧成火候较低，器类单调，西河遗址及小荆山遗址出土的主要遗物烧成火候稍高，器类也较多，如箕形器、舌状鋬耳、空心陶支座等，不见于后李遗址，表明这些遗址或有一定的时代差异。

3. 石、骨、角、蚌器

（1）石器

石器有打制、磨制两种，器类主要有斧、铲、锤、磨盘、磨棒、磨石、支座、镰形器、弧刃刀形器、刮削器、尖状器、石核等。

石斧：大部分仅磨光刃部，在一些部位尚见琢痕，刃部磨损较甚。

石铲：后李遗址发现数量较少，从发现的残片看均为两面磨光。小荆山遗址数量较多，且较前者精致。

石锤：有些用天然石块，一端有敲砸痕，有的利用刃部残破的石斧。

磨盘：后李遗址出土磨盘多残；小荆山遗址中出土大量磨盘，形状有方形、圆形及窄而长的鞋底形磨盘。

磨棒：多为长条状，断面呈椭圆形或不规则形，磨面 1~4 个不等。

磨石：数量较多，可分两类，一类为小型长条状，一类为大型扁平体。

支座：可分三类：其一为长条状支座，这类支座形体细长，需将一端埋入土下使用；其二为牛角状支座，一端较尖，一端有较平的座；其三为馒头支座，多采用一些粗重石块。大多数石支座的一面较黑，烧裂纹较多。

（2）骨器

制作较精致，有的骨器通体磨光，有的骨器则仅磨光刃部或尖部，器类有锥、匕等。骨器取料的方法有三种，即砍砸、钻劈、锉切。

（3）角器

主要以鹿角为原料，有锥、镞、镖、凿、尖状器、角质装饰器。角器取料方法仅见砍砸、锉切两种。

（4）蚌器

数量较多，多残，可辨器形有蚌镰、蚌饰等。

（三）乙组文化

乙组文化经试掘的遗址有邹平县西南庄、章丘市王官庄遗址。西南庄遗址无早期地层，未发现遗迹。王官庄遗址中发现了房址、灰坑等遗迹。

1. 陶器

乙组文化陶器可分为夹砂陶、夹蚌陶及泥质陶。夹砂陶及夹粗蚌粒陶烧成火候较低，陶胎较厚；泥质陶质地细腻，似经淘洗。陶色以红褐陶为主，也有少量灰陶和灰褐陶。陶钵因采用叠摞的方法烧制，口部出现一周红色氧化带，即所谓红顶钵，口部以下及器壁内多为青灰色。陶器以素面为主，纹饰主要施于夹砂陶上，有刻划纹、压印纹、附加堆纹、乳丁纹、锥刺纹、指甲纹、拍印纹，在一些器物的腹、底部有抹刮痕迹。陶器制作方法多采用手制，部分口沿经慢轮修整。器类主要有鼎、盆、深腹罐、钵、盂、小口双耳罐、釜、碗、器座、陶支座、陶拍等（见图二）。此外，在王官庄遗址中，还有许多利用泥质陶片打制或磨制成的工具。陶器中，三足器和平底器较发达，圜底器和圈足器较少。

鼎：皆为夹砂陶，鼎腹较深，多圜底或尖圜底，鼎足呈圆锥状或圆柱状，其腹部多饰有刻划纹或乳丁纹，有的鼎在腹部贴以成组泥条，泥条表面经按压，外观极似粘贴绳纹。

盆：折沿或卷沿，弧腹或直腹，陶胎较厚，烧成火候低，多掺大量粗蚌粒。

深腹罐：多夹砂或掺细蚌片，有侈口、敛口之别，有的罐腹饰刻划纹或细窄泥条堆纹。

钵：均为泥质陶，陶质细腻纯净，陶胎较薄，烧成火候较高。数量较多，有敛口、直口、侈口之分。钵底多为平底。

盂：皆夹砂陶，侈口，腹壁或直或微曲，平底，素面。

小口双耳罐：泥质陶，陶色单一，有的器表施红陶衣，尖圆唇，有领，直口或敞口，溜肩，鼓腹，平底，肩部有对称的双耳。

釜：也有人称之为深腹罐，器形较大，出土此类器残片甚多，均为夹砂陶，有的掺蚌粒，陶胎甚厚，烧成火候低，一般为侈口、深腹、圜底。在陶片中，有许多带乳丁状的短足，应为此类陶器底部。

碗：侈口，斜直腹，圈足。

器座：均为夹砂陶，有的掺蚌粒，壁较厚，敞口，束腰，饰附加堆纹、压抹纹或抹刮纹。

陶支座：一般为夹砂陶，少量泥质陶，烧成火候低，易破碎，分为弧顶馒头状、圆台状及柱状等。

陶拍：夹砂陶，掺少量蚌末，圆形，拍面外弧。

陶工具：利用钵、小口双耳罐口沿打制而成，有的刃部稍加磨制，有刀形器、匙形器、刮削器等。

2. 石、骨、角、蚌器

（1）石器

多为琢制、磨制石器，个别为打制石器，器形有镰形两刃器、斧、铲、磨盘、磨棒、锤、磨石、石饼等。

镰形两刃器：打制，平面近镰形，内侧缘和宽端边缘有刃，采用交互打击法加工而成。

斧：平面呈长方形或梯形，通体磨光。

铲：磨制，多为大型扁铲，通体磨光，较精致，刃有弧刃、直刃之分。

磨盘：有圆角长方形及椭圆形两种，磨面中部多内凹，系长期使用形成。

磨棒：数量较多，平面呈圆角长方形，断面呈圆形、半圆形、不规则圆角多边形等。

（2）骨角器

磨制精致，有骨匕、骨簪、骨饰、角锥、角刮削器等。

（3）蚌器

多残破，可辨器形有铲、端刃器、蚌匕、蚌饰等。

（四）丙组文化

1. 遗迹

有房址、墓葬、灰坑等。

房址：由于晚期遗址破坏较甚，保存较完整的房址甚少，许多房址仅残存活动面、灶坑等。保存较好的房址是后李官庄，为半地穴建筑，平面呈拐角方形，门道向西，房址东部、西部被晚期遗址打破，东西残长 3.2 米，南北宽 3.4 米。在房址南部发现一排大小不一的柱洞，王官遗址发现这一时期房址，为半地穴式，面积较小。

墓葬：仅在后李遗址中发现墓葬。均为竖穴土坑墓。除个别墓有随葬品外，多数无随葬品。葬式有单人直肢和双人共穴直肢葬。

灰坑：分为圆形筒状平底坑、圆形锅底状坑、椭圆形锅底状坑及不规则形坑。灰坑内填土多夹大量草木灰、红烧土粒等，并包含有较多的陶片、石器、骨角器、蚌器等。

2. 陶器

丙组陶器主要有泥质陶、夹砂陶，少量陶器掺蚌粒、云母、滑石粒等。泥质陶以红陶为主，亦有红褐陶、橙黄陶、灰陶、黑褐陶等；夹砂陶也以红陶为主，尚有少量红褐陶、灰褐陶等。陶器多为素面，纹饰主要有刻划纹、乳丁纹、凹弦纹、绳纹、按压纹、戳印纹。戳印纹多施于器腹部，乳丁纹多饰于鼎足根部，凹弦纹施于鼎腹，绳纹施于器盖表面。陶器均为手制。一些复杂陶器采用分段法合成。钵、盘类因叠摞烧制，上部呈红色，下部呈灰色或黑色。陶器多圜底器、三足器，少见平底器，基本不见圈足器。陶器器类有鼎、钵、盘、罐、器盖、尖顶器、陶支座、陶拍。此外，有一些用泥质陶口沿制作的工具（见图二）。

鼎：数量多，器形不一，均为夹砂陶，多为盂形鼎，折沿、斜折肩，垂腹、三足。个别鼎无折沿，敛口、折肩、垂腹。

钵：在泥质陶中占较大比例。有圜底钵和三足钵，均为泥质陶。敛口或侈口，有深腹、浅腹之分，圜底。

盘：均为泥质陶，斜折沿或平折沿、弧腹、圜底，腹较浅，有的盘底部加三个矮足。

小口双耳罐：多残破，复原器较少，均为泥质陶，小口、斜折沿，或有小短领，鼓腹，肩部有两个对称的冠状耳，平底。

器盖：覆盘式，无完整器。陶胎较厚，烧成火候低。从残片看，有几个环形横钮，多夹蚌粒，有的有二、三圈绳纹。有平顶和弧顶之分。

尖顶器：均为泥质陶，形制不一，用途不明。器形分两部分，下部为圆柱状，上部呈圆锥状，空心，多在器身穿对称的圆孔。

陶支座：多为夹砂陶，也有的为泥质陶。有圆柱状、方柱状之分，多在中部横穿一孔，烧成火候低，陶质差。

陶拍：多残，夹砂陶，器把或为圆柱状，或为方柱状，圆形拍面外弧。

陶质工具：在后李遗址及王官遗址中，发现一些利用钵、罐类烧成火候高的器口经打制或磨制而成的陶质工具。从形状看，有刀形器、尖状器、刮削器等。

3. 石、骨、角、蚌器

（1）石器

分为打制、磨制石器。磨制石器主要有斧、铲、凿、锤等。磨盘、磨棒的边沿尚见琢制痕迹。后李遗址中，出土少量打制的石片、石核等。

石斧：多采用黑色花岗岩制成，数量较少，一般通体磨光，器体呈长条状，或为弧刃，或为直刃。

石铲：一般用页岩磨制而成，数量较多。分为大型、小型两类、多残，刃部又有平刃、弧刃之分。

石凿：数量较少，通体磨光，刃部锋利。

石锤：分两类，一类利用天然石块，无加工痕迹，仅在一端有使用痕。另一类利用刃部残的石斧做石锤，通体磨光，一端有砸裂痕迹。

磨盘：多为砂质岩，均残。从残片看，平面下凹较甚。磨盘形状不一。

磨棒：砂质岩，均残，呈长条状，断面多为半圆形。

磨石：均用砂岩制成，形状不一，有的磨石面上有光滑的圆形凹槽，当是磨制长条状骨角器留下的痕迹。有的磨石面上有较细较深的凹槽，当是磨制较细的骨角器所致。也有少量磨石呈凿状或刀形，一端扁薄，当是锉切骨料的工具。

（2）骨角器

骨器多以动物肢骨为原料，大部分通体磨光，也有的仅磨光尖刃部。器类有镞、锤、针、簪等。后李遗址出土的一枚骨针通体磨光，针体细长，长6.3厘米，针尾端直径仅2毫米。角器多用鹿角为原料，取料方法有劈痕、锉切两种，器类有锥、镖、凿及饰品。

（3）蚌器

数量较多，多残，可辨器形有蚌刀、蚌镰等。

（五）甲、乙、丙三组文化的相互关系

1. 甲、乙两组文化的关系

如前文所述，甲、乙两组文化的陶器存在着较大的差异。从表面看，甲组文化陶器均为夹细砂陶，陶胎较薄。乙组文化夹砂陶陶胎厚重，且存在大量夹蚌粒陶，使其陶器更显粗糙，似乎甲组陶器较乙组更精细些，但是如果对其进行更进一步的分析对比，就可以发现，甲组文化的制陶工艺远远落后于乙组。

首先，甲组文化陶器均为夹砂陶，不见泥质陶，而乙组文化除夹砂陶以外，尚存在相当数量的泥质陶和夹蚌陶，不同器类使用不同陶土，说明其已掌握了选洗陶土的工艺，并能灵活运用。

其次，甲组文化器类单调，造型古朴，釜类器物在陶器中占绝大多数；陶器多圜底器，少量平底器、圈足器及短乳丁器；乙组陶器器类较复杂，鼎、钵、釜、罐在陶器中都有一定的比例，打破了甲组文化中釜类器占主导的单调现象。三足器、平底器增多，圜底器减少，特别以鼎为代表的三足炊器的出现，较之以釜、支座结合而成的炊器，显然是制陶工艺上的一个进步；在一些罐、钵的内壁，可见到慢轮加工痕迹；陶器的烧成温度也明显高于甲组。

此外，甲、乙组陶器装饰也有很大的不同。甲组陶器纹饰以花边纹为

主，其次为附加堆纹、绳索勒印纹等。花边纹和附加堆纹多在器口或器腹，以加固陶器。这些纹饰多为实用性而少装饰意义。

甲、乙两组文化中陶器的这些特点，反映两者间时代有较大的差异，甲组文化应早于乙组文化。属甲组文化的后李、西河遗址几个碳－14 数据大致在 7600～7200 年（未校正）之间。小荆山遗址从出土遗物看晚于后李、西河遗址，但也不应晚于 6900 年。乙组文化虽无碳－14 数据，但其遗物与鲁中南发现的北辛文化中期遗物相近，两者在时间上也不应有太大的差异，似也应在北辛文化中期即 6600～6300 年时间范围内①。如果此推测不误，其绝对年代也证明甲组文化早于乙组文化。

尽管甲、乙两组文化之间文化面貌有明显的差异，但在某些器类上仍然存有一致性。邹平西南庄遗址出土陶器根据陶质及器形不同可分为 A、B 两类：A 类以夹砂鼎、泥质罐、钵为代表；B 类以夹蚌粒的釜、盆及夹砂盂为代表，B 类陶器制作较粗糙，特别是釜器类，遗址中出土陶片甚多，数量仅次于鼎、钵，尚无完整器。遗址中有大量的圜底乳丁足器，应为釜类的底部。在属甲组文化的小荆山遗址中，也存在较多数量的三足器；而西南庄 B 类的盂类，也与甲组的盂类相一致。由此可见，西南庄 B 类陶器与甲组文化有某些共同的因素，而 A 类陶器除泥质钵器形与甲组的类似外，大多与北辛遗址出土的部分陶器相近。由于西南庄遗址的遗物多采集于老坞河河床上，缺乏原生地层。因此无法解决 A、B 类陶器的关系。80 年代末，章丘县王官庄遗址的发掘，发现 A、B 类共存于同一遗址单位的现象。且这种共存现象发生在遗址下层的许多遗迹单位里。这就得出 A 类与 B 类为同一时代遗物的结论。同时，我们也发现，无论是西南庄还是王官庄遗址，A 类陶器占绝大多数，因此 A 类陶器代表了乙组文化的主流。

通过以上分析，可以看出：甲组文化早于乙组文化，乙组文化中不占主导地位的 B 类陶器与甲组文化有某些共同因素，而占主流的 A 类陶器与甲组文化有明显差别，这种差异如此之大，以至于我们不得不将甲、乙两组文化归于不同文化中。关于两者的归属，我们在下文中将做进一步的探讨。

---

① 　高广仁：《北辛遗址与北辛文化》，《中国考古学研究——夏鼐先生考古五十年纪念论文集》，文物出版社，1986 年。

2. 乙、丙两组文化的关系

从乙、丙两组文化出土的陶器看，两者之间存在一定的差异。乙组陶器以夹砂、夹蚌粒陶为主，泥质陶占一定的比例。夹砂夹蚌粒陶中，大多陶胎厚重，烧成火候较低，器表粗糙。丙组陶器泥质陶增多，夹砂陶数量减少，夹蚌粒陶已成为个别现象；夹砂陶制作也较精细，烧成火候较高，厚陶胎数量较少。

两组文化陶器的形态也发生了明显的变化：乙组文化的陶鼎多陶胎厚重，主要为钵形鼎，少量釜形鼎、盂形鼎、鼎足多呈圆锥形，钵类以平底为主，器形较大；丙组文化陶鼎多为盂形鼎，鼎足多呈半椭圆形，王官遗址中，尚见一定数量的釜形鼎及圆锥状足，丙组文化的钵类器形大小不一，多为圆底器，并有许多三足钵出现。

乙、丙两组文化的这些特点，反映出乙组文化陶器制作工艺较丙组文化落后，前者在年代上应早于后者。在王官庄遗址中，发现丙组文化叠压乙组文化的层位关系，据此为乙组文化早于丙组文化提供了科学的依据。

两组文化由于年代不同，陶器有相对的差异，但两者之间陶器也具有明显的相似或前后发展关系。首先，两者主要器类基本一致，均以鼎、钵、罐为主，陶质均有泥质、夹砂、夹蚌粒陶，陶色以红、红褐为主；其次，陶器各器类也有相同之处，丙组文化多为盂形鼎，与乙组的盂形鼎形态较一致，后者腹略深，鼎足多为圆锥状。两者钵类口部区别较少，只是底部有一定区别；罐类形状一致，只是乙组口领较直，丙组领短或无颈。

由此可见，两者之间文化面貌的差异，反映了年代上有先有后；而主要器类的一致性，说明两者应属同一文化，分别代表了同一物质文化的各不同发展阶段。同时，我们还应注意到，两者的文化面貌尚有一定的不同，如乙组以钵形鼎为主，钵多为平底；丙组以盂形鼎为主，不见钵形鼎，钵为圜底钵或三足钵。这种差异表明，甲乙组文化之间存在一定的缺环。

（六）甲、乙、丙三组文化的属性

1. 丙组文化的属性

后李遗址中，属丙组文化的 3 个碳 – 14 数据表明，丙组文化的年代大致在距今 6300～5900 年。海岱地区大致在这个年代范围内的文化还有胶东地区的白石村遗址的新石器时代文化①和鲁中南地区的北辛文化晚期。

　　白石村遗址测定年代较晚（校正值分别为距今 5840±110 年，5515±125 年，5415±110 年），根据邱家庄遗址二期 2 个碳 – 14 数据（校正值距今 5535±140 年，5710±115 年）推测，白石村二期文化大致与丙组接近，白石村文化（也有人称之为白石村一期文化）似应早于丙组文化。从文化面貌看，白石村文化与丙组文化面貌差异甚大，二期文化与丙组文化既有一定的相似性，又有较大的差异。白石村二期与丙组文化的相同之处在于：两者均以鼎、钵、罐为主要器物组合，在具体器类方面，白石村 TG1⑤：350、TG1⑤：351 的鼎与丙组文化鼎相似，两者均有三足钵。同时，两者也存在明显区别：白石村二期存在大量夹云母陶，泥质陶所占比例较少，有一定数量彩陶，陶鼎以盆形鼎为主，有少量罐形鼎，存在相同数量的带柱状把手的筒形罐和觚形杯，并有陶鬶出现；鲁北地区丙组文化少见夹云母陶，泥质陶约占半数，不见彩陶，以盂形鼎为主，不见或少见盆形鼎、罐形鼎，尚未发现柱状把手的陶容器和觚形杯、鬶等器物，两者共有的小口双耳罐在形态上也有明显不同（图三）。

　　由此可见，鲁北地区丙组文化与白石村二期文化区别较大，相似性较少。这种差异除时代略有差异外，主要是地域性差异。

　　鲁中南地区北辛文化晚期以大汶口遗址 5、6、7 层为代表，碳 – 14 测定数据大致为 6300～6100 年②。从文化面貌看，与丙组文化既有相似之处，又有一定的差别。

　　丙组文化与大汶口 5、6、7 层出土遗物一致性表现在：两者陶质、陶色、器物纹饰大体相同，器类以鼎、罐、钵、器盖、陶支座等为主；在器物形态上，鼎类均有盂形鼎、釜形鼎，钵、罐类差异甚少。丙组文化与大汶口遗址早期遗物的区别在于：大汶口遗址中鼎类多见盆形鼎，鼎足多呈

---

①　烟台市文物管理委员会：《山东烟台白石村新石器时代遗址发掘简报》，《考古》1992 年第 7 期。

②　郑笑梅：《谈谈北辛文化与大汶口文化的关系》，《山东史前文化论文集》，齐鲁书社，1986 年。

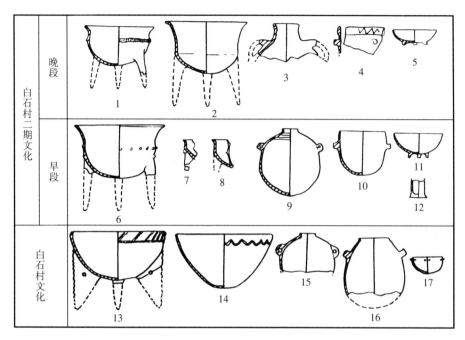

图三　白石村遗址陶器

1. 80TG2③：43　2. 81TG1③：105　3. 80TG2③：93　4. 80TG1④：260　5. T22③：10　6. 81TG3②A：161
7. 80TG1⑤：35　8. 80TG1⑤：350　9. 80TG1③：129　10. 81TG3③：155　11. 81TG3③：156　12. 80TG2
③：85　13. 81YBTG2④：65　14. 80T1H1③：45　15. 80YBTG2④：81　16. 81YBTG2⑤：109　17. 81YBTG2
⑤：111

圆锥状；器盖隆起较甚，环形钮或杯状钮安放在盖顶正中部。陶支座常见猪嘴状、馒头状；丙组文化陶鼎中不见或少见盆形鼎，鼎足大多上部断面呈半椭圆形，下部呈凿状，器盖多平顶或顶隆不明显，对称的环状横耳装于盖顶的边缘，支座多呈柱状，不见猪嘴状支座。

仔细分析一下两者的区别与联系可以发现：丙组文化与大汶口遗址5、6、7层遗物中，主要器类鼎、钵、罐表现了较强的一致性，而在遗物中占比例较少的部分鼎、器盖、陶支座上，则有明显区别。因此，两者的一致性占主导地位，应属同一物质文化范畴——北辛文化。两者的差异应为地域性差异，说明丙组文化与大汶口遗址5、6、7层代表着北辛文化晚期阶段的不同地方类型，我们暂将丙组文化称之为北辛文化鲁北类型。

2. 乙组文化的属性

乙组文化早于丙组文化，亦应早于北辛文化晚期。从文化面貌看与滕县北辛遗址①的部分器类具有相同的因素。

北辛遗址的北辛文化遗存并不单纯，按类型学排比，大致可分前后两期：前期以 H501、H701、H706 为代表，主要器类有鼎、钵、罐、釜、盆等；后期以 H401、H505、H1002 为代表，主要器类有鼎、钵、小口双耳罐、深腹罐、釜等。H32 出土遗物时代较晚，与大汶口文化 5、6、7 层遗物相近。这样将北辛文化分为早、中、晚三期，早期以北辛遗址前期为代表，中期以北辛遗址后期为代表，晚期以大汶口 5、6、7 层及北辛遗址 H32 为代表（图四）。

乙组文化出土遗物与北辛文化中期有许多相似的因素，而与早期相差较远。乙组文化主要器类有鼎、钵、小口双耳罐、釜等，与北辛中期一致；两者均有钵形鼎、釜形鼎，绝大多数为圆锥状足；钵类多为敛口、弧腹、平底；小口双耳罐，口颈较直，腹较鼓。

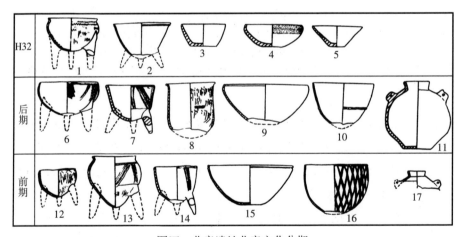

图四　北辛遗址北辛文化分期

1. H32：25　2. H32：18　3. H32：12　4. H32：26　5. H32：17　6. H401：22　7. H1002：17　8. H505：14
9. H505：24　10. H401：24　11. H1002：12　12. H701：1　13. H701：13　14. H701：3　15. H501：2
16. H706：29　17. H706：6

① 中国社会科学院考古研究所山东队：《山东滕县北辛遗址发掘报告》，《考古学报》1984 年第 2 期。

　　与北辛文化中期相比，乙组文化尚有一些独特的因素，存在较多数量的夹蚌陶，器物的陶胎也相对厚重；鼎类中，以钵形鼎为主，釜形鼎、罐形鼎、盂形鼎少见。乙组的釜与北辛文化中期也有较大的差异：前者陶胎厚，多为折沿器；后者多为卷沿，腹也较直。此外，两者的纹饰也有所不同：乙组文化中的成组窄堆纹装饰不如北辛文化中期发达，而以各种式样的刻划纹较多。

　　如前所述，乙组文化早于丙组文化，丙组文化相当于北辛文化晚期，则乙组文化与鲁中南地区北辛文化中期时代大致相当。考虑到两者文化面貌较一致，应属同一文化。同时，两者之间又有明显的区别，这种差异大于丙组文化与鲁中南地区北辛文化晚期的差异。因此，我们不能笼统地将两者归为同一文化类型，乙组文化应为北辛文化中期鲁北地区的地方类型。

3. 甲组文化的属性

　　甲组文化无泥质陶，出土陶器中釜的数量占绝大多数，甲组文化的这一特点，使它与海岱地区已知的其他考古学文化有明显区别。

　　在胶东半岛，新石器较早的是白石村文化，白石村文化虽然碳－14数据较晚，但出土陶器却具有早期陶器特点，表现在夹砂陶占绝大多数。白石村 TG2④、⑤层中夹砂陶占93%，泥质陶占5%，夹云母、滑石、蚌粒陶占2%；陶色不纯正，多呈红褐或灰褐[1]；陶器多圜底器，以带柱状把手的深腹罐（或称釜）为炊器[2]，器类单调，主要有鼎、盆、罐等。

　　白石村文化与甲组文化相比，有某些共同因素：两者均以釜（或称深腹罐）及支座结合为炊器；盆的形态也较相似，少见或不见泥质陶，但是两者的文化面貌相距甚远，如甲组文化不见泥质陶，没有鼎，占绝大多数的釜类也不见于白石村文化。

　　在鲁中南地区，新石器时代较早的文化是北辛文化。与北辛文化相比，甲组文化有其独特的文化面貌。

---

① 　严文明：《胶东原始文化初论》，《山东史前文化论文集》，齐鲁书社，1988 年。
② 　高广仁：《北辛遗址与北辛文化》，《中国考古学研究——夏鼐先生考古五十年纪念论文集》，文物出版社，1986 年。

首先，甲组文化均为夹砂陶，无泥质陶，以釜、陶支座（或石支座）组合而成为炊器，器类单调，盆、盂、罐、壶在陶器中占少数；而北辛文化，即使是北辛文化早期，也以鼎、罐、盆为主要器类，存在相当数量的泥质陶；以陶鼎为炊具。其次，两者在陶器纹饰上也有天壤之别：甲组文化以花边纹（主要饰于釜类口沿下）附加堆纹为主，其主要作用是加固陶器的口部或腹部；而北辛文化早期的陶器以成组条堆纹为主，装饰意义甚浓。

如果将北辛遗址的陶器与甲组陶器相比，也可以发现某些相近的因素，如 H505：14 及 M702：1 的深腹罐，H401：24 的釜及 H32：18 鼎的腹部，都与甲组文化釜类器物有某些共性，但仔细分析一下北辛遗址的文化内涵，则可以发现，H505、H401 及 M702 均属北辛遗址后期（亦即北辛文化中期），H32 时代更晚，似应属于北辛文化晚期，而北辛文化早期阶段，除 H501：2 的盆与甲组文化有某些共同因素外，其他陶器与甲组文化相差甚远。我们知道，甲组文化已知碳 - 14 数据在 7600～7200 年（未经校正，章丘市小荆山遗址晚于此年代），北辛文化早期陶器中的甲组文化因素少于中期文化的原因，限于资料，尚不便做进一步探讨。

基于此，我们认为：甲组文化为海岱地区已知最早的早期新石器时代文化，我们依据这种文化最早发现的地点，称之为后李文化。

（七）结语

通过对鲁北地区新发现的早期新石器时代文化的分析对比，以及与周围文化相互关系推断，不难得出以下结论：

（1）在鲁北地区，甲组文化早于乙组文化，乙组文化早于丙组文化，换而言之，亦即确立了后李文化—北辛文化中期鲁北类型—北辛文化晚期鲁北类型的文化编年。

后李文化与北辛文化中期鲁北类型（亦即乙组文化）相比，具有十分明显的区别。前者是以釜为代表的文化，后者以鼎、罐、钵为代表的文化，两者在发展序列上，是否有渊源关系，以现有资料看，后李文化与西南庄 B 类陶器仅有某种承袭关系，而与 A 类陶器相去甚远。

（2）后李文化的发现具有重要的意义。它的发现，在鲁北地区找到了早于北辛文化的古代文化，为海岱地区早期新石器文化研究提出了新的课题。后李文化遗物丰富，延续时间长，从发掘的后李、西河、小荆山三个遗址看，均以釜、盆、盂、碗为主要器类，同时文化面貌前后也有变化。西河遗址中的箕形器、敛口圈足罐等不见于后李遗址。小荆山遗址中，除了西河遗址的陶器器类外，发现许多三足或多足器，均为乳丁状足，同时，小荆山出土大量石、骨、蚌、角器，这些生产工具多制作精致①，特别是石器工具，较之后李遗址出土石器要进步得多。因此，就目前发掘资料看，虽然西河、小荆山遗址也有较早的遗物，但出土的大多数遗物时代偏晚。后李文化以时代先后不同大致也可分为后李—西河—小荆山三个文化期。

后李文化房址较大，小荆山遗址房址均在 20 平方米以上，西河遗址房址在约四五十平方米，房子分布比较密集，房内出土的陶器较多，从出土陶器看，作为炊器的釜类形体较大；小荆山遗址发现 20 多座墓葬，整个墓地排列有序。这种房子与大型炊器相共存，加之成排的公共墓地，说明后李文化时期的社会处于母系氏族或母系家庭阶段。

从后李文化发现的生产工具看，后李文化应处于农业经济发展阶段。后李遗址中，发现的石铲数量少且破碎较甚，石斧仅刃部磨制精致，磨盘、磨棒也多残破。小荆山遗址出土大量石铲、石斧、石磨盘、磨棒、犁形器等，无论数量还是质量都远远超过前者，农业生产工具的进步，标志着农业经济自身的发展，小荆山遗址密集的房址和排列有序的墓葬，说明其农业生产达到相当的水平。同时，在小荆山遗址中发现的陶猪，不仅旁证了当时较发达的农业经济，而且将海岱地区养猪的历史提前到后李文化时期。

就目前资料看，后李文化范围仅限于鲁北地区山前地带，它与北辛文化的关系尚不十分明确，两者前后发展的，还是在一定时期共存于海岱地区？这些问题的解决尚待于鲁中南地区早于北辛文化及鲁北地区甲、乙组文化之间的古代文化的新发现。

（3）在鲁北地区，乙、丙组文化发现的较早，以往都是笼统地称之为北辛文化。固然这些遗址的遗物或多或少与北辛文化的有一致性，但它们

---

① 　宁荫堂：《浅论小荆山遗址的文化特征》，山东省考古学会 1992 年会论文，待刊。

之间的区别是不容忽视的。我们知道，时代越是久远，不同地域间人们的经济交往就越少，文化相对独立性越强。人们在对大汶口文化、龙山文化进行考古学分析时，有人将之分为六个大的区系类型①，以此推之，早于大汶口文化的北辛文化各地域间的文化面貌就不会全然一致。因此，北辛文化鲁北类型，也应是北辛文化诸多地方类型的一个，随着工作之进一步深入，北辛文化也应与大汶口文化一样，在各地区建立起自己的发展序列。

在鲁北地区，同组文化的各遗址单位文化面貌略有不同。例如，在乙组文化中，西南庄遗址的鼎多为钵形鼎、釜形鼎，王官庄出土的釜形鼎与西南庄略有不同，且存在一定数量罐形鼎。丙组文化中，后李遗址的鼎类主要为盂形鼎，不见或少见釜形鼎，而王官庄遗址中存在一定数量的釜形鼎，王官庄发现的鼎足也多呈圆锥状，相比来说，王官庄的遗物较之西南庄及后李遗址更接近于鲁中南地区的北辛文化，这说明位于鲁北地区西侧的王官庄遗址受到鲁中南地区北辛文化的影响更直接、更强烈些。

（4）由于鲁北地区早期新石器时代文化发现较晚，许多资料尚未发表，对它的研究还刚刚起步。所以，仍存在许多悬而未决的问题，例如：后李文化的分期问题，它的下限年代问题；后李文化与北辛文化鲁北类型之间尚有很大的空白，后者是从前者直接发展而来，还是接受鲁中南地区北辛文化的影响而产生的；北辛文化鲁北类型的发展序列问题尚不明确，限于资料，我们对乙、丙组文化也只以"北辛文化鲁北类型"代称，为更准确地进行分区与分期研究，是否应有更准确、更恰当的文化命名？等等。这些问题的解决，有待于更多考古资料的发现和考古界同仁的积极努力。

附记：本文承蒙郑笑梅、王树明、王永波诸先生的批评指导，在此一并致谢！

（原载《华夏考古》1995 年第 2 期）

---

① 郑笑梅：《论泰沂文化区》，《海岱考古》（第一辑），山东大学出版社，1989 年。

北辛文化相关问题的探索[*]

北辛文化以滕州市官桥镇北辛遗址的发掘而命名①。北辛文化确立后，围绕其文化面貌、分布范围、分期及与其他文化的关系等问题，有关学者、专家进行了广泛的研究与探讨。20世纪90年代以来，北辛文化遗存的发现及发掘数量逐渐增多（图一），资料也陆续发表，使我们对北辛文化有了进一步的认识；同时，相邻地区与之相关文化的新发现，也为我们探讨北辛文化与周围文化的关系提供了新的线索。本文根据以往研究工作的成果，结合近年来考古新发现及新发表的资料，就北辛文化的文化面貌、分期、社会发展阶段及与周边文化的关系做一探讨，以此就教于专家、学者。

（一）北辛文化面貌的再认识

随着北辛文化发掘资料的发表，北辛文化的文化面貌已基本被大家所认识，应该说北辛文化的文化面貌基本清楚了。但是，我们在翻检一些调查及发掘资料时，却发现其中存在的大量陶釜未能引起足够的重视。该类器一般形体较大，均为含砂陶。由于烧制火候较低，易于破碎，修复率极低。对该类器归属的不同认识，影响了人们对北辛文化面貌的认识及与其他文化关系问题的把握。

北辛遗址发掘报告中，据统计已发表有37件鼎、10件釜，似乎釜

---

* 本文为与兰玉富合写。

① 中国社会科学院考古研究所、滕州市博物馆：《山东滕州北辛遗址发掘报告》，《考古学报》1984年第2期。

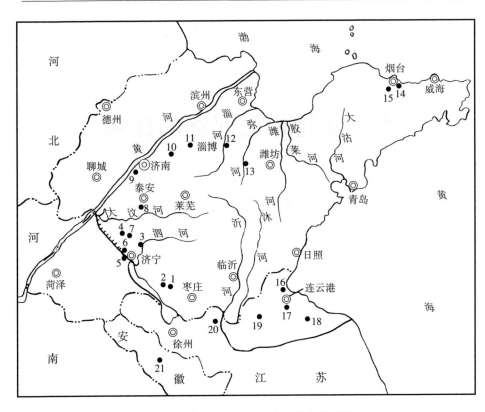

图一　山东北辛文化重要遗址分布示意图

1. 滕州北辛　2. 滕州西康留　3. 兖州王因　4. 汶上东贾柏　5. 济宁玉皇顶　6. 济宁张山　7. 兖州西桑园　8. 泰安大汶口　9. 长清张官　10. 章丘王官庄　11. 邹平西南庄　12. 临淄后李　13. 青州桃园　14. 烟台白石村　15. 烟台邱家庄　16. 连云港大村　17. 连云港二涧村　18. 灌云大伊山　19. 沭阳万北　20. 邳县大墩子　21. 濉溪石山子

的数量远远少于鼎的数量。山东大学历史系考古专业在邹平县西南庄遗址调查发表的资料中，两件陶尊应为釜类器，其数量也少于鼎（8 件）。山东省文物考古研究所在对西南庄遗址进行勘探、试掘工作时，发掘者注意到遗物中存在大量无法修复的含砂陶釜（罐、盂、盆类器），认为西南庄遗址发现的新石器时代早期文化遗存"至少可以分为两期：早期以夹蚌壳粗陶为代表，其它如馒头状陶支脚、夹砂器座、夹砂陶盂、深腹罐和部分敞口盆类（如标本 XC：039、040）可能也属此期。晚期以夹砂圆锥足陶鼎为代表，红顶钵、柱状陶支脚、部分敞口盆和小口双耳罐等属于此期"①。

1990 年,笔者去滨州市参观,也注意到其中存在大量无法修复的釜、盆类陶器。同年,山东省文物考古研究所在章丘王官庄遗址进行发掘②。笔者在观察该遗址出土遗物时,发现其大部分与后李二期文化相类,下层遗物中部分陶器含大量的鼎与釜类器,时代早于后李二期文化,略晚于西南庄北辛文化遗存。

其实,早在北辛文化发掘报告整理时,发掘者就注意到北辛遗址早期陶器中,"陶鼎很少,且无复原者,从鼎足观察,制作也比较粗糙。"此外存在釜、盆、碗、盘、盉等器类。但从报告中无法判断各类陶器在陶器群中所占比例。

作为炊具的鼎、釜类在陶器群中所占比例问题,直接影响了人们对北辛文化面貌的认识,也影响了其与相关文化关系的正确理解。

1999 年秋,山东省文物考古研究所对滕州官桥镇与北辛遗址相距约 4 千米的西康留遗址进行了钻探、试掘工作。共开探沟 4 条,其中西部两条探沟内的第 7、8、9、10 层为北辛文化时期的堆积。从出土遗物看,其时代与北辛遗址发掘报告的"中期"基本一致③。在对出土北辛文化时期遗物进行整理时,我们发现陶器中存在大量的釜类器。由于出土的陶片破碎严重,很少有完整器,但釜类器与鼎的口沿较易于区别。鼎的口沿上一般都有北辛文化中期常见的泥条堆纹或刻划纹,釜类器的口沿为素面或加附加堆纹。统计数字表明,釜类器、各种鼎约各占陶炊器总数的 1/2,这一比例应当反映了北辛文化中期陶釜所占比例。

同年秋,北京大学考古文博院实习队与济南市文物处对长清市张官遗址进行了试掘工作,发现一批北辛文化早、中期的遗物。陶质分为有掺和料和无掺和料两类,前者器类有釜、鼎、盆等,后者为碗、钵、带耳壶等。

①　山东省文物考古研究所:《山东邹平苑城西南庄遗址勘探、试掘简报》,《考古与文物》1992 年第 2 期。

②　李玉亭:《章丘王官新石器时代遗址》,《中国考古学年鉴·1991》,文物出版社,1992 年。

③　山东省文物考古研究所:《山东滕州西康留遗址 1999 年调查、钻探、试掘简报》,待刊。

其中釜类器的数量大大超过鼎的数量①。

泰安大汶口与兖州王因遗址的早期遗存主要属北辛文化的晚期。《大汶口续集——大汶口遗址第二、三次发掘报告》、《兖州王因》报告的发表，为研究北辛文化晚期遗存提供了丰富的资料。从报道的资料看，北辛文化晚期陶鼎已完全代替釜类器，作为炊具意义的釜类器已经消失。鲁北地区临淄后李遗址二期文化的资料证实了这一点。

从以上分析可以看出，北辛文化时期（特别是北辛文化的早、中期）釜类器在物质文化中占有相当重要的地位。早期，陶釜是人们日常生活的主要炊具，陶鼎处于刚产生时期，在陶器群中所占比例较小；北辛文化中期，陶釜的数量相对减少，鼎的数量增加，陶鼎在人们生活中的作用日益增大；从北辛文化的晚期开始，陶鼎作为炊具完全取代了釜类器，陶器群中一些与釜形状相近的器物不仅所占比例甚少，而且已经失去作为炊具的作用。

由此可见，陶釜类器在北辛文化中占有十分重要的作用。尽管由于各种原因复原器的数量较少，但在北辛文化的早、中期陶器群中所占比例却是不容忽视的。这也是我们以后工作中所应当特别注意的一个问题。

（二）分期及年代问题

1. 分期

围绕北辛文化的分期问题，不同学者在不同时段依据自己所掌握的资料，提出了自己的分期标准，概而言之，可分为以下几种观点：

（1）早晚两期论

20 世纪 90 年代以前，由于发表资料较少，郑笑梅先生依据北辛及大汶口遗址的资料提出早晚两期说。早期以北辛遗址大多遗存为代表；晚期以大汶口遗址第 5 ~ 7 层为代表②。

---

① 燕生东等：《长清张官遗址年代嬗变关系基本确定》，《中国文物报》2000 年 4 月 26 日 3 版。
② 郑笑梅：《试谈北辛文化及其大汶口文化的关系》，《山东史前文化论文集》，齐鲁书社，1986 年。

（2）早、中、晚三期说

在滕州北辛遗址发掘报告中，作者曾依据地层关系将北辛遗址的北辛文化遗存分为早、中、晚三段。此后，随着20世纪80年代以来资料的增多，人们从地层学及类型学的结合上，对北辛文化提出了更详细的分期，其中，栾丰实先生将之分为三期六段，即将每期分为先后段①。

此外，王永波先生将河北北福地甲类遗存和炭山一期文化归入北辛文化，分为两期四段六组②。张江凯先生则将90年代山东地区新发现的后李文化划归北辛文化早期，从而提出四期说，其后三期与前文所述三期说基本一致③。

90年代以来，随着考古工作的不断开展，北辛文化发掘资料的不断增加，如在济宁张山、长清张官发现北辛文化较早时期的遗存，济宁玉皇顶、滕州西康留等遗址的发掘也增加了北辛文化中晚期的文化内涵，有必要根据已发掘资料对北辛文化的分期问题做进一步的研究。

应该注意的是，由于各地区北辛文化的面貌存在一定差异，我们在探讨文化分期时，必须考虑文化分区问题。在此，我们依据现有资料，主要对鲁中南、鲁北地区的北辛文化进行分期，其他地区由于资料匮乏，只能做一些对比分析。

1）鲁中南地区

鲁中南地区北辛文化遗存发现较多，发掘资料相对丰富。该地区北辛文化的遗存不仅从早到晚都存在，而且发展演变的脉络比较清楚。根据北辛文化遗迹和地层叠压关系及对出土遗物（主要指陶器）型式的分析研究，鲁中南地区的北辛文化遗存可分为三期五段（图二）。

Ⅰ段　以北辛第4层和H501、H502、H601、H711、H713及张山4层、J1为代表。该段的陶器以夹砂红褐或黄褐陶为主，少量泥质陶。器壁较厚且

①　栾丰实：《海岱地区考古研究》，山东大学出版社，1997年。
②　王永波：《关于后李文化的谱系问题——兼论北辛文化的内涵和分期》，《青果集——吉林大学考古专业成立二十周年考》，知识出版社，1993年。
③　张江凯：《略论北辛文化及其相关问题》，《考古学研究（四）》，科学出版社，2000年。

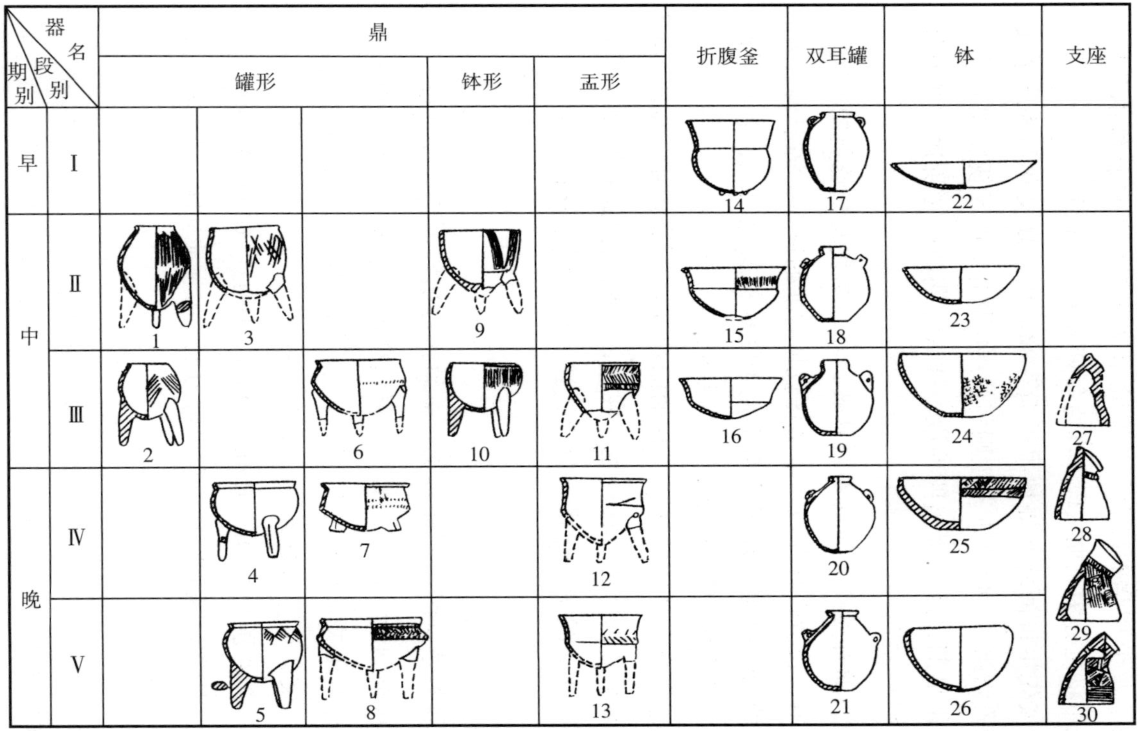

图二 　鲁中南类型陶器分期图

1. 北辛 H1001：26 　2. 东贾柏 H13：4 　3. 北辛 H706：23 　4. 东贾柏 H2：5 　5. 王图 H1：6 　6. 大汶口 T71⑦：1 　7. 大汶口 T73
⑤B：8 　8. 大汶口 H31：7 　9. 北辛 H706：1 　10. 东贾柏 H13：34 　11. 北辛 H307：15 　12. 大汶口 I T315⑤B：45 　13. 大汶口
T74⑤B：14 　14. 北辛 H601：20 　15. 北辛 H616：26 　16. 北辛 H14：15 　17. 张山 J1：5 　18. 北辛 H1002：12 　19. 东贾柏 25. 北辛
H13：32 　20. 王图 T270⑤：1 　21. 王图 T406④下：110 　22. 北辛 H713：28 　23. 北辛 H1001：22 　24. 北辛 H20：50 　30. 大汶口
H32：26 　26. 大汶口 H24：4 　27. 北辛 H506：4 　28. 大汶口 T413⑤B：37 　29. 大汶口 H29：4 　30. 大汶口 H30：3

粗糙。器表以素面为主，纹饰少且简单，少量附加堆纹。器形以圜底器为主，平底器次之，少量乳足器。主要器类有侈口卷沿球形腹釜、高领折腹釜、敞口浅腹小平底盆、敞口浅腹圜底钵、弧腹三足钵、假圈足碗、瘦长体的小口双耳罐等，鼎少见，可见个别卷沿弧腹鼎，鼎足多为圆锥体，有的鼎足尖截面呈方形或长方形。

Ⅱ段　以北辛第3层和H616、H706、H701、H1002、H1001、M702为代表。陶器种类和数量明显增多，主要器形有敞口或近直口深腹钵形鼎、侈口鼓腹尖圜底釜形鼎、小侈口深弧腹圜底罐形鼎、小口双耳罐、直口双耳罐、直口浅弧腹大圜底釜、直口钵等，鼎成为最主要的器形之一，鼎足为圆锥形，少量扁圆锥形。此期的纹饰明显增多，流行数条窄堆纹组成各种图案的装饰。

Ⅲ段　以北辛第2层和H304、H307、H401、H505、H506和东贾柏H13为代表。主要器形有敛口弧腹钵形鼎、小侈口鼓腹尖圜底罐形鼎、侈口弧腹尖圜底盂形鼎、敞口斜弧腹小圜底釜、侈口鼓腹釜、敛口盆、敞口或敛口钵等，侈口鼓腹尖圜底釜形鼎继续存在，出现红顶钵、彩陶和猪嘴形支座。扁圆锥形鼎足明显增多；纹饰仍大量存在，多装饰于鼎类器的腹部。

Ⅳ段　以北辛H32，东贾柏H2，大汶口T74南区4、5层，大汶口74北区和78Ⅰ区、78Ⅳ区6～8层及H24、H7、F202，王因5层及H11、H4009、H4005等为代表，以夹砂陶和夹蚌陶为主，泥质陶增多。主要器形有侈口鼓腹扁圆锥形或侧三角扁足釜形鼎、敛口钵、斜直壁小平底盆、敞口斜弧腹平底盂等，新出现侈口折腹圜底釜形鼎、侈口深折腹圜底罐形鼎、折腹圜底盆。纹饰减少，极富特色的窄堆纹日趋简化和少见。简单的轮制技术开始出现。

Ⅴ段　以大汶口74南区3A～3C，另三区5A～5C、H16、H3、H30、F1、F2、H2、H4、H20、H23、H26、H31、H33，王因4层和H1、H38、H48、H4004、H4003等为代表。仍以夹砂陶和夹蚌陶为主，夹蚌陶和泥质陶的比例不断增多。主要器类有鼎、敛口圜底或平底钵、小口双耳罐、折腹圜底盆、折腹三足钵、猪嘴形支座等。其中鼎不仅种类繁多，而且在陶容器中所占比重也最大，主要有折腹釜形鼎、盆形鼎、卷沿折腹盂形鼎、盘形鼎等，新出现漏缸。数条窄堆纹组成各种图案的装饰方式已基本不见，代之以各种刻划纹、锥刺纹、指甲纹、按窝纹、乳丁纹等，以前两者居多，常以构成各种图案的方式出现。

根据以上分析，可以把北辛文化分为早、中、晚三期。早期包括Ⅰ段。Ⅰ段器物种类相对较少，器体也比较粗糙，鼎类中仅见侈口、卷沿、浅鼓腹的罐形鼎，纹饰也少见，与Ⅱ段之间有一定的缺环，将其划为早期较为合适。随着工作的深入，早期还可做更细的划分。中期包括Ⅱ、Ⅲ段。Ⅱ、Ⅲ段之间衔接相对紧密，不仅器物类型明显增多，且鼎的所占比重较大，钵形鼎由Ⅱ段时的敞口、近直口到Ⅲ段时的敛口，钵也由Ⅱ段时的直口发展到Ⅲ段时的敛口。高领折腹釜则由折棱居中略偏上演变到折棱偏下。纹饰也急剧增多，尤以大量的并列窄堆纹最具特色。这时彩陶开始出现。晚期包括Ⅳ、Ⅴ段。Ⅳ、Ⅴ段器类有了新变化，钵形鼎及一些类型的盂形鼎、罐形鼎消失，大量的折腹类釜形、盆形、盘形鼎成为三足器中的主流，弧腹釜形鼎在Ⅳ段与折腹釜形鼎并存，到Ⅴ段基本被折腹釜形鼎取代，釜基本不见，小口双耳罐的双耳也由中期的居于肩部演变到居于腹部，中期流行的多条并列窄堆纹到此时也基本消失。

2）鲁北地区

鲁北地区北辛文化发现较晚，发掘资料较少。依据现有资料，参照鲁中南北辛文化分期，大致可分为三期四段。

一期，包括Ⅰ段：以长清县张官遗址早期遗存为代表。出土陶器以夹砂陶为主。陶色以红陶占绝大多数，陶色多斑驳不纯。器类有釜、盆、鼎、小口双耳罐、钵。其鼎足及小口双耳罐与济宁张山遗址同类器基本一致，限于资料尚未公开发表，不能做详细论述，该段大致与鲁中南地区Ⅰ段相当。

二期包括Ⅱ、Ⅲ段，以西南庄遗址出土遗物为代表。由于该遗址原生地层遭到河流的冲刷已不复存在，所有遗物均采自于老乌河河床上①，因此，该遗址文化分期只能依据类型学的排比进行。王永波先生在对西南庄出土陶器进行分析时，认为该遗址新石器早期遗存可分为三期，早期以夹

---

① 山东大学历史系考古专业：《山东邹平苑城早期新石器文化遗址调查》，《考古》1989年第6期。

蚌壶、粗陶釜为代表，其他如馒头状陶支座、夹砂器座、夹砂陶盉、深腹罐和部分敞口盆类也可能属于此期。中期以夹砂圆锥状足陶鼎为代表，红顶钵、部分陶支座、敞口盆和小口双耳罐等可能属于此期。晚期为大汶口文化①。从目前发掘的几个北辛文化中期遗址看，釜类器大量存在是北辛文化中期的一个特点。因此，将釜类器与鼎决然分开看待似乎失之于偏颇。栾丰实先生将该遗址主要遗存划为早晚两段②，应该更合乎逻辑，其划分的两段分别为鲁北北辛文化的Ⅱ、Ⅲ段。

三期包括Ⅳ段，以后李遗址二期文化为代表。陶器以红陶、红褐陶为主，器类以鼎、钵占绝大多数，另有少量的三足钵、小口双耳罐等。后李二期文化的陶鼎均为折腹釜形鼎，与鲁中南地区多样文化的鼎类有明显不同。从文化面貌看，后李二期文化代表的Ⅳ段与Ⅲ段之间存在明显的差异，考虑到两者均属鲁北平原，相距不远，这种差异应是时代不同造成，鲁北Ⅳ段大致相当于鲁中南地区Ⅴ段。1991年在章丘王官庄发掘的北辛遗址中，存在相当于鲁中南地区Ⅳ段的遗物。由于资料尚未发表，不便做进一步的分析（笔者曾两次参观王官庄发掘资料，发现其中存在一些早于后李二期、文化晚于西南庄遗址的文化遗存）。

胶东地区北辛文化遗存发现较少，仅在白石村、邱家庄等地发现少量北辛文化遗存。从文化面貌看，白石村（即白石村一期文化）以断面呈扁圆足的钵形鼎及蘑菇状把手的罐为主，与北辛文化有明显不同。白石村二期文化早段在承袭白石村文化传统的同时，受鲁北地区北辛文化影响，应视为北辛文化的一个类型。由于资料缺乏，无法做更细的文化分期。

苏北、皖北地区发掘资料较零散，一个遗址上北辛文化遗存延续时间短，目前除个别遗址如万北等可做分期外，目前尚不能做出系统的分期。

2. 年代

（1）相对年代

在鲁中南地区，目前尚未发现早于北辛文化的新石器时代文化。北辛

---

① 山东省文物考古研究所：《山东邹平苑城西南庄遗址勘探、试掘简报》，《考古》1992年第11期。

② 栾丰实：《海岱地区考古研究》，山东大学出版社，1997年。

文化之后为大汶口文化。北辛文化与大汶口文化的地层关系在王因遗址和大汶口遗址中十分明确。王因遗址 2～4 层属于大汶口文化层；在发掘区并不普遍存在的 5 层则属于北辛文化层，该层出土的陶器基本组合为鼎、釜、钵、小口双耳罐和支座，其中圆腹、圜底或尖圜底的Ⅰ、Ⅱ式釜形鼎与北辛 H304：25、H32：25 极为相似，而且王因遗址出土了大量的折腹鼎，这也是北辛文化晚期鼎中主要形制之一，其中Ⅲ式折腹鼎与该遗址大汶口早期的折腹釜形鼎有着传承演变关系。由此可以看出，该遗址中大汶口早期文化层是直接叠压在北辛文化层之上的，从而也进一步证明北辛文化要早于大汶口文化。鲁北地区早于北辛文化的是后李文化，这在后李遗址中可以直接找到两者的关系。发掘者将该遗址新石器早期文化遗存分别命名为"后李一期文化"（即后李文化）和"后李二期文化"（即北辛文化遗存部分）。后者所在 9 层直接叠压在属于前者的 10～12 层上，尽管还未有充足材料证明这两者是否有传承关系，但至少说明两者的早晚关系。

（2）绝对年代

到现在为止，北辛文化中做过碳－14 测定的遗址有北辛、大汶口、东贾柏、后李、白石村、大墩子、万北等遗址。从测量的 26 个数据看，绝大多数数据的树轮校正年代在 7345±215～5970±96 年之间。考虑到济宁张山及长清张官遗址的时代早于北辛遗址，因此北辛文化早期应在距今 7500 年前后。

从绝对年代看，北辛文化在鲁中南与鲁北地区的结束年代是不同的。在鲁中南地区，北辛文化与大汶口文化衔接的年代当在 6100 年前后。鲁北地区大汶口文化早期的遗址较少，代表北辛文化晚期的后李二期文化从文化面貌看晚于鲁中南Ⅴ段，碳－14 年代在距今约 6200～5900 年。由此可见，鲁北地区北辛文化的结束年代晚于鲁中南地区。

胶东半岛北辛文化的年代存在较大的争议。白石村遗址早期遗存所做的碳－14 年代数据大致在 6100～5300 年之间。尽管对胶东地区碳－14 的测定存在一定的争议，但白石村二期早段的年代晚于后李二期当无疑义。由此可以发现，北辛文化类遗存在山东地区由鲁中南地区往北、往东其消亡的时间越来越晚，这或许体现了该文化在发展过程中因地域不同而出现的一种滞后性。

（三）地方类型研究

到目前为止，发现北辛文化的遗址 50 余处。随着资料的不断增加，关于北辛文化的类型学研究也逐渐被重视起来，许多学者从不同角度对北辛文化的地方类型提出了各自的划分标准，有的根据地理区域划分为鲁中南、鲁北、胶东、大伊山类型；有的根据遗址划分为北辛、苑城、白石村、大伊山类型。也有的学者从更广泛的范围考虑，将河北北福地甲类遗存作为北辛文化的一个类型。其中鲁中南类型（北辛类型）、鲁北类型（苑城类型、后李二期、后李类型）在文博界已基本达成共识，本文不再详述，下面着重对于其他类型的文化阐述自己的看法。

（1）关于苏北、皖北类型（或称"大伊山类型"）

苏北地区北辛文化发现较早，以往多将之归入"青莲岗文化"之中。该地区经发掘的北辛文化遗存主要有连云港的二涧村、大村及邳县大墩子、灌云大伊山、沭阳万北 5 处[①]。该地区北辛文化陶器以鼎、釜、钵、小口双耳罐为主要组合；陶器纹饰主要有刻划纹、附加纹、乳丁纹、指甲纹、锥刺纹等。有的学者将这一地区北辛文化划为"大伊山类型"，并依据地层及类型学将之划分为两期，认为早期相当于北辛文化中期晚段，晚期与北辛文化晚期相当[②]，结合这一地区碳 – 14 数据，该说可信。

皖北地区与苏北地区同处于淮河中下游，地域相接，自然环境相近，古代文化也应有某些共性。20 世纪 80 年代以来，在皖北地区发现一批较早的新石器文化遗存，其中较重要的有宿县小山口、古台寺，濉溪县石山子，定运县侯家寨，蚌埠市北郊的双墩等，时代大致距今 8000～7000 年。从文化面貌看，以上遗址所代表的文化大致可分两大期，早期包括小山口早期

---

① 江苏文物工作队：《江苏连云港二涧村遗址第二次发掘》，《考古》1962 年第 3 期；江苏文物工作队：《江苏新海连市大村遗址勘查记》，《考古》1961 年第 6 期；连云港市博物馆：《江苏灌云大伊山新石器时代遗址第一次发掘报告》，《东南文化》1988 年第 2 期；南京博物院：《江苏灌云大伊山遗址 1986 年的发掘》，《文物》1991 年第 7 期；南京博物院：《江苏沭阳万北新石器时代遗存发掘简报》，《东南文化》1992 年第 1 期。

② 栾丰实：《海岱地区考古研究》，山东大学出版社，1997 年。

及双墩下层（15～19 层），陶器以釜、钵、盆、罐、支座为组合；晚期包括石山子、古台寺遗存，陶器以釜、鼎、罐、钵、碗、盆为组合，纹饰有附加堆纹、刻划纹等。

皖北地区早期新石器文化中，早期陶器以夹砂陶为主，少见泥质陶，陶胎较厚，烧成火候较低，一般以釜、支座为基本炊器。关于该期的文化性质，有的学者认为其与鲁北地区发现的后李文化相近①。晚期陶器以釜、鼎、钵为主要器类，泥质陶数量增加。有的学者认为皖北地区该时期文化与鲁北后李二期存在某些共性，并依据地层及类型学研究，将晚期再划分为两段②。从文化面貌看，皖北早期新石器文化的晚期大致相当于北辛文化中、晚期。

大伊山类型主要分布于苏北地区，近几年的工作表明，在皖北地区也存在一支较早的文化，有学者将之归为"侯家寨文化"。典型遗址有小山口、石山子、侯家寨等遗址，出土遗物主要有鼎、釜等。从文化面貌看，小山口等遗址与北辛文化有较大的共性，有学者认为，其与后李二期文化相近。

由于苏北、皖北地区发掘面积较小，许多资料尚未发表，因此文化面貌不甚清晰，从总体上分析，应属北辛文化的范围，因此现在可将苏北、皖北的该类文化均以"北辛文化苏北、皖北类型"概之。随着以后工作进展，或许两者可划分更详细的类型。

（2）胶东类型（或称"白石村类型"）

对于白石村类型的性质，学术界存在两种观点，一种观点认为白石村类型与北辛文化属两种不同的古文化，另一种观点认为两者属同一文化。

胶东半岛地处山东地区的东部，胶莱河及胶莱平原将胶东丘陵与泰沂山系分为两个独立的地理单元。有学者认为，在北辛文化时期，胶莱平原尚被海水淹没，胶东半岛是名副其实的岛屿③。从文化面貌看，白石村一期

---

① 吴加安：《安徽北部的新石器文化遗存》，《考古》1996 年第 9 期。

② 吴加安：《安徽北部的新石器文化遗存》，《考古》1996 年第 9 期；安徽省文物考古研究所：《安徽濉溪石山子新石器时代遗址》，《考古》1992 年第 3 期。

③ 胡秉华：《山东史前文化遗迹与海岸、湖泊变迁及相关问题》，《中国考古学会第九次年会论文集》，文物出版社，1997 年。

文化主要器类与北辛文化有明显不同，但其二期文化早段与北辛文化有较大的共性。因此，应将胶东地区早期原始文化分别看待：早期即以白石村一期文化为代表，不属北辛文化，其基本器类如钵形鼎、柱状把手罐等另有发展源头，到白石村二期文化早段，由于受北辛文化的影响，文化面貌与北辛文化趋同，成为北辛文化的一个地方类型。

（四）关于文化渊源

关于北辛文化渊源问题，主要有两种观点：有的学者认为后李文化的范围南至苏北、皖北，东及胶东，因此北辛文化是由后李文化发展而来[①]；也有学者认为北辛文化是在后李文化、裴李岗文化的共同基础上发展起来的，鲁北地区北辛文化来源于后李文化的因素多些，鲁中南地区北辛文化则与裴李岗文化关系更为密切。

在鲁北地区，北辛文化早期的陶器以夹砂陶为主，泥质陶所占比例较少，釜类器的数量大大超过陶鼎，是当时的主要炊具。陶釜的形状与后李文化相类，作用一致。北辛文化早期陶器的这些特点说明其与后李文化有密切的关系，因此，鲁北地区北辛文化主要因素来自于后李文化。至于北辛文化的三足器及小口双耳罐，或是其自身发展过程中形成的，或是受到裴李岗同类器的影响，有待于更多考古资料的印证。

鲁中南地区由于没有发现早于北辛文化的遗存，因此有的学者将之与裴李岗文化相比较。其实，两者渊源并不一致，主要器类也不相同。河南舞阳贾湖资料表明，裴李岗文化的源头为贾湖一期文化，如其主要器类为鼎、壶、罐、钵等，来源于贾湖一期文化。贾湖二期的鼎多为平底器，主要源于一期的角把罐与平底盆，而北辛文化中的鼎类绝大多数为圜底器，与裴李岗文化决然不同。从鲁北及苏北、皖北发现的情况看，至少北辛文化应源于一种与后李文化相类或相近的原始文化。关于这一论点，笔者将另文作详细的探讨。

胶东地区的北辛文化明显承袭有白石村文化的特点，因此其应为白石

---

① 王永波：《关于后李文化的谱系问题——兼论北辛文化的内涵和分期》，《青果集——吉林大学考古专业成立二十周年考古论文集》，知识出版社，1993 年。

村文化发展中受到北辛文化强烈冲击而形成的一个地方类型。

总之，北辛文化的来源并不是单一的，其与裴李岗文化的关系有待进一步商榷。

（五）关于社会性质问题的探讨

如前文所述，北辛文化至少在鲁北地区源自于后李文化，但我们在对两个文化进行对比研究时，发现两者在房屋建筑方面有明显的不同。从目前调查发掘资料看，后李文化的房址室内面积多在 30～50 平方米，而北辛文化发现的大多是不足 20 平方米的小房址，相当一部分室内面积不足 10 平方米。

是北辛文化建筑技术落后，不能建造面积更大的房子吗？1999 年，滕州西康留遗址发掘时在探沟剖面上暴露有剖面达五六米的房址。后李遗址 1 号房址面积也较大，其门道、活动面十分清楚①，因此，不能说后李文化的建筑技术先进，只是由于到了北辛文化时期社会组织的基本细胞发生了变化，建筑方式才发生了改变。

从建筑面积看，后李文化的房址大概可居住 10 人左右，而北辛文化的房址仅能容约 2～3 人，两者之间居住面积差异是与社会组织基本的改变相适应的。

应该肯定的是，北辛文化存在一定数量的大房子，但这种大房子与小房子的关系，尚不能明确。临潼姜寨遗址大、小房子配套使用，小房子依附于大房子关系明确，大量小房子的存在至少说明家庭的产生已处于萌芽状态。

从埋葬习俗看，后李文化的墓葬除少量饰件外，基本没有随葬品。北辛文化中、晚期出现许多陶器作为随葬品。随葬品是个人生前占有物品在其死后人们对其占有性的认可，标志私有制的逐步产生。

家庭是私有制的产物，北辛文化房屋建筑及埋葬习俗的变化，是社会基本单位从家族向家庭过渡的标志。

（六）结语

北辛文化的发现与确立，是山东地区新石器时代考古的一件大事，但

---

① 济青公路考古队：《山东临淄后李第一、二次发掘简报》，《考古》1992 年第 11 期。

由于种种原因，许多资料尚未发表，有些资料过于简单，影响人们对文化面貌的把握，也影响有关学者进行其他领域的研究。从陶器看，陶釜作为北辛文化早、中期主要炊具一致没有引起大家的重视，由于这一部分陶器陶质差，不易于修复，资料发表的数量少，从而使我们无法了解其在人们生活中的作用。因此，我们有必要对一些遗址的器形、器类、陶质、陶色进行各种形式的数量统计，只有把握住"量"的变化，才可对"质"加以研究，这是我们以前工作所忽视的。

20 世纪 90 年代以来，在鲁北地区发现了后李文化。后李文化陶器以釜、钵、罐、盆等为主要器类，无三足器，无泥质陶，是其陶器的主要特点。近期研究表明，后李文化至少是鲁北地区的直接源头，那么，两者之间的临界点又是什么？根据后李文化陶器标准，出现了泥质陶、三足器，都应划为北辛文化。当然，随着研究的深入，有学者认为两者应为同一文化[1]。尽管后李文化晚期与北辛文化早期存在一定延续性，但两个文化各有自己的文化内涵。正如我们不能因为大汶口文化晚期与龙山文化早期的共性而否认两个中的任何一个文化一样，我们不能将后李文化与北辛文化视为同一文化。

北辛文化在鲁中南地区结束时代较早，在鲁北地区则晚于鲁中南地区。种种迹象表明，其在胶东地区结束的时代更晚，产生这种迹象的根本原因，需史前研究者从理论角度进行深入的探讨。

（原载《齐鲁文博》，齐鲁书社，2002 年）

---

① 　张江凯：《后李早期陶器的类型学研究》，《中原文物》1998 年第 4 期。

山东龙山文化

（一）城子崖遗址的发掘及影响

1. 走近龙山时代

20世纪20年代，是中国考古学产生时期。从19世纪末叶开始，一些西方的学者开始在中国进行考察、探险活动，其中包括一些考古考察。由于当时现代考古学在中国还没有产生，因此这些考察活动没有引起中国人的重视。中国人重视考古学是从安特生在中国的活动开始的。安特生（1874~1960年），瑞典著名的地质学家、考古学家，1914~1924年任中国北洋政府农商部矿政顾问，帮助中国政府寻找铁矿和煤矿。但他后来的考察活动多集中在新生代地质研究和考古学研究上，先后发现周口店旧石器点和许多新石器时代遗址。1918年，安特生第一次到达河南省渑池县仰韶村，收集了大量的磨制石器。1921年，安特生第二次到仰韶村，发现遗址上有许多彩绘陶，从而确定其为重要的新石器时代遗址。在请示中国政府同意后，当年10月份带领中国地质调查所的5位工作人员，第三次到达仰韶村，开始了当时中国规模最大、最详细的考古发掘，获得一大批珍贵的文物。安特生将这次发现及以后发现的同类遗存命名为"仰韶文化"。其后又在甘肃、青海进行了一系列的考古工作，调查发掘大批新石器时代到青铜时代的遗址。安特生是较早从事中国新石器时代研究的学者之一，有关中国考古学的著作主要有：《中华远古之文化》、《甘肃考古记》、《黄土的儿女》等。

仰韶村遗址的发掘，是中国新石器考古和现代田野考古学的开始。仰韶遗址发掘之前，我们还没有确切的证据证明中国新石器文化的存在，一些外国学者或传教士宣扬"中国文化西来说"，认为中国没有自己的史前文化，后来的中国文化乃至人种都是从西方传过来的。仰韶村遗址的发掘，证明中国有自己非常发达且富有特色的新石器文化。但是由于受到方法论和考古资料的局限，安特生将仰韶文化的彩陶与中亚地区的彩陶相对比、联系，也主张"中国文化西来说"（后来他对中国文化西来说的观点有所纠正，曾强调中国从仰韶文化经过商代直到今天，在人种和文化上是连续发展的）。安特生的主张，被当时许多外国学者认可，关于"中国文化西来说"弥漫着学术界，也引起中国学者对中国古代文化的思考和反思。中国史前文化真的是从西方传来的吗？

1928 年，年轻的考古学者吴金鼎先生到济南东部章丘市东平陵城进行考察，途中在龙山镇的城子崖发现了以黑陶为代表的文化，他马上认识到这种文化应该是不同于仰韶文化的另一类原始文化，对中国商代文化起源的研究具有重要作用。在其后一年的时间里，吴金鼎先生放弃了对东平陵城的考察，先后四次（共用了十天的时间）对城子崖遗址进行了详细的调查，并在遗址上进行了两次挖掘工作，最后一次到龙山城子崖调查后，他写到："是夜于床上矢誓曰，将来机会苟如我愿，吾必在鱼脊骨上（即遗址范围内——作者注）凿百丈之深沟，以窥龙山文化之底籍"①。吴金鼎先生是第一个发现和认识城子崖遗址的学者，其在遗址上的考察活动，为此后城子崖遗址的发掘工作提供了条件。

1930 年，中原大战爆发，河南变成内战的中心地点，中央研究院历史语言研究所在殷墟发掘被迫中断。基于吴金鼎先生在山东考古调查中的重要发现，历史语言研究所组织的田野工作队的活动，在这一年，也就由河南移到山东了。最初他们本想在临淄建立一个田野工作的中心，吴金鼎、李济先生去了一次龙山城镇城子崖遗址后，决定在城子崖进行考古发掘，以期对中国文明起源问题研究提供依据。

1930～1931 年，李济、梁思永、吴金鼎等先生先后两次对城子崖遗址发掘②，

① 吴金鼎：《平陵访古记》，《中央研究院历史语言研究所集刊》第一本第四分册，1930 年。
② 傅斯年、李济等：《城子崖——山东历城县龙山镇之黑陶文化遗址》，国立中央研究院历史语言研究所，1934 年。

找到了与仰韶文化面貌不同而与殷墟文化相近的新石器文化，不但替中国文化原始问题的讨论找了一个新的端绪，田野考古工作也因此得到一个可循的轨道。因此，城子崖遗址的发掘，在中国考古学史上具有开创性的意义，它是由中国考古学者发现和发掘的第一处新石器时代遗址；由此揭示出来的龙山文化，及其此后在河南后岗的发现，打破了西方学者中国原始文化西来说的假想，对于认识和研究中国新石器时代文化起了重大推动作用。

城子崖遗址的发现和发掘，拉开了龙山文化发现与研究的序幕。

2. 城子崖的传说与历史

在济南东部 35 千米远的地方，现章丘市龙山镇（原属历城县）的东部，从南向北流淌的一条小河，这就是武原河。在武原河的东岸，有一片高起的台地，台地大致成方形，边长约 500 米，这就是龙山文化研究的圣地——城子崖。

城子崖，当地老百姓称为"鸭鹅城"。"先有鸭鹅城，后有平陵城；先有太平寺，后有龙山镇。"这是当地居民相传的两句老话（所谓太平寺，即为唐代巨里城南部的寺庙）。从这句老话中，可以看出城子崖、平陵城、巨里城及龙山镇四处的历史演变关系。

龙山镇地理位置重要，是内地与沿海的交通要道，这个交通要道至少在周代就已经形成了。城子崖下层为龙山文化时期和岳石文化时期的堆积，根据 20 世纪 30 年代和 90 年代发掘资料看，城子崖在龙山文化和岳石文化时期，都是当地政治、经济、文化中心，是一座规模较大的城市。

到两周时期，城子崖又成为谭国的国都。谭国是一个古老的国家，有学者考证，其建国应在周代以前。公元前 684 年"齐师灭谭"。但是这次谭国虽然被灭，却仍然存在了很长一段时间。据史料记载，这次齐国之所以灭谭，是因为齐桓公路过谭国时，谭国国君不礼貌引起的。灭谭只是教训一下，后又返还。所以公元前 298 年，孟尝君从外地返回齐国路经谭地时，谭子出去迎接。大概谭国国君也接受"不礼貌"的教训了。至于谭国何时真正被齐国所灭，史料上没有记载。

平陵城位于城子崖东 2 千米。平陵这一地名起源也比较早，在春秋时期，就有平陵的记载。到战国时期，平陵已经有了城市。近年来，山东文物部门在平陵城勘探、发掘时，发现战国城的存在。大概谭国被灭后，由于该地地理位置的重要，其中心移至平陵城了。汉代设平陵郡，汉代初年为吕后所封吕王——吕台的封邑。1999 年在平陵城东约 6 千米发现济南洛庄汉代墓葬（被评为 2000 年全国十大考古新发现），据考证为西汉早期吕后的亲戚吕台之墓。汉文帝时封刘辟光为济南国国王，都平陵城。2002 年，在平陵城南约 8 千米的章丘危山发现的汉代墓葬及陪葬坑（被评为 2003 年全国十大考古新发现），有的学者指出其为西汉济南国王刘辟光的墓葬。从汉代直至唐代，平陵城一直作为国都或郡（州）治之所在①。

巨里城位于原龙山镇的北部（龙山镇在 20 世纪 90 年代迁至平陵城的南部）。巨里也称为巨合，因为濒临巨合水而得名的。巨里城始建于汉代初年，汉武帝时为巨合侯的封地。到唐代初年，平陵城、谭国故城都废弃了，巨里城成为当地的重镇。在城的南部有一座大庙，就是当地百姓所说的太平寺。巨里城一直延续至北宋，到北宋时期，整个南迁，也改名为龙山镇了。

现在龙山的人有时称龙山为巨合城，而称镇北的巨里故城为老龙山镇。

考古学兴起后，在城子崖、平陵城周围做了大量的考古工作，其中有四项考古发现被评为不同年度的"全国十大考古新发现"。这就是西河后李文化村落遗址及城子崖、洛庄、危山。重大考古发现在这一地区的不断出现，从另一个侧面说明该区域历史地位的重要。

3. 吴金鼎的调查与发现

齐鲁多俊杰。当时在清华大学国学研究院追随李济先生攻读人类学的吴金鼎就是齐鲁籍人氏。他对自己的故乡一往情深，渴望亲自找到故乡文明的根。后来他果然幸运地碰上了这个机遇，也实现了自己成为优秀考古学家的梦想。他参加了原中央研究院历史语言研究所考古组的很多重要发掘。1933 年，他到伦敦大学学习考古学，并获博士学位。可惜吴金鼎于 1948 年不足 48 周岁辞世，但他在中国考古学史上占有重要位置。后人提起龙山文化时，都会想起他的名字。

1928 年，在济南老家暂住的吴金鼎先生为调查平陵城城址，与朋友崔

---

① 王守功等：《危山王陵的秘密》，《华夏人文地理》2005 年第 6 期。

德润先生一起乘火车到龙山（龙山镇有车站）进行实地考察。4 月 4 日下午，在其第二次从龙山至平陵城的途中，发现城子崖有时代更为久远的遗存。凭其对古代文化认识的直觉，他马上认识到这次发现意义重大，于是其考察东平陵城的兴趣不知不觉转移到对城子崖遗址的调查上了。并在此后又先后四次去城子崖进行实地考察，其中第四次去龙山时，他住在龙山镇的小旅馆里，在遗址周围整整调查了 5 天。从第五次考察开始，他还征得当地村民同意，在遗址中部进行了试探性的挖掘。吴金鼎先生在城子崖遗址上多次详细的考察活动，基本弄清了遗址的性质及主要文化面貌，其对遗址性质的认识，对以后中央研究院在山东发掘点的选择起了关键性的作用。

4. 为何要发掘城子崖

吴金鼎的老师，刚主持了殷墟第二、三次发掘的李济先生对龙山镇的发现很感兴趣。由于在黄河的上中游都发现了以彩陶为特征的仰韶文化，怀着躲避战祸和开辟新处女地的动机，大概也有对中国文明"西来说"的不服气，李济先生于 1930 年率队移师黄河下游，开辟城子崖遗址的发掘工地。当时的山东省政府教育厅长何思源对这一项目的实施表现了高度热情。在各方努力下，同年 11 月，开始了龙山镇城子崖遗址第一次发掘，由中国学者自己命名的龙山文化从此名扬海内外。

关于选择城子崖作为山东地区第一个发掘地点的理由，李济先生在遗址发掘后第一次与记者谈话中谈到："因为这几年在奉天，山西、河南、甘肃一带所发现的石器时代的遗址，大部分都包含着一种特殊的陶器，陶器上有彩画的装饰。这种带彩的陶器，与中亚、小亚细亚以及东欧所出的均有若干相似处。这就是外国考古家注意中国这种发现的基本原因。由这些材料，就有好多学者指认它们为中国文化原始于中亚的证据。所以近数年来，那沉默了三十年的'中国文化原始于西方'的学说，差不多又复活起来。不过就这些已经发现的石器时代的遗址地域上的分配看，尚不能给'西来说'一个完全的证据。因为……东北部的大平原，如河北省的东南，河南省的东部，以及山东一带，尚没有发现这类的陶器。……城子崖的地点居这华北大平原的中心点，它不但出了石器；并且出土了与西部北部石器时代完全不同的贵重陶器。这种陶器是单色的；色黑发光像漆一样。它们的样子，有好多像后来的铜器。这种石器的遗存，在中国内地尚是头一次发现；与中国商、周的铜器文化的关系很密切。它的重要性，是研究这类问题的人一看就知道的。"①

5. 20 世纪 30 年代的发掘工作

早期的发掘工作在 1930～1931 年，共进行了两次。考古学的田野发掘工作多选择在春季或秋季，因为室外工作需要适宜的温度，太热或太冷，对工作人员、遗迹现象的观察及文物的保护都不利，城子崖第一次发掘选择在 1930 年 11 月，发掘进行了 1 个月。参加发掘的人员有李济、董作宾、郭宝钧、吴金鼎、李光宇、王湘等，发掘工作由李济先生主持。这些先生后来大都成为考古界的大师。

为发掘方便和记录的准确，田野考古一般采用探方法或探沟法进行发掘，探方法是将准备发掘的地方按方格网分成一个个方块，每一个方块即为一个探方，作为一个发掘和记录单位。一个探方的面积根据实际需要确定，一般有 1×1、2×2、4×4、5×5、10×10 平方米不等。探沟法是以长沟为发掘和记录单位。探沟的宽度一般为 1 米或 2 米，长度不等。城子崖第一次发掘工作主要以探沟法。选择好发掘位置后，挖 10 米长、1 米宽的探沟，有的探沟较长，但都以长 10 米为一个单位。共发掘探沟 44 个（图一）。当时的考古发掘，还没有像今天这样按照地层学的原理进行地层的划分，大多按照深度，结合土质、土色进行详细的记录。白天，利用当地的民工进行发掘，他们根据土质、土色及发掘的深度对发掘的文物进行记录、采集、登记。晚上，对田野资料进行核实，将出土文物洗刷干净，进行统计、装箱。通过发掘，发现大量的陶器、石器、骨器、蚌器等，并采集了一些人骨和动物的骨骼。

发掘结束后，为将在城子崖发现的新材料及时公布于众，吴金鼎先生立即着手资料的整理工作，至 1931 年 8 月，报告整理基本完成。1931 年 4 月，梁思永先生在河南安阳的后岗，发现了与城子崖大致相同的遗物，并在地层中找到龙山文化晚于仰韶文化，而早于殷墟文化的地层学证据。后

---

① 傅斯年、李济等：《城子崖——山东历城县龙山镇之黑陶文化遗址》，国立中央研究院历史语言研究所，1934 年。

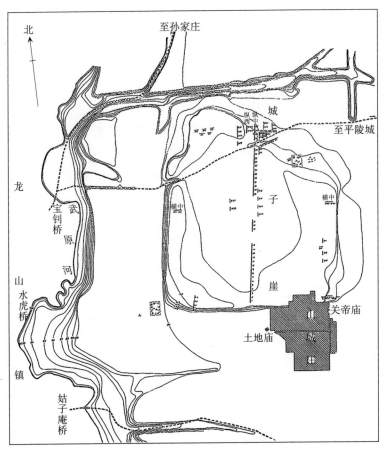

图一　20 世纪 30 年代城子崖发掘位置图
（图中"ᴇ"即为探沟的位置）

岗与龙山文化相类遗存的发现，说明城子崖为代表的龙山文化的分布范围十分广泛。安阳后岗的发掘，使城子崖的发掘者深受鼓舞，认为城子崖有再进行发掘的必要。由此引起了城子崖的第二次发掘。已经整理好的第一次发掘报告也因此暂停刊行。

　　第二次发掘由进行安阳后岗发掘的梁思永先生主持，参加人员做了调整。山东省国立图书馆也派刘锡增先生参加了发掘。1931 年 10 月，进行了 20 天的发掘，发掘探沟 45 条。这次发掘改进了工作方法，除发现大量的文物外，还确定原来发现的城址为黑陶时期（即龙山文化时期），而以前他们一直认为是商周时期，从而确定龙山文化时期城址的存在。此外，还发现了陶窑等重要的遗迹，并发现灰陶时期刻文字的陶器。

根据当时认识，发掘者将城子崖的遗存分为两期：黑陶时代（即龙山文化）和灰陶时代（谭国文化，公元前 1200～前 200 年）。

发掘工作结束后，李济、梁思永、吴金鼎等先生对资料进行了整理，1934 年正式出版了报告集。傅斯年先生在报告序言中写道："这是'中国考古报告集'第一种，又是中国考古学家在中国国家的学术机关中发布其有预计的发掘未经前人之手之遗址之第一次。"城子崖遗址是由中国人发现、发掘的第一个新石器时代遗址，发掘过程中开始运用了考古地层学的概念，首次绘制了地层图。发掘后出版的报告集，是中国第一部田野考古报告。因此，城子崖遗址的发掘，在中国近代考古学史上具有划时代的意义①。

6. 20 世纪 90 年代的发掘工作

20 世纪 30 年代城子崖的发掘虽然取得了重大发现，但当时学科水平极其有限，特别是作为考古发掘基础的"考古层位学"尚未形成，因而依然留下某些重要的悬而未决的问题。其中，最主要的是城子崖下层城址问题，虽然当时发掘者确定发现的城址为黑陶时代，但后来许多人都提出怀疑，认为可能为周代的城址。同时城子崖遗址的内涵、性质等一系列问题成了中国考古界一桩长期的学术悬案。为了揭开这些学术谜底，20 世纪 90 年代初，经国家文物局批准，山东省考古工作者再次对城子崖遗址进行了钻探和试掘。

90 年代的发掘工作由当时任山东省文物考古研究所所长的张学海先生主持，考古所许多业务人员都参加了发掘工作（图二）。经过一年多的努力，取得令人瞩目的新成果。这些成果概括起来主要有：

发现了城子崖龙山文化城址。该城始建于距今 4500 余年前的龙山文化早期，面积约 20 万平方米，这是全国最大的龙山文化城址之一。

确认了 20 世纪 30 年代初发现的"黑陶文化期城"，是岳石文化城址，这是目前黄河长江流域第一座有夯筑城垣的夏代城址，而且可能是座由龙

---

① 傅斯年、李济等：《城子崖——山东历城县龙山镇之黑陶文化遗址》，国立中央研究院历史语言研究所，1934 年。

图二　20 世纪 90 年代城子崖发掘现场

山文化时期直接延续到夏代的城，其格局与龙山文化城一致，晚期阶段城内面积约 17 万平方米。

　　查明城子崖上层的周城，基本属于春秋时期的城址，其上限为西周晚期，下限在春秋末年，战国时已废弃，代之而起的是此城东北 2 千米的平陵城。

　　上述成果是城子崖考古也是龙山文化研究的新突破，对于中国古史研究具有十分重要的意义。在社会上，特别是文物考古界及史学界引起强烈反响。1991 年春，城子崖龙山文化、岳石文化城被《中国文化报》评为1990 年和"七五"期间全国双十大考古发现之一。1991 年 10 月，山东省文物考古部门在济南隆重召开了"纪念城子崖遗址发掘六十周年国际学术研讨会"，来自中国 16 个省市自治区（包括台湾、香港）和日本、美国的著名考古专家、考古工作者 70 余人参加会议。大家缅怀中国第一代考古学家的业绩，回顾、总结龙山文化研究的发展历程和成就，并对 90 年代再次发掘工作及取得的重大成果给予了充分肯定①。

---

① 张学海：《城子崖与中国文明》，《纪念城子崖遗址发掘 60 周年国际学术讨论会文集》，齐鲁书社，1993 年。

　　为了更好地保护城子崖遗址，展示城子崖遗址考古发掘研究所取得的重大成果，适应文博事业和社会主义精神文明建设的发展，1994年济南市投资在城子崖遗址修建了建筑面积达4000多平方米的"龙山文化城子崖遗址博物馆"。该博物馆在向人们展示龙山文化及章丘地区的古代文化的同时，还保护了两处90年代发掘的龙山、岳石、东周三个时代城墙的剖面。人们在这里，可以亲眼看到历史的沧桑巨变和古代文明的发展历程。

（二）以黑陶为特征的器物群

　　龙山文化是以黑陶为主要特征的，这是调查、发掘城子崖遗址的考古学前辈的普遍认识。当然，他们称之为黑陶文化（或黑陶时代），也是为了与西部发现的以红色彩陶为主要特征的仰韶文化相区别（这种彩陶当时许多人认为与西方文化有一定的联系）。在以后的发掘和研究中，研究者们发现，龙山文化时期的陶器并不都是黑陶，在龙山文化晚期，灰陶占有相当大的比例，已经超过黑陶的数量。但是，在龙山文化的大部分时间里，黑陶一直是典型的陶色，并且黑陶烧制火候高，制作的陶器精美，代表其最高工艺水平的蛋壳陶杯黑而亮，薄而轻，是当时中国境内制作最为精致的陶器。因此，我们仍然可以称龙山文化为黑陶文化。

1. 先进的制陶技术

　　龙山文化的陶器大多为快轮加工，这是当时十分先进的陶器制作技术。山东以外其他地区在龙山时代虽然也有快轮加工技术，但不如山东地区普遍。其烧制的陶器内外皆为黑色，外表光亮，显然经过打磨、抛光等工艺。陶器造型优美，制作的陶鬶及鼎足生动地表现了鸟的形象。龙山文化陶器在广大的区域形制及技术的一致性，说明当时已经存在专门制作陶器的工匠，陶器制作已经成为专门的职业。

　　现在全国各地的工艺品商店中，我们可以看到许多仿制的黑陶。有的直接仿制龙山文化时期的陶器造型；有的仿制各时期优美的器物（包括铜器等）造型。但其中绝大部分的制作工艺不如龙山文化时期。现在制作的黑陶大部分为黑皮陶，虽然外表是黑色的，但内芯是红陶，烧成火候也不高。笔者曾访问过现在制作黑陶的作坊，据说现在的陶坯如果烧制火候太高就会变形，主要是技术问题。为增加工艺品表面的光亮，许多作坊雇佣工人在陶器的表面涂黑色的鞋油，然后打磨光亮。当然，也有人能制作出与龙山文化工艺水平相同的黑陶，20 世纪 80 年代一位陶器研究专家曾成功地烧制出龙山文化的蛋壳陶杯，获得了国家科技进步发明奖。

我们也应该知道，龙山文化时代遗留给我们的不仅仅只有陶器，还有城址、房屋、窖穴、墓葬等许多遗迹；人们的日常用品中，除陶器外，还有石器、玉器、骨器、角器、蚌器、牙器等，还有许多已经腐烂掉的木器、竹器、编织物、丝织品等。

2. 形态多样的陶器

在龙山文化发掘的遗址中，出土最多的莫过于陶器了。龙山文化的陶器以黑陶为主，其次为灰陶，还有少量的红陶和白陶。陶器表面多为素面磨光，有的陶器表面有弦纹（多利用快轮旋转形成的），有的还有绳纹、篮纹、方格纹等，这些纹饰多是在制作陶器时用陶拍子拍打上去的。平底器最多，三足器次之，足的种类多，变化也比较复杂。圈足器较少，圜底器基本不见。各种陶器都流行盖、耳、流、鼻、錾等附件。常见器形主要有罐、鼎、豆、鬶、甗、杯、壶、盆、盒、鬲、匜和器盖等，其中多数器类都可以再划分出更详细的子类，如罐可以划分为中口罐、大口罐、小口罐、子母口罐等，杯可以分为筒形杯、单把杯、高柄杯、蛋壳高柄杯、觯形杯、子母口杯等，盆可以分为平底盆、圈足盆、三足盆、子母口盆等。让我们从功用的角度，主要了解一下龙山时期的炊具、盛食器、酒器及其他工具和工艺品。

（1）龙山文化的炊具

人类自从进入熟食阶段后，就一直在努力提高烹饪的水平。最早发明的陶器一般是烹饪用的工具。烹饪用具越复杂，熟食的方式就越多。由于原始社会使用的烹饪工具多是陶制的，很容易破碎，因此制作的数量非常多，今天我们进行考古发掘时，可以找到大量的炊具。龙山文化的炊具主要有鼎、甗、鬲等。

陶鼎是人们做饭用的主要工具。在它们的底部，往往有长期烧火形成的烟炱。在山东地区，鼎是从北辛文化时期（距今 7500～6100 年）开始作为炊具出现的。到龙山文化时期，鼎的种类很多，鼎足的样子变化很大，比较引人注目的是鸟首形，这种鼎足非常生动地表现了鸟首的形象。阳谷景阳岗龙山文化城址中 78 号灰坑出土的鼎就是鸟首形足。该器物为夹砂灰陶，侈口短颈，平底下有三个鸟首形宽高足，腹部有对称的倒"U"字形錾手和盲鼻。口径35、高32厘米（图三）。有人认为这种鸟首足反映了山东地区崇拜鸟的习俗。到龙山文化晚期，鼎开始成为礼器，在临淄桐林遗址城址5号灰坑出土的5个陶鼎，形制一样，大小不同，有人认为其有列鼎的含义。在古代文献记载中，夏代有列鼎。山东龙山文化出现的这组鼎或许是列鼎的雏形。无论如何，在龙山文化晚期，一部分鼎已经成为礼器（图四）。

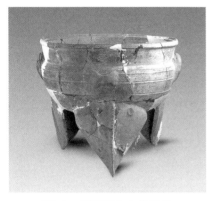

图三　景阳岗出土的陶鼎　　　　　图四　姚官庄出土的陶鼎

鬲是另一种炊具（图五）。有人认为鬲是从西方其他文化区域传播过来的。其实，从大汶口文化开始，山东就有袋足的鬶，说明当时人们已经掌握了制作袋足器的技术。龙山文化陶鬲分布较广，应是在当地文化基础上产生的器具。山东邹平丁公遗址出土的陶鬲为夹砂黑灰陶，大口，筒腹，颈部有一对小耳，三个乳状大袋足。口径32.6、高43.4厘米。陶鬲由于其下部为袋足，与火接触的面积大，因而更容易熟食。

甗是龙山文化中晚期产生的炊具，它是罐与鬲结合在一起而形成的，因此具有蒸、煮两项功能（图六）。在龙山及其以

图五　城子崖出土的陶鬲

图六　城子崖出土的陶甗　　　　图七　桐林出土的陶甗

后的很长时期（在山东地区大致到岳石文化时期），甗一直是人们使用的主要炊具。陶甗的造型是由盖、甑、鬲三部分组成，最下部的鬲是三个空心袋足，用于盛水，鬲上承甑，甑底放箅，箅子上盛放需要蒸煮的食物，甑上加盖，袋足下烧火加温，将食物蒸熟。1982 年山东淄博市桐林遗址 5 号灰坑出土一件陶甗，形体硕大，是目前发现最大的陶甗（图七）。这件陶甗口径 44.5、通高 115 厘米；为夹砂灰陶质，盖为覆盆形，上有桥形纽，为母口，有数道弦纹装饰；甑为子口，口下饰两圈绳纹，有四个对称的贯耳，甑腹饰弦纹，甑底、鬲上部和甑鬲交接处饰绳纹，鬲足饰附加堆纹。此陶虽然形体高大，但制作十分精致讲究。出土陶甗的 5 号坑内还出土有稍小一点的 2 件陶甗和成组的陶鼎、陶盆。3 件陶甗排列在一起，大小恰好按比例依次递减，而且与鼎、盆一同出土，有的研究者认为可能与当时的等级制度有关。这些陶器或为显示身份地位的礼器。

（2）烧水的工具

鬶是专门用于烧水的器具（图八）。龙山文化遗址中出土了大量的鬶，说明当时人们比较普遍喝开水。有的鬶内部有很厚的水垢，应是长

图八　丁公出土的陶鬶　　　　　　图九　姚官庄出土的陶鬶

期烧水形成的。鬶是山东地区特有的陶器。至少在大汶口文化晚期就开始出现了，到龙山时代陶鬶制作得更为精致。陶鬶一般由流、颈、袋足、錾手等组成，许多带盖。陶鬶多为红陶或白陶，陶色特殊。从总体形态看，很像鸟类动物，所以，也有的学者称为"鸡彝"。一些研究者认为，陶鬶形态像鸟，反映了山东地区崇尚鸟的习俗。1960 年出土于姚官庄遗址的一件陶鬶高 29.3 厘米。通体呈橙黄色。长流高颈，腹下有三个袋足，背置扭绳状錾手。器表普遍装饰乳丁纹，腹部并饰有凸弦纹及盲鼻（图九）。

　　（3）吃饭用具

　　陶豆是盛食器的代表（图一○、一一）。与盛食有关的还有盘（图一二）、盆、碗等。研究者认为，在周代以前没有案（桌子），人们席地而坐，为方便取食，一般在盛食器的下部加较高的圈足。邹平丁公遗址出土的陶豆及阳谷景阳岗遗址出土的陶盘就是这类盛食器。景阳岗出土的陶盘直径 45、高 20 厘米，是盛食器中形体较大的。陶碗的数量很多。后李文化和北辛文化时期，一般陶钵是主要的盛食器，陶钵的数量不多，形态也比较大。龙山文化的碗形体较小，与现在的饭碗大小差不多。许多器盖也为覆碗式的，翻过来也可以盛稀饭类食物。

图一〇　丁公出土的陶豆　　　　　图一一　姚官庄出土的陶豆

图一二　姚官庄出土的陶盘

（4）酒器与饮酒之风

酒器是龙山文化陶器中不可或缺的器类，许多精致的陶器是作为盛酒或饮酒的器具。

山东地区酒文化起源较早。至少在大汶口文化时期，酿酒的工艺就十分成熟了。在鲁东南、鲁中南等地区，发现许多这一时期酿酒的工具，如滤缸、大口尊等，也发现一些与酿酒有关的图像文字。到大汶口文化的中、晚期，酒杯已经不仅仅是喝酒的工具，成为当时社会地位及人们身份的象征。在一些墓葬中，往往随葬有几十件酒杯，酒杯的形制多样，晚期的一些酒杯已经制作得十分精致，与龙山文化的蛋壳陶接近。

龙山文化时期的酿酒器发现不多，有些器物的功能还不明确。有学者认为，龙山文化的甗应与酿酒有关。发现的与酒文化有关的陶器主要有盛酒的工具和酒杯。盛酒的工具主要有陶罍、陶尊（图一三、一四）等。陶罍有的个体较大，应是储藏酒的工具。章丘龙山城子崖988号灰坑出土的一件陶罍为泥质黑陶，有平顶盖。口径36.5、腹径66、通高79厘米，是目前发现最大的陶罍（图一五）。该遗址上发现的小型陶罍器表光亮，口径 12.5、高 29.5 厘米,其用途与形体较大的罍不同,可能是分酒的工具(图一六)。

在龙山文化的遗址和墓葬中,发现大量不同种类的酒杯,其中有大小不一的单把杯,应是当时饮酒的主要用具。在一些遗址和墓葬中,还发现少量的蛋壳高柄杯,这种杯制作精致,是陶器中的精品,但它可能只是身份、地位的象征,而非实用品。

图一三　三里河出土的陶罍

图一四　丁公出土的陶尊

图一五　城子崖出土的陶罍

图一六　城子崖出土的陶罍

　　单把杯发现数量较多，形态不一。有鼓腹杯、直腹杯和曲腹杯之分（图一七、一八）；大多为平底，少量为圈足。1977 年在山东临沂市大范庄龙山文化遗址出土的单把杯为鼓腹杯。陶杯为泥质黑陶，轮制，外施黑色陶衣；杯口径 5.9、足径 5.2、高 10.5 厘米（图一九）。这件黑陶单把杯，外形规整，器壁厚薄均匀，棱角分明，纹饰简洁，美观典雅，令后人叹为观止，其造型朴实适用，对后世杯形器的制造有着深远的影响。

图一七　丁公出土的陶杯

图一八　城子崖出土的陶杯

图一九　大范庄出土的陶杯

　　蛋壳黑陶高柄杯是山东龙山文化一种特有的代表性器物，也是我国古代制陶艺术的巅峰之作。这类器物超薄的器壁如同蛋壳一般，因此有"蛋壳黑陶"之美誉。制作龙山文化蛋壳黑陶的陶土是经过反复淘洗，不含任何杂质，烧成后质地坚硬，极少渗水，说明龙山文化时期的制陶工匠对陶土的选择和烧窑技术的掌握已达到了炉火纯青的地步。如此轻薄的器壁制作起来应是十分困难，非专业人员而不可为之。经研究人员模拟试验，得知它的制作方法可能是先将杯沿、杯身、杯柄分别用快轮加工制作，对接成形，待晾至半干时再上快轮抹平对接口和做出纹饰，阴干后入窑烧制而成。

1975 年山东日照市东海峪龙山文化墓葬出土了一件蛋壳黑陶高柄杯（图二○）。这件高柄杯口径 9、高 22.6 厘米；为泥质黑陶，器表乌黑光亮；宽斜口沿，深腹杯身，细管形高柄，圈足底座，杯腹中部装饰六道凹弦纹，细柄中部鼓出部位中空并装饰细密的镂孔，貌似笼状，其内放置一粒陶丸，将杯子拿在手中晃动时，陶丸碰撞笼壁会发出清脆的响声。杯子站立时，陶丸落定能够起到稳定重心的作用，其造型设计十分巧妙。

蛋壳黑陶高柄杯是由大汶口文化晚期的黑陶高柄杯发展而来，多在墓中发现，但并非每个墓都有，而是出自较大

图二○　东海峪出土的蛋壳陶杯

型的墓葬。在墓中也往往是单独摆放，不与其他的随葬物混杂，位置显要。蛋壳黑陶高柄杯的造型头重脚轻，器壁超薄易碎，这类器物不可能是生活日用品，应是龙山文化时期社会上层随葬礼器。蛋壳黑陶不以色彩、纹饰为重，乃以造型和工艺见长，其风格简洁爽利。这些蛋壳高柄杯体态轻盈，制作技艺美妙绝伦，是古代陶器中的艺术珍品。

至少从大汶口文化开始，山东地区普遍盛行饮酒之风。从酒器慢慢成为礼器情况分析，当时的饮酒本身就是一种礼。到龙山文化时期，酒器生产工艺代表了制陶业的最高水平，可见人们对饮酒的重视。中原地区在龙山文化时期酒器发现较少，但到夏代饮酒之风也开始盛行了，青铜酒器本身就是礼器。有人认为，夏代乃至商代的饮酒之礼起源于山东地区。

（5）陶制工具及工艺品

龙山文化的陶器中还有一些工具及其他工艺品。工具主要有纺轮、陶拍、刀、镞、网坠等；装饰及工艺品主要有陶环、球、陶塑人面、陶响器等。

纺轮是纺织用的工具。"纺织"一词本身代表了两个工艺，一个是纺线，另一个是织布。纺轮是纺线的工具。出现纺轮并不代表着纺织业存在，因为早期纺出的线也可能是用来缝制其他质料（如兽皮、植物的皮叶等）衣服的。但到龙山文化时期，纺织业确实存在并且已经很发达了。在多数龙山文化遗址中多出土了大量的纺轮，以陶纺轮为主，石纺轮数量很少。例如，尚庄遗址出土龙山文化时期的纺轮42件，在姚官庄遗址出土纺轮50多件，尹家城和丁公每个遗址都出土纺轮100件以上。龙山文化的纺轮制作精美，形状不一，主要有钹形、圆台形、扁圆柱形和鼓形等。

由于布料容易腐朽，现在还没有发现布料的遗物。但人们在制作陶器时，有时把陶器做成后直接放在布料上，这样在陶器的底部就印上了布纹。山东龙山文化陶器底部发现的布纹，每平方厘米有经纬线10至11根，这是比较粗的麻布。在浙江新石器文化中发现的丝织物达到每平方厘米47×47根。当然，人们不会把好的布料用于制作陶器，所以，陶器底部印的布纹可能是当时比较粗糙的麻布，并不能代表龙山文化的纺织水平。

龙山文化中有许多骨削、骨匕，可能是当时织布的工具，由于没有人对此进行专门的研究，它们还被笼统地归在"生产工具"中。

由于时代久远，当时织布的具体方法已不可考。在云南晋宁石寨山发现西汉时期的纺织塑像可帮助我们理解古代的织布情况。石寨山1号墓出土的贮贝器上有铜塑纺织的场面。整个场面有纺织的妇女8人，其中理线2人，织布6人。织布者坐在地上，将经线之一端缠在腰上，另一端缠于木棒而以双足踏紧，双手持梭织布。有关专家认为，这种"腰机"是最原始的织布方法。

在许多龙山文化遗址中发现了制作精美而小巧的带穿眼的骨针，应该是用来缝制衣服的。

陶塑人面像。1960年在潍坊姚官庄发现一件陶塑人面像（图二一）。这件人面像为泥质红陶，是用手捏塑而成

图二一　姚官庄出土的陶塑人面像

的。整体呈扁圆形，额面低矮，眉脊隆起，眼球外突，鼻梁扁低，颧骨较高，嘴部下凹不甚明显。背面为不规则的凹形，有未穿透的小鼻子。整个造型古朴稚拙。在新石器时代发现许多人面像，但从造型上都不像华夏系统的人种。商周青铜器上的多为兽面，人的形象不多，即使有，也多为神人的形象。由此可见，古代的人面像不是仿照本族人的形象塑造的。现在一些少数民族中仍不愿让外人照相，害怕把灵魂摄走，其思维方式是一样的。所以，龙山文化出土的这件陶塑人面像可能是神人的形象，或许用于祭祀等特殊的场合，也可能为特殊人物的面具。

陶响器。1991 年出土于山东章丘县龙山镇城子崖遗址。这件陶器长8.8、宽7.8、厚3.5 厘米，体积刚好适于握在手中；为泥质黑陶，它的外形酷似一个缩头的乌龟，扁圆的器身分制成阴阳两面，阳面磨光凸起似龟背，阴面粗糙略凹似龟腹，阴阳两面之间环绕器身捏塑出六个长条形的突，恰似龟的头、尾和四条短腿，突的两侧有细长方形的镂孔，透过小孔可以窥见空心的腹中装有数粒硬质泥丸，泥丸直径约4 毫米，"龟"的腹部也留有四个直径约3 毫米的圆形小孔，这些细长方形的和圆形的孔应为出音孔，因为摇动"龟"体，腹中的泥丸就会滚动撞击器壁，发出清脆悦耳的响铃声，也正是由此而得名"陶响器"。陶响器的出现源远流长，作为娱乐用具或者玩具在我国新石器时代晚期已有较多发现，形状多为圆球形，制作比较简单粗糙，而城子崖龙山文化遗址出土的这件陶响器则别出心裁地做成了龟的形状，加之磨光黑陶特有的色彩，更是显得十分形象和有趣，表现了古代先民丰富多彩的生活情趣和制陶工匠独运的匠心。如此精致的陶响器，与其说是当时的儿童玩具，不如说它是一件礼仪乐器更加可信。它的大小适合握于成年人的手中，看似龟头龟尾和龟腿的六个小突不仅仅是对自然生物的有趣模仿，还有着便于在手中牢牢把握的功能。龙山文化时期的先人们，物质生活已较丰富，制陶工艺达到了顶峰的高度，各种礼仪和娱乐活动应是不可或缺的，这件陶响器自然地让我们联想到先人们在欢庆丰收、节日或举行其他礼仪活动时伴着节拍，跳起欢快舞蹈的热烈场面。当然这种陶响器也可能是祭祀仪式上巫师们手中的法器，用之扣响人间与神秘世界的大门。

3. 巧夺天工的玉器

目前考古发现的龙山文化时期的玉器数量较少，而且主要出土于鲁东南地区的两城镇、丹土、三里河、西朱封等遗址，汶泗流域的尹家城遗址也有少量玉器发现。玉器发现少的主要原因是因为龙山时期的墓葬发现较少。对考古稍有了解的人都知道，一般墓葬、祭祀、窖藏、寺院等容易出土精美的文物。目前，在鲁中南、鲁北及胶东地区，发现的主要是龙山文化时期的遗址（即与日常生活有关的城址、房屋、灰坑等），很少发现大型墓葬，因此也没有重要的玉器出土。

从功能上讲，龙山文化的玉器可以分为两大类：礼器和装饰品。礼器主要有钺、琮、璇玑（图二二至二四）等；装饰品有笄、冠饰、坠饰等。在龙山文化时期，玉器主要是礼器，被社会上层的少数人所掌握。在江浙一带距今4000多年的良渚文化，玉器成为社会生活不可或缺的礼器，有的学者认为，良渚文化的消亡，与玉器资源的枯竭有关。玉器特别是精美的大型玉器持

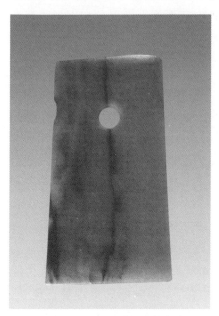

图二二　两城镇出土的玉钺

图二三　丹土出土的玉琮

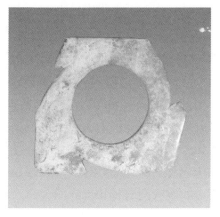

图二四　丹土出土的玉璇玑

有者多是社会的统治者，玉器成为他们死后陪葬品重要的组成部分。

在两城镇遗址曾发现过出土成品玉器和半成品玉材的玉坑，或许这里有加工玉器的作坊。该遗址出土的玉器制作精致，器形以钺为主，还有璧、簪、刀等。现存于山东省博物馆的两面刻有纤细兽面纹的玉钺，做工精美，质地优良，长 17.8、宽 4.9、厚度仅 0.65 ~ 0.85 厘米（图二五）。在玉钺上部的两面均线刻动物纹样，使我们不由得想起商周青铜器上狰狞的面孔（图二六）。其礼器性质十分明显。

西朱封龙山大墓内出土的玉器数量之多和制作之精美是同时期的其他墓葬中所未见的。20 世纪 80 年代，在临朐县西朱封村南先后发现 3 座龙山文化时期的大型墓葬，都出土了大量的玉器。玉器均放在棺内墓主人周围。其中 202 号墓葬出土有玉钺 2 件、刀 1 件、冠饰 1 件、簪 1 件、坠饰 4 件、串饰 18 件。此外，在墓主人头的左侧，发现 980 余件绿松石薄片，大小只有几毫米，其中一件带圆孔。发现的玉器均通体磨光，有的经过抛光处理，通体雕镂的玉冠饰和晶莹光润的浮雕人面像玉簪为玉器中的精品（图二七）。玉冠饰出土于墓主

图二五　两城镇出土的玉钺
（正、反面）

图二六　两城镇出土的玉钺局部花纹

人头部的左侧，由首、柄两部分组合而成，通长 23 厘米。柄部形似玉笄，墨绿色，断面略呈扁圆形，通体有竹节状旋纹，长 18.5 厘米。首部形似蝶状，乳白色，有褐斑。表面抛磨光润，镂孔形状各异，左右下侧的圆孔中

嵌有绿松石片，正、背面均刻划有以凹字形、工字形和丁字形为主题的花纹，纹线很浅，需仔细观察才能看清楚。镂孔和花纹基本上左右对称。首部的下端正中有浅槽，与柄部上端的卯口正相吻合，浅槽旁的一对圆孔，当是为加强柄、首结合而设的系孔。首部高4.9、宽9、厚0.36厘米。这件玉头饰通体雕镂精致，玲珑剔透，代表了龙山文化玉器工艺的最高水平①。

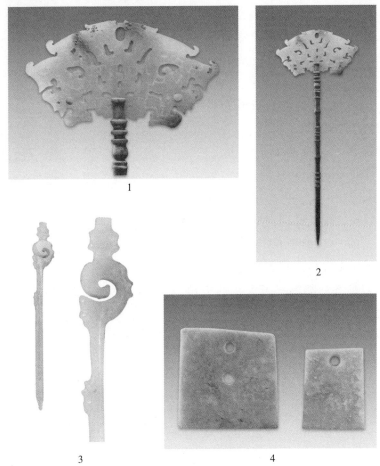

图二七　西朱封龙山文化墓葬出土玉器

1. 玉头（冠）饰（M202：1、2）　2. 玉头（冠）饰（M202：1、2）

3. 玉簪（M202：3）　4. 玉钺（M203：16、M202：8）

① 中国社会科学院考古研究所山东队：《山东临朐西朱封龙山文化墓葬》，《考古》1990年第7期。

有学者通过与良渚文化及大汶口文化玉器的对比研究，认为这件玉器的首部所表现的是头戴"皇冠"的神的形象。

五莲丹土遗址曾出土过大量的玉器。据调查，该遗址的墓葬区早年被破坏，大批玉器流落到海外、民间。山东省博物馆及五莲县博物馆都存有许多丹土遗址出土的玉器（图二八）。现存山东省博物馆的 20 世纪 70 年代出土的玉琮和玉璇玑应与龙山文化时期的礼天及宗教祭祀活动有关。

图二八　丹土出土的玉刀

4. 多种多样的生产工具

人区别于动物的重要标志是人类能够使用和制造工具。在龙山文化时期，随着经济类型的增多，生产工具的数量、种类和制作工艺都有了很大的进步。生产工具从质料上可以分为陶器、石器、骨器、角器、蚌器及竹木器。前五种质料的生产工具因为易于保存，在考古发掘中发现许多。以竹木为质料的工具在山东地区很少发现。我们知道，竹子、木材都是很容易找到的材料，且加工相对容易，因此竹木器在原始社会的生产活动中具有重要的作用，这在民族志中得到证实。所以，尽管我们还没有发现竹木器，但其在当时的社会生产中肯定起了重要的作用。

陶质生产工具主要有纺轮、陶拍等。

石器是龙山文化时期的主要生产工具。在众多的龙山文化遗址中都发现了数量不等的石器或半成品。主要器形有斧、锛、凿、铲、镰、刀、钺等。

龙山文化时期的骨器数量较多，主要器形有锥、笄、镞、针等，还有铲、凿、镰、刀、镖、矛、鱼钩、匕、钻和装饰品等。

蚌器是鲁西和鲁北地区龙山文化遗址中出土数量很多的工具,在鲁东和胶东半岛的丘陵地区蚌器的数量相对少得多。主要器形有铲、镰、刀、镞和锥等。

考古学者对工具的分类往往偏重于质料。随着研究工作的深入,人们也从功用上对生产工具进行分类,并且这种分类更有利于对当时生产活动的研究。例如,在以上所提到的工具,可以根据作用对象的不同,分为农业生产工具、狩猎和战争工具、纺织工具、制陶工具等等。当然,一些工具是多用途的,例如石斧,它可以用来砍伐树木、加工竹木器、狩猎和战争等,当时一些精美的石斧(钺)还被作为权利的象征,成为礼器。不过试验考古正在努力通过对工具使用痕迹的观察和试验来研究工具的具体用途。人们通过显微镜观察工具上的微痕,然后通过试验,了解什么样的生产活动能留下这样的微痕。这种工作十分烦琐,但卓有成效。目前,对龙山文化生产工具的研究还是初步的。

(三)居址与生活遗存

考古学文化遗存分为两部分:遗迹与遗物。上一节我们主要简略对龙山文化的遗物进行了介绍,本节要探讨的主要是龙山文化的遗迹。

龙山文化的遗迹主要有城址、房址、灰坑、窖穴、祭祀遗迹、墓葬等几类。墓葬是遗迹的一种,但由于其本身反应的是当时人们意识中死者的世界,因此要在下文中单独介绍。

城市的大量出现是龙山文化另一个最突出的特征。城市产生的标志是城垣的出现。在山东地区,早在大汶口文化时期,就开始出现了夯土和城垣。在五莲丹土遗址中,发现大汶口文化晚期的城垣,这是目前山东地区发现最早的城垣,也是目前发现的能够确定的唯一一座大汶口文化城址。到龙山文化时期,发现大量的城垣,标志着龙山文化城市的发展进入到一个新的历史时期。

随着龙山文化研究的深入,关于中国古代文明起源问题的研究越来越受到学术界的关注。关于"文明"的含义和标志,中外学者有诸多的争议。但将城市的出现作为文明时代的重要因素,是没有异议的。恩格斯关于文明起源的经典著作《家庭、私有制及国家的起源》中说"它们的壕沟深陷为氏族制度的墓穴，而它们的城楼已经耸立入文明时代了"，主要是强调了城市在文明起源中的作用。因此，在龙山文化的诸多遗迹中，我们将着重对城址基本情况加以介绍。

1. 山东地区龙山文化时期的城市

具有防御功能的城是社会发展到一定阶段的产物。夯土城址的集中出现是山东地区龙山文化的一个显著特点。目前发现的龙山文化时期的城址主要有城子崖、丁公、桐林、边线王、景阳岗、丹土、教场铺等。

从分布特点来看，山东地区龙山时代古城址主要分布在泰山北侧和鲁东南地区，一般坐落于平原地区的近河台地上，地势都较周围略高。城址的结构特点比较明显：均为夯土城墙，城墙一般采用原始的堆筑法，平地起建或挖有基槽，个别城址已经采用版筑法；城址面积大小不等；城址使用的时间较长，城内多数都有丰富的文化堆积。龙山文化的城址可以分为环壕城和台城两种类型，前者就是在平地上挖壕沟建造城墙的，以邹平丁公为代表；后者就是利用自然台地，在台地的边沿修建城墙，城内高于四周许多，这种城也有壕沟，为与前者区别，故称台城，以章丘市的城子崖、阳谷景阳岗等最为典型。

以下我们对已经发现的比较典型的几个城址进行举例分析。

（1）城子崖城址

位于章丘市龙山镇东部武原河东岸的台地上。1930年第一次发掘城子崖遗址的时候就发现了城墙，1931年第二次发掘，进一步确认城墙属于黑陶时期。后来有人对城墙的时代提出疑问，也有人坚持认为其属于龙山文化时期。80年代初，山东大学历史系考古专业师生调查城子崖遗址时曾采集到一件基本可复原的陶鬲，当时以为城墙的时代晚于龙山文化。1989～1990年山东省文物考古研究所再次勘探试掘，确认该城址由包括龙山文化、岳石文化和周代的三座城址重叠而成，1930～1931年发现的"黑陶时期"城址实际上是岳石文化的城址（直到20世纪七八十年代，考古学界才把岳石文化与龙山文化分开，当时认为城址为"黑陶时期"，也是正确的。只是当时没有挖到龙山文化时期的城址）。

龙山文化城址平面近方形（图二九），东、南、西三面的城垣比较

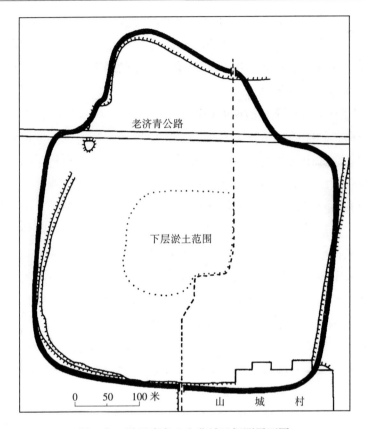

图二九　城子崖龙山文化城址探测平面图

规整，北垣随地势弯曲而外凸，东西宽约 455 米，南北最长处 540 米，面积约 20 万平方米。城墙大部分挖有基槽，并经多次修筑。现已发现南、北两门，两门之间有道路相连接。城内有较丰富的龙山文化、岳石文化及两周时期的遗存。城址始建于山东龙山文化早期，大约距今 4565 ± 130 年。从筑城技术上看，早期比较原始，不像晚期那样有平整的夯层，夯层上找不到夯窝；晚期则明显有所进步，如已出现层面比较规整的夯层，并有稀疏的夯窝。城垣经多次修筑且其上部叠压有岳石文化的城垣，说明该城在龙山文化时期曾被长期使用，并可能不间断地延续到岳石文化时期①。

———————————

① 张学海：《张学海考古论集》，学苑出版社，1999 年。

（2）景阳岗城址

景阳岗龙山文化城址位于阳谷县张秋镇景阳岗村周围。西北距阳谷县城 17 千米，南距黄河约 4 千米。在罗贯中所作《水浒》一书中，有武松在景阳岗打虎的故事。据当地县志及民间传说，该城址即为武松打虎所在地。景阳岗村名始于宋代。在景阳岗村内，有年代不明确的"武松打虎处"石碑，在村西侧的高台地上，建有武松庙。龙山文化城址所在地原为一较高的沙岗，沙岗中部高出周围地面约 4 ~ 5 米，草木茂盛，古树参天。20 世纪 60 年代以来由于当地村民挖沙，整个沙岗基本夷为平地，仅在武松庙周围，残存小片的台地，供我们想象古时台地高耸的景象。

阳谷地处鲁西北黄河冲积平原，境内没有山地，因此，景阳岗即为县内的高岗了。阳谷东部的东阿、平阴为山区，有人认为，在宋代，东南部山区应为老虎出没的地方，景阳岗作为当时树木茂密的山岗，有老虎出没是有道理的，因此，武松打虎应该有一定的时代背景依据。

景阳岗遗址 1978 年被定为山东省重点文物保护单位。1994 年，阳谷县政府为开发经济建设，在景阳岗的西部开发建设景阳岗公园。在公园的北部堆筑了很高的山岗。挖公园护沟时发现一些很硬的土，文物部门很快了解到这一情况。聊城市文化局文物研究室的陈昆麟、孙淮生等同志赶赴现场后，认为这里应该为龙山文化时期的城墙，请当时任山东省文物考古研究所所长的张学海先生到现场指导。景阳岗龙山文化城址的确立及其以后的考古工作，张学海先生有很大的贡献。1994 ~ 1996 年，山东省文物考古研究所与聊城市文物研究室对景阳岗遗址进行了一系列的考古勘探、试掘工作。笔者作为 1995 ~ 1996 年考古队的领队，主持了该城址的考古工作。

通过调查勘探与试掘，发现一大批龙山文化时期的遗存，基本弄清了景阳岗龙山文化城址的布局与文化面貌。

勘探资料表明，景阳岗龙山文化城址位于古代一个西北—东南向沙丘之上。当时这座沙丘高于周围平地许多。龙山时代的人们利用沙丘地势高的优势，根据周围的地形、地貌修建城市的。由于地下水位较高，埋藏较深的遗迹、遗物无法清理，城址是否有围壕、城墙底部是否有基槽等问题我们还不清楚。从现有资料分析，城址的布局可分为城墙、台基、道路

（通道）、夯土台基、小型房址等（图三〇）。

城址的平面略呈长方形，中部较宽，两端较窄。长约 1100、宽 280～370 米，面积约 38 万平方米。这是当时黄河流域发现的面积最大的龙山文化城址。

城墙地上部分基本被破坏，其中南部城墙是在 20 世纪五六十年代被破坏的。地下残存部分在 3 米以上。由于地下水位较高，我们在发掘时，还无法挖到城墙的底部。城墙为夯筑与堆筑技术相结合建成，以分块夯筑为主，一般先每次垫 5～15 厘米的土层后用单棍打夯，当时一般用直径 5～8 厘米的圆棍夯打，所以在每层的层面上，可以看到明显的夯窝。城墙残存部分宽 10.5～20.5 米。由于城墙经常倒塌或被破坏，需要多次进行维修，这在发掘时，通过细致田野发掘和认真的研究，可以清楚地划分出来的。在我们发掘的一段城墙上，可以看出这一部分城墙经过 5～7 次的修补。由于地

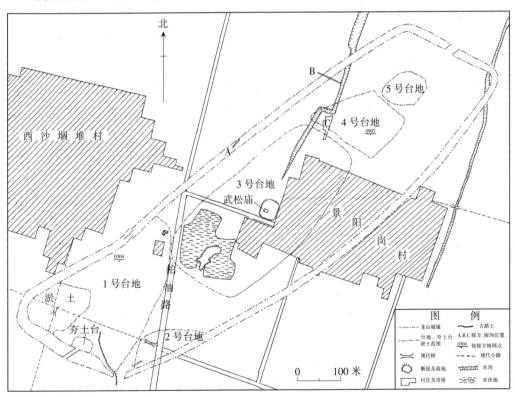

图三〇　景阳岗龙山文化城址平面图

下水位较浅，城墙的下部被水淹，而无法弄清其基础部分。

修筑城墙时，一般在城的外层取土，因此，城墙修筑完后，在城外形成很宽很深的壕沟。由于壕沟内一般有较深的积水，所以，壕沟形成后，增强了城墙的防御功能。因为阳谷县地下水浅，在城墙的外侧也没有发现壕沟，估计当时应该是有壕沟的。

在南、西、北面城墙的中部各发现一个城门，城的东南角有一较深的缺口与城内低洼地带相连，应是水门。东城墙被景阳岗村占压，无法勘探，因此没有找到城门，按照一般规律，当时东城墙上应该是有城门的。1994年，在西城门的位置发掘一条探沟，由于水位线以下部分无法发掘，只能了解到城门的宽度大致为 5 米。

城内有大小不等的 5 个台地，从南向北依次编号为 1～5 号台地（台基）。从面积上看，3 号台地面积最大，1、4 号次之，2、5 号台地的面积最小。

1 号台地：位于城址的西南部，面积仅次于 3 号台地。台地原始高度较低，台地上除龙山文化遗存外，还有很薄的东周时期的堆积。因此这一部分台地保存基本完好。在台地南部近城门处有 1000 余平方米的夯土台，由于没有发掘，其性质和作用还不十分清楚，但这个台地位置重要，面积又大，肯定有十分重要的作用。台地的北部有 3 个面积约 100 平方米的夯土台地，这些台地或许是为修建大型建筑而做的基础。1 号台地上存在这么多的夯土台，说明这个台地是当时城市内的重要部位。

2 号台地：位于城址的西南部，面积最小。1、2 号台地之间是低洼地。

3 号台地：位于城址的中部，面积约 9 万平方米，是最大、最高的台地。现保存较高的武松庙地面高于周围 2～3 米。大部分早年被破坏。武松庙及南部保存较好的高台地，为垫土或夯土，可能是在此反复修建大型建筑多次堆积而成的。其他部分仅存灰坑、窖穴的底部。在台地西侧边缘上，发现有夯土，应是加固台地边缘形成的。3 号台地的北部与 4 号台地之间有一条深沟，台地之间有通道。通道分为台阶和斜坡两部分。台阶在沟的底部，东西向，有三级。台阶高 10 厘米左右，在台阶上有路土。沿台阶向北延伸是斜坡状通道。有多层活动面，活动面由黄土或料姜石铺垫，有的活动面下有夯土。在一层活动面下有一小坑，内埋一成人头骨，或为祭祀所用。

4 号台地：位于 3 号台地的北侧，面积约 1 万平方米。在台地的南侧，发现加固边缘的夯土。上部大多遭破坏。1979 年在台地上的北部发现一个灰坑，出土有大量陶器和完整的牛骨架，有学者指出，这类灰坑或许与祭祀有关。在台地的北部，发现大量的灰坑、窖穴，有些坑有门道、活动面，或与短期居住有关。发现的几座墓葬墓圹很窄，无葬具和随葬品，是当时生活在社会下层人的墓葬。

5 号台地：4 号台地的北侧，面积较小。与 4 号台地之间有一条宽 6～8 米的深沟。1996 年在沟内发现一片带刻文的陶片。4 号台地与北城墙相连。

景阳岗龙山文化城址是目前山东地区已明确的最大城址。其总体格局比较清楚，5 个台地分界明显。在一些台地上发现夯土（垫土）台。有的与大型建筑有关。在台地上发现的几座墓葬十分贫穷。在一些灰坑中发现被肢解的骨架，说明当时阶级差别十分明显。

城址延续时间相对较短，从发掘陶器看，集中在龙山文化的中期和晚期早段，从人们开始在此居住，到城市的废弃，总共二三百年的时间。城址被废弃后，直至东周时期，才有人在龙山文化城市的废墟上生活[①]。

（3）边线王城址

位于寿光县孙家集镇边线王村北、弥河两条古河道之间的台地上。龙山文化的城址分为内外相套的两个城圈。大城平面为圆角方形，方向北偏东约 10°，边长 240 余米，面积约 5.7 万平方米。四边城墙中部各开一城门，已发掘的北、西两门宽度均为 10 米左右，城墙之下挖有较深的基槽，基槽形状为斜坡尖底，开口处宽度为 7～8 米，最宽处约 10 米，槽深约 6～7 米，基槽斜坡上留有工作台面。槽内大部分填灰土，经过夯筑，土质坚硬。夯层厚度不一，在 5～15 厘米之间。有的夯面还铺有细沙。夯窝有椭圆形和圆形两种，均较浅，夯具可能为河卵石或木棍。在夯层之内还发现有完整的人、猪、狗等骨架和能复原的陶器碎片，显然是出于某种目的而特意放置的，有人认为这是城墙修建过程中进行祭祀或奠基用的祭祀遗存（2004 年

---

① 　山东省文物考古研究所、聊城地区文化局研究室：《山东阳谷景阳岗龙山文化城址调查与试掘》，《考古》1997 年第 5 期。

春，中国社会科学院考古研究所在茌平教场铺龙山文化城墙中，也发现这种以动物和完整陶器祭祀的现象，专家认为其为城墙修建时奠基或祭祀的遗迹）。小城位于大城之内，位置大致居中稍偏东南。城墙基槽破坏严重，基槽的结构、门道位置和夯筑形式与大城基本相同。小城平面形状也呈圆角方形，边长约 100 米，面积 1 万多平方米。由于受到破坏，两座城基槽以上的城墙墙体均已荡然无存。

从基槽内出土的陶片分析，两座城有明显的早晚关系。在大城内发现与大城同时的遗迹叠压或打破小城城墙基槽的现象，表明小城的时代早于大城。大城很可能是在小城废弃之后，就地扩展而重新构筑起来的。

大城基槽内出土陶片数量较多，典型器形有鸟首形和侧三角形鼎足、高直流鬹等，其时代约为龙山文化晚期偏早。小城基槽内出土陶片时代明显偏早，约为龙山文化早期阶段偏晚时期。两者的年代大致前后衔接。

边线王龙山文化城址是建国后在山东地区发现的第一个龙山文化城址，对于重新确认城子崖龙山文化城址和在山东地区发现新的龙山时代城址，具有不可磨灭的开启之功①。

（4）丁公城址

位于邹平县苑城乡丁公村东侧的高埠上。城址平面呈圆角方形，南北约 360 米，东西约 330 米，面积约 11 万平方米（近年在城内又发现一个小城，面积约 5 万平方米。由于资料尚未发表，详细情况不明）。城的主要设施由城墙和城壕两部分组成。城墙总宽度 20 米左右，现存高度在 1.5～2 米之间，紧接其外有壕沟环绕，沟宽 20～30 米，最深处距城内生土面 3 米左右。城墙始建于龙山文化早期，使用期间经数次大规模增筑，修补和增筑主要是向外侧和高处发展，内侧也渐次外移。夯层比较清楚，厚度不一，有基本水平夯层、中部突起夯层和倾斜夯层三种情况。前两者主要见于早期，后者则主要用于增筑部分。夯筑方法有平夯和棍夯两种，后者留有夯窝遗迹。城墙特点是内坡平缓较矮，外坡陡直较高。城墙本身可划分为四期，依层位关系和夯土内的包含物可知其年代分别为山东龙山文化早期偏晚、中期、晚期和岳石文化时期。城址内的龙山文化遗存丰富，发现有面

① 山东省文物考古研究所：《山东 20 世纪的考古发现和研究》，科学出版社，2005 年。

积较大的房址和陶窑。目前山东龙山文化遗址中仅在丁公及茌平教场铺发现龙山文化的陶窑。在城内东部一个属于龙山文化晚期的灰坑中，发现了一件刻有多个文字的陶片，是该城址中的重要发现①。

（5）丹土城址

位于五莲县潮河镇丹土村，在这里发现了分别属于大汶口文化及龙山文化早、中期阶段的三个城圈，表明这里从大汶口文化晚期到龙山文化中期，就一直是当地文化中心所在的城市。大汶口文化的城垣平面略呈椭圆形，面积约9.5万平方米，其外是龙山文化早期和中期城址（图三一）。龙山文化早期城址平面呈椭圆形，东西长450余米，南北宽300余米，城内面积约11万平方米；城壕宽约20米，口至底深近3米；城墙建在大汶口文化城壕之上，仅存墙基部分，墙体残宽10、残高1.5米，系分层夯筑，夯层

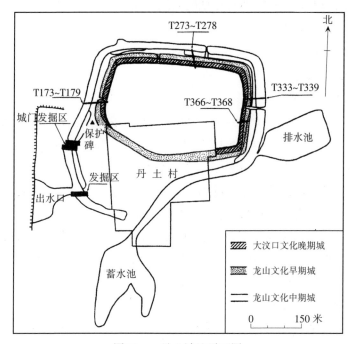

图三一　丹土城址平面图

① 山东大学历史系考古专业：《山东邹平丁公遗址第四、五次发掘简报》，《考古》1993年第4期；《邹平丁公发现龙山文化城址》，《中国文物报》1992年1月12日。

多倾斜，夯层厚0.1~0.3米不等。在城的西、北、东三面各发现一个城门。龙山文化中期城平面呈不规则的刀把形，北部略呈椭圆形，西南部向外凸出，东西长500余米，南北宽400余米，城内面积约18万平方米；城壕宽约28、口至底深3米；城墙建在龙山文化早期城壕之上，残存多是墙基部分，残宽约12、残高1.6米，墙体为分层堆筑，夯层逐渐向上倾斜，夯层厚0.1~0.4米不等。在龙山文化中期城墙的西南、西、北、东面共发现四个城门，在西南部、西北部和东南部各发现一个出水口，城的南部发现一蓄水池（利用自然岭地形成的两条冲沟汇合而成，其堆积与其他部分的壕沟内相同，出土陶片等遗物，它的北端与城壕相接）。西城门通道较宽大，城壕和城墙在这里中断，南、北两段壕沟均为圆弧形，分别向南、北两侧倾斜渐深，因此城门通道内外皆呈喇叭状，中间宽约16米，由于保存较差，通道内未发现路土和城门等遗迹，城墙地面保存很少，沟内侧护坡堆筑较好。通道中间发现一条基槽，南北连接两沟，宽约4~6米，口大底小，其内垫筑粗沙、生土及夹杂淤土和个别陶片。基槽外侧南部发现一东西向长方形房基，面积约6平方米，有垫土和柱洞。基槽和房基可能与城门设施有关。

丹土遗址龙山文化城址的特点是：平面形状考虑了当时的地势特点；壕沟形状为敞口、平底，沟壁下部斜直、上部为缓坡；城墙是在清理了地表和早期城壕的基础上堆筑的，用土多是挖城壕内的淤积土，夯具不清楚，沟内侧多有护坡。龙山文化中期城墙建在龙山文化早期城壕之上，龙山文化早期城墙建在大汶口文化城壕之上，三个城是由里及外、由小到大、由早及晚逐渐扩建的。龙山文化中期城发现了比较清楚的蓄水池、排水池和出水口等设施，表明当时人们考虑到了地势与防洪之间的关系。在龙山文化城址之内有丰富的龙山文化堆积，常见有大面积的房基垫土，层层垫筑，长时间连续居住，形成了复杂的地层关系。这里的墓葬分布较密集，但无打破关系，形制、结构、葬俗基本一致，出土陶器丰富而精美，有鼎、甗、鬶、壶、盆、杯、高柄杯等。灰坑内还出土带刻划纹的蛋壳陶片及炭化的竹节等①。

① 山东省文物考古研究所：《山东20世纪的考古发现和研究》，科学出版社，2005年。

2. 人们居住的房子

大家知道，人类早期大部分时间是过着游荡的生活，山区的天然洞穴是人类理想的栖息地，因此，旧石器时代考古多是发掘远古时期的山洞。古史传说中，我们的祖先最早居住在树木之上。其实，在一些狩猎民族中，就发现打建临时窝棚的居住方法；在欧洲旧石器时代的晚期，发现用猛犸象牙打建的比较考究的房子。由此可知人们在定居生活之前，就有比较高的建筑房子的技术了。人类定居后，房子建筑技术得到进一步的发展。龙山文化时期是房屋建筑技术发展非常快的时期，人们根据等级、作用的不同，建造了各种各样的房子。

（1）龙山文化时期的房屋

龙山文化时期的考古工作大部分是对当时人们居住的地方（即遗址）进行发掘，考古学家在当时人们居住的废墟上找到许多当时人们居住的房屋。由于龙山文化时期人们往往在一个地方居住很长时间，晚期建造房屋或进行别的活动（如挖灰坑、窖穴等）经常把已经废弃的房屋破坏掉。龙山文化以后的人们在龙山文化的废墟生活时，也破坏了许多龙山时期的房屋，所以，龙山文化时期保存完整的房基所占比例很小。但是，由于这一时期的考古工作做得多，我们发现许多当时修建房屋时挖的房基，有的还保存了部分房屋的墙，根据这些资料我们对龙山文化时期的房屋进行复原工作。在日照尧王城、东海峪、泗水尹家城、栖霞杨家圈、茌平南陈庄、潍坊鲁家口等遗址上，发现较多的房基，为我们了解房屋的结构和建筑技术提供了丰富的资料。

已经发现的龙山文化房址可以分为半地穴式、地面式和台基式建筑三种类型；形状有圆形、方形和长方形；除少数双开间和连间的排房外，多数是单间；有白灰面和用白灰涂抹墙壁的做法。

①半地穴式建筑房屋

即房屋的一半挖在地下建筑的房子。这类房基由于挖地穴而建，比地面上建的房屋更容易保存，所以保存的数量也较多。这种房屋类似现在的窝棚，面积不大，房屋也较矮，考古学家认为应该是当时的平民或社会下层人们所居住的房屋。半地穴式的房屋一般是先在地平面向下挖圆形或长方形的坑，坑的深浅不一，在一边留斜坡或台阶状门道。坑的底部多经过加工或进行防潮处理（如垫草木灰等），地穴的中部立木柱，在地面地穴的四周立矮墙或直接用较细的树木架起锥状或两面坡状的屋顶，上面盖树皮或草顶。一般在屋子的中部设灶，有的地面经过烧烤作为休息的地方。为防止风雨的侵蚀，有的在门道前部加一段两面坡状过道。

20世纪七八十年代山东大学考古专业在泗水尹家城遗址中，发现8座半地穴式房屋。房屋仅存地穴部分，有方形和长方形两种，拐弯处均为圆角，面积一般10平方米左右，最大的15.6平方米，最小的7.6平方米。门道大多数被破坏掉，保存较好的几座房屋的门道多位于房屋的西南，呈台阶状或斜坡状伸向房外。有的房屋在地穴部分有较直的墙壁，保存最深的地穴深0.5米。墙壁修整光滑，并经过烘烤。多数房址保存大小不一的居住面，居住面平坦坚实，有的在填土打实之后加以烧烤，表面呈褐色。有灶的房址，其灶址均与居住面平齐，中心微凹。除个别房址在墙壁外周缘发现有数量不一的圆形柱洞外，多数房址未发现柱洞。

以204号房屋为例介绍：204号房基的东北部、西南部分别被晚于它的灰坑挖掉一部分，但居住面保存完好，南部被晚期灰坑全部破坏掉。房基形状为长方形，东西3.62米，南北现存最大长度为3.3米，室内面积超过10平方米。墙壁竖直，修整后经火烘烤，表面比较光滑，呈红褐色，现存高度为0.2米。未遭到破坏的部分居住面保存较好，平整坚硬，地面被烘烤成红褐色，烧烤面厚0.05米左右，居住面以下仍有2至3层黄土堆积层，都经过加工。居住面以上有大量的红烧土堆积，其间有数量较多的破碎陶器以及石器等遗物。居住面上的堆积中还发现有散乱的人骨，经鉴定为一个5~6岁的儿童和一个13岁左右少年的骨骼①。

此外，在一些龙山文化的遗址中，还发现一些面积很小的半地穴式建筑。景阳岗发现的这类建筑有门道、柱洞和灶，但面积很小，长度不足以躺着休息。因此这类房屋可能有别的用途。

②地面式建筑房屋

在经过平整的地面上直接构筑的房屋，考古学家称之为"地面式建筑"。地面式建筑的房屋防潮、透风、采光等性能比半地穴式建筑要好得

① 山东大学历史系考古教研室：《泗水尹家城》，文物出版社，1990年。

多。但由于房屋高大，建筑技术要求更高。为使房屋坚固，多数先在平地上挖基槽，槽内立很多大小不一的柱子，再在柱子上抹泥形成木骨泥墙。也有房子的墙是夯土墙、土坯砌墙或垛泥墙。房屋平面形状有方形和长方形两种，形式有单间和双间之分。在中原地区，龙山文化时期的房屋有的长达十几间。

尹家城遗址地面式建筑的房屋共发现 12 座。面积最大的是 40 余平方米，最小的约 10 平方米。房址四周均挖有基槽，基槽的断面呈倒梯形，有的房屋拐角处基槽很深，深者达 1 米左右。基槽内填土经过夯打。挖基槽可以使柱子埋的更深，更牢固。基槽内往往残存有密集的柱子腐烂后留下的洞（我们称它为柱洞），柱洞底部多为拍打坚硬的黄土，或掺有白灰渣的杂土，或用碎陶片掺土形成坚硬的柱子基础。绝大多数房址居住面被破坏殆尽。从尚存的居住面看，居住面有两种：一种为用纯净的黄土铺垫数层，居住面被拍打得平整坚实；另一种用黄土和灰杂土层层相间铺垫，每层均夯打，居住面抹一层白灰，平整光滑。龙山时期的房屋有的建筑坚固，要用很长时间。人们居住一段时间后，对原居住面进行修整、铺垫，所以，有的房基有多层居住面。

尹家城发现的 12 座地面建筑房屋中，有 6 座房屋被破坏的较严重，看不出原来是几间。单间地面式建筑房屋有 5 座。保存较完整的 128 号房子，平面形状为方形，边长 3.2 米，面积 10.2 平方米。居住面及以上部分被破坏。基槽的拐角处和中部比其他部分深，基槽内分布着 36 个柱洞。在房基的东南角没有基槽，也没有柱洞，可能是房门。房屋的建筑程序是在设计好的地段先挖基槽，将基槽底部按柱位要求挖得深浅不一，并将柱洞底部加以夯打，然后立柱，并略加拍打，最后做架顶，整治木骨泥墙和室内地面。

双间式地面建筑的房屋仅发现 1 座，即 110 号房子，这也是遗址中发现规模最大的一座房基。居住面被破坏，但基槽和整个房址范围保存完整。房基为西小东大的"吕"字形，面积约 41.7 平方米；基槽呈倒梯形，拐角处较深，深达 1.06 米。槽内密集排列有 79 个柱洞，柱洞底部经过夯打较坚硬；东西两间基槽之间有通道。从柱洞的排列情况看，房门向东。房基的建筑过程是：先挖基槽，同时留出两间的通道，在基槽内挖柱坑，同时填实柱坑和基槽，最后起墙。

尧王城遗址发现龙山文化时期的房屋6座。这6座房子都仅残存基础部分，平面有方形和长方形两种；均为单间建筑；墙基、灶址、门道、居住面保存都比较好。在房基的处理方式上，除6号房子为一挖基槽的木骨墙地面建筑、4号房子的墙基呈下凹形外，多数为平地砌墙。墙多用土坯砌成，砌法采用平铺横砌，层与层错缝相砌，中间涂抹黏泥，墙的里外皮也用黏泥涂抹。用土坯砌墙建造房墙的方法，最早就是在尧王城山东龙山文化中发现的。此种建造房墙的方法曾一直在民间运用，至今仍流行于鲁南一带。与房子有关的遗迹还有活动面、灶、门道等。活动面保存好，有的用土加工而成硬面，有的用土坯铺成。3号房基的地面是用灰黄色、红褐色、米黄色等不同颜色的土坯铺成的。灶一般位于活动面的中部或偏北部，多为圆形；多由黏土掺沙做成或用草拌泥做成，火候很高；有长期烧烤形成的烧面；人们为保存火种，在灶址的中间留一个小的圆洞，将火种放在那里，可以保存很长时间（这种技术在几万年前的旧石器时代就产生了）。房屋门道有向南、向东两种方向，多数门道加工讲究，中间有门槛；房外一般有较好的活动面。1号房子保存较好，近方形，残墙距地表深0.8米；房基以墙基的外皮计算，南北4.45、东西4.65米，房内面积15平方米，墙宽0.37～0.4、残高0.25～0.7米；用土坯直接在地面上垒砌，未挖基槽，先在地面上抹一层黏泥，垒一层土坯，错缝砌墙，墙内外皮用黄泥抹面；土坯由黄黏土掺粗沙做成；每块长0.38～0.58、宽0.35～0.37、厚0.03～0.05米；居住面较好，北部偏西有一个保存很好的灶址，灶面略低于居住面，由黏土掺粗沙制成，由于长期烧烤，形成很厚的烧面；门道在南墙偏西，宽1.1米，中间有一条宽0.2、高0.15米的门槛，用灰土作成，其上排列三块石头。尧王城遗址发现的房子距离较近，排列有序，应该是一处延续时间较长的原始村落[①]。

③台基式房屋

先筑起台基，然后再在其上构筑的房屋，考古学家称之为台基式房屋。

① 临沂地区文管会等：《日照尧王城龙山文化遗址试掘简报》，《史前研究》1985年第4期。

墙体结构与地面式建筑大体相同。

在日照东海峪遗址发现龙山文化房址 9 座，均为西南向的方形台基式建筑，相互之间可能有一定的布局，而且分布较为密集。301 号房子由土台、墙基、墙外护坡、室内地基、灶址及出入口等构成。台基、护坡和室内地基均系分层筑成，发掘过程中发现了不规则的夯窝，因此台基应该是夯筑的台基。这类台基式建筑在技术上已经出现了以后的台基式土木结构建筑的端倪，反映了当时建筑技术的较高水平。我们知道，在中国从夏商周三代开始，包括宫殿、宗庙等在内的大型建筑都是在台基上建筑的，这种建筑方式一直延续了几千年。在山东地区，大型的台基式建筑至少从大汶口文化晚期就开始了，但不是普遍的现象。到龙山文化时期，台基式建筑已经在许多龙山文化城市中出现了。

在阳谷景阳岗城址的中部，有许多龙山文化时期的大型台基。在武松庙周围，有垫土形成的台基，有的台基是垫土一层一层的垫高形成的；有的台基是用植物袋状物包土堆成的。有的区域垫土的厚度达三四米，应是长期反复修建堆积而成的。在城市的西南部，勘探发现几片面积在 100 平方米左右的夯土台基，可能与房屋建筑有关。现在发掘的龙山文化时期的遗址大多面积较大，文化堆积较厚，遗迹之间打破关系复杂。由于发掘范围较小，一些垫土弄不清其分布的范围，更不容易掌握其性质和作用。考古学者出于慎重考虑，一般比较笼统地把一层层的堆土推测为房基堆积。其实这些遗迹在田野考古中经常碰到，以往没有引起人们足够的重视。也就是说，在田野中，考古学者要碰到更多的台基式建筑，但有时由于发掘范围小，还不能把它当做房子对待。其实，龙山文化时期台基式建筑是大量存在的。

（2）龙山文化房屋建筑的特点

龙山文化的房屋建筑有其明显的特点，在中国古代建筑史上有十分重要的地位。

房屋基址的时代特征较明显，半地穴式房屋的时代早于地面式房屋，房屋建筑由半地穴式向地面式发展、演化的轨迹很清楚。从目前发现情况看，半地穴式建筑是房屋建筑的早期形式。在山东地区，发现的后李文化及北辛文化的房屋都是半地穴式的房屋。从大汶口文化时期开始，出现地面式建筑，并且地面式建筑成为房屋建筑的主流。但是，半地穴式建筑并没有消失，龙山文化时期，一些处于社会下层的人们仍然居住在半地穴式的房屋中，这种建筑风格的房屋直到东周时期仍然存在。事实上，作为临时性建筑，现在的一些窝棚仍采用这种建筑形式。

龙山文化时期，同一时代的房屋建筑在方向、排列上有整体的布局。从目前发现的资料看，房屋都比较集中的出现，说明人们居住的区域比较集中。但是，由于龙山文化遗址发掘的面积较小，还没有弄清一个村落的整体布局。

房屋建筑有一定的程序，一般都是先划定范围或挖基槽，然后整治墙体，再建房顶，柱洞和基槽的特点说明当时人们已经认识到了角柱在承受压力和保持房屋稳定性方面的重要作用。

石灰作为建筑材料得到广泛使用，居住面涂抹白灰比较普遍。石灰的使用，说明当时开始出现新的建筑材料。从此以后，石灰作为建筑材料一直使用了几千年。

多间房屋的出现是建筑史上的重要变革。从此以后，多开间的房屋适应了社会的各种不同需要。今天我们使用的房屋，都是多开间的房屋，这种形式是从龙山文化开始的。

3. 如何看待田野考古中的"灰坑"

在有关遗址发掘的考古报告中，几乎每篇都可以看到发现有灰坑的记录。要了解考古资料，必须了解考古中的灰坑问题。在山东地区，灰坑是各类遗址中数量最多的，几乎所有的遗址中都发现大量的灰坑。以兖州西吴寺遗址为例，考古发掘3000多平方米，发现龙山文化时期的灰坑314个，水井3口，房屋3座，墓葬9座。可见灰坑在发现遗迹中所占的比例是非常大的。

田野考古中的灰坑从用途上可分为以下几种：一些灰坑是古代人们用的窖穴。这些灰坑一般比较规整，有的为口小、底大的袋状坑，有的为口、底一样大的桶状坑，一般为圆形，个别为方形或长方形。这些灰坑一般坑壁和坑底都经过加工，底部有的铺苇席、树皮等。有的在坑底的中部还有柱洞，说明坑顶部是加盖的。窖穴类灰坑有的是人们存放粮食或其他物品的。中国新石器时代比较典型的窖穴是在河北磁山遗址中发现的窖穴，发现的 476 个灰坑中，有 88 个是窖穴。窖穴内还存放了大量的粮食。当然，这些粮食都已经腐朽了，有人根据窖穴的大小及粮食腐朽后的堆积状况，估计这 88 个窖穴原储存的粮食达 13 万多千克。像磁山遗址残存大量粮食窖穴发现的毕竟是少数；大部分窖穴在废弃后被当做倾倒生活垃圾的地方，里面堆满了人们生活用的烧灰及残破的生活日用品，所以，考古学家们称之为"灰坑"。随着考古学的发展，我们也注意到这些窖穴与灰坑的用途是不同的，所以也逐步将窖穴从灰坑中分离出来。

窖穴是储存粮食用的，一般距离人们居住的房屋不会太远。由于龙山文化时期人们活动频繁，早期遗存往往被晚期遗存破坏，所以很难找到房屋与窖穴的对应关系。在中原仰韶文化的村落中，作为储藏设施的窖穴，有的成组成群地穿插在诸房屋之间，无法将它们与单个的住宅一一对应起来；同时也有许多窖穴单个地分布在各个房屋的附近。这在陕西临潼姜寨聚落遗址表现得比较清楚。在姜寨聚落的居住区内，聚落的西北隅、东北隅、东边、东南隅都有大量窖穴密集地分布在一起，如西北隅有 13 座，东北隅有 17 座，东边靠近壕沟有 11 座，东南隅有 6 座。西南隅因遗址遭受破坏，西边被现代村落所压，没有进行发掘。估计这两处在靠近壕沟的地方也应有成群的窖穴分布。这些窖穴显然不属于各房屋群落中某一特定的住宅，而应归为各个大家族集体所有，体现出大家族集体所有的另一点是在大房子的前后左右分布有较多的窖穴。在大家族所有之外，也存在着归家庭所有的窖穴，其中又分为两类，一是家族长所在的大家庭所有；另一种是一般的小家庭所有，它以单个或一两座的形式分布在各个小型房屋的附近，且这种现象普遍存在。在龙山文化遗址中，由于保存状况的影响，还没有找到房屋与窖穴对应关系的实例，但其实际情况或与仰韶文化的村落大致相似。

另一类灰坑是人们专门用于倾倒垃圾的坑，这些灰坑多不规则。在灰坑中，这一类灰坑的数量最多。至于古代人是不是很讲卫生，将所有的垃圾都挖坑掩埋，也不能一概而论。考古发掘中，在房屋的周围及当时的环壕内都发现大量的生活垃圾，可知古代人的垃圾也是随意倾倒的。

在遗址中往往发现一些形状很大又不规则的灰坑，它们很多是当时的取土坑，取土后人们在此倾倒垃圾，而不是专门为倒垃圾而挖的坑。

　　此外，当时的一些低洼地，是人们倾倒垃圾的地方，为记录方便，有的也被当做灰坑。

　　在龙山文化的灰坑中，往往发现大量的生活用品。主要有人们用坏的生活用具和生产工具，如陶器、石器、骨器、蚌器等，在一些灰坑中，还发现有稻谷、粟、果核等人们食用的东西，是我们研究当时饮食结构不可或缺的资料。

4. 人们普遍使用水井

　　在某种意义上讲，水是人们生活的第一需要。很难想象假如没有水，人类会变成什么样子。在原始社会早期，人们生活用水主要依靠周围的自然水，如山泉、河流、湖泊等，其日常生活与周围的水源息息相关。人类开始进入定居的很长时期，大多居住在依山傍河的环境中，这种环境既保证了人类日常生活用水，也可以及时排水并躲避水灾的危害。水井的产生，是人类用水的第一次"革命"。从此，人们可以摆脱水对人们居住地选择的限制，从而离开河流、湖泊，走向更加广阔的原野。

　　山东目前发现最早的井，是在济宁市张三遗址发掘的距今 7000 年左右的水井，属于北辛文化时期。其次，在广饶县傅家遗址发现两个大汶口文化时期的水井（距今 5000 年左右）。水井的大规模出现是在龙山文化时期，目前许多龙山文化遗址都发现了水井。

　　20 世纪 80 年代，国家文物局为举行的考古领队培训班在兖州西吴寺进行田野发掘，在 3000 多平方米的范围内，发现龙山文化时期的水井 3 口。井口形状有圆形和长方形两种，口部稍大，收分较为明显，有的在中部设棱台，有的周壁有脚窝。这些水井一般口大底小。水井的深度在 4~5 米（图三二）。水井的

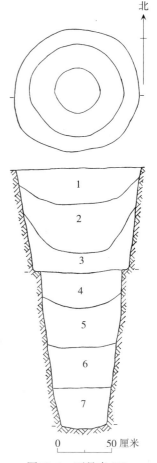

北

图三二　西吴寺 J10
平、剖面图

底部发现许多汲水用的比较完整的罐，应该是当时人们汲水时不小心掉进井中的①。

城子崖遗址在范围不大的发掘区也发现了几口井。其中一口井的井口为圆角长方形，长边 1.5 米，深近 7 米，挖得很规整，井口也相当大，可容两三人同时提水。大量水井的发现，说明人们开始普遍使用水井。

古代文献中有"伯益作井"记载。据专家考证，伯益为山东人士，其早期活动范围在今青州一带。龙山文化大部分时间要早于伯益所处的时代（夏代初期），考古发现的水井产生的年代也比文献所载要早得多。井的发明与普及是人类与自然界斗争所取得的重大硕果之一，具有深远的历史意义。它使人们获得更多的自由活动空间，使社会生产力、社会经济和人类自身的发展又增加了一项有利因素。所以古人才把它作为一项重大发明加以记载，而且把这一发明权安到了伯益身上。考古及历史学家普遍认为，井的发明、推广与早期城市的发展，有着密切的关系。它解决了城内居民、手工业生产者、家畜和兴建工程的各种用水，人们无需从城外获得生活、生产建设和饲养家畜所需要的水，从而促进了早期城市经济的发展繁荣。城子崖龙山城规模较大，经济繁荣，这与井的推广是有关系的。城子崖龙山城东西都紧临河流，但城内普遍用井，这也说明城子崖已是一座具有一定发展水平的早期城市。

5. 宗教与祭祀遗迹

宗教是古代社会上层建筑领域最重要的组成部分。在世界每一个民族中，都有自己的原始宗教，因此，就会有祭祀与祭祀遗迹。文献中关于龙山时代的宗教方面记载很少，有人对山东龙山文化时期的传说加以分析，认为山东地区在原始社会晚期存在太阳崇拜（对自然界的崇拜）、图腾崇拜（如龙山文化时期的鸟首鼎足、鬶的形状等都与鸟类崇拜有关）、祖先崇拜等。但由于资料的限制，我们还不能将考古发现的一些资料与原始崇拜的祭祀活动一一对应，只能对一些与祭祀活动相关的遗迹进行简单地描述和推测。

有的学者对龙山文化时期的祭祀遗迹进行了分析，把祭祀遗迹分为典

---

① 国家文物局考古领队培训班：《兖州西吴寺》，文物出版社，1990 年。

型的祭祀遗迹和"灰坑葬"类祭祀遗迹两大类型。前者如胶县三里河遗址墓地中的祭祀坑等；后者指的是龙山文化遗址中发现的在废弃的窖穴或有意挖出的坑穴内埋藏人或动物骨架等比较特殊的遗迹，这类遗迹中往往伴有大量的遗物。

胶县三里河发现的祭祀遗迹有两处，均与墓葬有关。一处报告中称为长方形河卵石遗迹，另一处是河卵石铺底的圆坑。

长方形河卵石遗迹（图三三）位于 102 号墓的西北侧，长 0.9、宽 0.6 米，相当规整，使用的河卵石块大小也比较均匀，共有二十多块。在这遗迹的西南约 1 米、102 号墓西约 0.7 米处，有一具完整的狗骨架，头向正东。狗骨架下整齐地平铺着黑陶片 7 片，看来这具狗骨架也是有意识放置的。从种种迹象分析，102 号墓与狗骨架、长方形河卵石遗迹有关，可能属于一种祭祀场所。

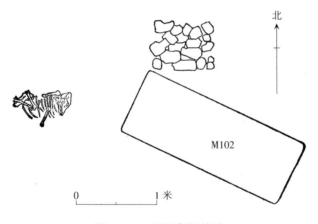

图三三　三里河祭祀遗迹

河卵石铺底的圆坑遗迹（图三四）四周均为墓葬，圆坑的口径 1.2、底径 0.85、深 0.19 米。圆坑的底部先垫上一层厚 3 厘米的黄土，黄土经过加工，再在其上和坑壁施加一层灰白色的硬土，厚 4~10 厘米，灰白色硬土之上为一层黄灰色硬土，厚 5 厘米。坑周壁施加 13 厘米左右的黄灰色硬土，最后在坑底铺上河卵石块。在这一遗迹的北偏西约 1 米处有 106 号墓，其东北有 115、112、119 号墓葬。以此推测，此遗迹应与这些墓葬有关，是一处举行特殊活动的场所。这类典型的祭祀遗迹出现在墓地内可

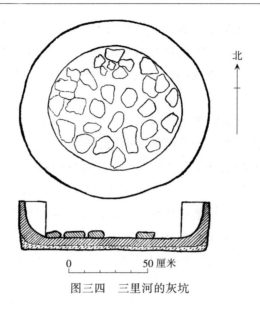

图三四　三里河的灰坑

能与祖先崇拜有关①。

　　兖州西吴寺遗址 4182 号灰坑属于"灰坑葬"一类的祭祀遗迹，灰坑现存深度为 0.76 米，坑底有一具人骨架，仰身直肢，头向南，年龄、性别未鉴定，坑内填土按质地和颜色被分为 5 层，包含物除陶器外还有兽骨、鱼刺、鹿角、蚌壳等，其中陶器数量最多，仅完整或可复原的有 13 件，包括鼎、匜、盆、鬶、单把杯、高柄杯、尊等。在邹平丁公遗址还发现一个灰坑中埋有完整的狗骨架，并有完整的红陶鬶，这类灰坑中虽然没有人骨架，但与前述灰坑具有类似的性质。在阳谷县景阳岗曾在一个规整灰坑中，发现有完整的牛骨架，坑内出土陶器 30 余件；在另一灰坑中，发现有两个人的骨架，其中一个从骨骼的大小看为成人的，仅存躯体部分，没有头骨及下肢骨，另一个为儿童的骨架。骨架的下部放置有完整的碗、纺轮等陶器。茌平教场铺遗址的房基下，也发现埋葬的人骨，这些应该是举行奠基仪式用的牺牲。以上"灰坑"（现在考古学者一般将这类遗迹从灰坑中分出来，称为奠基坑或祭祀坑）发现的人或动物应该是祭祀的牺牲品，表明龙山文化时期以人或动物为牺牲的现象已经出现，并且成为

① 　中国社会科学院考古研究所：《胶县三里河》，文物出版社，1998 年。

比较普遍的现象。

（四）墓葬反映的阶级分化

对民族志资料和有关少数民族纪录片稍加注意的读者会发现，在原始民族中，对死者进行安葬是古代社会生活的重要内容。每个民族都有对死亡的不同理解和解释，并根据自己对死亡的理解及生活习惯形成各自不同的丧葬习俗和礼仪。中国夏商以后的文献中，有大量关于丧葬礼仪的记载，直至今天全国各地仍有不同的葬礼。龙山文化距今约4600～4000年，关于这一时期丧葬习俗的记载非常少，因此当时的一些丧葬习俗已不为人知。但我们通过发现的墓葬资料，可以找到许多关于这方面的信息。让我们通过发掘的墓葬资料，去了解龙山时代人们的丧葬习俗和礼仪。

1. 墓葬起源的原因和时间

（1）为什么要埋葬

丧葬起源于人们对尸体的保护与对灵魂的认识。

有的科学家在对动物行为的研究中发现，在一些高等动物如大象、猴子等，有掩埋尸体的现象，说明高等动物对尸体的保护存在着一种本能的意识。作为高级动物的人类，为避免死者尸体遭受自然力的破坏和动物的侵害而进行的掩埋至少应起源在人类的童年时期。

当然，人类的丧葬习俗不仅表现了人作为高级动物对尸体的保护活动，在很大程度上，它体现着人们对死亡与灵魂的认识。

英国人类学家弗雷泽先生认为："死亡在所有时代一直是使人们感到困惑的问题。与许多仅为少数思想家感兴趣的问题不同，因为圣贤与傻瓜都难免一死，甚至最无心的人和最愚蠢的人有时也不免问自己死后如何。"在人类社会早期，对灵魂与死亡的认识和处理活者与死者的关系，在当时的社会意识和社会生活中占有重要的地位。

在考古学中，对埋葬死者的遗迹称为"墓葬"。翻开有关专业词典，可看到专家对墓葬的解释：人类将死者的尸体或尸体残余按一定的方式放置在特定的场所，称为"葬"；用以放置尸体或其残余的固定设施称为"墓"。在中国考古学上，两者合称为"墓葬"。在墓葬中，往往还包含着各种随葬品。以现有资料而言，世界上发现最早的且被多数人承认的墓葬，当属欧洲旧石器时代中期尼安德特人所创造的莫斯文化的墓葬。该文化的墓葬中，有的人骨与洞熊骨架相伴出现，有的研究者认为洞熊是随葬品。到旧石器时代晚期，各地发现的墓葬更多，并且往往有随葬品伴出。

（2）龙山文化之前的墓葬

在中国，北京山顶洞人将死者埋葬在山洞下，并在人骨周围撒上赤铁矿粉末及随葬钻孔小石珠等装饰品。山顶洞人据放射性碳元素断代为距今18000 年左右。由于旧石器时代距今年代较为久远，人口少，又多居于山洞内，所以墓葬发现的数量较少。到了新石器时代，随着人们走出山地、丘陵进入平原，人口增多，居住地点逐渐固定，墓葬的数量也大大增加。

在山东地区，发现最早的墓葬是后李文化的墓葬（距今约 9000～7500 年）。当时的墓葬只挖一个能够容下死者的长方形墓坑，把死者放进去，也没有什么随葬品。到距今约 7500～6100 年的北辛文化时期，墓葬已经比较复杂，墓葬中有棺，也有陶器等随葬品。不过当时的墓葬规模基本差不多，还看不出贫富的分化。

在距今 6100～4600 年的大汶口文化时期，人们的埋葬习俗发生了变化。这种变化主要是墓葬之间的贫富分化十分明显，一些大型墓葬中，除随葬日常生活用品外，还随葬具有礼器作用的精美酒器、玉器、象牙器等；同时，墓地之间也出现了差异，像大汶口、陵阳河等墓地规格高，而其他一般的遗址很少出现大型的墓葬。大汶口文化埋葬习俗的变化，是当时社会发生变化的反映。

2. 龙山文化时期的墓葬

（1）艰难的寻觅

龙山文化墓葬发现数量相对较少。到目前为止，发掘墓葬约五六百座。我们知道，在山东地区，大汶口文化遗址约五六百处，考古学者对其中的五六十处遗址和墓地进行了发掘工作，发现墓葬 2000 余座。大汶口文化的墓葬比较集中，如兖州王因遗址，共发掘大汶口文化的墓葬 899 座；泰安大汶口遗址，发掘墓葬近 200 座。在一个遗址上发掘如此多的墓葬，我们就可以对墓葬的布局、人种、丧葬习俗等进行系统研究工作。龙山文化的考古工作，主要是对生活居住地的发掘，相对来讲，墓葬的资料比较少。所以，尽管山东以大汶口文化和龙山文化为代表的新石器考古在全国处于领先地位，但其本身是不平衡的。到目前为止，我们还没有解决大汶口文化的聚落布局问题；同样，也没能对龙山文化墓葬的布局、埋葬习俗进行系统分析研究。

是不是大家不愿发掘龙山文化的墓葬呢？当然不是的。主要是因为龙山文化墓地发现少。20世纪90年代初，城子崖遗址发掘时，大家都知道它是一座规格很高的城市。当时，山东省文物考古研究所已在临朐西朱封发现了龙山文化的大型墓葬，因而推测城子崖城市统治者的墓葬，规格不会低于西朱封发现的1号墓。于是，大家对墓葬有浓厚的兴趣，因为这对城子崖文明程度及社会地位的分析具有重要的作用。任考古领队的张学海先生组织勘探队伍对城子崖周围进行了详细勘探，也没有找到龙山文化贵族的墓地。

笔者在去临朐西朱封遗址进行实地调查时注意到，发现大型墓葬的地方位于遗址的西南部，周围很少有龙山文化的地层堆积，说明龙山文化的大型墓葬应该埋葬在居住区以外的地方。这种墓葬的填土与周围生土的土质、土色接近，很难分辨。这可能也是龙山文化大型墓葬不易发现的重要原因。

（2）墓葬发现情况及分类

发掘的许多龙山文化遗址中都有零星的墓葬，这些墓葬一般多为小型墓葬。由于发掘面积有限，无法了解墓地的整体情况。发现墓葬比较多且重要的遗址有日照两城镇、东海峪、尧王城、临沂大范庄、潍坊姚官庄、胶县三里河、诸城呈子、栖霞杨家圈、青州凤凰台、泗水尹家城（图三五）、兖州西吴寺、临朐西朱封等遗址。这些地点主要集中在鲁东南、鲁北及汶泗河流域。其中以鲁东南发掘的墓葬最多。五莲丹土遗址虽然在考古发掘中仅发现少量的墓葬，但在各地博物馆中保存了大量该遗址内出土的玉器，这些玉器都应是墓葬中出土的。因此，丹土遗址存在龙山文化时期的大型墓葬。

龙山文化时期的墓葬，大致有以下特点：

第一，墓葬形制都是长方形土坑竖穴墓。从埋葬形式来看，以单人仰身直肢葬为主，屈肢葬、俯身葬的数量较少。埋葬形式比大汶口文化简单。我们知道，在大汶口文化时期，存在各种形式的合葬墓，这种习俗在龙山

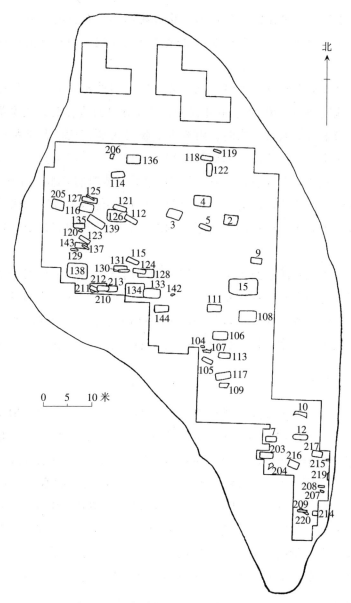

图三五　尹家城龙山文化墓葬平面分布图

文化时期基本消失。大汶口时期流行的手握獐牙的葬俗为龙山文化的人们
所继承。

　　第二，发现的墓葬中，许多没有随葬品。有些墓葬的墓圹仅能容纳死

者的身体；龙山文化无随葬品墓葬的比例远远超过大汶口文化，说明当时社会分化的加深。在有随葬品的墓葬中，绝大多数以陶器为主，用生产工具或其他装饰品随葬的较少。例如，尧王城 39 座墓葬中，有随葬品的 14 座，其中多数以陶器为主要随葬品，少数墓葬随葬纺轮、蚌壳等。陶器有实用器和非实用器之分，非实用器又可以分为明器和礼器。明器一般制作粗糙，个体很小，而礼器则制作精良。

　　第三，墓葬规模比较明显地反映了等级差异。这表现在两个方面：首先，只有等级较高的都城一级的城市或其周围，才有大型墓葬的存在；其次，一些大型墓葬周围，没有中小型墓葬的存在，说明当时的一些贵族阶层有自己单独的墓地。临朐西朱封墓地在发掘 3 座大型墓葬的同时，都进行过详细的调查、勘探工作。在大型墓葬的周围，没有发现其他的墓葬。而在大汶口文化的墓葬中，大型墓葬与中小型墓葬共存在同一墓地，并且有规律地排列着，说明社会的上层还与本氏族的其他成员一样，死后埋葬在同一个墓地中。龙山文化社会上层单独开辟墓地的现象，说明他们已经脱离了其所在的氏族，成了高高在上的统治者。我们不要忽视龙山文化与大汶口文化墓葬的这种差异，这种差异是具有变革性的划时代的意义。我们知道，目前夏代的大型墓葬仅发现几座，还不能探讨其布局与结构。在河南殷墟发现商王墓地中，商王及其夫人是脱离家族而单独在"王陵"内埋葬的。在此后的几千年中，中国历代皇帝的陵墓无不脱离其家族而单独埋葬。这一习俗应该是从龙山文化开始的。

　　根据墓葬的规模，可将龙山文化墓葬分为四类。第一类，大型墓。墓葬规模宏大，葬具齐全，形制复杂，随葬品数量多且制作精良。除生活用品外，还有礼仪性用品，如玉器等，有用猪下颌骨随葬的现象。随葬品中有反映墓主人身份地位的玉冠、玉钺等；单人仰身直肢葬为主，也有二次葬、非正常埋葬等现象。第二类，中型墓。墓葬规模小于第一类墓葬，发现于尹家城、三里河、尧王城、大范庄和呈子等遗址。有葬具和二层台，随葬品比较丰富，主要有陶器如鼎、鬶、罐、壶、盆、豆、碗、盒、蛋壳陶杯等。第三类，小型墓。多数龙山文化遗址中都有这类墓。墓室一般长 2 米左右，宽 0.5～1 米，有的有棺，随葬品 1～5 件不等，有鼎、罐、杯等。第四类，狭小墓。墓圹极小，仅能容下尸体，有的需要把尸体弯曲后才可勉强填入墓室，没有随葬品。

这四类墓葬中，第一类应该是都城的主人或上层贵族的墓葬；第二类应为当时社会的上层或比较富有者的墓葬；第三、第四类墓葬应是当时普通百姓的墓葬，他们没有或很少有随葬品，处于社会的下层。

我们不妨将第一类墓葬称为"贵族大墓"，在这里单独介绍。

目前发现龙山文化大型墓葬8座。其中临朐西朱封发现3座，泗水尹家城发掘5座。这些墓葬属于龙山文化中期偏晚和晚期偏早阶段，其绝对年代距今约4300~4200年；都是土坑竖穴墓，平面形状为长方形或梯形，椁室外侧有二层台，有的为重椁并带有边箱；尹家城遗址大墓内随葬品集中放置于棺内或棺椁之间，而西朱封遗址大墓内的随葬品则放置于专门设计的棺椁之间的边箱和脚箱中。8座墓中，除尹家城15号墓为三人二次合葬外，均为单人葬。经过鉴定的3座墓葬的墓主人均为男性。

对两个墓地发现的大型墓葬进行仔细分析发现，它们之间有明显的区别。首先，在墓葬布局上，尹家城发现的大型墓葬周围均有同时期的中、小型墓葬，说明这些墓葬仍埋葬在氏族（或家族）墓地上；西朱封墓地发现的3座墓葬周围没有同时期的墓葬，说明大型墓的主人脱离了家族墓地。其次，在随葬品上，西朱封墓地除生活用品外，还有大量的礼器，而尹家城墓地大型墓葬内主要随葬日常生活用品。

西朱封位于临朐县城南5千米弥河北岸的台地上，俗称"银子崖"。发现的3座墓葬位于遗址南部的断崖上。3座墓葬中，有两座是在断崖上暴露后发掘的，墓葬编号1、202（图三六）、203号墓，以203号墓葬保存最完整。三座墓葬之间距离较近，202同203号墓之间相距约3米，与1号墓不到30米。由于骨架保存不好，没有进行性别、年龄鉴定。发掘者根据现场情况认为三座墓葬的墓主人均为成人。

203号墓的墓室呈长方形，东西向，东西长6.3~6.44、南北宽4.1~4.55米，现存深度1.5米左右。该墓的葬具为两个椁室，一层棺室，是目前发现的龙山文化墓葬中棺椁最多的墓葬之一。该墓在挖墓圹时在墓的底部留有生土台（考古学上称为生土二层台），宽1.24~1.44米，外层椁的椁板就放在二层台上。外椁呈井字形，东西长4.65、南北宽2.75米，现存高度为0.34~0.52米。由于放在二层台上，没有椁的底板。内椁亦呈井字

图三六　西朱封 M202 平、剖面图

1、2. 玉头（冠）饰　3. 玉簪　4、5、9、10. 绿松石饰　6. 玉刀　7、8. 玉钺　11. 绿松石片
12、26. 鳄鱼骨板　13、15、22、25. 蛋壳陶杯　14、20、40. 陶罐　16、18、19、21. 陶单耳杯
17、38、47. 陶罍　23. 骨匕　24. 砺石　27、28. 骨镞　29. 牙质片饰　30～35. 石镞　36、
37. 陶器盖　39. 陶鼎　41、42. 陶盆　43～46. 陶鬶

形，东西长 3.85、南北宽 1.6 米，现存高度 0.5～0.55 米，椁底置于生土之上，四壁均有嵌入生土之凹槽，也没有椁底板。棺为长方形，东西长 2.6、南北宽 0.58～0.6 米。棺底之下有东西向垫木两根。

墓主人骨骼腐朽严重，仅剩零星骨碎片、少量脊椎骨及一段左股骨。葬式为单人仰身直肢葬，头向东。从仅存的一颗磨损较甚的臼齿判断，死者为一成年个体，性别已难于辨认。

墓葬的随葬品十分丰富。在棺与内椁之间北侧中段放置了一部分随葬陶器，在这批陶器底部发现有两片残留的彩绘，偏东的一片近似长方形，范围约为 0.3 米×0.5 米，有红、黑两种颜色，一件已成碎片的蛋壳陶杯散漫其间。偏西的一片略成梯形，有红、黑、灰、白等多种颜色，其上及附近有袋足鬹和带盖陶罍各 1 件，单耳杯 2 件。其东、西两侧还有一件器形几乎完全一样的实足鬹。依据上述现象推测，这两片残留的痕迹，可能是两个盛放陶器并涂有彩绘的木制箱或器皿。此外，在西南角内、外椁之间，有一组互相套叠集中摆放的陶器，并向同一方向西南倾倒。共有 25 件完整陶器，其中 17 件有盖，均为泥质黑陶，器形小巧，且烧制火候较低，显然是一批非实用的明器。其上亦发现有红、黑两色零星彩绘，唯其原来的形状已不可辨认。估计这批陶器可能也是放置于涂有彩绘的木制盒子中的。一部分陶器放在棺与内椁之间的北侧和西侧；另一部分陶器放在内、外椁之间南侧的东西两端。石镞及骨镞最先发现于内椁顶部盖板之上，推测原来应是集中摆放排列有序的。

除上述三处可能与盛放陶器的木制容器有关的彩绘之外，在棺内亦发现有零星的红色彩绘。尤其是在内、外椁之间的南、西、北三面，均发现有较大面积的多种颜色的彩绘。

随葬器物中的玉器、管状绿松石饰以及绿松石片等均放在棺内墓主人周围，有玉钺 3 件、玉环 1 件、玉坠饰 5 件，此外还有 95 片绿松石片[1]。

西朱封发现墓葬的规模之大，墓室结构之复杂，随葬器物之丰富多彩，在全国同时期的墓葬中少见。随葬的玉器等精品，无论是数量、造型及制

---

① 中国社会科学院考古研究所山东队：《山东临朐西朱封龙山文化墓葬》，《考古》1990 年第 7 期。

作工艺，都可谓登峰造极。尤其是色彩斑斓、面积较大的成片彩绘之发现，更非其他已知的龙山文化墓葬所能比。这些墓葬墓主人的身份绝非一般的氏族成员，而应当是具有某种特殊身份、地位显赫、高踞于当时社会组织上层的显贵人物。他们似乎也不应该是一般意义上的所谓"氏族贵族"，当时很可能已经出现了阶级的分化和对立。这些具有特殊身份和显赫地位的人，或许就是当时统治这一地域的最高当权者，部落（或部落联盟）的首领。

尹家城遗址发现的墓葬有所不同。5 座墓葬中仅 1 座为两椁一棺的墓葬，其他均为一椁一棺，并且墓葬的主人均为二次葬。在古代二次葬有两种形式：一种是将死者先埋葬在土中，在合适的时候再挖出来，拣选主要的骨骼进行第二次埋葬，这种葬俗在大汶口文化时期就流行；另一种是将死者安放在专门的场地（如房屋、寺庙等），等到肉体腐烂后再埋葬，这种习俗常见于民族志的资料。尹家城的大型墓葬还有另一奇特的现象，就是 134、138 号墓葬在埋葬后不久，就因为某种原因被人们挖开过，扰动它的灰坑里有许多墓主人的骨架及随葬品。这种情况在山西陶寺龙山文化时期的墓葬中发生过，其具体原因尚不明确，估计与社会或家族的变故有关。尹家城遗址最大的墓葬是 15 号墓葬[①]。

15 号墓葬（图三七）墓室平面呈圆角长方形，东西长 5.8、南北宽 4.36、深 1.55 米。墓内填五花土，非常坚硬，似经过夯打。该墓有熟土二层台。葬具有二椁一棺，均仅保存板灰痕迹，棺椁在墓室中部偏东南。外椁东西长 4.5、南北宽 3.06 米；内椁东西长 4.06、南北宽 2.42 米。棺室在内椁中稍偏东，东西长 2.42、南北宽 1.2 米。棺室底部的人骨架比较凌乱：3 个头骨置于棺室西部，另有下颌骨、肋骨、肢骨和脊椎骨散放于棺室底部，说明这是一座二次葬墓。随葬品比较丰富，种类有陶器、猪下颌骨和鳄鱼骨板。陶器有鼎、罐、甗、鬶、高柄杯、盆、匜、壶、盒和器盖，放置在西端的内椁和棺室之间，共 23 件；20 副幼猪下颌骨陈放在陶器北侧；在北部的内外椁之间集中放置着 50 件小圆锥体；另外还有 130 余块扬子鳄鱼骨板，分三堆放在内、外椁和内椁与棺之间。

---

①　山东大学历史系考古专业教研室：《泗水尹家城》，文物出版社，1990 年。

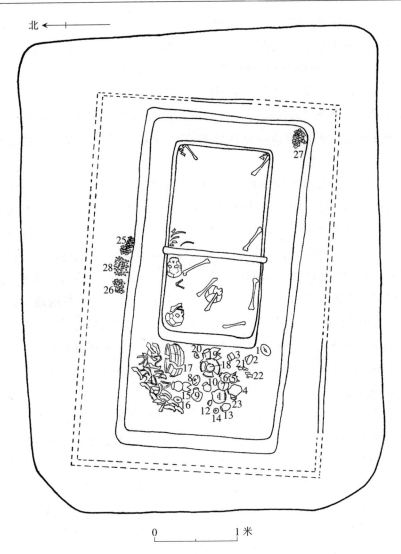

图三七　尹家城 M15 平面图

1~3、8、12、14、16、23. 陶器盖　4、9. 陶壶　5. 陶鼎　6、10、13. 陶罐　7. 陶盒　11. 陶匜
15. 陶甗　17、18. 陶盆　19. 陶鬶　20. 陶鬶盖　21、22. 陶高柄杯　24. 猪下颌骨（20 付）
25~27. 鳄鱼骨板（130 余块）　28. 陶圆锥体（50 件）

当然，由于时代的久远，我们无法考证一些葬俗的细节。在民族志的
资料和一些有关少数民族的纪录片中，有许多关于原始社会丧葬习俗的介
绍，可以作为龙山文化葬俗的参考。

（五）城市与乡村

从理论上说，有了城市，就有了城乡差异。但是问题并不是如此简单，就像城市的产生有一个发展过程一样，城乡的差异，也有从小到大的历史过程。

1. 原始的村落

在原始社会早期，人们过着游荡的生活，没有固定的居住地点，还没有什么城乡的概念。进入定居生活后，出现一个个相对固定的村落，由于所处环境及生产力的大致相同，还没有形成村落之间的差别。

让我们借助陕西省一个原始村落，看一下古代村落的基本情况：

在陕西临潼有一个叫姜寨的仰韶文化遗址中，发现过一个距今 6000 多年前比较完整的村落遗址，可以反应当时村落的基本情况。村落的面积约 5 万平方米。由于遗址保存状况较好，考古学家们下决心在这里大干一场，来一番"卷地毯"式的全面揭露。姜寨遗址的最终发掘面积达到 16000 多平方米，创造了中国新石器时代遗址考古的新纪录。

姜寨遗址的村落布局在考古学家的格外关注下弄得相当清晰。我们知道的这个村子靠着一条小河，村周围挖掘一圈壕沟作为屏障，出入口设立哨所。村中心是一片广场，大小不等的 100 多座房子分 5 群环绕，每群房屋中有一座为主的大房子，周围还有 10～20 座中型房屋和小型房屋。小型房屋应是当时最基本的消费单位。所有房门都对着广场。有学者认为小房子包括小孩最多睡下三四个人，大概是一个对偶家庭。中型房子能住下 10 多个人，同若干小房子同属于一个母系家族，可能住着家长，并举行一些家族活动。5 座可容 20～30 人的大房子估计是 5 个氏族的中心。烧制陶器的陶窑、储存粮食的窖穴和饲养牲畜的圈栏，从位置看都分属于各个氏族所有。有人认为，由于没有总的公用建筑，可能不是一个部落，而是一个胞族。这个胞族的人数推算为 450～600 人，也许与附近尚未确认的若干个胞族构成一个部落。当然这都只是一些假说，主要想说明当时社会的分级结构，到底每一级结构套用现代人的概念是一种什么样式的社会组织，各位读者也可以尽情发挥自己的想象力。姜寨遗址的村外是一片公共墓地，有墓葬近 400 座。成人墓的规模和随葬品没有太大差别，似乎女性的随葬品稍微多一点。孩子死后装在陶瓮里埋葬，考古学家称之为"瓮棺葬"。姜寨的墓地最多分为三片，不能与村庄里的五片房屋相对应，是不是还有两片墓地没有找到，这也是给考古学家留下的一个不能尽善尽美的缺憾①。目前在中原地区其他村落布局比较明确的，与姜寨的结构大致一致，在这些遗址上，我们似乎可以看到一种人人平等的原始共产主义社会。

姜寨原始村落反映了当时一个比较完整的村落情况。应该说，姜寨村落能如此完整暴露在世人的面前，首先是村落保存状况良好，其次是大规模的考古发掘。山东地区还没有哪个村落遗址能够如此幸运，它们大多早年遭到严重的破坏，很难复原其本来的面貌。但在与中原相同的历史阶段，村落的面貌及结构应大致相同。

2. 社会的分化有一个过程

人类经过一定时期的定居生活后，农业、手工业都有了一定的发展，由于环境和技术等诸多不同的原因，一些家族或氏族发展快，人口迅速增加。人口的增加，使其实力不断增强，慢慢成为一定区域的中心村落。在原始社会，这种中心村落的形成过程是很漫长的。在这一过程中，随着生产力的提高，人们的生产出现剩余，私有制的萌芽在不断增大，人们对个人财富（主要是土地、食物和工具）的占有欲明显增加。当时的私有制主要表现在两个方面：一是氏族（或村落）之间的土地范围的划分；二是基本生活资料（主要是粮食、工具等）以家族（或家庭）为单位的分配。私有制的产生，导致当时社会的分化。

由于山东地区古代遗址相对集中，人们往往在一个地方居住很长时间，晚期的人们在生活过程中，经常破坏早期人们的文化遗留。以笔者发掘过的临淄后李遗址为例，从距今 8000 年前后的后李文化开始，人们在后李遗址上生活，其后废置。大约距今 6100～5900 年，北辛文化的人们又在后李文化人们居住的地方生活，在建筑房屋、修建道路、窖穴等活动时，会破坏掉部分后李文化的房屋、道路、窖穴等。废弃后，大约过了 4000 年，西周的人们把后李、北辛时期人们居住的地方作为墓地，挖墓圹时又破坏了一部分早期遗存。春秋、战国到汉代早期（距今约 2700～2100 年），人们

---

① 半坡博物馆等：《姜寨——新石器时代遗址发掘报告》，文物出版社，1988 年。

又将这里作为居住的地方。越是到后来，生产力水平越高，对早期的遗址破坏越严重。汉代以后，在后李遗址范围内，南北朝时期人们在这里生活，曾经挖了近方形的边长 100 多米的防护环壕，宋代有人将这里作为墓地，金代人又作为居住地，清代以及民国时期又成为墓地。如此长的时间里，人们多次在这里生活、活动，使早期遗存被破坏得相当严重，很难看出其原来的样子。山东地区大汶口、龙山文化遗址也大致如此，田野发掘很难复原出原来村落的面貌。考古学家只能根据多个遗址的综合研究，考察、分析当时社会的基本状况。

考古资料表明，在山东地区，至少到大汶口文化中期（距今约 5500 年），开始出现中心聚落和一般乡村的差别。随着经济和人口的发展，一些聚落成为某一地域内的中心。也有人认为，由于长期定居，人口迅速增长，一些小的胞族不断从氏族中分化出来，出现部落。而氏族原来的居住地不但在人口上，而且在经济上占有优势，成为中心村落（部落首领所在地）。从考古资料看，大汶口文化的遗址在面积上，有的超过 10 万平方米，文化堆积也较厚，有的厚达两三米，说明人们长期居住。比较著名的有泰安大汶口、兖州王因、滕州西康留、五莲丹土等遗址。这些遗址范围大，堆积厚，有的发现一些重要的遗迹，如丹土遗址发现大汶口文化晚期的城市，西康留遗址发现大汶口文化晚期的夯土台基（台基面积最大的有七八百平方米）。这些遗址发现一些规格比较高的墓葬，随葬品有几十件甚至百件，随葬品中除随葬日常用品之外，还有大量的酒器，精美的白陶、玉器、象牙器等。大汶口文化大部分遗址面积较小，文化层堆积较薄，墓葬中仅随葬日常生活用品。总的说来，大汶口文化时期，虽然出现最初的城市，一些遗址出现大的夯土台基，但社会的分化只是个别现象，城乡差别还刚刚开始。

3. 城乡差异成为普遍现象

到龙山文化时期，社会的分化进一步加强。城市的大量出现，城乡差异成为社会的普遍现象。

目前，山东地区发现的龙山文化时期的遗址已经达到 1500 余处，发现遗址的数量接近大汶口文化的 3 倍。大汶口文化前后有 1500 年，而龙山文化延续的年代仅 600 年左右。由此数量对比，可以看出龙山文化时期人口和社会的迅猛发展。

有的考古学家根据考古类型学的方法，对发现的遗址进行了分类研究，将这些遗址根据面积的大小、有无城墙等标准，分为三级。

第一级为有城墙的大型遗址，即城市。目前山东地区发现龙山文化时期的城市有：寿光边线王、临淄桐林、邹平丁公、章丘城子崖、阳谷景阳岗、茌平教场铺、滕州庄里西、五莲丹土、日照尧王城等（图三八）。此外，在日照两城镇遗址上，发现有龙山文化的环壕。

1936 年，在章丘城子崖龙山文化发现之后，中央研究院历史语言研究所的尹达先生向东跑到海边，主持发掘日照的两城镇遗址。由于城子崖发掘主要是居住遗址，而两城镇发掘的是一片集中的墓地，所以虽然仅小面积发掘了 50 多座龙山文化墓葬，但出土文物丰富和精美远超过城子崖。做工精良的磨光黑陶，发达的玉器雕琢，尤其是一件雕刻有兽面纹的玉锛，都使人感到不能低估其发展水平。从 20 世纪末，山东大学与美国科研单位联合，对两城镇遗址进行了较长时期的调查、勘探和发掘工作，发现两城镇龙山文化分布范围面积超过 100 万平方米，并发现三道龙山文化不同时期挖的环壕，虽然该遗址上没有发现龙山文化的城墙，但其在该区域龙山文化时期的中心地位是不容置疑的。

对照山东省地图，我们可以发现，所发现的龙山文化的城市主要集中在鲁北和鲁东南地区，在鲁南及胶东地区目前还没有发现。这主要是由于这些地区考古工作做得比较少。2002 年配合高速公路建设在平度逢家庄发现龙山文化时期的环壕，为我们发现该地区龙山文化中心聚落提供了线索。另外，龙山文化城市之间都有一定的距离，一般相距 25 千米以上，50 千米以内。这可能反映当时一个城市所能影响的范围，也有的人认为是当时一个古国的范围。

第二级是规模较大的遗址，有学者认为相当于古代的"邑"，即今天的小城市或乡镇。在每一个城市的周围，都有一些面积小于城址又大于普通遗址的遗址。以城子崖城址为例，面积 20 余万平方米，其北部的黄桑院、马彭村南，东北部的小坡村、牛官庄，东南部的季官庄、马安庄等 6 个遗址，面积在 3 万~6 万平方米，规模都小于城子崖（图三九）。这些遗址可能也有小型的城垣或壕沟。当然，从地图看，城子崖的西部也应有龙山文化的遗

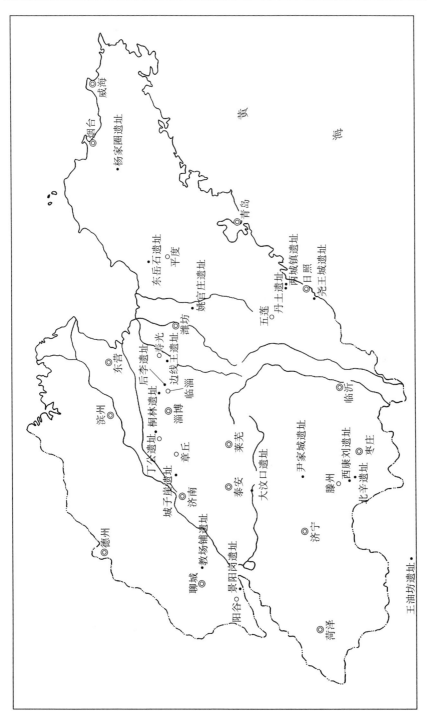

图三八　山东龙山文化重要遗址位置示意图

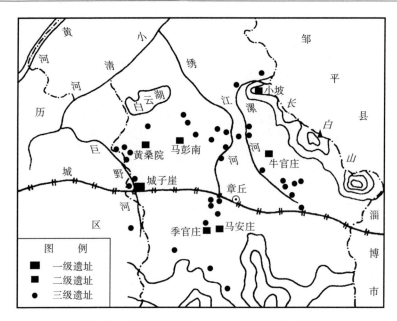

图三九　城子崖周围一、二、三级遗址分布图

址分布，但以往该地区工作做得较少，龙山遗址发现不多。2003 年，山东大学历史文化学院考古系在其西部历城区的大辛庄遗址进行发掘时，按照区域调查的方法，对该区域进行了详细地考古调查，发现许多龙山文化时期的遗址，可惜资料尚未发表。这批资料对城子崖周围龙山文化的认识具有重要的作用①。

　　第三级是一些规模较小的遗址，或称为聚落，相当于我们今天的村庄。这些遗址数量远远超过第一、第二类，分布在城市、"邑"的周围。以城子崖周围的龙山文化遗存为例，在城子崖周围有六七处第二类遗址，第三类遗址多达 30 余处。1991 年，城子崖遗址发掘时，笔者对其西部的西河遗址进行了详细调查，西河遗址主要为后李文化时期遗存。这里是后李文化、北辛文化及大汶口文化的重要分布区域，说明城子崖城市的产生有深厚的历史根基。西河遗址也有龙山文化的遗存，但分布范围较小，文化堆积很薄。由于窑场取土破坏了一些灰坑，我们对这些灰坑进行了清理。把灰坑

①　张学海：《张学海考古论集》，学苑出版社，1999 年。

中出土的陶器残片清洗干净后，我们惊讶地发现，这些龙山文化的陶器大部分为红陶或红褐陶，有许多夹砂陶表面十分粗糙，黑陶所占比例很少。在前面的介绍中，我们一直说龙山文化是以黑陶、灰陶为主要特征的文化。西河距城子崖城址不足 1 千米，在如此短的距离内，相同时间内文化面貌为什么会有如此大的差异呢？我们经过反复思索才明白：龙山文化是当时的城市，而西河遗址在龙山文化时期只是一般的村落。由此可见，城市与乡村的差异不仅表现在规模上，连人们的日常用品也有着明显的差异。后来，笔者就这个问题请教当地的文物干部，他们在文物普查时，也发现一些小型遗址中红陶所占比例较大的现象。由此我们知道，这种差异不是个例，而应该是当时的普遍现象。

4."都、邑、聚"结构的社会

从以上分析我们可以看出，龙山文化时期已经远远脱离了原始共产主义那种人人平等的社会阶段，社会结构发生了根本的改变。考古学界在划分考古与历史文化的对应关系时，也是有一个发展过程的。

对考古学有所了解的人都知道，继龙山文化之后是岳石文化。考古学在进行考古阶段划分时，曾将岳石文化划分为新石器时代文化。后来，随着对岳石文化年代及性质的认识，考古学家普遍认为，岳石文化与夏代及商代早期的年代基本一致，其社会性质应该属于文明时期。

至于龙山文化，当时在发掘时，就是为了寻找商文化的起源问题。20世纪20年代，仰韶文化确定后，学者对其性质处于猜测阶段。有人认为，仰韶文化早于商周文化，与商周文化又有一定的承袭关系，可能是夏代文化。还有一些对古史传说有研究的认为，夏代的祖先大概在河南左近，商代的祖先应该在东边，甚至到了海边，并且与夷人的关系非同寻常。他们认为，山东一带的黄河中下游地区，后来能形成礼仪之邦的齐鲁文化绝不是偶然，这里应该有独立的源头。城子崖遗址进行两次发掘后，报告的编写者认为：城子崖遗址最可注意之实物为卜骨。由此可见，城子崖文化与殷墟文化（即商代文化）有密切联系。骨卜习俗之原始及其传播在现代民俗学中仍为一未解决之问题。讨论这个问题的，大概都得追溯到中国三代的龟卜为止。但商代的卜骨技术已经很成熟，肯定具有极其长期的历史背景。城子崖卜骨的发现，说明商代文化最重要的一个成分起源在山东境内。

殷商文化就建筑在城子崖式的黑陶文化上。在当时，人们普遍认为，位于中国东方的山东地区是商代文化的发源地。1960 年，在发表 1959 年发掘大汶口文化的资料时，发掘者认为，大汶口所表现的文化面貌与中原地区商代文化有一定的联系。由此可见，大汶口文化、龙山文化从发现之日起，一直与中国古代文明起源的研究密不可分。

20 世纪 80 年代以来，随着龙山文化城市的不断发现，人们又在探讨龙山文化时期的社会性质问题。大规模的文物普查及考古发掘工作，为我们探讨龙山文化的性质提供了可能。有的考古学家对山东龙山文化的城市及遗址分布情况进行了综合分析研究，认为龙山文化时期的社会可以分为都、邑、聚三个层次。龙山文化时期，在山东至少有几十个文化中心。每一个中心内都有一个都城（城市），都城外有几个邑（大型遗址），都城及邑周围为普通的聚落（小型遗址）。从现有资料看每个中心大约方圆百里左右。当然这只是一种初步的分析，随着考古工作的深入，这些研究工作会越做越详细，也会有更多的中心被发现。

古代文献记载中，黄帝、尧舜时期有万国。尧舜所处的年代大致相当于龙山文化时期，结合考古发现，我们发现这种记载是有历史根据的。在山东龙山文化时期，至少有临淄桐林、邹平丁公、章丘城子崖、阳谷景阳岗、滕州庄里西、五莲丹土、日照尧王城、两城镇、茌平教场铺、莒县陵阳河等文化中心。这些中心可能就是古代的国家。以城子崖为例（见图三九）：

根据地理位置、环境及文化面貌的综合分析，有的学者指出，城子崖文化中心（古国）的范围：南到泰沂山系的北侧，北达刁镇、白云湖，东抵长白山的西麓，西至济南历城区。城子崖是当时的都城。从发掘资料看，城子崖龙山城时期的社会生活，已远非原始社会那么简单。比如若大规模城垣的修筑，需要一支庞大的劳动大军作长期的努力。城子崖及其周围遗址的劳动成员，可能都参加了此项修建工程。这支劳动大军的调集，城垣工程的组织、指挥都是早先氏族社会未曾遇到的新事物，也是依靠氏族社会管理原则所无法实现的。城内人口空前的集中及其社会分工的复杂化，社会成员、社会集团之间利益冲突的频仍，以及因城乡差别的存在和发展而引起的城乡对立等等，也是氏族社会所没有的。维持城内社会的稳定，保证社会生产、社会生活得以正常进行，协调社会成员、社会集团之间利益的关系，处理好城乡对立，分配、调整耕地，兴修水利等大型工程，同样不是氏族社会原则所能胜任的。至于保卫城子崖城内及其周围乡邑、村落内全社会成员生命财产的安全，已需有专门的军队。这种常备军队的组织、指挥，更是氏族社会所不能想象的。所有这一些，使我们看到了龙山时代以城子崖为中心的这一地区，在人们的社会生活中起作用的已不是昔日的氏族制社会，而是一种新的社会机制，这种新社会机制就是国家权力。城子崖龙山城是当时阶级矛盾、阶级斗争日益激化的产物。它那高大的城垣，既是防御外敌的侵犯，又可防备被统治阶级的反抗。"筑城以卫君"（包括统治集团）是城子崖龙山城的重要功能。透过城子崖龙山城那宽大的城垣，可从城乡对立和对外战争中看出城子崖方国阶级矛盾、阶级斗争的严重性。国家作为阶级压迫、阶级统治的工具，在这里发挥着作用。在城子崖周围，有黄桑院、马彭村南、小坡村、牛官庄、季官庄、马安庄等六个次一等级的遗址（或许数量还要多），这些遗址相当于都城下面的"邑"，都城的最高统治者是通过邑的首领对下面的乡村（聚落）进行管理的。"都、邑、聚"结构的产生，是龙山文化进入古国文明的重要标志。

通过以上分析我们可以知道，随着一个个以城市为中心的"古国"的出现，龙山文化时期的山东地区已经是古国林立了。

（六）年代与分期

1. 文化分期

生活在当今社会的人们，无时无刻不在感受到世界的变化。从日常生活用品到生产工具，变化的速度远远超过人们的想象。虽然古代社会的变化没有今天这么快，但是龙山文化毕竟经历了 600 年的时间，从社会的上层建筑到经济基础都发生了很大的变化，因此各时期的文化面貌也是有差异的。考古学家早就注意了这种变化，根据地层学和类型学的基本原理，对龙山文化进行了比较细致地分期工作。

龙山文化的分期工作始于 20 世纪 30 年代末期。在城子崖、两城镇和豫北地区一些龙山文化遗址发掘的基础上，尹达先生把龙山文化分为早、中、晚三期，分期依据发掘的地名来命名，即两城期、龙山期和辛村（河南浚县）期。当时还没有碳 - 14 测年方法。根据对龙山文化年代的大致估计，认为两城期为公元前 2900~前 2500 年，龙山期为公元前 2500~前 2100 年，辛村期为公元前 2100~前 1700 年。从这个分期看，当时学术界估计龙山文化前后延续了 1200 年，比现在碳 - 14 测定的 600 年整整多了一倍。在分期年代的划分上，公元前 2100 年和前 1700 年分别是夏代和商代在中原立国的年代。所以，当时的年代估计和划分，考虑了考古学与历史学年代的对应。这个分期现在看来过于简单和原始，但在当时类型学及碳 - 14 测年还没产生的情况下，这个分期应该是了不起的，并且它对考古界的影响一直延续到 20 世纪 70 年代末期。

从 20 世纪 70 年代开始，随着发掘资料的增加，考古类型学、地层学都有了比较完善的理论和实践基础，碳 - 14 测年方法也在考古学领域得到广泛运用，人们开始重新考虑龙山文化的分期问题。

对龙山文化进行分期的学者很多。由于大家对资料的把握不同，产生很多种分期的结果，比较多的有二分法、三分法和四分法。山东大学的栾丰实先生在泗水尹家城做了多年的考古发掘工作，之后进行了系统地整理工作，他以泗水尹家城的资料为基础，结合山东地区龙山文化考古的现状，将龙山文化分为六期，得到许多考古学者的认可。

龙山文化六期说 栾丰实先生在许多文章中，都对龙山文化的分期问题进行过详细分析，现在主要介绍他的研究成果①。

第一期：这一时期的房址以半地穴式建筑为主，也有少量基槽内密布柱洞的地面式建筑，形状多为方形和长方形，居室面积较小。半地穴式建筑的穴壁较深，有台阶式或斜坡状门道。城市在这一时期出现了。丁公遗址龙山文化小城城墙的时代应属于此期。

墓葬大多数为长方形土坑竖穴墓，部分墓有熟土二层台，使用木棺为葬具。葬式以单人仰身直肢占绝对多数，二次葬和合葬墓极少。墓主头向多数朝东，其他方向者较少，存在死者手握獐牙的习俗，但较之大汶口文化有所减少，仍有用蚌片随葬的现象。随葬陶器多为明器，陈放位置以置于头端二层台者居多。

---

① 栾丰实：《海岱地区考古研究》，山东大学出版社，1997 年。

陶器的特征，从陶器的颜色看，墓葬和居址之间的差别较大。墓葬以黑陶和灰黑陶最多，占总数的三分之二左右，其次为灰陶；居住址内出土的陶器以灰、褐陶最多，黑陶所占比例要低一些。这种情况与大汶口文化晚期相类似。也就是说，虽然龙山文化以黑陶为主，但在其早期，人们还是用大量的灰陶。陶器制作普遍采用了快轮拉坯成型技术，从而形成了折棱折角的陶器风格。标准的蛋壳陶高柄杯的出现，表明制陶技术已经达到了炉火纯青的境界。

第二期：房址有半地穴式、地面式和台基式等多种。半地穴式建筑的穴壁较浅，面积较之第一期略大，平面为方形或长方形，见于尹家城、丁公遗址。地面式建筑为在经过平整的地面上直接构筑，多数在周围挖槽立柱，也有用土坯砌墙者，形状有圆形、方形、长方形等。在日照东海峪遗址发现台基式建筑，先筑起夯土台基，然后再在其上构筑房屋，形状多为方形。从这一时期开始，城市的数量增加了。城子崖、边线王的龙山文化内城（即小城）大约属于此期。

墓葬形制与第一期相同，基本上都是长方形土坑竖穴墓，有的有二层台和单棺。葬式以单人仰身直肢葬为主，方向也以东西向为多。手握獐牙的习俗仍比较流行，随葬品的陈放位置，开始由头上端向脚端转移，呈现出两种现象并存的交替状态。

发现的陶器以黑陶和颜色不纯正的褐陶为主，灰陶和白陶数量少。器表以素面占绝对多数，纹饰中流行各种弦纹，篮纹数量减少，还有附加堆纹、刻划纹、压划纹、镂孔等。

第三期：房址与第二期基本相同，有台基式、地面式和半地穴式三种，其中以地面式建筑最多。半地穴式建筑的数量减少，形状以方形和长方形为主。发现的城址增多，边线王的外城大约属于此期。

水井的发现增多。发现的陶窑为横穴窑，规模较小，整体由圆形窑室、窑箅、火道、火膛和投料坑等部分组成。

墓葬形制与第二期相比没有大的变化，均为长方形土坑竖穴墓，以单人仰身直肢葬为主，墓向多为东西向，但不同地区之间有所差别。本期发现一部分有椁有棺的大型墓葬。随葬品的陈放位置以放于脚端为主，但仍有少量置于头端者。

　　陶器从总体上讲以黑陶最多，褐陶和灰陶占有相当比例，但各文化区之间有相当的差异。这时期陶色最显著的特点是存在一定数量的白衣红陶，并且主要见于鬶等少数器类。纹饰以凹、凸弦纹最多，还有少量篮纹、附加堆纹、刻划纹、泥饼、绳纹和方格纹。鸡冠耳十分流行。部分陶罐的器身装饰附加堆纹是这一时期的特点。

　　第四期：房址以方形和长方形地面式建筑为主，圆形者较少。半地穴式房子很少见到。多采用平地挖基槽、槽内密布柱洞的构筑方法，结构当为木骨墙。同时也存在土坯和垛泥墙的墙体结构。除个别地区有连间排房外，均为单间。从这一时期开始，人们在建筑房屋时，在地、墙面上抹白石灰，这样房屋内更明亮了。考古学家称这种房屋为白灰面房屋。城址的数量增多，景阳岗、教场铺等城址建于此期。

　　墓葬形制没有大的变化，仍为长方形土坑竖穴墓。葬式以单人一次葬为主，也有少量二次葬。部分遗址发现使用一椁一棺和重椁一棺的大型墓葬。死者手握獐牙和用猪下颌骨随葬的习俗仍然存在，后者主要见于大型或较大型墓葬。随葬品皆置于脚下端。

　　陶器以黑陶为主，所占比例可达一半左右，灰陶次之，红褐陶和白陶较少。在聊城等地，由于临近河南，陶器的颜色与东部有所不同，所发现的陶器以灰陶为主，有大量的绳纹、方格纹等。陶器制作甚精，陶胎薄而均匀。

　　第五期：房址发现不多，以长方形和方形地面式建筑为主，仍沿用挖槽立柱的构筑方法，木骨墙、土坯墙和垛泥土墙等。开间以单间为主，也有双形间和连间的排房。同时，在一些地区流行白灰面房屋。

　　墓葬的形制、方向、葬式、葬俗和随葬品的陈放位置等，均与第四期相同，死者手握獐牙的现象减少。

　　陶器以灰陶最多，黑陶次之，褐陶也占有一定比例。从这一时期开始，陶器的风格发生变化。陶胎普遍增厚，器形变大，器物风格由轻巧趋于浑厚、稳重。

　　第六期：房址发现不多，主要为方形、长方形和圆形地面式建筑，以单间为主，西部地区存在连间排房式建筑。墙体有木骨墙、夯土墙和土坯墙等多种结构。室内地面为分层铺垫夯打，表面往往涂一层白灰或黄泥。

发现的墓葬均为小型墓。形制为长方形土坑竖穴，墓室面积较小，最小者仅有0.6平方米左右，勉强可以容身。葬式为单人仰身直肢，头向朝东。部分墓有木质葬具，多数墓有少量随葬品。死者手握獐牙的习俗仍然存在。

陶器以灰陶为主，黑陶（多为黑皮陶）和褐陶次之，白陶和红陶极少。陶胎较厚，折棱折角的风格已被圆钝缓折的风格所替代。器表仍以素面最多，但所占比例下降，凸棱和子母口比较流行。纹饰中弦纹较多，绳纹和方格纹有所增加，尤以西部地区为甚，篮纹较之第五期有所减少。从这一时期开始，陶器的风格已经脱离龙山文化黑亮、精致的特点，表现出向岳石文化过渡的特点。

在分期的过程中，我们还发现，在龙山文化不同时期里，文化分布存在一定的差异。在淄河、鲁山、蒙山一线以东地区的龙山文化遗存，多属于第一、二、三期，第四期以后的龙山遗存很少。如在经过发掘的近三十处遗址中，发现第四期遗存的就相对少一些，有三里河、尧王城、两城镇、凤凰台、边线王、化家村等几处，而第五、六期遗存则显著减少，只在两城镇、杨家圈、火山埠等少数几个遗址有所发现。相反，在西部地区的龙山文化遗存中，属于晚期的遗存比比皆是，分布十分普遍。每一个遗址都包含有较晚时期（即第四期以后）的遗存。形成这种状况的原因，可能与龙山文化第四期以后环境气候的变化有关，也可能是龙山文化时期向中原地区大规模的迁徙活动造成的。其具体情况，还有待于进一步研究。

2. 年代

考古学文化的划分可以解决文化发展序列和相互关系。细心的读者可能会发现，在前面的文章中，不止一次提到山东地区新石器时代的文化发展序列，从前往后依次为后李文化、北辛文化、大汶口文化、龙山文化。龙山文化之后的岳石文化已经进入夏商纪年的范围。考古学文化分期可以了解文化发展的过程。通过对龙山文化的分期研究，我们了解到龙山文化在发展过程中一些文化因素发展的逻辑演变规律和相互关系。而考古学年代的确定，则需要科学的测年方法去解决。

关于山东地区龙山文化的绝对年代，可以根据已经测定的碳－14年代数据加以确定。海岱龙山文化现有碳－14数据48个。这48个数据中，如果按高精度树轮校正值的上、下限的平均值计算，有 9 个超过公元前 2600 年，有 9 个在公元前 2000 年之内，其余 30 个数据在公元前 2600 ～前 2000 年之间。据此并参考大汶口文化晚期和岳石文化的碳 - 14 测年数据，我们可以把山东龙山文化的绝对年代推定在公元前 2600 ～前 2000 年之间，前后发展了约 600 年的时间。

这 600 年是不是就是绝对的呢？当然不是的。山东省的面积约 15 万平方千米，有山区、丘陵、平原、河流与湖泊。幅员广阔、地形复杂，文化发展也是不平衡的。在年代上，各地文化开始和结束的年代也有所差异。从北辛文化结束的年代看，在鲁中南（枣庄、济宁）地区大概在距今 6100 年左右，但在鲁北（淄博、潍坊）地区，北辛文化结束的年代应该在距今 5900 年以内。对龙山文化各地发展不平衡问题考古界还没有人进行认真研究，但各地开始与结束的年代肯定存在差异。就总体而论，胶东地区龙山文化结束的年代可能要晚一些，应该在公元前 2000 年以内。因此，山东地区龙山文化绝对年代的确定也是相对的。

按照现在考古学对龙山文化的研究，一般认为可以分为六期，而龙山文化的绝对年代为 600 年，可不可以认为，每期大致为 100 年的时间呢？考古学家认为，在山东龙山文化的发展变化过程中，中间没有大起大落，文化的演进基本上是循序渐进的。每一期的绝对年代按照 100 年左右计算是可以的。

（七）文化类型与古史传说

考古学上的类型，是指在同一考古学文化内，由于分布的空间不同，或者所处的时间有早晚之分，从而形成具有一定自身特色的小的文化共同体。对于地域性差异所形成的类型，一般称之为地方类型。

1. 古代自然环境

随着考古学研究的深入发展，人们越来越注意研究古代自然环境及环境对古代文化的影响。自然环境包括地理位置、地形地貌、水文条件、气候条件和动植物群落等。人们通过研究发现，一万年来，山东地区的自然环境有很大的变化。环境的变化，影响着古代文化的发展。

山东的地形大致从地质学上的二叠纪以来形成的。从地理上可以分为鲁中南山地丘陵、胶东低山丘陵、鲁西北冲积平原及胶莱平原四个地理单元。

有人根据地质及古代文化分布情况的分析，认为在距今约 26000～8000 年，华北平原与胶莱平原是海洋范围，今天的泰沂山系当时应为海水环绕的海岛。

当时的水文条件、地貌与今天相比都有很大的差异，其中改变较大的是鲁北、鲁西及胶莱河平原地区。影响鲁北、鲁西平原地区的主要因素是黄河改道和泛滥。

翻开《中国历史地图册》，我们可以发现，周代以前黄河并不流经山东地区。当时黄河从河南的荥阳折而向北，经河北、天津入海。准确地说，山东那时还不是真正意义上的黄河下游地区。当时在鲁北地区最大的河流是济水。据文献记载，长江、淮河、黄河、济水为古代四大河流（文献称"四渎"），据《汉书·地理志》、《水经》载，其时济水自今荥阳县北分黄河东出，流经原阳县南、封丘县北，至山东定陶县西折东北注入巨野泽，又自泽北出，经梁山县东，至东阿旧治西，自此以下至济南市北泺口，略同今黄河河道，自济南泺口以下至海，略同今小清河河道。隋代开通济渠后，巨野泽以上逐渐湮废，巨野以下文献多称之为"清河"。金代以后，自济南泺口以下成为以泺水为源的小清河。1855 年，黄河夺济入海，泺口以上的古济水成为黄河的一部分。

由此可见，在周代以前，胶莱河以西的山东地区可以分为两大水系——淮河水系、古济水水系。胶东地区的河流多从中部山区向四周各自分别注入渤海、黄海，没有形成大的水系。

在龙山文化时期，鲁西、豫东地区有许多东北—西南向的沙岗，由于该地区地势较低，容易造成水灾，所以人们都居住在沙岗上。现在在菏泽、聊城等地发现的龙山文化遗址，大多在当时的高地上。从周代以后，黄河河道逐渐向东摆动，隋唐以来，大运河的开凿及黄河的泛滥，使鲁西、鲁北地区逐渐成为平原，原来的高岗慢慢成为堌堆。今天在山东的西部和河南的东部，有许多以堌堆命名的地方，很多堌堆上有龙山文化以来的文化堆积。

山东地区环境还有一个大的变化就是海岸线的变化。山东海岸线很长，自新石器时代以来海岸线发生很大的变化。龙山文化时期，渤海南岸的海岸线在今天津的黄骅、山东的沾化、利津、广饶、寿光北部一带。这些地区有许多道贝壳堤（表明海岸线的位置），其中有龙山文化时期的。也就是说，在古代，山东地区面积比今天小得多，由于河水泥沙的淤积，沧海桑田，才使山东地区面积大增。现在的东营市在龙山文化时期大部分还是海洋。

从以上分析中可以看出，山东地区四个地理单元中，华北平原与胶莱平原地貌都发生了很大变化。只有泰沂山及胶东丘陵基本保持了原来的面貌。在龙山文化时期，泰沂山系南北分属淮河和济水两个水系，两个流域的文化面貌有很大的不同。胶东地区，由于胶莱平原古代为海洋、河湖、沼泽地带，影响着胶东地区与山东腹地的文化交流，因此自古以来就有自己独立的文化特点。

复杂的地理环境影响了人们的交往，所以，从新石器时代早、中期开始，山东各地古代文化虽然在大的发展阶段是同步的，即都经历了北辛文化、大汶口文化、龙山文化几个发展阶段，但在同一文化中各地面貌还存在一定差异。随着人们交流能力的提高，这种差异在逐步缩小，但直至今天，这种差别依然存在。

2. 山东龙山文化的不同地方类型

在新石器诸文化中，龙山文化所表现的统一性是空前的。即使如此，各地文化面貌仍有所不同。考古学家根据各地龙山文化区域特征，进行了地方类型的划分。

关于龙山文化区域性特征的认识，可以上溯到 20 世纪 30 年代。在城子崖遗址发掘之后，梁思永先生就发现各地区的龙山文化之间存在着较大差异，从而明确提出将当时所认识的龙山文化划分为三区，即山东沿海区、豫北区和杭州湾区。同时，也注意到鲁西城子崖一带和皖北豫东的寿县、永城地区的龙山文化各有特色，认为是处于不同区域的中介地带。

20 世纪 70 年代，随着田野考古工作的全面恢复，新的考古资料成倍增长。山东龙山文化的地域性差异日益清楚地显现出来，并逐渐为学术界所认识。

根据地域及文化面貌的差异，将山东龙山文化的地方类型划分为四区七个类型。四区分别为胶东区、鲁北区（泰沂山系北侧）、鲁南区（泰沂山系南侧）、鲁西区（泰沂山系西侧）；七个类型分别为杨家圈类型（属胶东区），城子崖类型及姚官庄类型（属鲁北区），尹家城类型与尧王城类型（属鲁南区），景阳岗类型和王油坊类型（属鲁西区）。

以下将各地方类型的分布范围及文化基本特点予以介绍。

（1）杨家圈类型

这一类型主要分布于胶东半岛及其沿海岛屿，向西在胶莱平原与姚官庄类型相接。地貌以低山丘陵为主，周边沿海有小片侵蚀或冲积平原，其中西南部的胶莱平原和西部的黄掖平原面积稍大。行政区划包括烟台、威海两市的全部和青岛市之一部分。

胶东半岛三面环海，西南部与大陆相连接的部分又为低洼的胶莱平原，这种特殊的地理位置，导致了半岛地区古代交通相对闭塞。因此，自白石村文化（距今6000年前后）以来，这一地区的古代文化一直具有较强的相对独立性。由于龙山文化田野工作开展得较少，杨家圈类型的文化面貌尚未得到全面揭示。

杨家圈类型位于山东的东北隅，隔海与辽东半岛相望。自大汶口文化早期阶段以来，两个地区之间就开始了文化上的交流。到龙山文化时期，这种联系大大加强。由于龙山文化相对发达，对辽东半岛影响较大，同时也吸收了辽东半岛文化的一些因素，从而使自身的特点更明显。

杨家圈类型的主要特点是：房址多为方形，为木骨泥墙地面式建筑，面积较大；墓葬以土坑墓为主，并有少量石棺墓，海岛地区有在死者身上压石块或覆盖马蹄螺、海蛎壳、小石子的葬俗，墓地内存在一定数量的兽骨坑；生产工具以石器数量最多，蚌器较少，有一定数量的捕鱼工具；陶器中黑陶的比例很高，器表以素面磨光为主。

由于胶东半岛的地形以横跨东西的中部山脊为界，分为南北两大部分，短促的河流分别向南、北两个方向流入大海，整体呈比较复杂的小区域地貌。在文化上，也存在一定的差别，由于考古工作相对较少，还不能作出进一步的研究。

（2）姚官庄类型

这一类型主要分布于沂山以北的鲁北中部地区，潍河、弥河自南而北纵贯该区。从地貌看，南依沂山山脉，有许多起伏不平的丘陵，北临渤海，属潍、弥河冲积平原，兼得渔盐之利。其东界约在胶莱河一带，西与城子崖类型相邻。行政区划包括潍坊市及淄博、东营、青岛市之一部分。

姚官庄类型中，边线王发现了城址，城址的城墙之下挖有工程浩大的基槽，而城的外侧未见壕沟。西朱封发现3座大型重椁墓葬，墓葬还有盛放随葬品的头箱和边箱；出土的陶器玉器加工精巧。从发掘获得的资料看，房址中有一定数量的圆形建筑；墓葬头向因遗址而异，或西北或东南。生产工具中石器的数量多，蚌器相对较少。陶器中黑陶较多，灰陶相对较少，器表以素面和素面磨光为主。代表龙山文化陶器制作最高水平的蛋壳陶高柄杯数量多且种类复杂，有的一个遗址内出土很多。

姚官庄类型地处海岱文化区的腹心地带，四周均不直接与其他的考古学文化接壤，历史文化内涵比较单纯。加之这一区域经过发掘的遗址数量多，面积也较大，发现的遗迹、遗物十分丰富，对于全面认识龙山文化的基本文化内涵和面貌，具有较大的价值和意义。

（3）城子崖类型

主要分布于泰山北侧的鲁西北地区，地处小清河、徒骇河流域，地貌自南向北依次为丘陵、山前平原和冲积平原。东界在淄河沿岸，西到济南、德州，南自泰山北麓，向北进入鲁西北和冀东平原。行政区划包括济南、滨州及淄博、东营市之一部分。这一地区龙山文化发现最早，考古工作做得相对较多。

该区域内发现的城址有城子崖、丁公、桐林等。文化的主要特征是房址中有白灰面建筑；生产工具中蚌质的铲、镰、刀数量较多；陶器中黑陶比例比尧王城和姚官庄类型低，灰陶则相对较多，器表仍以素面为主，但有纹饰陶器的数量相对较多，方格纹和篮纹也占有一定的比例，肥硕乳状袋足素面鬲是其显著特点，还有相当数量的甗，早期鼎较多，晚期随着素面鬲增多鼎逐渐减少，子母口类器物多，蛋壳陶杯发现的数量较少。

城子崖类型与姚官庄类型都位于泰沂山系的北侧，文化面貌相近，从文化区讲均为鲁北文化区，是龙山文化中心区域之一。

（4）尹家城类型

主要分布于泰山以南的鲁中南地区，汶河、泗河分别居于此区的南北，地理位置处于鲁中丘陵向鲁西平原的过渡地带，东部属于浅山丘陵，西部则为广阔的平原。北起泰山，南至苏鲁交界一带，东自蒙山，西界约在京杭运河和南四湖西侧。行政区划包括泰安、枣庄、济宁三市。

尹家城类型的文化特征有：房址以方形和长方形为主，基本不见圆形，早期半地穴式建筑数量多，晚期流行地面式建筑，少数地面涂抹白灰面，以单开间为主，偶见双间；墓葬头向以朝东为主，多数墓葬使用木质葬具，大型墓多为一棺一椁，特大者为重椁一棺；生产工具以石器最多，也有相当数量的蚌器，玉器数量少。陶器中黑陶的比例低于姚官庄类型而高于城子崖类型，器表以素面和素面磨光为主，纹饰中弦纹、篮纹较多，绳纹、方格纹较少，并且流行于晚期，鼎、鬶、甗较多，白衣红陶鬶较具特色，鬲的形态与城子崖类型相同，但数量少。

尹家城类型居于海岱文化区的中部偏西，晚期阶段比较明显受到来自西部地区古代文化的影响，如白灰面房屋的出现、方格纹和绳纹的增多等。这些因素与河南东部的王油坊类型相近，因此，在尹家城类型出现这些文化特点可能是受到王油坊类型的影响。

（5）尧王城类型

主要分布于沂山之南、蒙山以东的鲁东南地区。这一区域的地貌以丘陵为主，间有较大的河谷平原。该类型西、北两侧分别与尹家城类型、姚官庄类型相邻，东至黄海，南界约在陇海铁路以北。行政区划包括临沂、日照两市和江苏东北角之一部分。在这些遗址中，以两城镇遗址发掘时间最早，也最重要，在相当长一段时间内，曾作为山东省东部地区龙山文化的典型遗址而称之为"两城类型"，这已为学术界所熟知。

尧王城类型的特征可以概括为：大型遗址数量较多，在临沂市范围内有面积10万平方米以上的龙山文化遗址30余处，其中超过40万平方米的有5处。房址以台基式建筑和土坯墙体结构为主，反映了先进的建筑技术；同一遗址墓葬头向不一致，有少量石椁墓；生产工具以石器为主，蚌器较少；玉器较其他文化类型多；陶器以黑陶为主，器表多素面和素面磨光。

根据遗址分布特点可以推测，日照、临沂一带是尧王城类型的中心地带。这里地理环境特点是地势平坦，土地肥沃，河流众多，古代环境同现在差别较小。考古发现表明，这里龙山文化时期的遗址十分密集，且不乏大型遗址。关于这一地区龙山文化的族属、性质及作用，考古学界还缺乏充分的研究。

（6）王油坊类型

又称造律台类型或造律台文化，主要分布于鲁西南、豫东和皖西北地区，淮河支流——沱河、浍河、涡河等斜穿此区，地貌为一望无垠的冲积平原。行政区划包括山东省的菏泽，河南省的商丘、周口，安徽省的宿州、淮北、阜阳等地市。这一区域地处黄泛区，遗址埋藏较深，客观上给调查、发掘工作带来了较大困难。此区又分属鲁、豫、皖三省，相互之间的工作缺乏协调。王油坊类型的自身特征十分明显，例如：遗址多明显高出地面，坐落于所谓的"堌堆"之上。房址中有一部分圆形房基和白灰面建筑，并出现了用土坯砌土墙的营造技术，尤其是这一区域常见的多间相连的排房建筑，尚未见于其他类型；墓葬方面有一定数量的婴儿瓮棺葬，这在其他类型中也基本不见；生产工具中蚌器的数量甚多，而石器相对较少；陶器以灰陶为主，黑陶所占比例在山东龙山文化诸类型中最低。陶器表面多装饰有绳纹、方格纹、篮纹，麦粒状绳纹是其重要特点。

由于该文化类型地处山东、河南、安徽交界处，关于其文化的归属问题一直是考古界争论的重要话题。从文化前后发展情况看，这一区域早于龙山文化的是大汶口文化，而晚于它的是岳石文化，这种文化传承关系与山东其他地区一致，因此，该区域仍属山东龙山文化的分布范围，这是毫无疑问的。

（7）景阳岗类型

主要分布在鲁西北平原地带，地理地貌与王油坊类型相似。分布地域主要在今天的聊城地区。这一地区古代为河湖变迁频繁的地区，地势较低。在古代有许多起伏的沙丘，人们为避水患，大多居住在沙丘之上，因此该区域的古遗址多为堌堆遗址。隋唐之后，由于黄河改道，该地区慢慢形成比较平坦的冲积平原。由于该区域龙山文化考古工作较晚，过去一直将之划在城子崖类型的范围内。20世纪90年代以来，随着该区域龙山文化考古工作的开展，人们才逐步认识到其与城子崖类型存在一定的差异。

景阳岗类型目前发现两座城址：景阳岗与教场铺。城址均坐落在沙丘之上。在城内发现许多大型的台基，有的台基经过夯打，可能与台基式建筑有关。发现一些祭祀遗迹。除台基式建筑外，地面式建筑为方形或长方形。地面加工较好，房基的中部有灶。有的房基和夯土台基下有人骨架，可能是奠基用的"人牲"。出土陶器以灰陶为主，陶器纹饰较城子崖类型复杂，主要有绳纹、篮纹、方格纹，与王油坊类型接近。出土少量的陶斝，这在山东龙山文化其他类型少见，与河南安阳后岗类型相近。

景阳岗类型与王油坊类型位于山东西部的黄河冲积平原上，临近中原，是山东龙山文化与中原地区交往的前沿地带，与河南地区同时期的文化相互交流，文化面貌具有过渡地带的特点。该区域是研究中国古代文明起源的重要地区。

3. 山东龙山文化的主人

据文献记载，山东地区古代为东夷之地。栾丰实先生在《东夷考古》一书中，认为从后李文化至岳石文化（某些地区晚至商周）山东地区的古文化为东夷人的文化，这无疑是正确的。但是，"东夷"一词起源较晚，据文献记载，夏代有九夷的说法，可见东夷并不是哪一个部族的称号，而应是居住于中原地区的王国对东方人的泛称。在古史传说中有一些关于东方著名人物的故事。此外，商代甲骨文、周代铜器上的铭文中，有一些东方部族或人物的记载，这些文字资料距龙山文化时代不远，为我们探讨东夷古史提供了很好的证据。

（1）太皞（昊）与帝舜

山东地区古史传说中，最早的是蚩尤。蚩尤与炎帝发生过战争，炎帝战败后，联合黄帝，终于战胜了蚩尤，并将他杀死。从传说的时代背景看，应为大汶口文化时期。蚩尤之后记载较多的是太皞、少皞氏及帝舜。有的学者考证，太皞、少皞氏二族发迹于鲁南地区，从史料看，两者活动地域基本相同，大致在鲁南、苏北、豫东一带。太皞、少皞氏活动地域如此广泛，也绝非一个部族，当是代表了许多文化相近的部族。通过对古文字学的考证，大部分人认为帝舜与太皞、少皞氏其实是一个部族的，只是时代不同，人们对他的称号不同。帝舜传说较多，并且延续的时间也比较长。从传说的背景分析，大致在大汶口文化中、晚期到龙山文化，期间大约有一千多年的时间，显然也是部族的名称。在古代氏族首领的名字与部族的名称一样的例子很多。

　　古代文献中，关于舜的记载很多。舜为颛顼的后代。他的父亲叫瞽叟，母亲握登，见大虹，意感而生舜于姚墟，故姓姚，名重华，字都君。龙颜大口，黑色，身长六尺一寸，有圣德，始迁于夏。关于舜的老家，有的说为冀州（今河北），有的说为上虞（今浙江），更多的说其为东夷人。《孟子》曰"舜生于诸冯，迁于负夏，卒于鸣条，东夷人也"。有的学者考证，诸冯当在今山东诸城一带。舜的家庭很不和睦，其母亲早逝，父亲娶后母生了叫象的弟弟，他的母亲、父亲、弟弟都有杀舜的想法，但舜都能识破并与他们和睦相处。据说舜曾经多次迁徙，每次迁徙周围的百姓都跟随着他。当时尧为帝，尧听说他孝德后，把两个女儿娥皇、女英嫁给舜。尧老了后，命舜代己摄政。尧死后，开始执政。舜81岁开始执政，83岁推荐禹为其继承者，95岁开始让禹摄政。摄五年后，南方的有苗氏叛乱，舜举兵南征，死在鸣条，时年百岁。舜生前有许多圣德，史称其为大舜、帝舜。

　　有的考古学家结合文献记载，认为舜本来是部族或族团的名称，其早期活动的地域主要在鲁南地区，是这一地区大汶口文化的主人。当时舜族团的实力很大，随着人口的增加，不断扩张和迁徙。在大汶口文化的中晚期，其势力扩张到豫东、皖北地区。分布在豫东地区的大汶口文化颍水类型是舜族团在迁徙过程中创造的文化。当时舜族团的文化比较发达，出现图像文字；社会分化比较明显，一些大型墓葬中出现精美的陶器、玉器、象牙制品；在一些地区出现大型夯土台基和城市，如滕州西康留发现的大型夯土台基面积达七八百平方米，安徽蒙城大汶口文化城市也是舜族团在迁徙过程中修建的。到龙山文化时期，舜族团的势力继续发展，成为中原地区一支重要的力量。尧、舜、禹三代的所谓禅让制度，事实上是中原地区华夏与东夷两大族团联合后轮流执政的制度。作为联盟执政者——大舜，也是舜族团的首领，是当时整个集团的杰出人物，受到社会的普遍尊重。其生活的时代大致在龙山文化中、晚期，距今约4300～4100年。大舜的功绩不仅在于他做了文献中记载的那些好事，更主要的是他遵循轮流执政的原则，将执政的位置让给了华夏系统的禹。

　　伯益是东夷系统的另一位首领。继承大舜地位的大禹在其死前应该将执政的地位传给伯益的，但大禹将王位传给了自己的儿子夏启，从而开始了中国最早的王朝——夏代。受到排挤的伯益因为干涉王位而被杀（古史记载："益干启位，启杀之"），受到排挤的东方集团不甘心自己的势力被削弱，因此，在夏代初年，爆发了后羿对夏代王朝的征伐活动。

（2）后羿与寒浞

后羿是东方夷人，因为他征伐夏的活动毕竟失败了，有了不好的名声，所以，没有许多地方尊为祖先的现象（如大舜，有东夷、冀州、上虞人等不同的说法）。与舜一样，羿为古代东方某一族团或族团首领的名字。关于羿的事迹，古代文献中有许多记载。据说羿能弓善射，是古代的射神。汉代画像石中有许多后羿射日的图像。《淮南子·本经训》说"尧之时，十日并出，焦禾稼，杀草木，而民无所食，猰貐、凿齿、九婴、大风、封豨、修蛇皆为民害。尧乃使羿诛凿齿于畴华之野，杀九婴于凶水之上，缴大风于青邱之泽，上射十日而下杀猰貐，断修蛇于洞庭，禽封豨于桑林；万民皆喜，置尧以为天子。于是天下广狭险易远近始有道理"。在这段记载中，羿是正义之神，是人民的功臣。尧能够为天子，羿有很大的功劳。

羿族团的早期活动主要在鲁北地区。随着羿族团势力的扩张，从鲁北地区到鲁西都成为羿族团的势力范围。到龙山文化晚期，已经到达河南濮阳一带。此时，夏代统治者沉湎于对伯益的胜利而逐渐失去民心。羿族团在夏后太康时期（距今约4100～4000年）开始了对夏王朝的征讨，并一度代替了夏王朝的统治。夏代的王称为"后"，如第一代国王启，史称"夏后启"，羿族团夺取夏代的统治地位后，其族团首领也就成为"后羿"，即"国王羿"。后羿夺取政权后，逐渐骄傲自大，作为善射部族的首领，经常到外地打猎。同一族团的另一个首领寒浞谋杀了后羿。

寒浞为伯明氏，史书记载其为奸诈之人，被伯明氏国王驱逐。其原籍应在今天的寒亭一带。寒亭境内有寒浞墓。据《左传》记载："寒浞，伯明氏之谗子弟也，伯明后寒弃之，夷羿收之，信而使之，以为己相。浞行媚于内而施赂于外，愚弄其民，而虞羿于田，树之诈慝以取其国家，外内咸服。羿犹不悛，将归自田，家众杀而亨之，以食其子，其子不忍食诸，死于穷门……"

寒浞杀后羿后,娶后羿的夫人,生了浇及豷两个儿子,后来派他的两个儿子征伐斟灌及斟鄩这两个夏族团内的部族,并将浇、豷驻扎在过、戈两个地方。夏后少康收集本族团的势力,打败了寒浞及其两个儿子势力。东夷羿族团的主要力量开始退往鲁北地区,势力也大大地削弱,中原及北方的一些部族乘机进入鲁北地区,从而破坏了山东地区东夷文化逐步统一的趋势,这种情况一直延续到春秋战国时期。

通过古史传说、历史史料及考古资料的综合分析,大致得出以下结论:在龙山文化时期,鲁南地区大致为太皞、帝舜族团的势力范围,或许他们并不是一个部族,但以太皞及帝舜为其共主。这一族团势力所及包括龙山文化的尧王城类型、尹家城类型及王油坊类型的范围;鲁北地区为后羿族团的势力范围,他们可能也不是一个部族,但以后羿为共主,依据古史传说,姚官庄类型或许为伯明后寒部族所创造的文化,但他们与后羿联合征伐夏后氏。后羿族团的势力所及包括姚官庄类型、城子崖类型和景阳岗类型。景阳岗类型应是后羿族团向西迁徙过程中形成的一种地方类型。

胶东地区龙山文化时期为杨家圈类型。胶东地区由于远离山东腹地,与中原地区更是相隔千里,因此,其活动情况鲜为人知。文献中,没有这一地区古史传说的记载。直到西周时期,人们仍笼统地称之为"莱夷"。莱夷有自己的文化传统。从文化面貌看,从白石村文化以来,胶东地区一直是独立的文化区。龙山文化时期,与鲁北地区的关系密切。龙山文化之后的岳石文化、珍珠门文化一脉相承,直到周代以后,随着周代文化和齐国疆域的向东扩展,这一地区才逐步与山东其他地区的文化相融合。所以,从大汶口文化到商周时期,胶东地区人们的群体基本没有改变。西周以来,齐国人一直称这一地区为莱夷所居,因此,龙山文化杨家圈类型应是"莱夷"创造的文化。

莱夷与夷羿族团有密切的关系,以至在商代以后,其所居胶东地区成为夷羿族团的避难之地。

(八) 龙山文化与龙山时代

自从 1930 年秋第一次发掘山东龙山镇城子崖遗址,确认在我国新石器时代末期存在着一个以黑陶为特征的龙山文化以来，已经七十多年了。七十年来，龙山文化的遗址发掘数量越来越多，对龙山文化的认识也在不断深入，关于龙山文化区域的划分及与周围其他文化关系的讨论也一直没有停止过。

1. 泛"龙山文化"

大家已经知道，20 世纪 20 年代，安特生在河南发现了仰韶文化。仰韶文化为彩陶文化，与后来在殷墟发现的商代文化有很大的差异，对仰韶文化的来源问题，当时盛行所谓"西来说"。城子崖发现了与殷墟文化相近的文化，无疑使当时的爱国学者看到了寻找中国文明起源的希望。所以，当时刚主持了殷墟第二、三次发掘的李济先生对龙山镇的发现很感兴趣，怀着躲避战祸和开辟新处女地的动机，大概也有对中国文明"西来说"的不服气，于 1930 年率队移师黄河下游，开辟城子崖遗址的发掘工地。

城子崖遗址发掘后，考古学者怀着对殷商文化起源研究的浓厚兴趣，纷纷在各地寻找以黑陶为特征的"龙山文化"。到 1936 年，在山东、河南、安徽和浙江等地区先后发现了 70 余处龙山文化遗址。其中进行过发掘的有：河南浚县大赍店、辛村和刘庄遗址，安阳同乐寨和高井台子遗址，永城县造律台、黑堌堆和曹桥遗址，山东日照县两城镇遗址以及浙江良渚遗址等十几处。由于这些遗存都是有别于红陶的仰韶文化，大家都将之归为龙山文化。

1939 年，梁思永先生根据已经发现的龙山文化的遗存，发表《龙山文化——中国文明的史前期之一》。该文在概括了龙山文化的一般特征之后，根据观察到的各地文化"相"（即文化面貌）的显著区别，从各地呈现出的地区差异，将龙山文化划分为三个区域：山东沿海区、豫北区和杭州湾区。而诸如山东西部的城子崖、豫东的永城和皖中的寿县，则处于文化接壤地带。针对当时认为龙山文化是小屯商代文化的来源这一问题，进一步指出，并不是所有的龙山文化都是殷商文化的直接来源，豫北区的后岗二层才是殷文化的直接前驱。梁思永先生的文章，明确提出各地所谓的"龙山文化"是有所区别的。

新中国成立后，随着大规模经济建设的开展，田野考古的数量急剧增加，文化面貌与龙山文化接近的同类遗址发现的越来越多。这时，考古学界出现把只要是以灰黑陶为主要特征、时代早于商殷而晚于仰韶文化的遗存统统划归为龙山文化的趋向。这就导致了龙山文化的范围越划越大，其文化面貌也变得复杂的现象。当时人们认为龙山文化是分布于北起辽东半岛，南达福建、台湾，东至大海，西跨陕西、甘肃地区这一广大区域。今天我们知道，在这广大的区域里，距今约 4500 ~ 4000 年，是来源、族属都不同的许多文化。当时人们将这些不同的文化归为同一个"龙山文化"，使大家反而弄不清龙山文化的来源、面貌和族属。

这种现象很快引起人们的重视。20 世纪 50 年代末期，安志敏先生在论及龙山文化时，首次提出将以黄河中下游和沿海地区为分布中心的龙山文化划分为庙底沟二期文化、河南龙山文化、陕西龙山文化和典型龙山文化（即山东龙山文化）四个文化类型的概念。同时指出，由于具有从仰韶文化向龙山文化过渡性质的庙底沟二期文化的发现，表明中原地区的龙山文化是继承仰韶文化而来，而山东地区的龙山文化则另有来源。稍后，夏鼐先生在长江考古队长会议上，把杭州湾地区的龙山文化称为良渚文化。四种类型龙山文化的划分和良渚文化的独立，是人们在认识龙山文化的路途上迈出的一大步。从龙山文化在山东的发现到山东龙山文化作为一个独立的文化类型被提出来，经过了 30 年的时间。这一认识上的飞跃，为山东龙山文化研究工作的深入奠定了基础。从此，人们开始走出"泛龙山文化"的误区，在各地寻找各自的文化发展轨迹。

2. 龙山时代

龙山时代是 20 世纪 80 年代初严文明先生在《龙山文化和龙山时代》一文中首先提出的，并得到考古界大部分人的认可[1]。

到 20 世纪 80 年代，考古界的大部分人认识到，黑陶固然是龙山文化的显著特征，但却不是唯一的特征。不能仅仅根据有无黑陶这一点，而不问究竟是什么样的黑陶，也不问其他特征如何，就贸然划入龙山文化，否则就必定越划越大，越划越杂。那些曾因有黑陶而被划入龙山文化的遗存，只要其黑陶的质地、形制和花纹具有其独特的风格，其他方面也基本上与

---

[1] 严文明：《龙山文化和龙山时代》，《文物》1981 年第 6 期。

龙山文化不同，就应该分划出来。山东、河南、陕西、浙江等地，在距今4500～4000年时期的文化面貌是不同的。当时人们所说的龙山文化，实际上是一个非常庞杂的复合体，其中包含着许多具有自己的特征、文化传统和分布领域的考古学文化。

山东是龙山文化的故乡。尽管城子崖类型、景阳岗类型由于位置偏西而受到河南后岗二期文化的影响，但从整体来看，运河以东山东省的全部和江苏北部仍然构成一个比较统一的文化区。过去人们称之为"典型龙山文化"，后来又有人提出海岱龙山文化的概念。现在人们一般称为山东龙山文化或海岱龙山文化。

河南与陕西的情况比较复杂，人们根据文化面貌提出许多文化类型（实际上应该是单独的文化）。

在湖北发现的黑灰陶过去称为湖北龙山文化，后来人们将它从龙山文化分离出来，称为石家河文化。

总之，在龙山文化发现后，全国许多地方新石器时代晚期的文化都曾以"龙山文化"命名。这些文化存在的区别是十分明显的，按照实际情况把它们区分为许多考古学文化是完全必要的，但绝不能因此而忽视它们的共同特征和相互联系。有鉴于此，严文明先生主张中国新石器时代晚期的这些文化应有一个共同的名称——龙山时代。

考古学者根据不同时代使用工具的质料不同，划分为石器时代、铜器时代和铁器时代。后来人们发现，在新石器时代晚期，一些地区已经出现了铜器，但数量很少，石器仍是人们生产活动中的主要材料，于是又划分了铜石并用时代。龙山时代在全国许多地区已经开始使用铜材料制作简单的生产工具了，但铜材料的使用范围又不像夏商周时期那样广泛，因此人们称龙山时代为铜石并用时代。

3. 东夷集团在龙山时代的主要成就

在全国所有地区的新石器文化中，只有山东地区的文化是一脉相承、没有间断的。山东地区作为当时最发达的地区之一，在社会经济、文化等许多方面都取得了重要的成就。从大汶口文化到龙山文化，山东地区的文化一直是向外发展的，在与其他文化的交流和影响中，始终占主要地位。龙山文化时期是中国古代文明的产生期，山东是当时文明因素最明显的区域之一，并对以后的夏、商文明具有重要的影响。山东龙山文化时期的主要成就表现在以下诸方面。

（1）发达的农业

农业在山东龙山文化经济生活中占据主导地位，形成了以种植业为主，家畜饲养业为辅的综合经济。粮食以粟、黍为主，兼种水稻。在栖霞杨家圈遗址曾发现粟和稻谷的痕迹，经专家鉴定为粳稻。在临淄桐林和滕州庄里西遗址分别发现稻谷的硅酸体和炭化标本，说明这一时期稻子的种植在山东相当普遍。

中国自古以来就是农业国家，农业的发展水平直接影响着社会的发展。从遗址的发现数量看，龙山文化比大汶口文化多近三倍，人口数量的增加大致应远远超过这个比例。人口的增加离不开粮食，而龙山文化脱离农业生产的人员要比大汶口文化时期多得多，阶级分化使一些人脱离体力劳动，手工业分工也使一批人脱离了农业生产。从龙山文化发现大量的酒器看，农业生产的粮食除供应人们的正常食用外，还有大量的剩余。

（2）手工业与农业的分工

农业生产的发展又促使手工业生产达到了更高的阶段，由此进一步加速了农业与手工业的分工。

山东龙山文化的制陶业在大汶口文化晚期高度发展的基础上又有了更加突出的进步。在全国各个文化区中，山东轮制陶器的比例最高。发现的陶器无论质地、造型，还是制作工艺都达到了可谓登峰造极的地步。特别是蛋壳陶，没有长期从事陶器制作的专门的陶工是制作不出来的。

这一时期玉、石器的制作业也达到了很高的水平。三里河遗址墓葬中出土雕琢精细的鸟形、鸟头形、半月形穿孔玉饰，西朱封遗址出土的头（冠）饰、簪、串饰等，造型优美，反映了玉器制作已达到相当娴熟的程度。两城镇遗址还发现玉器坑，其中有成品、半成品和制玉原料，最大的玉材长约 40 ~ 50 厘米。这一重要发现无疑证明，龙山文化时期已有一批专门从事研磨琢制玉器的玉工，并出现一定规模的专业性较强、相对集中的制玉作坊。

（3）水井的发明

山东最早的水井是在济宁发现的北辛文化时期的水井，但直至大汶口文化时期，水井数量依然很少。到龙山文化时期，人们已经普遍掌握挖掘水井的技术。开掘水井是龙山文化居民对大自然控制的一项伟大发明，也是社会生产力发展的一项重要标志。它不仅解除了人类对江河湖泊为日用水的依赖，而且适应了村落定居和农业生产日益发展的需要，因此，在人类文明史上，井的使用与发明是具有重要意义的。

（4）制铜业的出现

龙山文化遗存中发现了铜器，冶铜业登上了历史舞台。1978年呈子遗址第二次发掘时发现了残铜片；1981年杨家圈遗址发现一段残铜锥和铜炼渣；尧王城遗址也发现了一些铜炼渣；1982年长岛店子遗址在一个灰坑中发现了残铜片。胶县三里河遗址发现两段铜钻，从成分和金相组织观察，含有铁、铅、锡、硫等杂质，可能是利用含有铜锌的氧化矿石用木炭做燃料，采用氧化还原方法提炼而得到的。但是，到目前为止，所发现的铜质制品多为刀、锥等小件物品，其加工尚嫌简单、粗糙，还没有发现制作工艺复杂、用铜量大的铜容器。人们推测可能有以下原因：（1）发掘面积有限，以后可能会找到；（2）铜器可回炉性，人们比较珍惜铜器，毁坏后回炉重制作；（3）受技术水平的限制，当时还不能制作复杂的铜容器。无论如何，现在发现的这些铜质制品已经向人们昭示，人类文明的下一个伟大时代——青铜时代即将到来。

（5）占卜与文字

卜骨是原始社会人们进行宗教迷信活动的遗物。城子崖、尚庄、教场铺等遗址的龙山文化遗存中都发现过卜骨，这些卜骨主要是以牛、猪、鹿、羊的肩胛骨制作。有的有钻孔，有的没有修整，有的仅见灼痕，由此说明当时占卜是很盛行的。在民族志材料中，专门从事宗教活动的巫师出现很早，他们可以与天地鬼神相通，具有很大的权利。这些巫师与部落首领一起，是当时社会重要人权、神权的拥有者。卜骨的出现，说明专门从事占卜的巫师已经出现，并成为社会的一个阶层。

从大汶口文化晚期开始，山东地区就出现了图像文字。古史传说中仓颉造字，有的学者考证仓颉即为山东鲁东南地区某一部族或部族首领的名

图四〇　丁公陶片上的文字

字。在邹平丁公、阳谷景阳岗龙山文化的城址中，都发现了文字。丁公的文字刻在一件陶盆的底部，刻有 5 行 11 个文字，属于龙山文化晚期（图四〇）；景阳岗的陶文刻在一件罐的肩部，为陶器烧制以前刻上的，有 3～4个文字。如何读这些文字，还存在争议。有的人因为它们与甲骨文有密切的内在联系，也有人认为属于东夷的文字，也有的人说它们是走入歧途并未成功的文字。无论如何，在山东龙山文化中有文字存在，这是毫无疑义的。

（6）城墙的修筑

城墙是阶级分化的产物。山东地区从大汶口文化中晚期，随着私有制的产生和发展，社会贫富分化已经十分明显。龙山文化时期，随着人口的大量增加，包括土地在内的私有制得到进一步的加强。随着社会剩余产品的增多，包括对人在内的社会财富的掠夺不断升级，掠夺和战争已经非常频繁。龙山文化的墓葬中，许多死者无固定葬式，姿势不一，且骨架残缺不全，或有躯无首，或缺臂少腿，或身首异位。在胶县三里河发掘的 98座墓葬中，有 38 座墓葬的墓主人骨架不全，占 38.7%。其中 9 个没有头骨，25 个没有股骨，还有的墓葬只有头骨或少量的骨头。这是多么残酷的景象！

为防御战争，保护社会特别是社会上层的私有财产，城墙的修筑逐渐成为普遍的现象。城墙的修筑需要大量的人力、物力，而为保护自身利益，相近氏族或部族组成的部落和部落联盟，使其上层能够集中一个区域的力量进行城墙的修筑和城市的建设。城市的产生是人类社会发展到一定阶段的产物，是社会发展史上的重要里程碑，它伴随着国家的出现而出现，因此，城是国家的象征，是王权出现的标志，也是中国古代社会进入文明时代的重要标志之一。龙山时代大量城址的发现，是中国社会进入古国时代的表现。山东是发现龙山文化城市最多的地区，说明该地区是古国文明重要的发祥地。

城市并没有消灭掠夺和战争，随着集团力量的增强，战争进一步升级。为共同的利益，相近族团之间不断组成新的联盟。在中原地区，华夏集团与东夷集团进行了更大规模的联合。所谓尧舜禹时代，事实上是集团首领轮流执掌政权的时期。然而，这种政权的交替也并不是像儒家大师们所描绘的和平"禅让"。在另一些文献中，说在尧的末年，舜把尧囚禁在平阳城（有人说在山西襄汾县的陶寺）；后稷把舜帝的儿子丹朱流放到丹水（或曰在今淄博一带）；夏初，东夷集团的益威胁到夏启的王位，启杀之。随着联盟的加强，建立在古国文明之上的王国文明就应运而生了。中国社会进入到夏、商、周三代王国文明时期。

从社会发展阶段看，龙山文化时期是古国文明时期，是王国文明的前夜。

4. 繁星满天的龙山时代

苏秉琦先生在形容中国新石器晚期灿烂的文化时用"满天星斗"一词。认为北至长城地带，南至长江以南的水乡，东至黄海之滨，西至秦晋黄土高原，各区域内都有象征文明火花的遗迹、遗物，有些可以说已经是文明的象征了。了解龙山时代其他区域考古学文化的状况，对进一步理解山东龙山文化的影响和地位具有重要的作用。

龙山时代比较著名的文化有：长江中游的石家河文化、长江下游地区的良渚文化、中原地区的龙山文化（包括后岗二期文化、王湾三期文化、陶寺文化、三里桥文化）等。

（1）石家河文化

石家河文化是长江中游地区在大溪文化、屈家岭文化基础上发展起来的龙山时代的一种考古学文化。过去，考古学界曾给它起了很多不同的名字：青龙泉三期文化、湖北龙山文化、长江中游龙山文化等。分布范围西起三峡出口，东到鄱阳湖口，向北包括汉水及其支流，往南包括洞庭湖及注入它的一些湖水、资水、沅水、沣水等水系。

经济和社会发展水平与龙山文化、中原龙山文化相近，反映其经济及社会发展水平的典型资料有以下几个方面：

石家河遗址群出土大量红陶小杯，探查表明有一处遗址可能埋葬有上万个。这种红陶小杯，应是作饮酒用，说明粮食生产发展到一定水平，有了较多剩余。同时，推测生产这样多的杯，应是为了商品交换。

在邓家湾遗址出现了铜块、孔雀石，说明石家河文化已经有了铜器铸造工艺，至少进入铜石并用时期。

在多处墓地中，出现了贫富分化、等级分明的现象。石家河文化中，出现了大量玉器随葬的现象。肖家屋脊 6 号瓮棺葬所葬为一成年人，瓮棺中随葬玉器达 56 件，数量之多，质量之精，均属空前。

石家河文化发现长江流域最大的城市。石家河城址南北长 1100~1200 米，东西宽 1000~1100 米。在天门石家河镇管辖的范围内密集分布有 50 余处石家河文化的遗址。其中谭家岭和肖家屋脊遗址面积达 20 万平方米，说明这一时期（也可能更早）就已形成了一批中心遗址和若干个地区性的中心，甚至可能出现了准国家的政治实体。

石家河文化晚期文化面貌迅速发生变化，大量中原文化因素在这里出现。从石家河文化分布地域看，该地区应为古代"三苗"的居住地。据古史传说，从尧帝时开始与三苗不和，大禹伐三苗，并流放其首领。看来石家河文化是在与北方民族矛盾对抗中衰落的。

（2）良渚文化

良渚文化是在长江下游地区崧泽文化基础上发展起来的一种考古学文化，因浙江省杭州市余姚县良渚遗址而得名。良渚的陶器中有引人注目的黑陶，当时被认为与山东城子崖遗址的龙山文化黑陶相类似，因此也称龙山文化。1959 年提出了良渚文化的命名。主要分布在太湖地区，南以钱塘江为界，西北至江苏省常州市一带。良渚文化由崧泽文化发展而来，据放射性碳素断代并经校正，年代约为公元前 3300~前 2200 年。良渚文化遗址出土的稻谷、玉器、刻纹黑陶、竹编器物、丝麻织品等，显示了长江三角洲原始社会末期的物质文化发展水平。

　　良渚文化给人印象最深的是玉器,其数量、制作工艺代表了当时的玉器使用和制作的最高水平。良渚文化玉器分为两类:一类为装饰品;另一类为礼器。作为礼器的玉器有玉琮(图四一、四二)、玉璧、玉钺等。良渚文化的玉器大多发现在大型墓葬中,中、小型墓葬只出土一些装饰品。从制作技术上,玉琮最大的4.5千克,需要大块玉材;玉璧大且扁薄,需要相当熟练的切割技术。玉琮的钻孔技术也相当准确。纹饰图案多为浮雕,有些玉器上的纹饰细如发丝,已经属于微雕技术(图四三)。玉琮的纹饰通常为人面,后演化为兽面(图四四)。最复杂的是戴冠者,他头戴宽冠,双手叉腰,下面骑一动物。该形象是良渚人尊崇的神物。

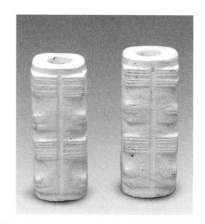

图四一　瑶山出土的玉琮

图四二　瑶山出土的玉琮　　　　图四三　瑶山出土玉琮上的纹饰

图四四 瑶山出土的玉牌饰

从玉器的开采到成品，是一个系统工程，需要有专门的社会组织去专门操作。同时玉器特别是作为礼器的玉器不是每个人都能使用的。当时的社会有一个用玉的阶层。这个阶层应由当时的首领及巫师组成。

透过良渚文化的遗存，可以感觉到浓厚的宗教色彩。在良渚文化中发现许多祭祀遗迹，最有名的是在瑶山上发现的祭坛（图四五）。瑶山位于良渚遗址群的东北部，祭坛遗迹位于山顶部的西北坡。祭坛大致呈方形，从内到外由红、灰、黄褐三种土堆积而成，在祭坛的西、北两侧有砾石堆砌的石坎。在祭坛及周围发现十余座良渚文化时期的大型墓葬。这些墓葬分为南北两排，根据迹象分析，南排为男性墓葬，北排为女性墓葬，墓葬中都随葬有大量的玉器。

图四五 瑶山遗址祭坛

去过良渚或对良渚文化有些了解的人，都会感叹良渚遗址群的庞大。据最近的调查资料，良渚遗址群的范围已经超过 100 平方千米。在遗址群上有许多大型的工程。如在瑶山以西发现的土墙，长 4.5 千米，厚 20 ~ 30 米。这么巨大的工程显然需要有相当权利的统治阶层去规划协调。

良渚文化的辉煌期大致在公元前 3300 ~ 前 2700 年。公元前 2700 年以后，良渚文化开始走向衰落。关于其原因，有不同的解析：有人认为环境的变迁所致；有人认为其对北方的征伐损伤了自身的力量；也有人因为，由于玉器原料的枯竭使良渚文化内部发生矛盾而使社会上层崩溃。无论如何，良渚文化曾经是中国古代一颗耀眼的明星。

（3）陶寺文化

为黄河中游龙山时代的一种考古学文化。主要分布在山西省的襄汾盆地。年代大约距今公元前 2500 ~ 前 1900 年。

陶寺文化从庙底沟二期文化发展而来，在当时就已经很强大。陶寺类型时期，有许多大型的遗址。该地区最大的遗址是襄汾市的陶寺遗址。

陶寺文化的经济、社会发展与其他地区基本一致。陶寺城址在黄河流域乃至全国同时期的城址中都是最大的一座，它结构布局较为复杂，说明已进入城址发展的较高阶段。

2000 ~ 2001 年，考古工作者在陶寺遗址钻探发掘中发现陶寺城址。城址内发现北、东、南三个方向的城门。城址南北最长 2150 米，东西最宽 1650 米，总面积在 200 万平方米以上，是目前发现的龙山时代最大的城址。

考古学者将陶寺文化分为早、中、晚三期。所确定的最大城址时代是陶寺中期。后来，在陶寺中期城内东北部，确定了陶寺文化早期城址（约公元前 2300 ~ 前 2100 年），并于近期取得了宫殿区和祭祀区大型建筑等方面的重大发现，对于探索陶寺城址布局有了突破性进展。

从发掘情况看，陶寺文化早期与中期之间，城市结构发生了变化，中期城址大规模外扩，总面积是早期城址的 5 倍。考古工作者在陶寺早期城址的中南部，发现了面积约 5 万平方米的宫殿区。值得注意的是，陶寺文化晚期时，宫殿区被从事石器加工和骨器加工的普通手工业者所占据，同时还显现出很强烈的暴力色彩。陶寺文化晚期的一条灰沟里不仅出土大量石坯剥片，而且还出土了五层散乱人骨，最小个体数总计约 32 个，以颅骨为多，盆骨和肢骨较少。人骨明显肢解，许多颅骨有钝刃劈琢痕，其中人工劈下的面具式面颅就有 6 个之多。在陶寺文化中期，这个夯土台阶被宫殿建筑垃圾所填埋。

在小城的西北角钻探出一处陶寺文化中晚期墓地，面积约 1 万平方米。根据墓葬规模可分为大、中、小三种类型的墓葬。整个墓地内墓葬分布密集。

清理的一座中期大墓墓坑为圆角长方形，埋葬的是一位被腰斩的男性青年，骨架上半身仰身，下半身俯身。在墓葬中心部位有一个陶寺文化晚期的大扰坑，正好将棺木上部大半毁坏，原有棺盖板和红布棺罩均被扰坑毁坏。扰乱坑内有原棺内随葬品玉钺 1 件、玉钺残块 1 块、玉饰品和绿松石嵌片等 20 余件。墓棺是由一根整木挖凿出来的船形棺。墓室里棺周围的随葬品没有扰动痕迹，出土随葬品 72 件（套）。考古学者认为，打破墓葬的坑是人们有意为破坏这座墓葬而挖的。这种情况的出现，可能是城内的统治者发生了变化，后来者进行的"政治报复"。

图四六　陶寺出土的彩绘蟠龙纹陶盘

在陶寺遗址的发掘中，出土了大量的陶器、木器、玉石器等遗物，其中彩绘龙盘（图四六）、陶鼓（图四七）、石磬、玉钺、玉戚（图四八）、玉琮（图四九）等都是代表王者地位的礼器；另外还发现有彩绘的陶器（图五〇）、红陶铃、朱书文字等。这些遗物的出土，表明陶寺不同于一般的新石器时代遗址，应是当地政治、经济、文化的中心。

根据出土的资料及陶寺城市的位置，有学者认为该城市为尧帝的都城——平阳。陶寺晚期发生的扰乱大墓、毁坏宫殿、废弃都城的现象，说明该城市的功能和政治地位发生了很大的变化。有关问题还需做更多的工作才能对这些现象做出合理的解释。

图四七　陶寺出土的陶鼓

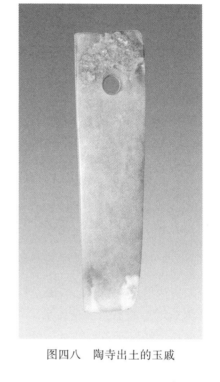

图四八　陶寺出土的玉戚

图四九　陶寺出土的玉琮

图五〇　陶寺出土的彩绘陶簋

（4）黄河中、下游地区其他文化

在黄河中、下游地区，龙山时代的考古学文化还有王湾三期文化、后岗二期文化、客省庄二期文化等。这些文化过去都曾以"龙山文化"命名，后来发现其与山东龙山文化有明显的区别而重新命名。

后岗二期文化主要分布在太行山的东侧，河南的东北及河北的南部地区。王湾三期文化主要分布在黄河以南，京广线以西地区。客省庄二期文化主要分布在西安周围。这些文化与山东龙山文化时代基本一致，陶器以灰陶为主。根据目前发现的情况分析，其文化发展水平落后于山东地区。从陶器看，制作水平没有山东龙山文化那样精致，用快轮制作陶器的比例较少，没有山东龙山文化那样典型的陶礼器和酒器；这些文化中也有的发现规模较大的城市，但这些城市延续时间短；没有发现成熟的文字。

黄河中游龙山时代的文化与山东龙山文化有不同层次的交往，一般距离山东近的交往密切，如后岗二期文化、王湾三期文化与山东龙山文化交往的迹象非常明显。但是作为一种文化，它们都有自己非常明显的特点。在陶器中，数量最多的炊具差别明显，山东龙山文化的鼎与甗、后岗类型的鬲与斝、王湾三期文化的平底斝及双腹盆各具特色。

大概由于战争的原因，黄河中、下游地区新石器时代的文化经常被别的文化取代，表现了很大的不稳定性，这与山东延绵发展的原始文化形成鲜明的对照。由于文化的不稳定性，使中原地区没有形成自己的礼制。

5. 山东龙山文化对夏商文明的贡献

从新石器时代开始，山东的原始文化从后李文化、北辛文化、大汶口文化到龙山文化，文化发展一脉相承。随着东方集团自身力量的强大，从大汶口文化中、晚期，就开始向河南东部地区迁徙，使豫东地区迅速成为大汶口文化的势力范围。在中原地区，代表东夷系统的大舜族团与华夏族团结成联盟。中国古代的许多传说都以这个联盟为主题。

龙山文化时期，东夷系统文化发展更迅速，在大汶口文化的基础上，形成一套完整的礼制。东夷集团连同它的礼制直接影响了夏、商王朝的上层建筑领域。

傅斯年先生在《夷夏东西说》中，论证了夏商东夷集团与华夏集团斗争与融合，认为夏商文明是东方夷人与华夏集团共同创造的。

传说的尧、舜、禹时期，大致相当于考古学上的大汶口文化—龙山文化时期。有关这一时期的战争在传说中很多，许多考古发现也证实了这些记载。龙山时代晚期，环境发生了变化，有学者认为山东龙山文化向岳石文化过渡的外部原因是洪水。应该理解到，龙山时代人口的大量增加，是伴随着对周围自然环境的改造和对土地的大量利用进行的。龙山时代晚期的洪水灾害可能是自然环境对人们改造环境的第一次惩罚。当时族团之间的联盟也因为治理洪水的斗争而进一步走向融合，夏代就是在这种融合的过程中产生的。其后在夏初和商代早期大的政治斗争中，东夷集团一直是当时社会重要的政治力量，并在物质文化上对夏商文明产生了重要的影响。

考古学家研究发现，夏文化中有许多山东大汶口和龙山文化的因素。考古学界多数认为，二里头文化就是夏文化。河南的夏文化即二里头文化中，明显存在着河南龙山文化（王湾三期文化）和山东龙山文化两种不同的物质文化因素。山东龙山文化的因素在二里头文化的鬶、甗、豆、杯、盘等器物上表现最为明显。

此外，二里头文化二里头类型随葬品组合中常见的甗、鬶、盉等酒器和三足盘、平底盘、豆等盛食器，常见于山东龙山文化的墓葬中，但却少见于王湾三期文化的墓葬中。这说明二里头文化二里头类型的居民所使用的某些礼制及风俗习惯来自于山东龙山文化。

邹衡先生认为，夏、商成套礼器最大的区别是夏用甗、爵、鸡彝，商用甗、爵、斝。而夏文化中，甗、爵、鸡彝、瓦足皿四中器大都来自东方，或者同东方有密切的关系[1]。

在上面我们曾经提到，由于中原地区文化的不稳定性，并没有形成系统的礼制。夏商时期的礼制主要承自于山东地区的大汶口文化和龙山文化。

在距今5000~4000年前后，中国大地上从长江流域到黄河上下、长城内外，先后出现几个闪耀着文明火花的文化中心，如石家河文化、良渚文

---

① 邹衡：《夏商周考古论文集》，文物出版社，1980年。

化、陶寺文化、红山文化等。由于环境或政治斗争的原因，这些文化都没有得到系统地继承。山东的龙山文化由于其特殊的地理位置和深厚的文化底蕴，直接参与了"王国文明"的创建过程，并对夏商王国文明具有重要的影响。因此，如果说龙山时代的文化如满天星斗，山东龙山文化就是这满天星斗中几颗最明亮的明星之一。

试析景阳岗龙山文化城址[*]

——也谈海岱文化对中原文明的影响

20 世纪末，伴随着众多龙山城址在大河上下、长江南北的发现，聚落考古与古代文明研究的不断深入，在鲁西北的阳谷县发现了景阳岗龙山城址。城址的发现，引起考古界对这一地区龙山文化的关注和研究，考古工作者先后进行了一系列的调查、勘探和发掘工作，发现了一些面积较大的龙山文化遗址，并由此促进了人们对景阳岗城址的地位及其在中国古代文明化进程中的作用等问题的思索。

如何理解景阳岗龙山文化城址及其文化面貌所蕴涵的社会意义，认识其在中国古代文明起源过程中的地位和作用？围绕这些问题，我们进行了较长时间的思考。现从景阳岗龙山文化城址的基本布局及文化面貌入手，探讨城址的特点及与中原文化的交流和影响，进而就海岱地区在古代文明中的作用和地位谈一下初步的认识，以期达到抛砖引玉的作用。

（一）城址的概况及布局

景阳岗龙山文化城址位于阳谷县张秋镇景阳岗村，地处鲁西北黄河冲积平原，西北距阳谷县城 17 千米，南距黄河约 4 千米。1978 年被定为山东省重点文物保护单位。勘探发掘后，被公布为第三批国家级文物保护单位。

遗址所在地原为一较高的沙岗，沙岗中部高出周围地面约 10 余米。20 世纪 60 年代以来由于挖沙，整个沙岗基本被夷为平地，遗址遭到严重破坏。1979 年，聊城地区博物馆在遗址中部清理灰坑 1 座，出土陶器 30 余件和牛

---

*　本文为与李繁玲、王绪德合写。

骨架 1 具。1994 年，阳谷县在景阳岗村西北建开发区，挖护沟时发现一些夯筑遗迹。山东省文物考古研究所与聊城地区文化局文物研究室对该遗址进行了钻探，并对遗址进行试掘。为进一步了解城址性质及文化内涵，1995 年秋及 1996 年春季，先后两次对该遗址进行试掘，揭露面积约 1200 平方米。此后，在发掘的基础上，对城址进行了勘探工作，基本弄清了景阳岗龙山文化城址的布局（图一）。

1. 城墙

钻探资料表明，景阳岗龙山城址呈东北—西南向。平面略呈长方形，中部较宽，两端稍窄。长约 1150 米，宽 280~360 米，面积约 38 万平方米（包括城墙）。城墙地上部分基本被破坏，其中南部城墙是在 20 世纪五六十年代被破坏的。地下残存部分高于 3 米（3 米到水位线，其下无法勘探、发掘）。1996 年曾在西墙中部开探沟解剖城墙的结构。城墙为分块夯筑与堆筑技术相结合建成，以分块夯筑为主，夯层一般厚 5~25 厘米，最厚处达 50 厘米，夯窝明显，为单棍夯。城墙残存部分宽 10.5~20.5 米。从剖面暴露部分分析，该段城墙经过 5~7 次的修补。由于地下水位较浅，城墙的下部被水淹没而无法弄清其基础部分。城墙的外坡较陡，内坡相对较缓。城墙与城内台地之间多是低洼地，地层均为淤土。

由于地下水位较高，城墙外侧有无壕沟不详。

在南、西、北面城墙的中部各发现一个城门，城的东南角有一较深的缺口与城内低洼地带相连，应是水门。城墙的东部被景阳岗村占压，无法勘探，因此没有找到城门。1994 年，在西城门的位置发掘一条探沟。上部为晚期淤土所叠压，距地表 2 米左右发现夯土。在探沟的中部有宽 5.1 米的淤土带，两侧是夯土，应是城门两侧的城墙。两侧城墙经多次修补。城门内侧较直（经钻探）。由于地下水位线以下部分无法发掘，只能了解城门的宽度大致为 5 米。

2. 台地（高地）

城内有大小不等的 5 个台地，从南向北依次编号为 1~5 号台地（图一）。从面积上看，3 号面积最大，1、4 号次之，2、5 号台地的面积最小。

1 号台地：位于城址的西南部，面积仅次于 3 号台地。台地原始高度较低，台地上除龙山文化遗存外，还有很薄的东周时期的堆积。台地的南部

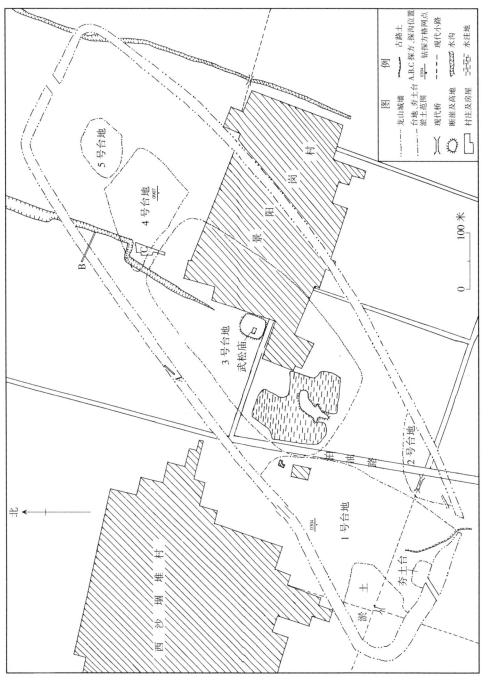

图一　阳谷县景阳岗龙山文化城址平面图

与西部分别是城址的南墙和西墙。在台地南部近城门处有 1000 余平方米的夯土台。台地的北部有 2~3 个面积约 100 平方米的夯土台。台地上的其他遗迹有灰坑、窖穴、道路等。

2 号台地：位于城址的西南部，面积最小。1、2 号台地之间是低洼地。

3 号台地：位于城址的中部，面积约 9 万平方米，是最大、最高的台地（简报中的大台基①），大部分已被破坏，现保存较高的武松庙地面高于周围 2~3 米。保存较好的高台地为垫土或夯土，可能是在此反复修建建筑堆积而成的。其他部分仅存灰坑、窖穴的底部。在台地西侧边缘上发现夯土，应是加固台地的边缘形成的。3 号台地的北部与 4 号台地之间有一条深沟，在沟的底部和 4 号台地的南坡发现台阶与斜坡相结合的通道。

4 号台地：位于 3 号台地的北侧，面积约 1 万平方米（简报中的小台基）。在台地的南侧，发现加固边缘的夯土。台地上部大多遭破坏，南部仅残存一些遗迹的底部。1979 年发现的出土大量陶器和牛骨架的灰坑在台地的西北部。在台地的北部，发现大量的灰坑、窖穴，有些坑有门道、活动面，或与短期居住有关。发现的几座墓葬墓圹很窄，无葬具和随葬品。

5 号台地：4 号台地的北侧，面积较小。与 4 号台地之间有一条宽 6~8 米的沟。沟内曾出土刻文陶片。

结合勘探资料可以发现，城内五个台地中，3、4、5 号台地之间有明显人工开挖的深沟，每条沟的宽度基本一致，有的沟被填平后又多次开挖，到龙山城址废弃时，沟内基本被龙山文化的垃圾填平。三个台地与城墙之间为低洼地带，填土多是隋唐以来的淤土层。1、2、3 号台地之间或许为自然形成的低洼地带，形状不甚规整，沟内主要是唐宋以来形成的淤土层。1、2 号台地与外城墙相连接。因此，在龙山文化时期，城内分布着大小五个台地，台地之间有一定的通道，台地的外侧为低洼地带，或许存在一定深度的积水，城址东南角的缺口应是排泄积水的水门。这种格局一直保存到唐宋时期，唐宋以后城内的低洼地带被淤土填平，部分城墙在 20 世纪 50 年代以前仍高耸在地面之上。

---

① 山东省文物考古研究所等：《山东阳谷景阳岗龙山文化城址调查与试掘》，《考古》1997 年第 5 期。

3. 道路与通道

道路：仅在 1 号台地的东南部发现一条龙山时期的道路。道路宽约 2 米。探测到的道路长度约为 136 米。其向北通往 1 号台地的中部，向南通到东南角的水门（见图一）。

通道：在 3、4 号台地之间，从沟底延伸到 4 号台地的南坡，系连接两台地的通道。通道分为台阶和斜坡两部分。台阶在沟的底部，东西向，有三级，每阶高 10 厘米左右，阶上有路土。沿台阶向北延伸是斜坡通道，其上有多层活动面，活动面由黄土或料姜石铺垫，有的活动面下有夯土。其中一层活动面下有一小坑，内埋一成人头骨，或为祭祀所用。

4. 夯土台基

指用夯土或堆土筑起的台基。主要发现于 1、3 号台地之上。

在城南门内、1 号台地的南部发现大片的夯土台基，其性质和作用尚不明确。北部的 3 个夯土台基面积相对较小，或许与大型房屋建筑有关。

3 号台地上存在大量的夯土或分层堆积的土台，面积较大，或许与大型房屋建筑有关。由于大部分已经被破坏，无法恢复其原貌。

由此可见，景阳岗遗址是一个具有城墙、台地及大型夯土台基的规格较高的龙山城址。

（二）文化面貌

由于景阳岗遗址以往的发掘工作主要在城墙、台地之间进行，城址内台地上的发掘工作较少，因此，龙山文化时期的遗迹不多。目前发现的主要有房址、台阶、窖穴、墓葬、灰坑等。

房址主要为小型的临时性居住点。在 4、5 号台地之间，发现一些面积仅 1～3 平方米的半地穴式房址，这些房址有活动面和斜坡状通道，有的还有柱洞。在 4 号台地的南部，发现一些直径三四米的大型灰坑，这些灰坑一般较深，有的超过 2 米，沿坑壁有旋转式台阶，坑的底部经过加工，有的有柱洞。这些灰坑应为生产加工地点或窖穴。

灰坑大多不规整，出土遗物也不甚丰富。

在 4 号台地的北侧曾发现一些小型墓葬，墓室仅可容死者的身体，应是当时贫困阶层的墓葬；在一些灰坑中发现被肢解的骨架，说明当时阶级差别十分明显。

景阳岗龙山文化遗物以陶器为主，其次有骨器、角器等，石器较少。陶器分为泥质陶和夹砂陶两大类。泥质陶质地细腻，陶胎一般较薄；夹砂陶又可分为细砂陶和粗砂陶，少量陶器羼细云母。陶色有灰、黑、褐、红、白等五种，其中以灰陶数量最多，黑陶次之，红陶、褐陶较少，白陶仅见个别陶鬶。部分器物的烧制火候不均匀，陶色不一致。陶器绝大部分为轮制。以素面为主，多经磨光。常见纹饰有篮纹、绳纹、方格纹、附加堆纹、凹凸弦纹、瓦棱纹、篦纹、指甲纹等。主要器类有罐、鼎、杯、盆、盒、器盖、甗、碗、瓮、壶、圈足盘、支座、纺轮等。

景阳岗龙山文化城址内出土遗物的特征，总体上与鲁北、鲁东南、鲁中南等地出土的龙山文化遗物无太大差别，属山东龙山文化范畴，但又具有典型的地方特点，如黑陶比例低于城子崖、尹家城等遗址；纹饰中多见篮纹、绳纹、方格纹，尤其是方格纹占相当比例；流行扁横耳；炊器以罐为主，存在一定数量的实足尖甗，并饰麦粒状绳纹至足尖；方格纹罐、子母口瓮、浅底盆形鼎、单把杯、觯形杯、大器盖等为代表性的器物。工具中石器少，蚌器、骨角器多。文化面貌与同处鲁西北地区的茌平尚庄、教场铺以及豫东的王油坊遗址的龙山文化面貌较为一致，而与龙山文化城子崖类型、尹家城类型有一定区别，其出土的 2 件陶斝也不见于山东龙山文化其他类型。基于以上特点，我们在 1997 年发表的简报中认为"这里的龙山文化遗存具有自身的特点，可能代表龙山文化一个新的地方类型"①。考虑到景阳岗遗址在这一地区的代表性，张学海先生提出了"景阳岗类型"的文化命名②。

（三）也谈山东龙山文化的类型

进入新石器文化以来，山东地区的史前文化从总体上逐步走向统一，到龙山文化时期达到最大限度一致。相对于北辛文化、大汶口文化而言，龙山文化各类型之间文化差异更小。但由于环境及历史文化传统的差异，

---

① 山东省文物考古研究所等：《山东阳谷景阳岗龙山文化城址调查与试掘》，《考古》1997 年第 5 期。

② 张学海：《论龙山文化景阳岗类型》，《考古学研究》，（五），科学出版社，2003 年。

山东龙山文化各地区之间还是存在这样或那样的区别，有学者对龙山文化类型进行了比较系统的划分，如栾丰实先生在对山东龙山文化进行系统研究后，提出城子崖、姚官庄、尹家城、尧王城、杨家圈、王油坊等六个地方类型的划分①。近年来，随着鲁西景阳岗、教场铺等重要遗址的发掘，人们又提出了龙山文化"景阳岗类型"②。

　　笔者在对山东史前文化类型进行分析时，认为山东地区从大汶口文化时期到龙山文化时期，各个类型之间的差异不是等同的。总体而言，鲁北、鲁南、胶东地区的文化面貌尽管内部存在一定的共性，但三个地区之间的差异相当明显③。

　　导致文化面貌差异的原因是多元的，自然环境及社会环境无疑是其中两项十分重要的因素。自然环境包括地理位置、地形地貌、水文条件、气候条件和动植物群落等方面；社会环境包括文化传统、相互交往、文化迁徙、掠夺与战争等。研究史前文化的类型划分时，应该充分考虑影响类型形成和发展的因素，并且应该注意到，在不同的历史时期各项因素的影响力是不同的。

　　山东的地形大致从地质学上的二叠纪以来形成的④。从地理上可以分为鲁中南山地丘陵、胶东低山丘陵、鲁西北冲积平原及胶莱平原四个地理单元。有人根据地质及古代文化分布情况，认为距今约26000～8000年，华北平原与胶莱平原是海洋范围，今天的泰沂山系当时应为海水环绕的海岛⑤。从目前考古发现情况分析，山东大部分地区成为陆地的时间可能要更为久远。华北及胶莱平原形成后，山东腹地以泰沂山系为界分成鲁北和鲁南地区，胶莱河以东地区为独立的地理单元，鲁西沼泽地带成为鲁北、鲁南与

①　栾丰实：《海岱龙山文化的分期和类型》，《海岱地区考古研究》，山东大学出版社，1997年。

②　张学海：《论龙山文化景阳岗类型》，《考古学研究》（五），科学出版社，2003年。

③　王守功：《夷羿族团的衍变与考古发现辨证》，《古代文明》（第1卷），文物出版社，2002年。

④　丁骕：《中国地形》，1954年，台北。

⑤　胡秉华：《山东史前遗迹与海岸、湖泊变迁及相关问题》，《中国考古学会第九次年会论文集》，文物出版社，1997年。

中原连接的跳板。

历史时期，山东地区的地理环境发生很大变化，这种变化主要集中在鲁西及鲁北平原地区。变化的直接原因是黄河的多次改道与河水的泛滥。

据史料记载，公元前602年以前黄河并不流经山东地区。当时黄河大致从河南荥阳北部折而向北，经河北、天津入海①。准确地说，山东那时还不是真正意义上的黄河下游地区。当时在鲁北地区最大的河流是济水。公元前602年以后②，黄河流经山东的西北部地区。宋代以后，由于黄河的改道和泛滥，鲁西地区运河沿岸地貌发生很大变化，一些河湖被淤积而改道或成为平原，一些沼泽地带成为新的湖泊（如东平湖，其东部水下的须昌故城，是汉代东平国的国都及以后时期州、郡治所，宋元后淹没在湖底）。1855年黄河夺济入海，黄河逐渐成为地上河并多次泛滥，淤积了沿岸的许多区域，使鲁北地区形成许多新的湖泊。

由此可见，山东地区汉代以前的地理环境与今天有很大的不同，泰沂山系以南为淮河水系；以北为济水（包括大汶河等）水系；胶东地区以中部丘陵为中心，有流向四周海洋的较短河流；鲁西地区多为沼泽地带。在北辛文化和大汶口文化时期，文化区的划分大致可分为鲁北、鲁南、胶东三个大的区域③。由于鲁西这一时期的文化面貌不清晰，聊城地区大汶口文化的面貌似与河南仰韶文化有着更为密切的联系。

从大汶口文化晚期开始，随着人群迁徙及掠夺、战争的频繁，各地区的文化交流明显加强，山东地区文化格局发生了变化。在山东腹地，表现出文化面貌的空前统一，至少在龙山文化中期以后，鲁北、鲁南、胶东地区的物质文化面貌表现较强的一致性，这种一致性是北辛文化、大汶口文化所不能比的。在鲁西地区，山东龙山文化与河南龙山文化之

---

① 见中国历史地图集编辑组编辑：《中国历史地图集》第一册第20~21页，中国地图出版社，1982年。

② 见中国历史地图集编辑组编辑：《中国历史地图集》第一册第20~21页，中国地图出版社，1982年。

③ 王守功：《夷羿族团的衍变与考古发现辨证》，《古代文明》（第1卷），文物出版社，2002年；王守功：《鲁北地区早期新石器文化的发现与认识》，《华夏考古》1995年第2期。

间的交流与融合进一步加深，其向中原腹心地带的迁徙与渗透的趋势进一步加强。

在鲁西豫东地区，龙山时期的文化类型主要有景阳岗类型和王油坊类型。从地理环境看，这两个类型分布在鲁西、豫东、皖西北的冲积平原地带，是古代中原文化与海岱文化的交接地区，在文化面貌上，两者有较强的相似性：遗址多明显高出地面，坐落于所谓的"堌堆"之上；房址中有一部分圆形房基和白灰面建筑，出现了用土坯砌土墙的营造技术；墓葬方面有一定数量的儿童瓮棺葬；生产工具中蚌器的数量甚多，而石器相对较少；陶器以灰陶为主，黑陶所占比例在山东龙山文化诸类型中最低；陶器表面多饰有篮纹、绳纹、方格纹，麦粒状绳纹是其重要特点。同时，两者在文化面貌上还表现出了文化过渡地带的特点，其与山东腹地的龙山文化和中原地区的龙山文化都存在不同程度的差异和联系。关于王油坊类型的归属问题，一直是考古界争论的重要话题。从文化发展谱系分析，这一区域早于龙山文化的是大汶口文化，而晚于它的是岳石文化，这种文化传承关系与山东其他地区一致。因此，尽管王油坊类型具有较多的河南龙山文化的因素，但其本质上仍属山东龙山文化范畴，景阳岗类型的发现和确立为王油坊类型文化归属的解决提供了重要的依据。

基于以上分析，我们认为，龙山文化可以分为胶东（杨家圈类型）、鲁北（城子崖类型、姚官庄类型）、鲁南（尹家城类型、尧王城类型）、鲁西（王油坊类型、景阳岗类型）四区七个类型①。其中鲁南地区龙山文化与大汶口文化之间文化发展序列比较清楚，而鲁北与鲁西地区，由于大汶口文化晚期及龙山文化早期的遗址发现较少，文化发展演变关系不十分清晰，特别是在鲁西地区，目前还没有发现龙山文化早期遗存。与大汶口文化相比，在鲁北、鲁西地区，似乎龙山文化突然发达了起来。对这种现象可以有两种解释：一种是鲁南地区大汶口文化及龙山文化考古工作较多，因而文化面貌比较清晰；而鲁北地区由于史前考古做得少，文化发展关系模糊，通过以后的考古工作，应该会建立起自己的文化发展序列。另一种是目前山东地区的考古调查及发掘工作总体较多，各地区大的文化发展序列基本

---

① 王守功：《山东龙山文化》，山东文艺出版社，2004年。

确立，龙山时期文化面貌的高度统一，主要是文化交流及迁徙（包括战争）造成的。

在对山东地区史前文化进行对比研究中，我们也注意到，至少在大汶口文化晚期早段，山东地区鲁北与鲁南地区的文化差异还十分明显。如鲁北广饶傅家、五村遗址发现的大汶口文化中、晚期的文化遗存，在埋葬习俗、陶器的种类和形制、陶器的装饰纹样等方面与鲁南地区有明显的区别，这或许也反映了两者在社会结构及生产状况方面的差异。有学者将鲁北傅家、五村一类遗存定名为大汶口文化五村类型①。在鲁北地区，大汶口文化晚期与龙山文化之间在文化面貌上还有相当的距离，远远不像鲁南地区大汶口文化向龙山文化连接得那么紧密。鲁北地区的龙山文化在继承当地文化传统的同时，受到了鲁南地区龙山文化的较大影响。由此可见，至少从龙山文化开始，社会环境的影响已经成为某一区域文化面貌改观的重要原因。

我们知道，在新石器时代早、中期，由于生产能力的低下，人们战胜自然、改造环境的能力较低，同时，由于人口密度小，相互之间的交往也少。到新石器时代晚期，这种情况有了很大改观。山东的文物普查共发现大汶口文化时期的遗址 547 处，而龙山文化遗址则近 1500 处②。大汶口文化距今 6100~4600 年，前后延续了 1500 年左右，龙山文化距今 4600~4000年，大致延续了 600 年的时间，龙山文化在不足大汶口文化二分之一的时间内，却留下了近 3 倍于大汶口文化的遗存（当然，可能有更多的遗址被破坏或没有发现，但两个文化遗址发现的几率是基本一致的），可见龙山文化人口的迅速发展。而在人口发展的背后，是人们生产能力的提高。人口的增多，社会组织结构的膨胀，使大规模的迁徙和战争成为经常性的活动，由此促进了文化之间的交流，并成为影响文化面貌变化的主要因素之一。社会环境在文化变迁中的作用越来越重要，这种情形在以后的岳石文化及商周文化中表现得越来越突出。

---

① 常兴照：《论五村类型》，《青果集——吉林大学考古系建系十周年纪念文集》，知识出版社，1998 年。

② 国家文物局主编：《中国文物地图集·山东分册》，中国地图出版社，2005 年。

（四）景阳岗类型与后羿传说

随着鲁西地区龙山文化的发现，人们开始探讨这一地区龙山文化的性质及归属问题，并引发人们对山东地区古代文明有关问题的讨论。有学者根据古史传说与鲁北地区考古资料，认为教场铺、景阳岗"两个古文化中心龙山时期的范围，约1100和2800平方公里，史前时期的遗存属于大汶口文化、山东龙山文化和岳石文化，知这两组龙山城是两个东夷古国的遗存"，"虞舜可能在荏平教场铺龙山古国，现在觉得更可能在景阳岗龙山古国境内"①。

关于帝舜的传说及地望分析，有许多学者曾作过深入的探讨。王树明先生认为，古史传说中的帝舜，"原是夏、商、周三代中有商一代远祖帝舜、帝喾、帝俊、太昊之名，又再次衍生出伏羲氏、庖（包）氏、宓氏诸名，也或者，帝舜太昊部族之诸多异名、他称，是其所处不同发展阶段或因其处居地点不同，从不同侧面、不同时期而缘起的一些名称。其发迹之地，应在鲁东南地区，其活动地望，大致在鲁东南、鲁中南、豫东一带"②。按这种观点，景阳岗类型不应为帝舜族团创造的物质文化。

反映山东地区史实的古史传说中还有一位著名的人物——后羿。后羿即夷羿，为古代东方某一族团或族团首领的名字，他曾承帝命，上射十日，为民除害；也曾发动了对夏王朝的战争，并一度夺取夏王朝的政权，成为夏时代的一代帝后。夷羿的主要活动范围曾涉及鲁北、鲁西及豫东地区，景阳岗类型或与这一族团有一定的关系。

典籍中关于后羿的记载很多。笔者曾对后羿的活动范围进行过考证，撮其要，概述如下：

（1）夷羿族团发迹于鲁北地区。这一地区从原始社会至东周时期存在一个崇尚弓箭的族团，这就是夷羿族团。夷羿族团中，一部分人随首领夷羿向西部迁徙，有一部分留在当地。后者在商周时期先后建立了齐、薄姑、

---

①　张学海：《从考古发现谈鲁西南地区古史传说的几个问题》，《张学海考古论集》第310页，学苑出版社，1999年。

②　王树明：《帝舜传说与考古发现诠释》，《故宫学术月刊》第九卷第四期。

纪、邗、鄩、鄀、寒等小的方国。

（2）在鲁中南及鲁西地区有夷羿族团活动的足迹。鲁中南地区是"十日"传说的产生地域，羿射十日的传说，应是夷羿对该地区原始部族的征讨活动的追忆。这种传说产生的时代大致在大汶口文化的晚期—龙山文化的早期。

据文献记载，后羿曾"诛凿齿于寿华之野，杀九婴于凶水之上，缴大风于青邱之泽，上射十日而下杀猰，断修蛇于洞庭，禽封豨于桑林"（《淮南子·本经训》）。其中所谓的凿齿、封豨所居大致在鲁中南及鲁西地区。

（3）史籍中有大量关于夷羿族团在豫东北及豫中地区活动的记载。豫东北即今濮阳一带（《晋太康地道记》："河南有穷谷，羿灭夏，自鉏迁于此。"《史记·夏本纪》正义引《括地志》曰："故鉏城在滑州韦城县东十里。"即今河南濮阳南部）。夷羿在夏代初期的主要活动在豫中的巩县。该地是夏代王朝统治的中心区域，夷羿族团在代替夏代统治后，族团上层发生改变，有穷寒浞杀后羿而后继续对夏王朝的征伐。夏后少康收集力量，打败了寒浞的势力，夷羿族团失去了与华夏相抗衡的力量，自身的势力也受到极大的削弱，周围地区其他部族乘机而入。从物质文化看，龙山文化之后的岳石文化发生了较大的改变，这种改变主要集中在鲁北地区，在这一地区的岳石文化中，有许多河南、河北地区的文化因素，而在鲁中南、鲁东南及胶东地区，由于东夷集团自身稳定，势力较强，因而受到外来文化的影响也较少。岳石文化时期山东地区文化面貌开始走向分裂，招致夷羿族团对夏战争的失败，不同地区受到外来文化的冲击程度不同。

景阳岗龙山城址位于山东的西部、古济水流域的北侧，西南距河南濮阳市40余千米。从地理位置看，其位于海岱与中原地区之间，在夷羿族团向西迁徙的中间地带；在文化面貌上，除其物质文化具有明显的过渡性特征外，我们应该注意到城址的年代问题。

由于景阳岗城址发掘的面积较小，城墙的内、外两侧均为黄河改道后堆积的淤土，淤土层下即为生土层，因此，既没有发现打破城墙的遗迹，也没有被城墙叠压或打破的遗存，城址的年代一直没有地层学的证据。城址内的文化堆积情况主要为龙山文化时期的遗存，此外，在城内的西南部，有少量东周时期的地层堆积。从城内文化遗存分布及城墙的结构分析，其为龙山文化的城址当没有疑义，城址建筑、使用及废弃的年代，当在城内龙山文化遗存所代表的年代内。

关于城址的作用，有防御敌对势力和防水两种说法。何驽先生在对龙山文化时期城址的作用进行分析时，认为防水功能城址的城墙外侧一般较缓，而防敌对势力城市的城墙外侧较陡直①。从解剖的城墙看，景阳岗城墙的外侧陡直，不适宜用于防水。因此，尽管当时水患较多，在景阳岗城内也有比较宽阔的排水空间和水门，但城址修建的目的主要是为防御敌对势力。

就目前的发现而言，景阳岗城内发现的龙山文化遗存基本集中在龙山文化中期晚段至晚期的早段，一些遗存可能早至中期的早段，没有发现晚期晚段的遗存。延续时间大约为二三百年，绝对年代当在公元前 2400 ~ 前 2100 年的范围内。最晚到龙山文化晚期，景阳岗龙山城址已经废弃。

景阳岗城址是目前黄河流域发现最大的龙山文化城址之一，其产生和废弃必然有深刻的历史背景。根据以上分析，我们认为，该城址是夷羿族团在向中原地区迁徙过程中建立的城址。在夷羿族团进入中原并夺取夏代政权后，由于主要力量的西移而废弃。夷羿族团失败后，其势力被迅速压制到鲁北地区，该城址再也没有被利用。

（五）关于新砦期文化

自 20 世纪 20 年代中国考古学产生之日起，随着殷墟的发掘，史学界就开始了对夏代早期文化及其来源问题的探讨。随着考古资料的增多，人们曾先后提出彩陶文化（即仰韶文化）、山东龙山文化、河南龙山文化为夏代早期文化的观点。1979 年中国社会科学院考古研究所在河南新密市（原密县）刘寨乡新砦村西北发掘了一批龙山文化—二里头文化的遗存，并将该遗址的二里头文化遗存命名为"新砦期二里头文化"，提出新砦期是从龙山文化到二里头文化之间的过渡期遗存②。

---

① 何驽：《史前古城功能辨析》，《中国文物报》2002 年 7 月 19 日。
② 中国社会科学院考古研究所河南二队：《河南密县新砦遗址的试掘》，《考古》1981 年第 5 期；赵芝荃：《略论新砦期二里头文化》，《中国考古学会第四次年会论文集》，文物出版社，1985 年。

　　李伯谦先生在对二里头文化二里头类型的文化来源、性质、族属等问题进行研究时，认为"山东龙山文化的年代约在公元前2035±115年~公元前2405±170年，其晚期基本与夏代初期相当"，"而二里头类型一期的碳十四年代……基本不超出公元前二十世纪"，"二里头类型是'后羿乱夏'以后的夏文化"，"夏代初期文化应包括在王湾三期文化之内"①。20世纪90年代，随着夏商周断代工程的开展，考古学家更加注意夏代早期文化与龙山文化关系的研究。断代工程认为，夏代早期应该从禹开始②，在金文资料中，有许多关于禹的记载。禹与启时期的文化，应该在龙山文化晚期中寻找，而且应该在夏代早期活动的中心区域中去探索。新砦遗址的发现和研究，对早期夏代文化的研究无疑具有重要的意义。

　　为进一步了解新砦遗址的文化内涵，北京大学等单位于1999年对新砦遗址进行了多次发掘。1999年发掘出土的陶器以平底器为主，次为三足器，再次为圈足器，不见圜底器。陶器器类有夹砂和泥质的大口罐、中口罐和小口罐、小口高领瓮、鼎、豆、器盖、平底盆、刻槽盆、甑、圈足盘、三足盘、甗、钵、碗、壶、单耳杯、觚、缸、尊、盉等。陶色以灰陶为主，次为黑陶和黑皮陶，少量红陶和白陶。纹饰以篮纹为主，次为方格纹，另有弦纹、附加堆纹、绳纹、刻划纹、指甲纹和少量鸡冠耳等③。

　　发掘者根据层位关系将文化遗存分为两期，新砦一期为伊洛郑州地区常见的龙山文化晚期遗存，新砦二期介于龙山文化晚期与二里头文化早期遗存之间。认为"无论从层位关系还是器物组合及其演变逻辑关系上看，新砦二期遗存上承龙山文化，下与二里头文化紧密相连。龙山晚期、新砦二期、二里头文化早期三者之间存在明显的递嬗变化的痕迹，再次证实二里头文化的确是在豫西龙山文化晚期基础上发展起来的"④。

---

① 李伯谦：《二里头类型的文化性质与族属问题》，《文物》1986年第6期。

② 夏商周断代工程专家组：《夏商周断代工程1996~2000年阶段成果报告·简本》第86页，世界图书出版公司，2000年。

③ 北京大学考古文博学院、郑州市文物考古研究所：《河南新密市新砦遗址1999年试掘简报》，《华夏考古》2000年第4期。

④ 北京大学考古文博学院、郑州市文物考古研究所：《河南新密市新砦遗址1999年试掘简报》，《华夏考古》2000年第4期。

新砦遗址的发掘，为二里头文化是夏代少康以后的文化提供了物质资料的证据①，同时为我们寻找夏禹、启时代的文化提供了线索。值得注意的是，新砦遗址的文化面貌与周围龙山文化有较明显的区别，而与山东龙山文化具有较强的一致性。

以往大家在研究夏代文化的来源时，多认为夏代早期文化存在于龙山文化王湾类型中。王湾类型②主要分布在伊洛河流域，以伊洛盆地为中心区域，从文化面貌看，陶器的纹饰以拍印方格纹、竖篮纹为主，另有绳纹、刺纹等。陶器的种类有：大瓮、高领罐（瓮）、双腹盆、浅腹盆、圈足盘、中口罐、折腹盆、瓦足大盆、钵、器盖、单耳杯、单耳罐、鬶、高足杯、器座、研磨器、大陶盘等。王湾类型的炊具为鼎、鬲、甗，在新砦遗存中，不见鬲、甗；新砦遗址中出土的大量器盖也与王湾类型有明显区别。两者皆以篮纹、方格纹为主，但王湾类型晚期绳纹逐渐增多，而新砦一期绳纹较少（应与王湾晚期时代相当），到二期绳纹才逐渐增多。

后岗类型主要分布在豫北、冀南地区，即漳、卫河流域。陶器以灰陶最多，黑陶占一定比例，有少量的蛋壳黑陶和白陶③；器表以素面和磨光的数量最多④，纹饰以绳纹最多，有一定数量的篮纹，方格纹较少；主要器形有鬲、甗、甗、罐、瓮、双腹盆、平底盆、鬶、鼎等。与后岗类型相比，新砦遗址不见鬲、甗等炊具，纹饰以篮纹、方格纹为主。

处于王湾与王油坊类型之间的郝家台类型⑤主要分布在淮河水系的沙河、颍水流域。陶器纹饰以篮纹为主，其次为绳纹、方格纹。器形以矮足鼎、深腹罐、瓶、觚形器为特色，此外有甗、甗、盆、甑、钵、圈足盘、

---

① 李伯谦：《二里头类型的文化性质与族属问题》，《文物》1986 年第 6 期。

② 北京大学考古文博学院：《洛阳王湾田野考古发掘报告》，北京大学出版社，2002 年。

③ 栾丰实：《城子崖类型和后岗类型的关系》，《海岱地区考古研究》，山东大学出版社，1997 年。

④ 中国社会科学院考古研究所安阳工作队：《1979 年安阳后冈遗址发掘报告》，《考古学报》1985 年第 1 期。

⑤ 河南省文物研究所编：《河南考古四十年（1952～1992）》第 137 页，河南人民出版社，1994 年。

刻槽盆、鬶、豆、盉等，无论从器类、纹饰还是器物形态上，与新砦遗存的区别是明显的。

新砦遗存与下王岗、陶寺类型的区别更是显而易见的。

相形之下，新砦一期许多文化因素与山东龙山文化更为接近。特别是山东西部的景阳岗、王油坊类型，文化面貌与新砦一期有较多的共性。两者在陶质、陶色、陶器的纹饰及制作风格上都有相似性，炊具都以罐、鼎、甗为主，新砦一期形态多样的器盖与山东龙山文化相类而少见于周围其他龙山文化。

由于新砦遗址发掘资料发表得较少，其自身的文化面貌还不十分清晰，因此，新砦一期文化到底与景阳岗、王油坊类型中哪个更为一致，还需要资料公布后做深入的对比研究。无论如何，新砦一期文化与山东龙山文化之间的密切联系，表明夏代早期文化的产生与山东龙山文化有直接的渊源关系。

景阳岗龙山城址的发现与景阳岗类型的确定，为研究山东龙山文化与河南龙山文化乃至夏代早期文化的关系找到了连接点。

（六）龙山时代与五帝时期

20 世纪 20 年代，在河南发现仰韶文化后，中国古代文化"西来说"弥漫着当时的学术界。城子崖发现了与殷墟文化相近的文化，无疑使当时的学者看到了寻找中国文明起源的希望。城子崖遗址发掘后，考古学者怀着对殷商文化起源研究的浓厚兴趣，纷纷在各地寻找以黑陶为特征的"龙山文化"。到 1936 年，在山东、河南、安徽和浙江等地区先后发现了 70 余处龙山文化遗址。1939 年，梁思永先生根据已经发现的龙山文化的遗存，发表了《龙山文化——中国文明的史前期之一》。该文在概括了龙山文化的一般特征之后，根据观察到的各地文化"相"（即文化面貌）的显著区别，将龙山文化划分为三个区域：山东沿海区、豫北区和杭州湾区。

新中国成立后，随着大规模经济建设的开展，田野考古的数量急剧增加，文化面貌与龙山文化接近的同类遗址发现得越来越多。这时，考古学界出现把只要是以灰黑陶为主要特征、时代早于商殷而晚于仰韶文化的遗存统统划归为龙山文化的趋向。这就导致了龙山文化的范围越划越大，其文化内涵也变得复杂起来。当时人们认为龙山文化是分布于北起辽东半岛，南达福建、台湾，东至大海，西跨陕西、甘肃地区这一广大区域。今天我们知道，在这广大的区域里，距今约 4500～4000 年，是来源、族属都不同的多个文化。当时人们将这些不同的文化归为同一个"龙山文化"，使大家反而弄不清龙山文化的文化来源、面貌和族属了。

随着龙山文化研究的深入，人们越来越注意到龙山文化的区域差别，但又不能因此而忽视它们的共同特征和相互联系。有鉴于此，严文明先生主张中国新石器时代晚期的这些文化应有一个共同的名称——龙山时代[1]。这一概念得到考古界大部分人的认可。

中国古代文化的起源是多元的，各地从远古文化走入龙山时代的模式也不相同。中原地区由仰韶文化进入龙山文化的轨迹就耐人寻味。

在仰韶时代，中原地区尽管也存在文化或类型的差异，但各文化区基本保持了相同文化特征，人们日常生活用品中，陶器基本以罐、釜、小口尖底瓶、盆、钵为主要器物组合。从大汶口文化中、晚期开始，东方文化不断向中原地区渗透、迁徙。我们知道，大汶口文化颍水类型主要分布在河南的东南部，其西北已经到达河洛地区，大汶口人向西迁徙，直接影响了中原地区文化面貌的改观。

从时代与大汶口文化晚期相当的庙底沟二期开始，中原地区的文化格局发生了很大变化。庙底沟二期文化篮纹发达，有大量的附加堆纹；在陶器器类上，保留了仰韶文化的一些因素，如小口尖底瓶、夹砂罐仍然存在，同时也出现了一些新的文化因素，如鼎、斝、灶等器物。庙底沟二期及其以后时期三足器的发达，很大程度上是受到东方文化影响的结果。

到龙山时代，山东龙山文化与中原龙山文化相互交往的迹象更加明显，表明当时部族之间交流和融合的程度进一步加深。从留传下来的古史传说中，也可发现当时中原地区各种势力之间的融合与对立。

龙山时代绝大部分时间在夏代以前，应为古史传说的五帝时期。关于"五帝"，史学界有许多不同的解释，对究竟哪五位传说中的人物是五帝，

---

① 严文明：《龙山文化和龙山时代》，《史前考古论集》，科学出版社，1998 年。

不同的史籍记载也不相同。《史记·五帝本纪》将黄帝、帝颛顼、帝喾、帝尧、帝舜列为五帝。《五帝本纪》中黄帝—颛顼—喾—尧帝位是世代相传的（颛顼为黄帝之孙，喾为黄帝之曾孙，尧为喾之孙），然而，帝尧之后，不传其子而传位于舜，自此以后，开始了儒家所津津乐道的三代"禅让"。

严文明先生认为，"如果把这些传说同考古学文化相比照，似乎前三大帝大体相当于龙山时代前期，尧、舜则相当于龙山时代后期"[1]。尽管这是一种推论，但无论如何，尧、舜为龙山时代晚期是毫无疑义的。

有学者认为，舜本来是部族或族团的名称，其早期活动的地域主要在鲁南地区，是这一地区大汶口文化的主人[2]。当时舜族团的势力很大，随着人口的增加，不断扩张和迁徙。在大汶口文化的中晚期，其势力扩张到豫东、皖北地区。分布在豫东地区的大汶口文化颍水类型是舜族团在迁徙过程中创造的文化[3]。当时舜族团的文化比较发达，出现图像文字；社会分化比较明显，一些大型墓葬中出现精美的陶器、玉器、象牙制品；在一些地区出现大型夯土台基和城市，如滕州西康留发现的大型夯土台基面积超过七八百平方米，安徽蒙城尉迟寺大汶口文化城址也是舜族团在迁徙过程中修建的。到龙山文化时期，舜族团的势力继续发展，成为中原地区一支重要的力量。尧、舜、禹三代的所谓"禅让"制度，事实上是中原地区华夏与东夷两大族团联合后轮流执政的制度。作为联盟执政者——大舜，也是舜族团的首领，是当时整个集团的杰出人物，受到社会的普遍尊重。其生活的时代大致在龙山文化的中、晚期，即距今约 4300 ~ 4100 年。大舜的功绩不仅在于他做了文献中记载的那些好事，更主要的是他遵循轮流执政的原则，将执政的位置让给了华夏系统的禹。

禹为华夏族团的首领，这已为公论。大禹的主要功绩在于对洪水的治理，华夏族团在治理洪水的过程中，影响力逐步扩大。禹之后，本应继位

① 　严文明：《龙山时代考古新发现的思考》，《纪念城子崖遗址发掘 60 周年国际学术讨论会文集》，齐鲁书社，1993 年。
② 　王树明：《帝舜传说与考古发现诠释》，《故宫学术月刊》第九卷第四期 。
③ 　杜金鹏：《试论大汶口文化颍水类型》，《考古》1992 年第 2 期。

的是东夷族团的益。益为东夷部族，王永波先生考证，益发迹于鲁北的青州一带（青州即为益都）①。诚如是，则益应为后羿族团的一支系。日益强大的华夏族团不愿将权力再转交给东夷族团，因此，禹将帝位传其子启，从此开始了夏代帝王的统治。

在夏代初期，东夷部族并不甘心自己的权力被剥夺，伺机夺取夏王朝的统治。夏启及其儿孙们沉湎于自己的胜利之中，逐渐"淫溢康乐"而失道，此时，势力逐渐强大、其中心已迁至河南濮阳的夷羿族团乘机开始了对华夏王朝的征伐，"羿自鉏迁于穷石，因夏民以代夏政"（《太平御览》卷八二），从而发生了"太康失国"、"后羿乱夏"这一历史事件。

从庙底沟二期开始，中原地区形成新的格局（约公元前2500年以后），周围许多文化对它都有影响，一些族团开始直接向中原地区迁徙（包括战争与掠夺），这些迁徙活动有的失败了或影响较少（如良渚文化、石家河文化），有的进入中原并对中原地区产生了重大的影响（如大舜族团、后羿族团），所谓"逐鹿中原"应该从庙底沟二期就开始了。进入中原的外来族团与当地族团围绕领导权的斗争一直十分激烈。所谓三代"禅让"制，是儒家的理想化制度，也是这种矛盾的一种调和。在儒家学派以外的许多典籍中，更多的记载当时围绕领导权的斗争。范祥雍的《古本竹书纪年辑校订补》："舜囚尧于平阳，取之帝位……后稷放帝子丹朱于丹水……益干启位，启杀之"，十分生动地反映了当时斗争的激烈程度。

由此可见，在新石器时代晚期，山东地区有两个族团进入中原地区，并直接参与了中原地区领导权的斗争。其中大舜族团是沿淮河的支流——颖水流域进入中原地区，后羿族团沿古济水流域进入中原地区。景阳岗类型是后羿族团在向中原地区迁徙中形成的。

（七）结语

通过景阳岗城址的发现及景阳岗类型的研究来探讨海岱文化对中原文明的影响，有以下结论：

---

① 王永波：《"己"识族团考——兼论其、并、己三氏族源归属》，《东夷古国史研究》（第二辑），三秦出版社，1990年。

（1）从山东目前发现最早的新石器文化——后李文化到龙山文化时期，山东地区的物质文化是一脉相承、连续发展的。由于受到外来冲击小，海岱地区物质文化面貌逐步走向统一，同时，由于自然和社会环境的相对稳定，海岱地区从大汶口文化时期就成为中国古代文化最发达的地区之一。在莒县陵阳河、大朱村等遗址发现了大汶口文化时期的图像文字；邹平丁公、景阳岗龙山文化城址发现了刻划文字；鲁北、鲁西地区出现大量龙山城址。这些发现说明山东地区很早就出现文明的因素。

从地理环境及物质文化面貌看，海岱地区大致可以划分为鲁北、鲁南、胶东三个次一级的文化区，各文化区内还可以划分出不同的文化类型。

鲁南地区从大汶口文化中、晚期开始，物质文化在海岱地区处于领先地位，对周围有明显的影响；也是从这一时期开始，其势力不断向西迁徙。鲁北地区，在大汶口文化时期，物质文化相对落后，到龙山文化时期，该区域的物质文化得到迅速发展，文献中关于后羿射日的传说大致反映了大汶口晚期鲁北地区对太阳崇拜部族的征伐活动[①]。但是这种依靠征伐发展的文化有很大的不稳定性。在海岱地区，龙山文化城址主要集中发现在两个地区，一个是鲁东南地区，另一个就是鲁北地区。在鲁北及鲁西北地区，自东向西在寿光边线王、临淄桐林、邹平丁公、章丘城子崖、茌平教场铺、阳谷景阳岗等地发现了龙山文化的城址，这些城址主要是用来防御敌对势力的。大量龙山城址表明这一地区社会的不稳定性，景阳岗等城址是在这一大的历史背景下产生的。

（2）在新石器时代晚期，海岱地区向中原地区有两次大规模的迁徙活动。第一次迁徙活动主要是鲁南地区帝舜族团向西部的迁徙。此次迁徙活动至少从大汶口文化中期就开始。该族团的迁徙过程中，在豫东南地区形成了大汶口文化颍水类型，到大汶口文化中、晚期，其势力已经到达颍水的上游，进入中原文化区的腹心地带。

王永波先生在对海岱地区鼎鬶文化进行系统研究的基础上，根据文献及古文字的考证，认为"'华夏'作为一个复合名词，大致源于两个渠道：

---

① 王守功：《夷羿族团的衍变与考古发现辨证》，《古代文明》（第1卷），文物出版社，2002年。

'夏'乃源自最新崛起的夏后氏之'夏','华'字则有不同的解析",
"'华'之本意应为'明亮'、'光华',引申为光芒万丈的太阳",而
"'华'即当为'华族',应是崇日民族的简称"。"古籍中的'华夏'与
'虞夏'两词在概念的互换,则进一步表明'华'族与'夷、虞'之族的
同源关系"①。

　　我们知道,帝舜又称有虞氏,为五帝时代后期的中原地区政权执掌者,
儒家把尧、舜歌颂为圣人,将尧舜时代称为唐虞时代;墨家则将虞、夏、
商、周四代连称,认为虞是中国历史上的第一个朝代。有虞氏从大汶口文
化时期进入中原地区,与当地部族共同创造了中国古代早期文明。因此华
夏族团应该是有虞氏与当地部族联合的名称。

　　如前文所论,帝舜族团进入中原,对中原地区的文化产生深刻的影响,
应是导致中原新格局的主要原因。同时,文化的影响是相互的,从帝舜族
团进入中原到夏代产生有一千多年的时间,帝舜族团在对中原文化影响的
同时,也受到当地文化的影响而产生许多新的文化因素,这些文化因素与
留居山东部族的文化有明显区别。在刚进入中原的大汶口文化时期,他们
比较明显地保留了原来的文化传统,到龙山文化时期,由于大量地吸收了
当地的文化因素,使其文化面貌与中原龙山文化有很大的一致性,因此,
长期以来,我们还没有区分出哪些文化是帝舜族团文化的遗留。新砦期文
化的发现,为我们寻找帝舜族团的文化提供了线索,或者可以说,新砦期
文化应为帝舜族团文化的遗存。

　　海岱地区进入中原地区的另一个大的族团就是夷羿族团。夷羿族团早
期主要活动在鲁北地区,到龙山文化时期,沿古济水流域进入中原,景阳
岗、教场铺龙山文化城址就是这一族团在向西迁徙过程中形成的,有关这
一族团在中原的活动,已有专文论述(详见拙作《夷羿族团的衍变与考古
发现辨证》),兹不赘述。

　　(3)在距今约5000~4000年,中国各地曾产生许多文化中心,如良渚
文化、石家河文化、红山文化及山东龙山文化等。这些文化都达到很高程
度,许多学者认为它们已经步入文明的大门。这些文化大都曾向中原地区

---

① 王永波:《齐鲁史前文化与三代礼器》第35~36页,齐鲁书社,2004年。

迁徙（或征伐）过。

　　长江中游地区龙山文化时代屈家岭文化在较晚的阶段开始向中原地区迁徙，一度占据了大河村文化下王岗类型分布的区域。屈家岭文化之后的石家河文化经济和社会发展达到很高的水平。在石家河发现长江流域最大的城市。石家河城址南北长 1100～1200 米，东西宽 1000～1100 米。在天门石家河镇管辖的范围内密集分布着 50 余处石家河文化的遗址，其中谭家岭和肖家屋脊遗址面积达 20 万平方米。说明这一时期（也可能更早）就已形成了一批中心遗址和若干个地区性的中心，甚至可能出现了准国家的政治实体。石家河文化晚期文化面貌迅速发生变化，大量中原文化因素在这里出现。从石家河文化分布地域看，该地区应为古代"三苗"的居住地。据古史传说，从尧帝时开始与三苗不和，大禹伐三苗，并流放其首领。长江中游地区的移民活动最终以失败告终。

　　长江下游地区在崧泽文化基础上发展起来的良渚文化具有浓厚的宗教色彩，该文化给人印象最深的是大量精美的玉器，玉器的数量、制作工艺代表了当时玉器使用和制作的最高水平。据最近的调查资料，良渚遗址群的范围已经超过 100 平方千米。在遗址群上有许多大型的工程，如在良渚遗址群北部发现的人工堆土墙，长 4.5 千米，厚 20～30 米。这么巨大的工程显然需要有相当权利的统治阶层去规划协调。良渚文化鼎盛时期，曾向北部地区大规模迁徙，在江苏的北部发现过良渚文化的墓葬，但良渚文化还没有渗透到中原地区，整个文化开始走向衰退。关于其原因，有不同的解析。有人认为是环境的变迁所致；也有人认为由于玉器原料的枯竭使良渚文化内部发生矛盾；还有人认为，其对北方的征伐损伤了自身的力量而使社会上层崩溃。无论如何，良渚文化最终没能加入到"逐鹿中原"的行列。

　　地处北方的雪山一期文化及红山文化也曾向桑干河、张家口地区迁徙，但对中原地区文化没有形成大的影响。

　　海岱地区地处中原的东部，由于长期稳定发展，形成一套完整的礼制和礼器。在新石器时代晚期，以其强大的势力，曾两次向中原地区进行了大规模的迁徙，并对中原地区的原始文化及夏商文化产生了重要的影响。早在 20 世纪 30 年代，傅斯年先生根据文献资料的综合研究，提出"夷夏东西说"，认为夏商时期政权争夺主要是在华夏和东夷两大集团之间进行的①。

考古资料表明，文化的影响是相互的。无论是帝舜族团，还是夷羿族团，其在中原地区长期居住后，文化面貌乃至一些生活习俗也会发生不同程度的改变，因此，我们在探讨夏商文化起源时，应注意分析哪些是这些族团迁徙至中原后形成的文化，而不是单纯地与山东本地的文化相比较。只有这样，才能准确地理解东夷集团在夏商时期的地位和作用。

（原载《东方考古（第 2 集）》，科学出版社，2006 年）

① 傅斯年：《夷夏东西说》，《庆祝蔡元培先生六十五岁论文集》，中央研究院历史语言研究所集刊外编第一种，1935 年。

景阳岗城址刻文陶片发现的意义

景阳岗龙山文化城址位于山东省阳谷县张秋镇景阳岗村周围。1994 年冬至 1996 年冬，山东省文物考古研究所、聊城市文化局文物研究室对该城址进行了钻探、试掘工作。经钻探城址呈东北—西南向，长 1200、宽 300 ~ 500 米，总面积约 40 万平方米。发现有城墙、城门、台地、夯土台基等。试掘工作于 1995 年冬至 1996 年春进行，发掘面积约 1200 平方米。发现大量龙山文化时期的遗迹、遗物，并出土一片带文字（或符号，下同）的陶片。现将这片陶片的发现及研讨情况报道如下。

1. 陶片发现情况

带刻文的陶片出土于 G54。G54 位于 T6350、T6351 内，是 1996 年春季发掘时发现的一条灰沟，位于城址 4、5 号台地之间，呈东西向。1996 年 9 月 2 日，在对 G54 内出土遗物整理时，发现了该陶片。

从层位关系看，G54 开口 1B 层下，在 T6350、F6351 内，没有晚于龙山文化的遗存，耕土层（即 1A、1B 层）下即为龙山文化的堆积。打破 G54 的遗迹有两个，即 G52、H114。

G52 及 H114 均为龙山时期遗存，G52 东西向打破 G54 南部，H114 打破 G54 北部。

G54 内堆积分 1、2 层，出土遗物丰富，主要器类有罐、瓮、鼎、盆、器盖等，刻文陶片出土于 1 层，其时代与泗水尹家城三、四段相当，即属龙山文化中期晚段或晚期早段。

带刻文陶片属一小型泥质磨光黑陶罐的肩部，残存部分大致呈三角形，从刻划形式看，是在陶器成型之后，烧制之前刻上的，因此该陶片的文字系龙山时代人们所为。

　　通过对陶片上刻划文字的观察可以发现，陶片上残存的文字大致属于三个个体，每个个体以点或折线组成，刻法古拙，点线刻划深浅不一，直线及折线的刻划也较生硬、呆板，说明刻划技法并不熟练。此外，在三个刻文下端（即陶片下部）尚有一刻划的点，当属另一文字，由于陶片残破，这一文字的另一部分已残缺（图一）。

2. 陶片所刻文字（或符号）的研讨

　　为进一步了解景阳岗龙山文化城址出土的带文字陶片的性质和意义，山东省文物局、山东省文物考古研究所召集山东省考古界专家就景阳岗（及滕州庄里西）出土的刻划纹陶片进行了专家论证。

　　大多数专家认为，G54 应属龙山文化中期晚段或晚期早段，陶片上的刻文为烧前刻，可分为两组或三组，不是纹饰，应是文字。至于是什么字，是两组还是三组，尚可探讨。从字的形体看，与甲骨文似有渊源关系。

图一

有的先生还从龙山文化的社会背景进行分析，认为早在大汶口文化时期，山东已出现刻划文字，龙山时期应该产生文字，景阳岗龙山城址这么大，出现文字是完全可能的，我们过去对古代人的社会文明估计过低。

当然，也有一部分专家认为，中国古代书画同源，与现代文字不能等同，景阳岗出土陶片上的刻文像图画而不具备文字的意义。

作为景阳岗龙山文化城址的发掘领队，笔者曾对陶片上的刻文进行反复观察和思考。首先，陶片虽然是在整理时发现的，但 T6350、T6351 内耕土层下没有晚于龙山文化的遗存，刻文又是烧成前所为，因而其时代是明确的。从陶片残存情况看，应为泥质黑陶罐的肩部，三组刻文下还多出一个点划，应为另一文字的残存部分，因此，当时人们是在陶罐肩部刻了三个以上的刻文，由于陶器残破，刻陶片上仅保存三组刻文。其次，刻文均以点、直线、折线组成，不像是装饰，也不是图画，因为在泥质黑陶罐上刻上此类纹饰既不美观，也不典雅，到目前为止，在同期遗物中也未发现类似的纹饰。刻文之间有一定距离，从而看出其主体应为三组，从形体看，与甲骨文也较接近，因而其为传播某种信息的文字的成分可能性要多些。再次，就文字发展阶段看，早在大汶口文化时期，山东莒县陵阳河就出现图像文字，龙山文化时期出现文字也是完全可能的。景阳岗龙山文化城址是目前已经发掘的规模最大的龙山文化城址。在其城内出现文字也在情理之中。基于以上考虑，笔者认为景阳岗龙山城址出土陶片上的三组刻划符号应为文字。至于它们到底是什么字、代表了什么意义，尚有待进一步探讨。

3. 景阳岗龙山文化城址陶片文字发现的意义

文字是人类文明开始的标志，因此，关于文字起源的问题，历来受到人们的重视。自 20 世纪 50 年代以来，随着考古学的深入开展，在山东大汶口文化、龙山文化及岳石文化中都发现了文字，引起了学术界的广泛关注。

近四十年来，在山东诸城前寨、莒县陵阳河、大朱村、杭头等地，先后发现了大汶口文化时期刻在陶尊上的图像文字。许多专家都对其进行了探讨。有的专家经过考证，认为其中七个字可以辨析，进而认为"诸城、莒县一带发现陶尊文字，是现行汉字的祖型或远祖；从文字学的科学概念出发，诸城、莒县一带发现陶尊文字，也是我国最早的文字"①。

1991 年秋至 1992 年春，山东大学历史系考古队在邹平丁公发掘时，有两个重要的收获，一是确认丁公为一处龙山文化城址，此项发现被评为 1991 年全国十大考古发现之一。另一个是在 H1235 内发现一片带多个陶文的陶片，有关专家对该陶文进行了深入的研究②，还对其中文字进行了释读。

从邹平丁公陶文的结构与笔法看，大都是由曲线组成。王恩田先生将之与 20 世纪 20 年代在章丘城子崖周代地层中发现的陶文及莱阳前河前遗址出土的西周时期陶器上的文字加以对比，认为"丁公陶文使用连笔，字的写法、结构与甲骨文、金文有很大的差距，似应属东夷文化系统的文字"③。

1996 年，淄博市博物馆在桓台史村遗址进行抢救性试掘时，发现一祭祀坑，内出岳石文化陶器 300 余件，除陶器外，还出土刻有"字符"的甲骨。史家遗址出土的这种带字符的甲骨，有的刻六个字，有的刻一个字。有学者认为，卜骨上的"字符"肯定就是人为刻写的文字。

从这几处遗址出土的刻文看，大汶口陶尊上的文字尚以象形为其主要构图方式，所以有人称它为图像文字，应是文字发展的初级阶段。桓台出土的岳石文化的甲骨刻文从形体上看，与甲骨文极一致，应与甲骨文为同一系统的文字。发掘者认为，史家遗址出土的甲骨上的文字，说明这一地区岳石文化时期的人们与商王朝有密切的关系。

景阳岗与丁公出土的陶文基本属同一时期，丁公 H1235 属龙山晚期偏早阶段，距今 4100～4200 之间；景阳岗 G54 属龙山文化中期晚段或晚期早段，距今约 4100～4300 年。从陶文风格看，两者差异甚大，属两个文字系统，因此，笔者认为王恩田先生关于"丁公陶文……似应为东夷文化系统的文字"的论点甚确，而景阳岗出土的陶文，似应与甲骨文有渊源关系。

文字的出现有一个产生、发展阶段。如果说大汶口文化的图像文字为

---

① 　王树明：《苍颉作书与大汶口文化发现陶尊的文字》，《中国文物世界》第 103 期。

② 　《专家笔谈丁公遗址出土陶文》，《考古》1993 年第 4 期。

③ 　《专家笔谈丁公遗址出土陶文》，《考古》1993 年第 4 期。

孕育阶段，那么龙山文化的陶文，就应处于产生乃至发展阶段，否则在商代就不会出现成熟的甲骨文。文明的产生也有一个发展的过程，而文字及城市的出现，是其中两个十分重要的因素。目前，全国各地龙山文化城址不断被发现，出现文字的资料也时常见于报道，这都为中国文明起源研究提供了丰富的资料。由此可见，景阳岗龙山文化城址及陶文的发现同其他龙山文化城址或文字发现一样，无疑具有十分重要的意义。

夷羿族团的衍变与考古发现辨证

（一）引言

翻检史籍，有关羿的传说，可概而区分为两类：一是羿射九日力灭民害类传说；另则是所谓"后羿乱夏"类记述。其前者见于《山海经》、《楚辞》；后者见于《左传》、《汉书》、《帝王世纪》① 诸籍。在前类传说中，羿是正义之神，是为"帝俊赐羿彤弓素矰，以扶下国"② 的英雄。在后类记载中，羿则是以一武力篡取夏政权的邪恶小人，与"太康失国"的历史事件相关。

在不同文籍中，羿的称谓不同。诸如"羿"、"后羿"、"淫羿"、"夷羿"、"仁羿"、"帝羿"诸名。因名称的不同，导致了汉代以来诸多学者的误解，多认为，羿与后羿是风马牛不相及的两个人物。《说文解字》"羿"下段注云："淮南书曰，虽有羿之知而无所用之。高云：是尧时羿也，能射十日，缴大风，杀猰貐，斩九婴，射河伯之知巧也。非有穷后羿。""𢎵"下曰："帝喾射官，夏少康灭之。"段注曰："云夏少康灭之，则邑部穷，下云夏后时诸侯，夷羿国也。""夷"、"羿"二字今音相近，或可混同。"羿"疑或我国先秦时期人们对东方夷人某一族团或其族团首领的通称，殆因记载的时间或角度不同，由是有了许多不同的称谓，因其各种传说都反映"羿"为东方夷人，且在记载"羿"的传说中，又多以"夷羿"称之，因此，我们认为，文献记载中不同称谓之"羿"，以"夷羿"称之或更为合乎情理。

---

① 徐宗元：《帝王世纪辑存》，中华书局，1964 年。
② 袁珂：《山海经校注》，上海古籍出版社，1980 年。

　　有关夷羿的神性、人性及其历史地位，自古以来，就有不少学者对之进行探讨，现代学者顾颉刚、童书业等先生认为"夷羿乱夏"的传说，是汉代以后的人为影射刘秀中兴汉室而杜撰的，在东汉之前，根本没有这种传说，从而断然否认了"太康失国"这一历史事实①。与此相反，傅斯年先生则通过夷羿乱夏的传说与民俗资料的比较研究，认为在夏代，有穷后羿曾领导东方部族对夏代进行过战争，从而导致了"太康失国"②，遗憾的是文中对传说中羿及其与有穷后羿的关系避而未谈。近年来，王树明、王永波诸先生从古文献、古文字及考古发现资料等方面着眼，论证古代东方夷人的聚居之地存在一个崇武尚箭的部族或族团，又进而推定，祖籍于鲁北地区的殷商旧族冀族的祖先为"夷羿"③。他们的研究为夷羿传说的研究开辟了新的途径，令人耳目一新，然而，关于"羿"与"后羿"的关系及族团源流等问题，文章中却未做进一步的阐述。

　　综观古代东方的历史传说，其早者为蚩尤氏，次之以太皞、少皞、帝俊诸氏，再次而记载最多者则莫过于夷羿了。他曾承帝命，上射十日，为民除害，也曾发动了对夏王朝的战争，并一度夺取夏王朝的政权。我们认为，如果历史上确实存在这样一个人或族团，那么他对中国古代无论是在社会意识还是在物质文化上，都必定会留下深刻的影响和印记。早在20世纪30年代，顾颉刚先生就曾说过："……好在夏代都邑传说中不在少数，奉劝诸君，还是到这些遗址中做些发掘工作，捡出些真实的证据给我们瞧瞧！若是你们所有的也是书本上的材料，而且是战国以下书本上的材料，那么除了用这种方法整理之外，就没有更适当的方法了。"④ 顾氏此论，既为考古工作者提出了任务和期望，也为夷羿传说的研究指出了新的思路。

---

① 顾颉刚、童书业：《夏史三论》，《古史辨》第七册下，上海古籍出版社，1982年。
② 傅斯年：《夷夏东西说》，《庆祝蔡元培先生六十五岁论文集》，国立中央研究院历史语言研究所集刊外编第一种，1933年。
③ 王树明：《冀祖夷羿疏证》，《管子与齐文化》，北京经济出版社，1990年；王永波：《"己"识族团考——兼论其、并、己三氏族源归属》，《东夷古国史研究》（第二辑），三秦出版社，1990年。
④ 顾颉刚、童书业：《夏史三论》，《古史辨》第七册下，上海古籍出版社，1982年。

20 世纪 20 年代以来，山东地区先后发现了龙山、大汶口、北辛、岳石、后李等考古学文化，确立了后李—北辛—大汶口—龙山—岳石文化的文化发展序列，为研究这一地区殷商以前的历史提供了实实在在的物质依据。将文献资料与考古资料稍事比较后可以发现，"夷羿"族团早期活动的时代大致处在山东地区大汶口文化晚期迄至龙山及至岳石文化早期这一历史时期，其族团分裂后，其中某些部族的存亡兴衰也是有文献及考古资料可稽的。本文通过文献资料与考古资料的综合比勘，以期揭示夷羿作为古代东方的一个族团是确乎存在的，并探寻其对大汶口文化时代至夏代及其夏代以后海岱乃至中原地区产生历史影响的踪迹。

（二）关于夷羿传说

1. 夷羿是古代东方夷人族团或族团首领的称号

不同文籍中所记羿的历史年代不尽相同。

《淮南子·本经训》认为夷是尧时人，曰："尧乃使羿诛凿齿于寿华之野……"

《说文·引部》又认为羿是帝喾时射官。

《山海经·海内经》云："帝俊赐羿彤弓素矰，以扶下国。羿是始去恤下地之百艰。"依此，羿又为帝俊时人。

为史学界所公认，帝俊、帝喾、帝舜诸名，为同一族团或族团首领的一些不同称谓，缘于此传说夏之前的羿就有尧及舜两个不同时代的说法。

《楚辞·天问》曰："帝降夷羿，革孽夏民。"

《左传·襄公四年》曰："昔有夏之方衰也，后羿自鉏迁于穷石，因夏民以代夏政。"

这两条文献所载之羿又是夏时人。

再又，《太平御览》八〇五引《随巢氏》曰："幽厉之时，奚禄山坏，天赐玉玦与羿，遂以残其身，以此为福而祸。"是神话又反映，羿又姬周幽厉时人。

凡以上诸文揭示"羿"的活动时间，历经尧、舜，直至夏太康时期，又有周幽厉时活动的传说，其前后跨越时代之长显然不是一个人的寿限所能达到的。仅此一端，就足以说明"羿"并非某人的私名或专称，早在战国时期，就已经被人们所提出。

《荀子·君道篇》曰："羿之法非亡，而羿不世中；禹之法犹存，而夏不世王。"

《吕氏春秋·勿躬篇》中，认为夷羿是一官名。"大挠作甲子，黔如作虏首……夷羿作弓……巫咸作筮：此二十官者，圣人所以治天下也。"

综前文而论，"羿"非某人的专名，而是我国古代东方某族团或族团首领的总名、通称。在中国古代文献中，部族、人名、国名混而为一者可谓俯拾即得，比如《吕氏春秋·勿躬篇》中所提巫咸即其一例。如：

《山海经·海外西经》谓：

"巫咸国，在女巫北，右手操青蛇，左手操赤蛇，在登保山，群巫所以上下也。"

《太平御览》卷七九引《归藏》曰："昔黄帝与炎帝争斗涿鹿之野，将战，筮于巫咸，曰：'果哉而有咎'。"

《太平御览》卷七二一引《世本》宋注"巫咸，尧臣也，以鸿术为帝尧臣。"

《太平御览》卷七九〇引《外围》曰："昔殷帝大戊使巫咸祈于山河，巫咸居于此，是为巫咸民，去南海万千里。"

王逸注《楚辞·离骚》亦云："巫咸，古神巫也，当殷中宗之世。"

上述记载，巫咸或为人名，或为国名，其所属时代也或黄帝或尧、殷等不同说法。毋庸置疑，"巫咸"不是特指某人的专名，乃部族或族团首领的称谓，此族团历世诸首领，以其善筮而见用于黄帝、尧、殷之世。只是巫咸忠于职守，没有像羿那样，干出"革孽夏民"这类惊天动地之举，因而没有引起人们的争议罢了。

由前揭引、辨析可能看出，古所谓羿者原是古代一族团或族团首领的称号，羿在古代文献中诸多不同称号，都是不同时代人们站在不同立场或从不同角度、不同侧面对羿的一些不同称呼而已。本文所用"夷羿"名，是指古代夷方中羿族团或族团首领。

2. 夷羿传说所反映的历史史实

夷羿大致分神话和历史人话两个传说时期。

（1）夷羿的神话传说时期

《海内西经》曰："海内昆仑之虚，在西北，帝之下都。……百神之所在，在八隅之岩，赤水之际，非仁羿莫能上冈之岩。"

《海外南经》曰："昆仑虚在其东，虚四方。一曰在岐舌东，为虚四方。羿与凿齿战于寿华之野，羿射杀之；在昆仑虚东。羿持弓矢，凿齿持盾。一曰戈。"

迄于有汉，《淮南子》一书，对夷羿的记述尤为详尽。《本经训》曰："尧之时，十日并出，焦禾稼，杀草木，而民无所食，猰貐、凿齿、九婴、大风、封豨、修蛇皆为民害。尧乃使羿诛凿齿于寿华之野，杀九婴于凶水之上，缴大风于青邱之泽，上射十日而下杀猰貐，断修蛇于洞庭，禽封豨于桑林；万民皆喜，置尧以为天子。于是天下广狭险易远近始有道理。"

诸如此类的记述中，夷羿是正义之神，是天下太平的功臣。文籍对羿夷出居虽无确指，然其既受帝俊委派，当与帝俊里籍近同。俊即舜，属东夷集团，因此，羿亦属夷方。何幼琦先生认为"《海经》的昆仑就是今世的泰山"周围。"《海经》所说疆域，就是泰山周围的山东中部地区"①。夷羿活动于昆仑之虚，以何氏所论，夷羿族团应居于山东泰沂山系周围某一带。

由于上文载记存在神话成分，因此，现代史学家未将其作为史实。其实，原始社会人神混杂，只要去伪存真，稍事研析，还是可以发现许多历史的真实踪影。

古史传说中有许多与"十日"相关的记载，《山海经·海外东经》："汤谷上有扶桑，十日所浴，在黑齿国北。居水中，有大木，九日居下枝，一日居上枝。"《大荒东经》："汤谷上有扶木，一日方至，一日方出。皆载于乌。"

毫无疑问，十日乃指十个太阳。在有些载记中，也将十日比附为神，与人或神人相联系。如《山海经·大荒南经》："羲和者，帝俊之妻，生十日。"郭璞注《山海经》引《归藏·启筮》："空桑之苍苍，八极之既张，乃有夫羲和，是主日月，职出入以为晦明。"刘夫德先生将大汶口文化时期

---

① 何幼琦：《海经新探》，《历史研究》1985 年第 2 期。

流行的太阳图像与太阳崇拜相联系，进而认为，"'十日'之'日'，是我国古代某族的图腾，'十日'是指日崇拜一族的诸分支，而'扶桑'则应是指这些日族的所居地。"并进而推演，"与日紧密相关的'扶桑'，就是我国古代日族所居的'穷桑'，即曲阜及其周围一带。"①刘氏此论，诚为一家之说，在中国古代确实存在过以"日"为崇拜物的部族。既然在中国历史上存在有崇拜太阳的部族，那么，"羿射十日"的传说就不能视为空穴来风。究其历史的本来面貌，夷羿射日的传说，反映的当是大汶口文化晚期及龙山文化早期夷羿族团对鲁中南及周围地区崇拜太阳部族进行的征伐活动。

　　根据夷羿传说中有神话的成分，而将其一概视为子虚，应当说是错误的，起码是不全面的。

　　我们知道，祖先崇拜与英雄崇拜（氏族、部落首领崇拜）是中国古代原始宗教的两个重要组成部分，氏族中的祖先或首领往往被赋予超自然的能力，比如被史学界公认的夏后启在其传说中，就明显具有人神混杂的神话色彩。

　　《绎史》卷十二引《随巢子》曰："禹娶涂山，治鸿水，通轩辕山，化为熊。涂山氏见之，渐而去，至嵩高山，化为石。禹曰：'归我子'。石破北方而生启。"启为神人交配所生，本具有神性。《山海经·大荒西经》又载曰："西南海之外，赤水之南，流沙之西，有人珥两青蛇，乘两龙，名曰夏后开（即启），开上三嫔于天，得九辩与九歌以下，此天穆之野，高二千仞，开焉得始歌九招。"启既乘两龙，上天庭，更说明其具有神性。历代史学家并没有因为启有神性的一面而否定其存在，可见我们也不能简单地以夷羿传说具有神话色彩而否定夷羿族团的实际存在。

　　上文分析，羿射九日及下除民害一类神话传说是有历史背景的，诸传说所言为同一历史事件，都是夷羿族团对崇日部族的征战并取得了胜利一类史实，其发生的年代大致在大汶口文化晚期至龙山文化早期。

　　（2）后羿在有夏初年有关人话活动的记述

　　有关史籍视夷羿为夏代初时人。

　　《太平御览》卷八二："《书》曰：太康尸位，以逸豫灭厥德，黎民咸贰。

---

①　刘夫德：《"扶桑"考》，《社会科学战线》1985 年第 3 期。

乃盘游无度，畋于有洛之表，十旬不反。有穷后羿，（因民弗忍），距于河。"

《左传·襄公四年》："昔有夏之方衰也，后羿自鉏于迁于穷石，因夏民以代夏政，恃其射也，不修民事而淫于原兽。弃武罗、伯困、熊髡、龙圉而用寒浞。寒浞，伯明氏之谗子弟也，伯明后寒弃之，夷羿收之，信而使之，以为已相。浞行媚于内而施赂于外，愚弄其民，而虞羿于田，树之诈慝以取其国家，外内咸服。羿犹不悛，将归自田，家众杀而亨之，以食其子，其子不忍食诸，死于穷门……"

《左传·昭公二十八年》："昔有仍氏生女黔黑而甚美，光可以鉴，名曰玄妻，乐正后夔取之，生伯封，实有豕心，贪惏无厌，忿纇无期，谓之封豕。有穷后羿灭之，夔是以不祀。"

《楚辞·天问》："帝降夷羿，革孽夏民，胡射河伯而妻彼雒嫔，冯珧利决，封狶是射，何献蒸肉之膏而后帝不若？浞娶纯狐，眩妻爰谋，何羿之射革而交吞揆之？阻穷西征，崖何越焉……"

《离骚》："羿淫游以佚畋兮，又好射夫封狐；固乱流其鲜终兮，浞又贪夫厥家。"

相类史籍，尚见于《左传·襄公元年》、《史记·吴世家》、《路史·后记十三》诸文。

前文提及，过去曾有人认为后羿乱夏传说为东汉或东汉以后文人学士所杜撰，这是不妥的，是臆断。

学者多认为，所谓夏王朝原本或是几个大的部族集团之间的联盟①。围绕最高领导权问题，曾长期发生斗争，启、益争夺帝位就是例证。

《战国策·燕策》："禹授益而以启为吏，及老而以启为不足任天下，传之益也。启与支党杀益而夺天下。"

《古本竹书纪年辑校》："益干启位，启杀之。"

益是东方夷人，王永波先生认为，益之故地在今青州一带②，启为华夏

---

① 刘起釪：《古史续辨》第 17、131 页，中国社会科学出版社，1991 年。
② 王树明：《冀祖夷羿疏证》，《管子与齐文化》，北京经济出版社，1990 年；王永波：《"己"识族团考——兼论其、并、己三氏族源归属》，《东夷古国史研究》（第二辑），三秦出版社，1990 年。

系统的代表。两者之争无疑是东夷集团与华夏集团之争，斗争的结果，是启杀益而取得了胜利。

由诸史料记载看，启及其后裔太康并不是什么有道之君。

《墨子·非乐篇》曰："于《武观》曰，'启乃淫溢康乐，野于饮食……'故上者天鬼弗戒，下者万民弗利。"

《太平御览》卷八二引《帝王世纪》曰："太康无道，在位二十九年，失败而崩。""帝相，一名相安，自太康夏政凌迟，为羿所逼，乃徙商丘，依同姓诸侯斟灌、斟郡氏。羿遂称帝。"

《尚书》、《楚辞》诸载籍也有类似记载，表明有夏初年，启及后人的政权是不稳固的，在这种情况下，东方夷羿族团再次入主中原，并取代了华夏系统的统治。因此，后羿乱夏传说反映的是夏初东夷集团与华夏集团的斗争这一史实。

综上文征引，"羿射九日，力灭民害"一类的传说及后羿乱夏记载，大致反映了古代东夷集团中夷羿族团的两个大的历史事件。其发生的时代，前者约当大汶口文化晚期及龙山文化早期，是夷羿族团对崇日部族征讨的反映。这一时期夷羿族团取得了决定性胜利，故羿被看成正义之神；后者发生在夏代初年，夷羿族团曾一度取代夏的统治，位极君王之尊，"后"即君也，因而文献中有"后羿"、"帝羿"、"羿帝"的称号。但是，夷羿族团对夏的战争最后毕竟失败了，因之，夷羿又有了"淫羿"的称号，先秦的一些文献因之也将羿看成是邪恶的无德之君。有关夷羿毁誉不同种种传说的出现，殆或昭示于这一历史背景。

（三）夷羿活动地望考证

从大汶口文化晚期至夏代初期，夷羿族团在与诸族交争中曾进行大规模的迁徙，鲁北、鲁中南、鲁西、豫东北、豫中地区都有他们活动的记载，就是这一史实的例证。这一史实要证实无疑，尚需对与其交争最激烈的斟灌、斟郡、寒族诸部的居住地域进行研析、讨论。

1. 夷羿族团原祖居鲁北

就古史传说资料而言，鲁北最早进入史载的当属爽鸠氏。《左传·昭公二十年》晏子对齐景公问及齐地沿革时谓："昔爽鸠氏始居于此地，季萴因之，有逢伯陵因之，薄姑氏因之，而后太公因之。"文中所涉之逢伯陵，当与"学射于羿"之逢蒙为同一部族①。《孟子·离娄下》"逢蒙学射于羿，思天下唯羿愈之，于是杀羿。"因此，在羿的早期传说中，其与逢氏为近邻。

逢是一个古老的部族。自1979年以来，山东省考古工作者在济阳县姜集乡刘台子发现几座西周早期墓，发掘的四座墓葬出土了大量青铜器，其中带有"夆"字铭文的就有十余件，从而证明在西周时期逢氏应在济阳一带。而1985年清理的M6中，出土随葬品达1907件，在一件铜鼎上有"王姜夆妣尊彝"的铭文，发掘者据此认为"此墓应是逢国某一国君夫人墓"②。或如是，说明逢国都城应距此不远。

据顾祖禹《读史方舆纪要》记述，临朐、青州一带有逢山、逢庙，或有认为，逢之兴也，概起于此地，其后北迁，至今淄博、济阳一带。其迁徙情况，或当如此。

此外，《淮南子·本经训》记载，羿曾"缴大风于青邱之泽"。高诱注："青邱，东方之泽名也。"青邱之地，当在今山东广饶县内③。是又再而证明夷羿所居地，当鲁北姜齐封域之内。

近年来，王树明先生通过对文献资料及考古学资料的对比研究认为，在鲁北地区存在一个崇尚弓箭的夷羿族团，是后，常兴照、张光明、王永波诸先生根据此说又进而进行诸多推论，总上诸君所论，商周时期"髣"国之祖先即为"夷羿"。从金文及甲骨文资料看，夷羿族团中的纪、髣、薄姑、邢几个方国均存在河南、山东两地说。窃以为，甲骨文、金文所记河南之纪、髣、薄姑、邢等，是其随夷羿西征时留居于河南的一部分。而在山东出土金文中有这些方国的实物，是部族中未随夷羿西征或西征失败后退居在山东本土部分所建方国的物质遗存，关于这一点，后文将有详论。此

---

① 常兴照、张光明：《商奄·薄姑钩沉》，《东夷古国史研究》（第二辑），三秦出版社，1990年。

② 山东省文物考古研究所：《山东济阳刘台子西周六号墓清理报告》，《文物》1996年第12期。

③ 顾祖禹：《读史方舆纪要》"青州府安乐县"条。

外，属于夷羿族团的尚有鄌、邢等。他们或未随夷羿西徒，或因其属蕞尔小国，势力太小，而极少见于籍载较少。

2. 鲁中南、鲁西地区夷羿族团的踪迹

（1）"十日"传说的产生地域

据古史传说，鲁南地区先民祖宗太皞、少皞二氏，是崇拜太阳的部族。分布地域大致相同，太皞族分布于山东南部、河南东部，北临济水，东括蒙峄，空桑在其中，雷泽在其域，其势力大时，西乃至于陈。太皞风姓，其后有任、宿、须句、颛臾四国，四国地望大致在鲁中南、鲁西地区。

考古资料迭次表明，在大汶口文化时期这一地区的原始居民有太阳崇拜的习俗。所谓"十日"的传说，应是这一地区先民太阳崇拜习俗的反映，因之，羿射十日的传说，也应是夷羿对该地区原始部族的征讨活动的追忆。当是时也，夷羿族团活动范围已扩至鲁中南、鲁西地区。

（2）关于凿齿

载记羿与凿齿曾战于"寿华之野"。《山海经》郭璞谓：凿齿"亦人也，齿如凿，长五六尺，因以名云。"《淮南子》高诱注谓："凿齿，兽名，齿长三尺，下彻颌下，而持戈盾。"至于寿华所在，高诱注谓："东南方，泽名"。

新中国成立以来，考古发现表明，山东、苏北一带大汶口文化墓葬中，有拔去上颌齿的习俗，发现这一风俗的有：山东泰安大汶口、曲阜西夏侯、兖州王因、邹县野店、茌平尚庄、诸城呈子、胶县三里河及苏北大墩子等遗址。人类学专家鉴定，除胶县三里河外，拔牙的齿种严格限定在上颌犬齿以前的三个齿种（中、侧门齿和犬齿），但几乎不涉及前臼齿以后的牙齿种及下颌骨的牙齿，并且左右对称拔除的约占 95.4%，大多是拔除一对上颌侧门齿[①]，至于施行拔牙术的年龄，一般应在 14 岁左右。上述山东诸地区流行的拔牙习俗，使我们很容易联想到与羿有过争斗的凿齿之民。

有关凿齿的诠释，如果真像郭璞所说有长（zhang）五、六尺长（chang）牙齿的人，在考古资料中应有发现，但目前已发表资料中，尚无此类牙齿或装饰的例证，可见此说言之无据。其次，从时代上讲，这种拔

---

① 韩康信、潘其风：《我国拔牙风俗的源流及其意义》，《考古》1981 年第 1 期。

牙风俗流行于大汶口文化时期，到龙山时代已消失，与羿诛凿齿时代的传说相吻合。可以推知，崇尚拔牙习俗的大汶口人就是文献记载中夷羿所诛的凿齿之民，缘此，我们有理由认为，夷羿与凿齿杀戮的寿华之野，就在崇尚拔牙习俗一类大汶口人的分布范围之中，当不出鲁中南、苏北的范围。

（3）封豨之地

封豨即封豕。《淮南子·本经训》高诱注云："封豨，大豕，楚人谓豕为豨也。"《楚辞·天问》说羿"封豨是射"。《天问》却讲羿"又好射夫封狐"。由此可知，封豨即为封狐，"因为谐音的关系，所以改'豨'字为'狐'尔"①。

又据《左传·昭公二十八年》记载，封豨为有仍氏之后，有仍氏乃夏同盟，为夏时活动于今济宁一带的古部族，据此，封豕活动地望有可能当在古泗水流域或可谓在今鲁西南一带。

3. 夷羿在豫东北、豫中地区活动

凡两说。

（1）羿居濮阳说

《晋太康地道记》："河南有穷谷，羿灭夏，自钽迁于此。"

《史记·夏本纪》正义引《括地志》曰："故钽城在滑州韦城县东十里。"即在今河南濮阳南部一带。

（2）羿居巩县说

《史记·周本纪》："自洛纳延于伊纳，居易毋固，其有夏之居。"正义"《汲冢古文》云：'太康居斟寻，羿亦居之，桀又居之。'《括地志》云：'古鄩城在洛州巩县西南五十八里也。'"

为寻找古代斟鄩祖居，20世纪60年代，徐旭生、邹衡先生曾去河南巩县调查。在复查稍柴遗址时，"看到该处夏文化遗址范围很大，分布密集，文化堆积很丰富，延续的时间很长，与偃师二里头颇为相似，应该同样是夏代重要都邑之一。值得注意的是，如前所述，稍柴、二里头都位于伊、洛二水之间，而稍柴恰当伊水入洛处，估计其与《水经注》上说的诸寻水位

---

① 闻一多：《天问疏证》，生活·读书·新知三联书店，1980年。

置相距不会很远，或者就在诸寻水分布范围内，从而夏都邑斟鄩的地望可能就在这一带"①。

据稍柴遗址试掘资料，夏文化遗物分两期四段，与二里头相同。或可认定，该地或即为夏代之前至夏初斟鄩氏所居，也或即夏初羿所居之斟鄩。

4. 寒浞活动地望

《太平御览》卷八二引《帝王世纪》曰："寒浞有穷氏，既篡羿位，复袭有穷之号。"仅此一端即可看出，寒与有穷后羿是密切相关的同盟、同姓、同族。寒浞灭羿后，夷羿族团的首领由寒浞取代就是强证。

（1）寒国之所在

《左传·襄公四年》杜注："寒国，北海平寿县东有寒亭，伯明其君名。"

据此，古代寒国故都当在潍坊一带。今潍坊市寒亭区有寒浞墓传说可证。

《左传·襄公四年》杜预认为，寒亭为伯明氏之寒国，为寒浞发迹之地，并非随羿西征的所在地，这一说法是可信的。

（2）过与戈

过、戈与有穷后羿亦为同姓、同族之邦。《左传·襄公四年》："浞因羿室，生浇及豷，恃其谗慝诈伪而不德于民。使浇用师，灭斟灌及斟寻氏。处浇于过，处豷于戈。靡自有鬲氏，收二国之烬；以灭浞而立少康。少康灭浇于过，后杼灭豷于戈。有穷由是遂亡。"杜注，戈国故墟在河南省，当宋、郑之间。过国故墟，《括地志辑校》："故过乡亭，在莱州掖县西北三十里，本过国（地）〈也〉。"在今莱州市西北。

徐中舒先生认为，古史传说中的"过"、"戈"诸国名，古音可以互通，为一名之分化。依是说，戈、过两国也有河南、山东两说。

5. 斟鄩、斟灌之居

《古本竹书纪年辑校本》："帝相八年，寒浞杀羿，九年相居于斟灌，二十六年，使其子帅师灭斟灌。二十七年代斟寻，大战于潍，覆其舟灭之……甲辰年伯靡自鬲帅斟灌之师以伐浞，少康自纶归于夏邑。"

《左传·襄公元年》也有相类的记载。可以看出在夏初夷夏交争过程中，斟鄩、斟灌作为夏后氏的同姓诸侯是站在夏王朝的立场上，自始至终都起重要的作用。二国活动地望的变迁也与夷羿族团的活动密切相关。有关是二国的活动地望，王树明先生在《"亚丑"推论》一文中，曾作过精辟而又详细的论证，下文就王氏所论而作以增补。

见诸史籍，斟氏所在地望，约凡三说。

其一，斟氏潍坊说。

《史记·夏本纪·正义》引《括地志》："斟灌故城，在青州寿光县县东五十四里。"

《水经·汶水》注："又北过淳于县西，又东北入潍。"注曰："故夏后氏斟灌国也。"按："淳于当今安丘地。"

《后汉书·郡国志》："平寿县有斟城。"注曰："杜预曰：'古斟（鄩）国故县，后省。'"是斟族又有平寿县即今潍坊南部一带一说。

自20世纪30年代以来，考古资料一再反映，青州苏埠屯出土许多带"亚丑"铭文的青铜器。王树明先生考证，"亚丑"本斟灌徽文。又此，在殷代，斟氏族团又有居青州一带一说。1981年，在山东潍坊市临朐县嵩山一带还发现两组西周青铜器，其中带铭文的铜器有鄩中匜、鄩中盘。这些最新发现及青铜铭文破释，为夏商时期斟灌、斟鄩诸部活动在潍坊一带的说法，提供了实实在在的物质证据。

其二，斟族濮阳说。

《水经·河水篇》注："浮水故渎，又东南径国邑。又东径卫国县故城南，古斟灌。"

《水经·巨洋水注》引《汲冢书》云："夏相徙商丘，依同姓诸侯于斟灌、斟寻氏。"

王玉哲先生认为，这里所说的商丘，应为宋代王应麟所谓帝丘之讹。查以今地，古卫国、商丘皆在豫东北濮阳一带。

其三，斟族巩县说。

见上文"羿居河南巩县"说一节。

据上文所列，夷羿及其相关部族活动地望的考证，按照部族和时代的不同加以排比，可以大致理清自大汶口文化晚期至夏代初期，夷羿、寒浞、斟灌、斟鄩氏活动的基本情况。

（1）有穷后羿族团。这是一个古老的族团，兴起于鲁北，在大汶口文化晚期，帝舜或曰帝俊时期，开始向南部和西部地区扩展，对以日为崇拜对象的帝舜族团的一些部族进行过征讨活动，到龙山早期，其活动地域大致在泰沂山系北侧、西侧的鲁北、鲁中南、鲁西南一带，尔后抵至河南濮阳一带。

夏代初年，"夏后氏太康失德，夷人始畔"（《后汉书·东夷传》），有穷后羿及同姓部族寒浞等"因民弗忍"，自河南濮阳向西，开始对有夏腹心区域进行征讨，赶走了夏后氏，成为中原地区的霸主。

有穷后羿入主中原后，所居当在今河南巩县一带，寒浞氏"行媚于内而施赂于外，愚弄其民，而虞羿于田……羿犹不悛，将归自田，家众杀而亨之……"从而夺取了有穷后羿的统治。应该说这是夷羿族团内部的争斗，并没有引起族团的分裂。争斗的结果是族团的统治权由有穷后羿转至有穷寒浞手中。

（2）有穷寒浞。寒浞乃伯明之后，其部族最初活动地望当在今潍坊一带；追随有穷后羿至泰山西侧，随后进入河南，并参加了对夏后氏的征讨；在有穷后羿取得胜利后，杀后羿而成为夷羿族团的首领。

寒浞取得政权后，继续了对夏后氏的征讨。"（帝相）二十六年，使其子帅师灭斟灌。二十七年伐斟寻……。二十八年浞弒帝。"（《竹书纪年》辑本）其时，寒浞所居地应因羿而在伊洛河流域，其所伐斟灌、斟鄩应在河南濮阳一带，打败斟灌、斟鄩之后，寒浞封其子于过、戈，其时过、戈当在河南，此为过、戈河南说之由来。

夏后少康时期，伯靡收二斟氏之余烬，消灭了寒浞，然后灭浞二子封地过、戈。其子或其部族残部迁往山东，在山东又建立了自己的国家，由此可见，过国山东莱州说也是有历史依据的。

（3）斟灌、斟鄩氏。斟灌、斟鄩为禹后，与夏王家同宗同族。《史记·夏本纪》太史公曰："禹为姒姓，其后分封，用国为姓，故有夏后氏……斟寻氏……斟（氏）戈氏。"《索隐》曰："斟戈氏，按《左传》、《系本》皆云斟灌氏。"

据翦伯赞及王树明诸先生考证，斟灌、斟鄩氏发迹之地当在今豫西一带①，尔后向东发展，斟鄩氏曾居伊洛河流域，故《括地志》云："故鄩城在洛州巩县西南五十八里也。"夏代初年东进，斟灌、斟鄩迁至河南濮阳一带。

后羿征夏后氏后，夏后相逃至斟灌氏所居住地区，因为二斟氏对夏后氏的庇护，引起了寒浞对他们的征伐，受征伐后的斟灌、斟鄩氏逃亡的地点已不可考。少康时期，依靠二斟氏的力量，消灭了寒浞及其二子，在对夷羿族团的征伐与追击过程中，斟灌、斟鄩二族或二族中的各一部，到达山东潍坊一带，并在这里建立了自己的城邦国家，一直延续至商周时期。迄至今日，我们在潍坊地区仍能找到商周时期斟灌、斟鄩氏的遗迹、遗物就是证明。

（四）夷羿族团活动的历史背景

前已提及，见于载记夷羿族团活动的时间大致在大汶口文化晚期到夏代早期，这一历史时期的历史环境如何？考古学上又有什么与之相关的发现？只有弄清这些问题，才能将夷羿族团的活动纳入中国古代历史中进行考察。

大汶口文化晚期大致在距今 5000~4600 年，在这一时间范围内，大汶口文化大致分布在山东全境、豫东、苏北、皖北一带。有人根据各地大汶口文化面貌的不同，把大汶口文化划分为六个②或八个文化类型③。我们在对所划各文化类型进行对比研究时，发现其间有的差异较大，有的差异较少。经过综合分析认为，大汶口文化晚期大致有三个文化区，即胶东、鲁北及鲁南（括有鲁中南、鲁东南、豫东、苏北诸地）三个文化区。

---

① 翦伯赞：《诸夏的分布与鼎鬲文化》，《夏文化论文集选集》，中州古籍出版社，1985年；王树明：《"亚丑"推论》，《东夷古国史研究》（第二辑），三秦出版社，1990年。

② 郑笑梅：《论泰沂文化区》，《海岱考古》（第一辑），山东大学出版社，1989年。

③ 栾丰实：《东夷考古》第 159~172、311、335~338 页，山东大学出版社，1996年。

　　胶东地区，指胶莱河以东，在相对封闭的自然环境中，其文化面貌独特。在大汶口文化晚期，其文化既有承袭白石村文化以来的胶东土居因素，某些器形及纹饰上又有辽东半岛原始文化的因素。因此，尽管其文化主体与其他地区大汶口文化较一致，但却存在明显的差异。

　　鲁北地区，主要指鲁北、鲁西北，这一地区大汶口文化尽管存在东、西部的差异，但文化面貌的主体是比较一致的，陶器器类以鼎、豆、罐为主，造型简单，墓葬以小墓居多，随葬品少，且多为日常用品。墓葬之间的差异不十分明显。

　　鲁南地区，有人依其文化面貌不同，将其分为三个或四个类型。尽管在这一地域，各小区之间多少有些差异，但与鲁北地区相比，其共性占主导地位。就整体而言，鲁南地区大汶口文化的物质文化及社会意识形态明显先进于其他地区，具体表现为：①陶器种类繁多、造型复杂、工艺高超，石质工具精美，骨、角、牙器磨制精良，雕刻细际，出现象牙梳、雕筒等精品。②墓葬分为大、中、小型墓，各类型之间随葬品差别较大，贫富分化明显。在一些大、中型墓中，除随葬日常生活用品外，有大量的酒器、酿酒用具①。③特别值得注意的是在莒县陵阳河、大朱村、诸城前寨等遗址中的陶缸上发现有刻划的图像文字，表明这一地区社会文明已经达到较高的程度，或已步入文明的大门，这一时期有可能已经出现城市②。

　　在鲁南文化区，豫东与其他文化小区相比尚有一独特点，即豫东地区大汶口中、晚期文化不是从大汶口早期文化发展而来，而是受到鲁中南地区大汶口文化影响而形成的（进一步说，或许是鲁中南地区大汶口文化的民族向西迁移而形成的）。自大汶口文化中期以后，这一地区文化面貌中虽然仍有一定数量的仰韶文化、屈家岭文化的因素，但其主体仍与鲁南地区的大汶口文化面貌相一致，因此，有学者认为，豫东地区大汶口文化（即大汶口文化颍水类型）是太皞族团的文化遗留③。

---

① 王树明：《山东莒县陵阳河大汶口文化墓葬发掘简报》，《史前研究》1987 年第 3 期。

② 据笔者了解，在五莲丹土、滕州西康留有大汶口文化城址，目前资料尚未发表。

③ 杜金鹏：《试论大汶口文化颍水类型》，《考古》1992 年第 2 期。

　　在鲁南大汶口文化的陶器上，有许多与太阳崇拜有关的图像文字。在莒县、诸城等地发现的日、火、山或日、火相结合的图案，均刻在大口尊上，个别并涂以朱彩，显然与祭祀太阳有关①。一些遗址中出土的陶器彩绘有八角星纹、圆圈内加圆点等图案，均与当时太阳崇拜有关。因此，这一地区的古代居民是以太阳作为崇拜物的，所谓常羲生十日的传说，也应产生在这一文化区。刘夫德先生对这一地区与"日"相关符号进行了系统研究，认为"与日紧密相关的'扶桑'，就是我国古代日族所居的'穷桑'，即曲阜及周围一带"②。

　　王树明先生在对鲁南地区古史传说资料进行研究时发现，古史传说中的帝舜，"原是夏、商、周三代中有商一代远祖帝舜、帝喾、帝俊、太昊之名，又再次衍生出伏羲氏、庖（包）氏、宓氏诸名，也或者，帝舜太昊部族之诸多异名、他称，是其所处不同发展阶段或因其处居地点不同，从不同侧面、不同时期而缘起的一些名称。其发迹之地，应在鲁东南地区，其活动地望，大致在鲁东南、鲁中南、豫东一带"③。传说中太皞、少皞、帝舜、帝俊都是以太阳为崇拜物的，其活动时间历经大汶口、龙山文化时期，由此可见，鲁南地区大汶口文化，就是传说中太皞、少皞、帝舜或曰帝俊族团的文化。后羿射日，当是反映了后羿族团对于这一族团的某些支族的征伐，文献中的凿齿、大风、封豨、修蛇等，应是这一族团中受到征伐的支族的名称。

　　前述，夷羿族团发迹于鲁北地区，其时，鲁北地区的物质文化远远落后于鲁南地区，其社会意识形态也受鲁南地区较大的影响。表现在古史传说上，鲁南地区古史传说早且有系统，而鲁北地区，传说最早的是爽鸠氏，而爽鸠氏，也是攀附于鲁西南地的少皞氏之名下，认为其为少皞氏之一支，羿射九日的传说中，羿也是作为帝俊的下属被派生出来的。因此夷羿对崇拜太阳族团的征讨，是文化落后部族对先进地区的战争，此类战争征讨，

①　邵望平：《远古文明的火花——陶尊上的文字》，《大汶口文化论文集》，齐鲁书社，1979 年。

②　刘夫德：《"扶桑"考》，《社会科学战线》1985 年第 3 期。

③　王树明：《帝舜传说与考古发现诠释》，《故宫学术月刊》第九卷第四期。

马克思主义认为,其必然结果是为先进民族所同化,或者说给后者即落后者带来物质文明①。

从已发现的物质资料可以看出,夷羿族团对鲁南地区的征讨,导致这一地区物质文化的改观。在夷羿族团发迹的鲁北地区,在大汶口文化之后的龙山文化,特别是龙山文化中晚期,其物质文化及文明程度有了较大的提高。具体表现在:①居址数量的增多与范围的扩大,说明当时鲁北地区人口数量大大增加;②以陶器为主要标志的物质文化的数量、种类、制作工艺都有了较大的提高;③墓葬开始出现大、中、小型墓的分化,大型墓中,许多随葬品不再是简单的生活日用品,酒器等礼器开始出现;④在鲁北地区,发现了数量较多的龙山文化城址,说明阶级、部族、邦国之间的对立已经开始出现;⑤在邹平丁公、阳谷景阳岗龙山城址②发现的龙山陶片上的文字,表明龙山时期鲁北地区已步入文明的大门。因此,如果说大汶口文化时期鲁北地区落后于鲁南地区,那么到龙山时代特别是龙山文化中晚期,鲁北可能已超过了鲁南地区。

鲁中南地区在大汶口文化时期流行拔牙习俗,我们由此认为,这里为传说中的"凿齿民"居住地,但到了龙山文化时期凿齿习俗已发生改变。我们知道,作为一种习俗,不可能因为物质文化的改变而消失,只能是具有这种习俗的居民发生迁徙,而这种迁徙,应是夷羿族团"诛凿齿"的结果,因此,有理由认为,在龙山文化时期,夷羿族团的势力已经发展到鲁中南乃至豫东地区。

从古史传说及文献资料观察,龙山文化时期,是处在夏、商、周之前夷人建立的有虞氏一代。继有虞氏之后,华夏集团又或成立了夏代而替代了东方夷人的霸主地位。在夏代初期,东夷部族并不甘心自己的权力被剥夺,伺机夺取夏王朝的统治。夏启及其儿孙们沉湎于自己的胜利之中,逐渐"淫益康乐"而失道,此时,势力逐渐强大且中心已迁至河南濮阳的夷羿族团乘机开

---

① 恩格斯:《反杜林论》,人民出版社,1971年。

② 方辉:《山东省邹平丁公遗址发现的龙山文化多字陶文》,《故宫文物月刊》第十二卷第一期;王守功:《景阳岗城址刻文陶片发现的意义》,《中国文物报》1998年1月14日。

始了对华夏王朝的征伐，"羿自鉏迁于穷石，因夏民以代夏政"（《太平御览》卷八二），从而发生了"太康失国"、"后羿乱夏"这一历史事件。

后羿对夏的征讨尽管失败了，但对于夏代的社会及物质文化肯定会产生深刻的影响，而考古资料也一再反映，夏文化中有许多山东大汶口和龙山文化的因素。

考古学界普遍认为，二里头文化就是夏文化。河南的夏文化即二里头文化遗存中，明显存在着河南龙山文化（王湾类型）和山东龙山文化两种不同的物质文化因素，山东龙山文化的因素在二里头类型的鬶、甗、豆、杯、盘等器物上表现得尤为明显。

此外，二里头文化二里头类型随葬品组合中常见的甗、鬶、盉等酒器和三足盘、平底盘、豆等盛食器，常见于山东龙山文化的墓葬中，但却少见于王湾类型的墓葬中。这说明二里头文化二里头类型的居民所使用的某些礼制及风俗习惯来自于山东龙山文化。

邹衡先生认为，夏、商成套礼器最大的区别是，夏用甗、爵、鸡彝，商用甗、爵、斝。而夏文化中，甗、爵、鸡彝、瓦足皿四器"大都来自东方，或者同东方有密切的关系"[1]（按，邹先生所言"东方"，主要指海岱地区大汶口文化）。

李伯谦先生通过对二里头文化二里头类型的文化来源、性质、族属等问题的系统考察，认为"山东龙山文化的年代约在公元前2035±115年～前2405±170年，其晚期基本与夏代初期相当"，"而二里头类型一期的碳十四年代……基本不超出公元前二十世纪"，"二里头类型是'后羿乱夏'以后的夏文化"，"夏代初期文化应包括在王湾三期文化（按，指河南龙山文化王湾类型）之内"[2]。

文献、实物资料一再显示，夷羿族团的确发动了对夏王朝的战争，并且对中原夏代的物质文化产生深刻的影响。然而，据文献记载，夷羿族团在夺取了中原地区的领导权后，并没有稳定下来，其内部很快发生了分裂，寒浞利用了后羿的信任，杀后羿而取代其地位，其取得政权后，继续对华

---

[1]　邹衡：《夏商周考古论文集》，文物出版社，1980年。

[2]　李伯谦：《二里头类型的文化性质与族属问题》，《文物》1986年第6期。

夏族团进行征讨，伐斟灌、斟鄩氏并分封了其二子。应该说，寒浞是中国历史上最早对其子弟进行分封的，他开创了中国历史上分封制度的先河。寒浞封其子后，夏族集团又联合起来，对以寒浞为代表的夷羿族团进行了战争，战争的结果是寒浞及二子被逐（或被杀）。而斟灌、斟鄩氏大致就是在追逐寒浞族团之战争时，由河南东部进入山东地区，并先后在山东潍坊建立了自己的邦国。

夷羿族团与夏王朝的这场争斗，发生在夏代初年，前后延续 100 年左右，其争斗结束大约应在公元前 2000 年，这一历史时期，正是山东龙山文化向岳石文化转变的时期，两者之间似乎不是一种偶合，似或有其必然的内在联系。夷羿族团的失败，标志着东夷文化由鼎盛时期向分裂、衰落时期的转变。

在海岱地区，继龙山文化之后是岳石文化，依据碳 – 14 测定的年代，岳石文化的年代大约距今 3950～3500 年，其上限可能延伸至距今 4000 年，其下限在一些地区可能要更晚些，大致跨越了夏代及早商的纪年。

由于岳石文化被认识得较晚，发掘的遗址数量不多，因此，岳石文化的文化面貌远不如龙山文化清晰。有人依据现有资料，将岳石文化分为照格庄、郝家庄、土城、王推官庄、尹家城、安邱堌堆等六个文化类型[1]。

岳石文化与龙山文化的文化面貌有较大的差异，表现在陶器上，龙山文化陶器制作十分精致，以"黑、光、亮、薄"著称于世，岳石文化以灰陶为主，陶胎厚重，器类较龙山文化也少得多，因此，关于岳石文化的来源问题，一直是考古学界争论的热门话题，大致有两种观点：①岳石文化是在本地龙山文化的基础上发展起来的[2]；②岳石文化是外来的，或来自夏家店下层文化和于家村下层文化[3]；也或曰是吸收毗邻地区考古学文化的成果[4]而为。

---

① 栾丰实：《东夷考古》第 159～172、311、335～338 页，山东大学出版社，1996 年。

② 栾丰实：《东夷考古》，山东大学出版社，1996 年。

③ 张国硕：《岳石文化来源初探》，《郑州大学学报》1989 年第 1 期。

④ 方辉、崔大勇：《浅谈岳石文化的来源和族属问题》，《中国考古学会第九次年会论文集》，文物出版社，1997 年。

从岳石文化的文化因素分析，不难发现，其遗物中表现出三种文化因素：①继承龙山文化某些文化因素，如岳石文化的盒、碗形豆、盘形豆、折肩罐、子母口瓮等都可在山东龙山文化中找到祖型。此外，从山东龙山文化晚期陶器看，表面经磨光的数量减少，有些器物陶胎已由轻薄变为厚重，呈现向岳石文化过渡的迹象，而岳石文化早期陶器中，黑陶所占比例较大，泥质陶较多，尚有龙山文化之遗风。准此说明，岳石文化主要是从山东龙山文化中发展而来的。②岳石文化在自身的文化产生、发展过程中形成的文化因素，如蘑菇形器纽盖、粗陶甗、锥足罐形鼎、中口和大口夹砂罐、尊形器、舌状足三足罐等，岳石文化中这些自身发展过程中形成的文化因素，是其区别于龙山文化的主要根据。③岳石文化中存在许多外来的文化因素。

岳石文化存在的外来文化因素，主要来自以下文化：冀南地区的下七垣文化（或称二里头文化下七垣类型）、夏家店下层文化、二里头文化等，其中二里头文化因素主要见之于安邱堌堆类型，下七垣文化及夏家店下层文化对王推官类型及郝家庄类型有深刻的影响，如卷沿细绳纹鬲、花边罐、平口瓮等主要受下七垣文化影响，而其束颈鼓腹鬲、高圈足簋、子母口器盖及彩绘风格则主要来自夏家店下层文化的影响①。此外，安邱堌堆、郝家庄、王推官三类型中的绳纹装饰风格也应是周边文化影响的结果。

胶东（照格庄类型）、鲁南（土城类型、尹家城类型）的岳石文化受周边同时期文化影响较少，而在豫东、鲁西南（安邱堌堆类型）及鲁北（王推官类型、郝家庄类型）则较多地受到外来文化影响，这种影响如此之大，以至于一些学者认为，这些地区的岳石文化是外来的。

如果将鲁西、鲁北地区连成一线，就不难看出，这一地区正是夏代初年夷羿族团对夏战争失败后向东方后退的活动地区，由于夷羿族团势力的减弱，周围地区其他部族乘机而入，表现在物质文化上，就是这一地区物质文化受到外来文化的剧烈冲击。而在鲁中南、鲁东南及胶东地区，由于东夷集团自身稳定，势力较强，因而受到外来文化的影响也

---

① 王迅：《东夷文化与淮夷文化研究》，北京大学出版社，1994年。

较少。

尽管目前岳石文化的发掘资料尚少，还无法进行全面系统的研究，但是，通过对比研究，我们看到，豫东、鲁西及鲁北地区的岳石文化，由于受周围文化的影响，文化面貌与鲁中南、胶东地区相比发生了较大差异。这是海岱地区物质文化从统一走向分裂的开端。我们知道，从北辛文化晚期，海岱地区文化面貌已开始走向一致，经历大汶口、龙山文化两千多年的文化融合，东夷文化出现空前统一，而进入岳石文化时期，东夷文化开始出现差别，这种物质文化从走向统一到出现差异的趋向很可能是夷羿族团对华夏集团征伐的失败、夏族大举东进造成的。

（五）夷羿族团的分裂与瓦解

夷羿族团在寒浞及其二子被消灭之后，失去了与华夏相抗衡的力量，自身的势力也受到极大的削弱，在物质文化上，表现为外来文化对鲁西、鲁北地区产生深刻的影响，其后，伴随着商周王朝对东方的征讨和对所征占地区的再分封，各方国之间的战争、联合与兼并及由此而引起的民族迁移、文化交流，海岱地区的物质文化面貌出现了更大的差异。

夷羿族团在西征失败后，再没有出现统领整个族团的杰能之士，因而各部族逐步分裂，形成一个个独立性的方国，随着这些小方国逐渐被消灭与瓦解，夷羿族团逐渐湮灭于浩浩的历史烟海中。

值得庆幸的是，在殷周青铜器中，有许多带族徽的铭文，商代甲骨文中也有一些部族或方国事迹的记录。随着考古研究的深入，许多相关徽文被破释，钩沉出许多不见或极少见于经传的小邦国的史实，其中，明显属于夷羿族团的有薄姑、龚、邢、鄣、鄱、己（纪）及寒、戈、过诸国。因为这些方国的瓦解，标志着夷羿族团的势力在逐步消亡，因此，有必要对这些方国加以考辨论证。

1. 薄姑

典籍中有关薄姑的记载较少。《史记·周本纪》："成王即迁殷遗民，……东伐淮夷，残奄，迁其君于薄姑。"这类记载亦见于《尚书大传》、《汉书·地理志》、《书序》诸书。

1929 年，陕西省宝鸡出土西周成王时塱鼎，其铭文中有周公伐东夷，"丰伯，專古"咸灭的记载。唐兰先生隶释："專古"即"薄姑"①，是说其当。

有关薄姑活动的地望，《左传·昭公二十年》的记载，当在春秋时期齐地之内。薄姓是商及周初鲁北地区重要的方国。

关于薄姑氏族属、都城地望及相关考古发现，常兴照、张光明先生在《商奄·薄姑钩沉》一文中，曾有过精辟独到的论述，撮其要陈述如下：

（1）薄姑氏属东夷人，其在鲁北立国，故其族源风习应与齐地尚箭崇武之传统有密切关系。

（2）薄姑即为金文中"箙弓"或"萧弓"，都是崇尚弓箭的氏族，"箙弓"是箙氏、弓氏的合称，两者为同宗近支，至多可能为两个胞族。

（3）箙弓族中，箙氏曾是甲骨一期贞人集团的重要成员，由此，薄姑族系在商代早期的政治活动中就起到重要作用。周初曾与三监作乱叛周。

（4）考古发现证明，薄姑都城应在桓台县田庄镇荀召一带。

以上论述，勾画了薄姑这一方国的大致轮廓。需要加以强调的是：第一，薄姑既为崇尚箭部族建立的方国，而"羿"为鲁北区尚箭部族的首领，因此，薄姑氏必宗于夷羿，或者说与夷羿同族同宗。第二，薄姑——箙弓，既然分为箙氏与弓氏，两者应为夷羿族团中的两个支族，因此，薄姑如果作为一个国名，应为二支族联合建立的一个方国，其也可能原是两个国名，是周人对它的联称而已。第三，薄姑与商王朝有着十分紧密的联系。1996年淄博市博物馆在桓台荀召遗址西侧2华里许史家遗址发掘，发现一龙山、岳石及商时期的古文化遗址，遗迹有殷商大墓、杀殉坑、岳石文化祭祀坑等，特别重要的是，在岳石文化祭坑中，出土了两片刻有文字的羊肩胛骨，有学者认为，该坑内出土的甲骨文："时代属岳石文化晚期，是目前我国发现最早的甲骨文。"② 甲骨文在该地发现，说明居住于该地的薄姑氏与商王朝有密切的内在联系，因其善于占卜，所以远在河南定居的箙氏才能成为甲骨一期贞人集团的重要成员。

---

① 唐兰：《西周青铜器铭文分代史征》卷1第42～43页，中华书局，1986年。
② 淄博市文物局等：《山东桓台史家遗址岳石文化木构祭祀坑的发掘》，《考古》1997年第11期。

2. 聶

商周青铜器铭文中，有许多带聶字徽识的铭文，人们普遍认为，是属于聶国的铜器。聶器在历代金文著作中多有著录。20 世纪以来，特别是新中国成立以后，带聶字徽识铭文的青铜器发现尤多。目前，已知聶器的发现地点有河南安阳、浚县、上蔡、洛阳，辽宁喀左县①，北京房山琉璃河②，河北邢台③，陕西扶风、宝鸡④，山东黄县归城⑤、临朐⑥、烟台⑦、桓台史家等地。

亚聶族遗物如此众多的发现地点，说明商周之际，聶族曾作为一支十分重要的力量活跃于政治舞台。综合观察可知商周时期聶族约分为三支。

（1）山东之聶氏。王树明先生对"亚聶"徽识的字形进行对比研究时，发现"聶"字图像，常常摹画一人形。而这一人形"仅一臂有手，两臂长短不一，较长的一臂握有杠杆或镞头。"引征古史传说论定"亚聶族徽识是神化了的一种远射兵具，即箭的化身，它是由亚聶族先民崇拜弓箭、尊奉箭为神灵习尚渐次神化衍变而来的箭神或射神的形象"，"亚聶徽识所画是箭神夷羿的形象"⑧。依是，亚聶崇拜箭神羿，说明也是夷羿族团的一支。

---

① 喀左县文化馆等：《辽宁喀左县北洞村出土的殷周青铜器》，《考古》1974 年第 6 期。

② 中国科学院考古研究所等：《北京附近发现的西周奴隶殉葬墓》，《考古》1974 年第 5 期。

③ 河北省博物馆等：《河北省出土文物选集》，文物出版社，1980 年。

④ 陕西省考古研究所等：《陕西出土商周青铜器》（三集）第 65 页，文物出版社，1980 年。

⑤ 王献唐：《山东古国考》，齐鲁书社，1983 年。

⑥ 出土于临朐县营子乡，铜器大部分亡佚，仅存一爵，鋬下有铭文，现存于临朐县图书馆。

⑦ 山东省烟台地区文物管理委员会：《烟台市上夼村出土聶国铜器》，《考古》1983 年第 4 期。

⑧ 王树明：《聶祖夷羿疏证》，《管子与齐文化》，北京经济出版社，1990 年；王永波：《"己"识族团考——兼论其、并、己三氏族源归属》，《东夷古国史研究》（第二辑），三秦出版社，1990 年。

山东地区发现夒氏遗物，主要在潍坊以东。新中国成立前，在黄县归城发现 8 件箕器。王献堂先生考证，这批铜器是姜姓箕子为嫁女而做的媵器①，又据莒县一带有箕山、汉有箕县的记载，进而推定箕国原籍于今山东莒县一带。1975 年，山东临朐营子乡发现一批晚商夒氏器，说明至晚在殷商时期夒氏已在这一地带居住，武王克商后，夒氏归附周室，曾作为重要力量随周王南征。烟台市上夼出土铜器证明，在西周晚期至春秋早期，夒国仍称侯。春秋时期，齐国势力渐盛，对夒国形成压力，大约在齐僖公、庄公前后，其国东渐，渐次退至今胶东一带。

（2）河南之夒氏。河南夒氏与商王朝关系十分密切，晚商乙辛卜辞中有"夒"或"夒侯"，是以知"夒"为这时期一方国名②。1976 年，中国科学院考古研究所安阳队在殷墟发掘的妇好墓中，出土了 21 件带"亚其"铭文的铜器③。对这批铜器的性质，原报告认为是夒氏族或方国的统治者献给王室的贡品，也有认为，妇好墓中的夒氏器，可能为夒氏嫁女的媵器，无论是贡品还是媵品，都说明夒氏与商王朝的关系十分亲密。至于河南夒氏活动的地望，孙敬明先生认为"亚其封地就在淇水流域，因其居地与商王密迩，故得王室器重，累世为官。卜辞有王至于'其'的记载，亦去商都不远"④。

河南之夒氏亡国当姬周翦商之时。

如前述，亚夒是夷羿族团一部，其远祖应在鲁北，夷羿征夏时，随夷羿进入河南，夷羿失败后，其一部分留在河南，与太皞族团后裔，即代夏之商族关系密迩，或互为姻亲。《史记·宋微子世家》云："箕子者，纣之亲戚也"。其所言或指此。

（3）北迁至北京、辽宁之夒氏。商族灭亡后，周"封箕子于朝鲜而不臣也"（《史记·宋微子世家》），其流徙于辽宁大陵河流域，与当地土著殷

---

① 王献唐：《山东古国考》，齐鲁书社，1983 年。

② 孙敬明：《考古发现与夒史寻踪》，《东夷古国史研究》（第一辑），三秦出版社，1988 年。

③ 中国社会科学院考古研究所：《殷墟妇好墓》，文物出版社，1983 年。

④ 孙敬明：《考古发现与夒史寻踪》，《东夷古国史研究》（第一辑），三秦出版社，1988 年。

商孤竹氏保持了同盟关系①。

大约在齐桓公前后，随着桓公伐孤竹、北迁之曩氏遭到沉重打击，从此日渐式微，尔后不见于经传。

3. 邢、鄑、郜

《左传·庄公元年》："齐师迁纪、邢、鄑、郜。"杜解："齐欲灭纪，故徙其三邑之氏而取其地。"《谷梁传》曰"纪，国也，邢、鄑、郜，国也，或曰迁纪于邢、鄑、郜。"邢、鄑、郜各为其国还是纪之属邑，史学界争论不一。其实，大约在龙山文化及其以后的一个时期，中国历史是一个方国林立的时代，各方国之间关系杂芜纷陈，更替频繁，将考古资料与文献资料结合起来，就不难发现，邢、鄑、郜经历了一个由部族而为方国，由方国而为邑的发展过程。

（1）邢。邢即己邢或写"己并"，殷代铜器有己并爵发现（松续下，6）。1952年安阳出土一件己并父丁爵②。山西发现一个并氏戈③。1983年寿光出土商代铜器64件，其中有铭文者19件，有15件为己并器④。

己并的事迹，也见于甲骨卜辞中，如"王令并"、"并入十"、"遣并"等，据不完全统计有40余条。

王永波先生对殷商甲骨文、金文的"并"字之形体进行考证，认为并氏的徽识经历了从双矢、双夭的演变过程，并氏亦为尚箭部族，并立的双矢可能为并氏族人出猎和征战前进行祭祀活动的一种现象；并且认为，在殷末纣王时之比干氏，即为并氏在河南地区的分支⑤。

据现有资料分析，己并部族有两支，其中一支随夷羿征夏进入河

① 孙敬明：《考古发现与曩史寻踪》，《东夷古国史研究》（第一辑），三秦出版社，1988年。

② 《河南出土商周青铜器》编辑组：《河南出土商周青铜器》（一），文物出版社，1981年。

③ 彭邦炯：《竝器、竝氏与并州》，《考古与文物》1981年第2期。

④ 寿光县博物馆：《山东寿光县发现一批纪国铜器》，《文物》1985年第3期。

⑤ 王树明：《曩祖夷羿疏证》，《管子与齐文化》，北京经济出版社，1990年；王永波：《"己"识族团考——兼论其、并、己三氏族源归属》，《东夷古国史研究》（第二辑），三秦出版社，1990年。

南，并没有迁回山东，商代建立后，为商之重臣，甲骨文中所记之并氏，应属这一支的事迹。河南出土之己并器，应为这一支的遗物。并氏消亡的时间，大致在武王伐商前后。在商亡后，其中的一部分或徙至山西一带。

并氏另一支居住在山东潍坊一带，没有随夷羿西征而留在当地。依照山东龙山文化时期邦国林立的社会背景分析，这支并氏亦在当地兴起，并建立了自己的国家。在商代，潍坊一带的并氏为商王朝同盟，曾为对付周围其他势力的威胁而与己、其建立联盟①。

文献载记，潍坊并氏在临朐一带，"临朐，古骈邑，齐大夫伯氏年封"（《齐乘》），大量殷代己并氏铜器在寿光出土，当是己、并联合后的遗留。因此，并氏古地应在临朐，与己氏联合后，没能再脱离联盟，逐步变成己国的一个属邑。周之兴也，姜齐入主山东鲁北，灭掉己并，这应是至今没有发现西周以后己并氏器的缘由。

（2）鄑与鄐。鄑与鄐也应是潍坊一带尚箭族团的方国。

甲骨文、金文中无鄑字，假"晋"为"鄑"。"晋"字在甲骨文、金文中为两矢射日的形状，"晋当为箭，书亦或为箭"（《周礼·夏官·职方民》郑注引杜子春曰），据字形分析，"鄑"为尚箭"射日"部族。

鄐，也为甲骨文、金文所无，鄐之本字"午"与"矢"同义。故鄐与鄑一样应为崇武尚箭之部族。

依据典籍，鄑都在山东昌邑附近，鄐氏在安邱县西南 60 里的鄐山，其上有鄐城遗址②。

邡、鄑、鄐均为夷羿族团部族，其中鄑、鄐或是没有随夷羿族团西征，与中原交往较少，或是势力太小，不受重视，故其族名不见于甲骨文、金文。其后，与己部族联合，最终它们的国都成为己国一邑。后来人们不了解其由方国至己邑的转变过程，于是出现邡、鄑、鄐三氏或邑或国

---

① 王树明：《畀祖夷羿疏证》，《管子与齐文化》，北京经济出版社，1990 年；王永波：《"己"识族团考——兼论其、并、己三氏族源归属》，《东夷古国史研究》（第二辑），三秦出版社，1990 年。

② 陈槃：《不见于春秋大事表之春秋方国稿》，上海古籍出版社，2009 年。

的争议。

4. 己（纪）

殷周青铜器中，与己有关的约凡 20 件，有明确地点的 4 件。其中，3 件出土于山东寿光①，1 件出土于河南鹤壁市②。

商代甲骨文中有关己的事迹记载，说明"早在殷商前期，己氏已是一个较大的宗族，有自己的封邑或封国，至晚至武丁时期，其首领便已入侍王室，其职事有贞人和主管祭祀的酒正等职"③。

"己"字本义，朱芳圃认为"象绳索诘诎之形"④。王树明先生认为"齐地土著纪国以名之纪字，本作己，原为捆绑箭镞的绳索类物的摹画"⑤。并指出，己也应为尚箭族团的一个部族。

根据殷周己国青铜器及商代甲骨文资料，己为夷羿族一个部族，它也至少有两个分支，一支是居住于山东寿光一带，一支居住于河南地区。

居住于河南地区的大致为夷羿族团西征时居住于此的，在商代成为商王室的支持力量，并做了占卜的贞人及主管祭祀的酒正。其居住地当在商王朝直接统治辖区内，商王朝被周取代后，其势力受到打击并北徙，古代文献中有许多戎州己氏的记载。此外，河南鹤壁市西周早期卫国贵族墓中出土的己氏铜簋，"纹饰特殊，与同群器物风格不同，可能是殷器"⑥。己氏进入卫国之后，未见建立自己方国的记载。

山东寿光的己氏为一直居于此地的土著。杜在忠先生在对寿光出土的带己识的铜器及其器物组合进行分析时，认为："在殷墟晚期墓葬或遗址中

---

① 寿光县博物馆：《山东寿光县发现一批纪国铜器》，《文物》1985 年第 3 期。

② 周钊等：《河南鹤壁市庞村出土的青铜器》，《文物资料丛刊》（3），文物出版社，1980 年。

③ 王树明：《曩祖夷羿疏证》，《管子与齐文化》，北京经济出版社，1990 年；王永波：《"己"识族团考——兼论其、并、己三氏族源归属》，《东夷古国史研究》（第二辑），三秦出版社，1990 年。

④ 朱芳圃：《殷周文字释丛·己》，中华书局，1962 年。

⑤ 王树明：《齐地得名推阐》，《东夷古国史研究》（第一辑），三秦出版社，1988 年。

⑥ 周钊等：《河南鹤壁市庞村出土的青铜器》，《文物资料丛刊》（3），文物出版社，1980 年。

常见的陶器组合，不论是明器还是实用器，主要有爵、觯、斝、簋、豆、甗、鬲等，尤其是陶鬲……在商代陶器组合中，尤为突出。而寿光的这批陶器群中，主要是鼎、甗、爵、觯、盆、罐等，另外，还有深腹圈足尊形器一件和绳纹陶器盖两件，后二者在中原和殷墟极为少见。这组陶器除两件器盖外，大部为素面。这些都与中原同时的商代陶器风格绝然不同。"①进而认为，寿光出土的这批陶器具有浓厚的地方特征，并没有外来文化的因素。

山东寿光己器既然没有受到外来文化因素的影响，它又属夷羿族团的一部族，那么，它显然是夷羿西征时，己部族留在原地的一支。

由于己氏部族在河南的一支为商代重臣，因此，在商代，山东寿光的己氏族也就成了商王朝的同盟，并在这一时期，与夷氏、邢氏联合起来结成联盟。

到了周代，己、夷、邢联盟瓦解，在寿光的这支己氏归附周王室，此时夷氏从联盟中分离出来，作为一个方国重新出现，邢氏大致在此时归于己氏成为己国的一部分。清代乾隆年间在寿光出土的己侯钟及已知出土于寿光的西周中晚期或春秋初年的己侯簋，说明西周时期纪仍为侯国，至于鄑、郚何时归己而成为邑，由于缺乏资料，尚不可考。

姜太公封齐后，己国与齐国相邻，但却与周王室、鲁、宋、郑、卫等关系密切，"齐哀公时，纪侯谮之周，周烹哀公于鼎"（《史记·姜太公世家》）。自此，纪、齐结下世仇。以后随着齐国势力的日渐强大，纪更加依附周王室及鲁、郑等。周桓王娶纪女之后，纪侯又娶鲁女伯姬、叔姬为夫人，企图依靠联姻以巩固其政治地位。但是这并没有挽救纪国灭亡的历史。《左传·庄公元年》："齐师迁纪、邢、鄑、郚。"至此，纪侯"大去其国"（《史记·姜太公世家》），其公室或贵族的一部分逃至胶东，因此，在胶东地区有许多己器出土。

5. 寒、戈、过

史籍所见，属夷羿族团的还有寒、戈、过诸国。

---

① 杜在忠：《寿光纪器新发现及几个纪史问题的再认识》，《东夷古国史研究》（第一辑），三秦出版社，1988 年。

　　寒为寒浞先民所居之地，前已提及，寒国故墟地当在今潍坊寒亭一带。

　　戈、过为寒浞二子的封国，其地望有河南、山东两说。由于史料匮乏，又无实物资料可证，因而尚难以定论。

　　纵观夷羿族团各部所建方国的消亡过程，可以发现以下两点：

　　（1）夷羿族团中之薄姑、曩、邢、己等诸部，均有河南、山东两说，其在河南的分支都与商王朝有密切的联系，在商王朝灭亡之后，其大多向别的地区迁徙，势力逐步瓦解。居住于山东的分支是未随夷羿西征或西征失败后退居山东的部分，在今淄博、潍坊一带建立各自的方国，最后逐步为势力强大的齐所消灭。

　　（2）己、曩、薄姑在其被灭后，都迁往莱夷腹地——胶东地区，齐建国之初，莱侯与齐争营丘，从地望分析，夷羿族团与莱夷族团交错而居，黄县归城发现的己国媵器①说明其与莱夷有姻亲关系，胶东地区发现的薄姑、己、曩器说明三方国灭国后，其王室或贵族避往胶东地区，由此可见，夷羿族团与莱夷一直关系友好，胶东地区成为夷羿族团所建方国之公室贵族在亡国后的最后的"避风港"。

（六）结语

　　通过以上对夷羿族团的传说、活动地望、历史背景、族团瓦解过程的分析、阐述，勾画出公元前3000～前690年前后夷羿族团的基本活动情况，所见所得凡以下四点认识：

　　（1）对中国古史传说加以分析可以发现，在山东地区，蚩尤传说之后②，最早进入文献记载的是太皞、少皞氏。太皞、少皞氏二族发迹于鲁南地区，从史料看，两者活动地域基本相同，大致在鲁南、苏北、豫东一带。关于其称谓，傅斯年先生认为："太皞、少皞皆是部族称号，不是个人的私名……。至于太、少二字，金文本即大小，大小可以地域大小及人数众寡论，如大月氏、小月氏，然亦可以先后论，如太康、少康。今观太皞、少

_____

①　王献唐：《山东古国考》，齐鲁书社，1983年。
②　王树明、常兴照、张光明：《蚩尤辨证》，《中原文物》1993年第1期。

皞，即同处一地，当是先后有别。"① 太皞、少皞氏活动地域如此广泛，也绝非一个部族，当是代表了许多文化相近的部族，因材料所限，尚难以廓清，故仍以"太皞族团"称之。

鲁北地区进入史料记载的时代较晚，东周时期人们追述这一地区的历史时，认为"昔爽鸠氏始居此地，季萴因之，有逢伯陵因之，薄姑氏因之，而后太公因之"（《左传·昭公二十年》）。爽鸠氏、季萴事迹远不可考，逢伯陵或与学射于羿的逢蒙有关，薄姑氏亦是夷羿族团的一个部族，因此，鲁北地区较多见于史载的应是夷羿。结合夷羿上射十日、下灭民害的传说，可知夷羿的早期活动可追溯至大汶口文化晚期。文献中关于夷羿早期活动的记载十分简单，而夷羿族团在夏代前后的活动，史料中却有较多的记载。这种现象说明，在龙山文化之前，鲁北与中原地区接触不多，因而人们知之甚少，而在此之后，由于与其他地区交往增强，其活动情况才广为人知。

胶东地区由于远离山东腹地，与中原地区更是相隔千里，因此，其活动情况鲜为人知。文献中没有这一地区古史传说的记载。直到西周时期，人们仍笼统地称之为"莱夷"。莱夷与夷羿族团有密切的关系，以至在商代以后，其所居胶东地区成为夷羿族团的避难之地。

（2）公元前3000～前2000年前后，山东地区势力最大、影响最广的族团有两个：一个是太皞族团；另一个就是本文所探讨的夷羿族团。

夷羿族团发迹于鲁北地区，从物质文化面貌看，这一地区自北辛文化中期以来，就受到鲁南地区不同程度的影响。这里的始居者为爽鸠氏，而爽鸠氏为少皞的司寇。即使在夷羿势力日渐强大，开始征讨崇日部族时，仍被看做是帝俊的部属。因此，这一地区古代文化与鲁南地区有千丝万缕的联系。

在大汶口文化时期，鲁北地区的文化发展远远落后于鲁南地区，发迹于这一时期的夷羿族团是一个崇箭尚武的族团，大约在大汶口文化晚期发动了对太皞族团中某些部族的征伐。通过文献及物质资料对比分析，我们

---

① 傅斯年：《夷夏东西说》，《庆祝蔡元培先生六十五岁论文集》，国立中央研究院历史语言研究所集刊外编第一种，1933年。

发现，夷羿族团一开始讨伐的对象是太皞族团中居住于鲁中南地区的部族。

战争使夷羿族团势力日渐强大进而向西扩展，并促进了它与鲁南地区文化的融合。龙山文化时期，鲁北地区的物质文化得到飞快的发展，到龙山文化中晚期逐步赶上乃至超过鲁南地区，整个海岱地区的物质文化面貌也逐步走向统一。这一时期东夷文化进入鼎盛时期。

夏初，羿"自鉏迁于穷石"，即今河南濮阳一带，说明至少在龙山文化晚期，夷羿族团的势力已发展至豫东北地区。其时，夷羿族团在鲁西、豫东地区与太皞族团之某些部族交错而居，并与河南龙山文化（主要指王湾类型）有了广泛的接触，进而建立了联邦性质的国家，可能这就是中国历史上称之为有虞的一代。

夏启破坏"禅让"制杀益，益为东夷集团某一部族的首领，他的被杀，触犯了夷羿族团的利益，因此，夷羿族团在夏后太康时期开始了对夏王朝的征讨，并一度代替了夏王朝的统治，因此，在文献中，有"后羿"、"帝羿"的记载。其后，夷羿族团的失败，其主要力量开始退往鲁北地区，势力也大大地被削弱，中原及北方的一些部族乘机进入鲁北地区，从而破坏了海岱地区东夷文化的统一。

（3）岳石文化之后的商周时期，由于山东地区受到周围、特别是中原地区文化的影响，也由于各地区对这种影响接受的层次及程度不同，各地文化面貌出现了较大的差异。就物质文化而言，齐、鲁、薛、莒、滕各国及胶东地区文化面貌各具特点，战国迄至汉代，随着国家政权的集中与统一，文化面貌才又出现大范围的统一。

由此可以看出，山东地区的物质文化从北辛文化至汉代的几千年时间，经历了由差异→统一→分裂→统一的过程。在这一过程中，岳石文化是从统一走向分裂的开端，造成这一格局的历史原因，殆因于夷羿族团对夏王朝征战的失败，由此可见夷羿族团的兴衰对于山东地方史乃至中国历史是起到过深远影响的，这是我们以前的研究工作所忽视的。

（4）在对夷羿族团瓦解过程的研究中，我们发现，夷羿族团建立的方国，与商王朝有着密切的关系，这不能不牵涉到商民族的起源及其同鲁北夷羿族团的关系问题①。

如前所述，帝舜即为帝俊、帝喾。王国维通过对殷代卜辞中商代先公先王的考证，认为甲骨文中所谓的"高祖夔即是帝俊"②。《国语·鲁语》"商人禘舜"。《礼记·祭法》"殷人禘喾"，都说明商人奉帝舜（俊、喾）为其祖先。王树明先生通过对鲁南地区大汶口文化物质资料的研究，认为商代的尚酒风俗、崇拜的宗神及所用的礼制器皿等都与鲁南地区大汶口文化有密切的联系③。进而认为，商民族应起源于鲁西豫东地区。近年来，栾丰实先生通过对岳石文化与郑州南关外期文化的对比研究，认为"鲁豫皖一带的岳石文化（或可称为安邱堌堆类型）的创造者，就是先商时期的居民，到夏朝晚期，他们在成汤率领下，北征西伐来到郑州，留下'南关外期'遗存，最后'奉桀众以克有夏'（《墨子·非攻篇》），救夏民于水火。同时，在文化内涵上大量摄取、吸收发达的夏文化的'营养'，逐渐融合形成独具特色的二里岗商文化……"④。

通过文献资料及考古资料的对比研究，我们认为，商族先民应属太皞族团中的一个部族，它与夷羿族团同属东夷集团，龙山文化时代东夷集团的物质文化达到空前统一，这是太皞族团与夷羿族团交互影响的结果。在夷羿族团伐夏失败后，夷羿族团势力向鲁北退却，但太皞族团势力犹存，在岳石文化时期，鲁西、豫东地区仍属太皞族团分布范围内，在夏代晚期，这个族团之一部——商民族在成汤率领下，取代了夏王朝的统治，建立了商代王朝。因此，正如傅斯年先生早在 20 世纪 30 年代所论述的，商族对夏代的征讨，是夏初以来夷夏之争的继续⑤。

正因为夷羿族团与太皞族团同属东夷集团，因此两者在社会生活的各

---

①　王守功：《鲁北地区新石器早期文化的发现与研究》，《华夏考古》1995 年第 2 期。

②　王国维：《殷卜辞先公先王考》，《王国维遗书》（第二册），上海古籍书店，1983 年。

③　王树明：《考古发现中的陶缸与我国古代的酿酒》，《海岱考古》（第一辑），山东大学出版社，1989 年。

④　栾丰实：《试论岳石文化与郑州地区早商文化的关系——兼论商族起源问题》，《华夏考古》1994 年第 4 期。

⑤　傅斯年：《夷夏东西说》，《庆祝蔡元培先生六十五岁论文集》，国立中央研究院历史语言研究所集刊外编第一种，1933 年。

个方面有着千丝万缕的联系。在商代，夷羿族团在鲁北建立的方国很多与商王朝有密切的关系，如己、黾、邢、薄姑等无不见之于商代卜辞，这些部族中有些人成为商王之重臣。夷羿族团诸部是商王朝的同盟。后来，由于商王朝与东夷关系恶化，才多次出现夷人叛商及商伐东夷一类的记载。商王朝对东夷的频仍征讨，不仅消耗了自己的势力，而且失去了同盟，从而导致了自身的灭亡。由此可见，夷羿作为东夷集团中的一员，在有商一代仍具有重要的影响。

（原载《古代文明》（第 1 卷），文物出版社，2002 年）

考古所见中国古代的太阳崇拜

随着文物考古工作的不断深入，人们在一些遗迹、遗物中，发现了不少有关太阳崇拜的图像。本文试依据这些资料，结合有关文献，对中国古代的太阳崇拜进行探讨，以期抛砖引玉。

（一）考古资料所反映的太阳崇拜

1. 刻绘于器物上的有关太阳崇拜的图像

这类图像主要见于原始社会的陶器纹饰中，有的以彩绘的手法绘于器身，有的以刻划的形式在器身刻出太阳纹。考古发现的这类图像，具有明显的地域差异。

在中原地区仰韶文化彩陶中，发现的与太阳相关的图像有两种：一种是日鸟相结合的图像，另一种为圆圈（圈内加点）形太阳纹样。

日鸟结合的图案发现于陕西华县泉护村[①]、河南陕县庙底沟[②]、晋西南大禹渡[③]等遗址，多绘于陶盆的腹部。泉护村遗址的图案绘出展翅飞翔的鸟，鸟的背上有一圆圈表示太阳（图一，1）。陕县庙底沟遗址发现的彩陶盆上，上为圆圈表示太阳，其下有一鸟，呈正面飞翔的姿势，下有三足。晋西南大禹渡遗址出土的日鸟图像与庙底沟较一致（图一，2、3）。

---

① 黄河水库考古队华县队：《陕西华县柳子镇考古发掘简报》，《考古》1989 年第 2 期。

② 中国科学院考古研究所：《庙底沟与三里桥》，科学出版社，1959 年。

③ 中国科学院考古研究所山西工作队：《晋西南地区新石器时代和商代遗址调查与发掘》，《考古》1962 年第 9 期。

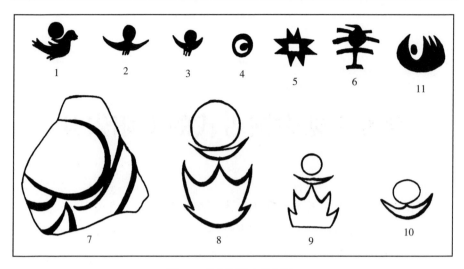

图一　考古所见太阳图像

1. 泉护村　2、3. 大禹渡　4、5. 大汶口　6. 大汶口 M75　7、8. 尉迟寺
9、10. 陵阳河　11. 庙底沟

《山海经·大荒东经》："汤谷上有扶木，一日方至，一日方出，皆载于乌。"郭璞注："中有三足乌。"由此可见，日乌相结合的图案，生动地反映了日载于乌的传说。

以圆圈或中间加圆点表示太阳的图案发现较多，地域范围较大，除中原地区仰韶文化外，在山东同时期的彩陶中，也发现了这类图像（图一，4）。

山东地区的太阳图像较多，形态也不一致。在鲁中南地区，发现三类太阳图案：邹县野店 M35∶2 为折沿盆，"腹部绘满彩色图案，在上、下部的深褐色宽带上绘白色斜栅纹，其间有四个等距的白彩勾深褐色勾边的白色方心八角星纹"①。与之相类似的图案还发现于泰安大汶口等地（图一，5）。大汶口 M75 出土的一件背壶上的图案，有人认为中间红色大圆点为太阳，上部五道斜线分别表示头、足和翅，这是日乌结合的图案（图一，6）。此外，尚发现有与中原地区相类似的圆圈（或中间加点）太阳纹。鲁东南地区发现的太阳纹多与火的图案相结合。在莒县陵阳河、大朱村、诸城前

① 　山东省博物馆、山东省文物考古研究所：《邹县野店》，文物出版社，1985 年。

寨及安徽蒙城尉迟寺等遗址中，日火结合的图像均以刻划的手法刻于陶缸的腹部，有的还加以朱彩，图像可分为四类①（图一，7～10）。

在河南郑州大河村仰韶文化遗址出土的彩陶中，发现有圆圈加射线的太阳纹及日珥纹图案。在长葛石固遗址出土的彩陶中，发现有六角星图案，或许与山东地区的八角星图案一样，同是太阳纹的一种变体②。

长江下游河姆渡文化发现有双鸟太阳纹的饰件，原报告称之为"蝶形器"。这些蝶形器或利用饰件本身雕出双鸟图形，或在器身刻划出双鸟纹。在鸟身上部，刻出圆圈形太阳纹③。

长江中游地区大溪、屈家岭文化的陶纺轮多绘出十字或旋涡状图案。与之相类似的图案在甘肃马家窑文化中也有发现。何新先生将这些图案与世界其他地区发现的相类图案进行对比研究，认为该类图案相当大一部分是以描写太阳神的图形作为母题的④。

对以上考古资料略加分析不难发现，在新石器时代中期的遗物中，普遍存在着太阳图像。然而，这些图像是否就表示在这些地区存在太阳崇拜呢？要弄清这个问题，首先要分析当时社会盛行太阳崇拜的必然性；其次，应对发现的这些图像的含义做进一步的分析。

在人类社会的早期，由于生产力水平比较低下，人类自身的思维方式较原始，因此对事物自然属性的认识尚十分肤浅，认为任何事物对人类的影响都是被超自然的力量支配着。于是，万物有灵成为人们的普遍认识。天体中太阳的变化，无时无刻不在影响着人类的生活。因此，人们自然而然地对太阳加以崇拜。不唯中国，在世界其他各民族中都曾普遍地存在着太阳崇拜。从民族学资料看，在农业出现之前，在一些狩猎、游牧民族中，

① 山东省文物管理处、济南市博物馆：《大汶口——新石器时代墓葬发掘报告》，文物出版社，1974 年；王树明：《谈谈陵阳河与大朱村出土的陶尊文字》，《山东史前文化论文集》，齐鲁书社，1986 年。

② 郑州市博物馆：《郑州大河村遗址发掘报告》，《考古学报》1979 年第 3 期；河南省文物考古研究所：《长葛石固遗址发掘报告》，《华夏考古》1987 年第 1 期。

③ 陆思贤：《新石器时代的鸟形装饰与太阳崇拜》，《史前研究》1986 年第 1、2 期（合刊）。

④ 何新：《诸神的起源》，生活·读书·新知三联书店，1986 年。

已存在着太阳崇拜。大汶口、仰韶文化时代，正处在农业经济迅速发展的时期，太阳的阴晴圆缺、太阳运行规律的变化，无时无刻不在影响当时的农业生产，因此，当时的太阳崇拜不仅广泛存在，而且这种崇拜在人们日常生活中占有特别重要的地位。

考古发现的一些太阳图像十分清楚地反映着古代人们对太阳的崇拜和祭祀。在鲁东南地区发现的大汶口文化图像中，太阳多与火的图像共存。关于这一图像的寓意，学术界有过不少争议，但大多认为与祭祀有关。王树明先生在对这些图像进行考证后认为，这几个图像"应是大汶口人用火即'燔柴'祭天这一事实的摹写"①。但是，直至商代，人们对于"天"这一概念的认识还十分模糊。在 5000 多年以前，不可能有现代意义上的"天"的概念。所谓"燔柴"祭天，应是"燔柴"祭日，图像符号本身已十分清楚地表现了这一点。

无独有偶，在中原仰韶文化及长江下游的河姆渡文化中，都曾发现日火并存的图像。在庙底沟遗址出土的盆和钵上，彩绘的图像上部为太阳图案，下部应为火的形象（图一，11）。河姆渡遗址出土的一件"蝶形器"上刻"双凤朝阳纹"，图案的中心由四个同心圆组成的太阳纹，太阳的周围冒着火焰，太阳下部的左右两侧，伸出两个鸟头，鸟脖子伸长，相向回首而视。在双凤朝阳纹下面，左右两条弧带延伸出去，把鸟和太阳都裹在里面，这个"山"字形的图案，即为火焰的形象②。

综观上述资料，有以下几个特点：

（1）这些太阳纹饰及图案由于地域不同而存在较大的差异，但不排除因各文化区之间的交流，不同地域间有些太阳图案基本一致的情况。

（2）这些图案所反映的太阳崇拜基本没有超出自然崇拜的范畴，图案中始终没有人的形象。

2. 与太阳崇拜相关的遗迹、遗址

笔者所见，目前发现的与太阳崇拜相关的遗址、遗迹有 3 处。

---

① 王树明：《谈谈陵阳河与大朱村出土的陶尊文字》，《山东史前文化论文集》，齐鲁书社，1986 年。

② 牟永抗：《试论河姆渡文化》，《中国考古学会第一次年会论文集》，文物出版社，1980 年。

（1）新疆罗布淖尔新石器时代墓地

在墓地的中心，竖立着一根根粗细有序的木桩，这些木桩首先在中心聚成一个圆，然后一根根呈放射状向外围扩展，恰似一轮光芒四射的太阳。一些考古专家认为，墓地的主人们可能是以此作为太阳的象征，来保佑死者灵魂的安宁和永生①。

（2）荣成成山头遗址

位于成山头三山子的南侧和西南侧，在南侧俗称"酒棚"的土堆下，发现两组玉器，A 组玉器包括璧 1、圭 2、璜 1；B 组包括璧 1、璜 2。结合其出土遗物，分析这些玉器的年代当在秦汉时期。在出土玉器地点一侧的沟坡上，有一处残长 6.2、宽 0.72 ~ 0.9、深约 0.4 米的烧沟，烧沟下层有大量的灰烬和烧土块堆积，沟底及北壁保存有厚约 5 厘米的烧面，应是长期烧烤形成的。有人认为，这应是秦汉时期皇帝祭祀"日主"（祭天以日为主）的遗址②。

（3）烟台芝罘岛阳主庙

在芝罘岛与老爷山之间原有阳主庙，在原庙后殿之前的长方形土坑中，出土有 8 件玉器，可分为两组：一组为璧 1、圭 2、觽 2。璧平放在土坑内，圭放在璧孔中央，圭端东北向，直指芝罘岛最高峰老爷山，2 件觽在璧两侧。另一组玉器与一组相同，唯器形略小，距上一组约 1 米③。据《史记》记载，秦始皇及汉武帝曾东巡祭天地山川，至芝罘岛，祭祀"阳主"。其时代及性质当与荣成成山头遗址相类。

3. 古代岩画中有关太阳崇拜的图像

自 20 世纪 50 年代以来，在我国江苏、内蒙古、甘肃、新疆、四川、云南、广西等 18 个省区的 100 多个县（旗）发现大量古代人类遗留下来的岩画，为我们研究中国古代的太阳崇拜提供了丰富且生动的实物资料。

1979 年，在江苏连云港的将军崖发现岩画。据推测，岩画绘制的时间

---

① 何新：《诸神的起源》，生活·读书·新知三联书店，1986 年。

② 王永波：《成山头玉器与日主祭——兼论太阳神崇拜的有关问题》，《文物》1993 年第 1 期。

③ 烟台市博物馆：《烟台市芝罘岛发现一批文物》，《文物》1976 年第 8 期。

当在龙山时期晚期。在 A 组岩画中，有一组有光芒的图像，有人认为是表示庄稼与人的关系，而更多的人认为应该是与太阳崇拜有关。"这组岩画，南北排作一列，看去颇似太阳从海面升起的样子，面部采用了变态的人面形，是对太阳人格化的表示"①。在 B 组岩画中，则出现用单圆圈或双圆圈中间标一点的图案表示太阳，有的在圆圈外侧用斜线以表示太阳的光芒。

这种以圆圈加点表示太阳的方式，与鲁西、苏北大汶口文化中以圆圈加点表示太阳的方式不无联系。

广西花山岩画中，绘有许多人围绕太阳跳舞的场面，跳舞的人群中，或为人首，或为鸟首。画面中，太阳纹有三种：其一为圆圈或大圆点加光芒射线，外面再加圆圈。其二为大圆圈套小圆圈表示太阳。其三为一个人用手托着一光芒四射的圆圈表示太阳②（图二，2）。

在云南沧源岩画中，有三个太阳神图案，其中第一个为一人叉腿、伸臂，在人的上部，画一大圆圈，人的大部分画在圆圈之中，圆圈四周是四射的光芒，光圈中的人一手执弓，一手执棒状物，或为箭；第二个为人身，头部为一大圆点，圆点四周是放射的光芒，一手执盾，一手执棒（或刀）状物；第三个为

图二　古代岩画中的太阳图像
1、3. 贺兰山岩画　2. 花山岩画　4. 九盏灯岩画
5～7. 沧源岩画

人形，双手叉腰，头部饰羽毛或植物枝条，肩部伸出一棒状物；在棒的前

---

① 盖山林：《将军崖岩画题材刍议》，《淮阴师专学报》1983 年第 3 期。

② 广西少数民族社会历史调查组编：《花山崖壁画资料集》，广西民族出版社，1963 年。

部有一光芒四射的太阳①（图二，5～7）。沧源岩画这种手举太阳的图案，与花山岩画的图案有较强的相似性。

四川珙县麻塘坎的九盏灯、猪门圈、狮子岩岩画中，太阳图案通常用十字或米字外加圆圈表示。太阳下，人们双手或单手举"十"字，或立或跪，生动地描绘出古代人对太阳崇拜的虔诚姿态（图二，4）。

在宁夏贺兰山、新疆库鲁克山、内蒙古阴山、西藏阿里地区的岩画上，多用圆圈或圆圈外加射线表示太阳图像（图二，1、3）。

此外，我国许多岩画中，发现"卍"字形符号，在新疆温宿县的一块岩石上，刻满了该类符号。许多考古及岩画专家都把"卍"符号看成太阳或火的象征②。

由上所述，岩画中太阳图像大致可分为三类：一类是人面太阳纹或人体与太阳结合的太阳图像，该类图像应为太阳神的形象，江苏将军崖、广西花山、云南沧源、内蒙古乌海桌子山、阴山等地发现该类图像；一类为圆圈（或内加点、加多角星，或多重圆圈）及圆圈外加放射线，表示太阳图像，该类图像发现较多，分布范围也较广，江苏、广西、西藏、新疆、内蒙古、宁夏等地均有发现；另一类是符号化、抽象化的太阳纹，有"十"字及"卍"字形符号，主要发现于四川、新疆等地。

（二）太阳图像的考古学分析

将考古资料与岩画资料加以对比，可以发现许多相似之处。四川、新疆等地发现的"十"字及"卍"字形图案，在甘青地区原始文化的彩陶中多有发现；岩画资料中以圆圈（或中间加点、多角星）及外加放射线为主题的太阳图案，在黄河流域的原始文化中也屡见不鲜。

岩画资料中，将太阳图案与人体有机地结合在一起而形成的"太阳神"图像，在考古发现的原始社会的遗物上，则没有发现。

在黄河中下游地区，较普遍地发现日鸟、日火相结合的图像，这些图像除与太阳崇拜有关外，显然与这一地区的其他崇拜相关。据史料记载，

---

① 汪宁生：《云南沧源岩画的发现与研究》，文物出版社，1985年。
② 陈兆复：《中国岩画发现史》，上海人民出版社，1991年。

在古代东方，有一个以鸟为图腾的方国，《山海经·大荒东经》"东海之外大壑，少昊之国"，"少昊"即为"少暤"。《左传·昭公十七年》云："少暤挚之立也，凤鸟适至，故纪于鸟，为鸟师而鸟名。"黄河中下游这种鸟日相结合的图像或与少暤氏有关。史料中，还有一位太暤。《淮南子·天文篇》"东方木也，其帝太暤，其左句芒。"太暤、少暤氏均是崇拜太阳的部落，许多史学家都对此作出了考证。

应该注意的是，在考古发现的原始文化遗物上，尚未发现人与太阳相结合的图像。有人认为是由于遗物表面面积较少，无法描绘出内容丰富的场面，但在河南临汝阎村仰韶文化遗址中发现的斧、鹤、鱼的图像同绘在一件陶器上；半坡发现的人面鱼纹，其构图也十分复杂；青海大通上孙家寨发现的彩绘陶盆上，绘制的跳舞人数达 15 人之多。因此，遗物上未见人与太阳相结合的图像，显然与绘画面积无关。

以上所列史前的太阳图像均集中在新石器时代中期，亦即黄河流域彩陶文化发达的时期。在此之后，黄河及长江中下游地区，大都进入龙山时代（即新石器时代晚期），这时黑陶、灰陶占了遗物的大宗，彩陶发现较少，反映古代太阳崇拜的资料也就十分稀少了。

所幸运的是，在我国许多省市发现了岩画，并且一些岩画的形成年代还有据可考，这对古代太阳崇拜的研究，无疑是"柳暗花明又一村"了。

岩画学家根据岩画画面反映的内容及图像特点，结合周围地区的考古遗迹、遗址，认为连云港将军崖岩画时代上与龙山时代较一致，云南沧源"崖画存在的时代当为考古学上的新石器时代"[1]。将军崖及沧源岩画中，都有人与太阳有机结合的太阳神的图像，反映了新石器时代晚期的太阳图像与新石器时代中期有明显的差异。

这样，我们就可以依据考古及岩画资料将早期的太阳崇拜划分为两个阶段：

第一阶段即对太阳形象自身的崇拜。在此阶段，虽然存在一些雕塑、雕刻或绘画的人的形象，也有人面与鱼相结合的图案，但无太阳与人的形象结合的图案。因此，这一时期主要是对太阳超自然力量的崇拜，这种崇

---

① 陈兆复：《中国岩画发现史》，上海人民出版社，1991 年。

拜在新石器时代中期十分盛行。

第二阶段是对人神合一的太阳神的崇拜，盛行于新石器时代晚期。在此阶段，由于人类生产力水平的提高，祖先崇拜及英雄崇拜的盛行，人们将太阳崇拜及英雄崇拜结合起来，从而形成了人神合一的崇拜。中国古史传说及文献资料也对此做了较多的记载，关于这个问题，下文中将有详述。

当然，许多岩画资料所反映的太阳崇拜，必须考虑到岩画的年代、族属及该民族所处的历史发展阶段，然后才能研究太阳崇拜的发展阶段。由于许多岩画尚处于初步研究时期，所以，对太阳崇拜的阶段性划分也难以实施。

（三）文字记载的太阳崇拜及所反映的阶段性

与之相关的资料主要见于商代的甲骨卜辞及其他文献典籍。

甲骨卜辞中，与太阳崇拜有关的记载很多，大致可分为两类：

"寮于东母，豕三，犬三。"（铁，142）

"己酉卜，殻贞，寮于东母，九牛。"（续1，53，2）

"贞，寮于东母，三牛，又。"（后，上，23，7）

从这些卜辞中可以看出，商代"寮于东母"的祭仪十分隆重。寮，或作燎，《甲骨文字典》释之为"会燔柴而祭之意"。据丁山先生考证，"东母"当为生十日的羲和，亦即太阳神①。故"寮于东母"即以火祭日，山东莒县及诸城出土的图像文字十分清楚地反映了这一祭仪。

"乙巳卜，王宾日，□弗宾日。"（佚存，872）

"辛未卜，又于出日，兹不用。"（佚存，86）

"出入日，岁三牛。"（粹编，17）

由以上三条记载看，商代人也对太阳直接称"日"。郭沫若先生根据甲骨卜辞分析，认为殷人对日神有朝迎夕送的祀拜仪式。卜辞中"宾日"、"帝日"等，正是对这种仪礼的历史记录②。结合其他与之相类的卜辞分析，可以发现这些仪式并不十分隆重，很少以动物献祭。

中国古代文献中，也有许多关于太阳崇拜的记载。这些记载也可分为

---

① 丁山：《中国古代宗教与神话考》，上海文艺出版社，1988年影印本。
② 郭沫若：《殷契粹编》，科学出版社，1965年。

两类，一类是对五帝时期太阳崇拜的追溯，一类是周代帝王对太阳祭仪的描述。

《拾遗记》卷一："帝之妃，邹屠氏之女。……妃常梦吞日，则生一子，凡经八梦，则生八子，世谓之八神。"在这里，"帝"即为帝喾。据史学家考证，帝俊、帝喾、帝舜同为一人，而这些"帝"亦应为太阳神。

《山海经·大荒东经》："羲和者，帝俊之妻，生十日。"显然，羲和与帝俊均应为太阳神。在这里，羲和、帝俊既是人，又是太阳神。

古代文献中对五帝时期（即原始社会晚期）太阳崇拜的记载、描绘，恰恰与江苏连云港、云南沧源岩画中太阳神的形象完全一致。

关于周代对太阳的祭仪，文献中记载的也十分清楚。

《周礼·觐礼》："天子乘龙载大旗出，象日月升，龙降龙出，拜日于东门之外，反祀分明，礼日于南门之外。"

《礼记·祭义》："祭日于坛，祭月于坎，以别幽明，以制上下。祭日于东，祭月于西，以别内外，以端其位。"

《礼记·郊特牲》："郊之祭也，迎长日之至也，大报天而主日。"

郑玄注云："天之神，日为尊。"孔颖达疏曰："天之诸神，唯日为尊，故此祭者，日为诸神之主，故云主日也。"

周代对太阳的礼仪有两类，一类是天子"拜日"、"祀日"、"朝日"等，常在"春朝"、"大采"等特殊的日子里举行，该仪式当与甲骨卜辞记载的"帝日"、"宾日"相类。另一类是祭天而以日为主，日神成为天神的一部分。至此，太阳已不能独享其祭了。考古发现的烟台芝罘岛及荣成成山头的遗址，当是秦汉时期帝王为追溯周王礼仪而举行的"大报天而主日"的祭祀遗址。

由此可见，文献记载中的太阳崇拜大致可分为三个阶段。

（1）对人与太阳合一的太阳神崇拜。这种崇拜是新石器时代晚期以来，人神合一的太阳神崇拜的延续，在商代仍然盛行。

（2）对太阳自身的崇拜。此时，太阳的神性大为减弱，人们对太阳的祭仪，仅仅保留了"帝日"、"宾日"、"拜日"的礼仪。这一阶段始于商代，结束于西周。

（3）太阳已不作为一个单独的个体被崇拜，而是与月、星等天体一起被崇拜。这一阶段始于周代，周代以后，历代帝王祭天时，无不以太阳为主，但它不再是单独崇拜的对象。

（四）结语

《国语·楚语下》中，观射父把宗教发展归结为"民神异业"、"民神杂糅"、"绝天地通"三个阶段，尽管他对三个阶段的解释不尽合乎史实，然而，他关于宗教发展三个阶段的认识却不无道理。

原始社会早期，随着人类自身的发展，在人们意识中，逐渐认识到太阳对自身的影响，但他们又无法对其影响的原因做出合理的解释，就认为它有一种超自然的神的力量，于是就产生了对太阳的崇拜。进入原始社会中期（即新石器时代早、中期），随着农业的产生，太阳对人的影响更为广泛，因而太阳崇拜益盛，人们日常生活用品上的太阳崇拜的图像，清楚地反映了这一点。因为这时期人们战胜自然的能力较低，所以，太阳图像中，尚无人的因素，此即所谓"民神异业"阶段。

原始社会晚期即新石器时代晚期，随着人类自身能力的提高，出现了英雄及祖先崇拜。各类自然崇拜中，逐渐增加了人为的力量。太阳图像中，也出现了人的因素。岩画资料中对人、神合一的太阳神崇拜生动地表现了这一点。古代典籍中，有许多人与太阳合一的神，他们兼为某一部族的祖先或首领，在人们的意识中，人即为神，神亦为人，这就是宗教崇拜的"民神杂糅"阶段。这一阶段大致开始于原始社会晚期，延续至商代。

人类进入阶级社会后，随着生产力进一步发展，思维能力的提高，人们对太阳自然属性的认识逐渐增多，太阳的神性也失去了往日的光辉，人与太阳逐渐分离。人们对太阳的崇拜，只保留了"帝日"、"宾日"、"拜日"等祭仪，此所谓"绝天地通"阶段。该阶段产生于商代，结束于周代。

周代以后，太阳已不再成为单独的祭祀对象。

（原载《中原文物》2001 年第 6 期）

山东地区史前墓葬的演变与
等级差异的形成

　　人类的丧葬习俗不仅表现了人作为高级动物对尸体的保护活动，在很大程度上，它体现着人们对死亡与灵魂的认识。世界上发现最早的且被多数人承认的墓葬，当属欧洲旧石器时代中期尼安德特人所创造的莫斯文化的墓葬。该文化的墓葬中，有的人骨与洞熊骨相伴，有的研究者认为是随葬品。到旧石器时代晚期，各地发现的墓葬更多，并且往往有随葬品伴出。

　　由于山东地区旧石器时代工作做得较少，所谓史前时期的墓葬主要指新石器时代的墓葬，具体而言，主要是后李文化、北辛文化、大汶口文化、龙山文化等时期的墓葬。据不完全统计，这一时期的墓葬已经发现 3000 余座。对新石器时代不同文化时期墓葬个案的分析研究，可以发现史前墓葬发展演变与等级差异的产生过程。

（一）后李文化时期的墓葬

　　后李文化时期的墓葬目前已经发现近 50 座，其中小荆山 21 座（另在断崖上发现 8 座），后李 20 余座。

1. 墓葬举例

（1）小荆山遗址的墓葬①

　　经调查、钻探及发掘工作，在小荆山遗址发现三个墓葬区，依北、中、

---

① 　山东省文物考古研究所、章丘市博物馆：《山东章丘小荆山后李文化环壕聚落勘探报告》，《华夏考古》2003 年第 5 期；济南市文化局文物处、章丘市博物馆：《山东章丘小荆山遗址第一次发掘》，《东方考古》（第一集），科学出版社，2004 年。

南方位不同，编为 I 、 II 、 III 区。

I 区位于遗址的西北部，墓地南侧与居址相连接，北部大部分分布在居址以外。在长约 60 米的断崖上发现 6 座墓葬，编号为 M03 ~ M08。由于墓内填土无法确定，加之墓圹较小，在断崖以东，没有探到墓葬，故 I 区的范围不详。

从暴露的 6 座墓葬情况看，墓葬应为长方形竖穴土坑墓，均为南北向，从墓葬暴露部分看，墓主人为仰身直肢葬，头向南。多数墓葬无随葬品，仅在 M03 下肢骨一侧发现 1 件蚌饰。

II 区位于遗址的中部，在此次发现的环壕中部偏东地带。目前，从断崖上发现 2 座墓葬，编号 M01、M02。两座墓葬均叠压在房址下。

III 区位于遗址东南部，位于已发现环壕东南段偏东的外侧。由于窑场取土，大部分遭毁灭性破坏。在取土场中部一条 3 ~ 4 米宽的土梁上，清理墓葬 21 座。皆为竖穴土坑墓，分为三排，墓向在 6° ~ 18° 之间，墓圹一般长约 2 米，其宽度仅容一人身宽，宽 0.5 ~ 0.7 米。无葬具，墓主人皆为单人仰身直肢葬，头向北。在人骨的表面附着一层坚硬的颗粒状钙质结核。由于长期挤压，头骨多产生破裂。墓内仅个别墓随葬有蚌壳、陶支座和骨饼饰件等。

三个墓区所发现的墓葬均为单人仰身直肢葬，没有发现用陶器作为随葬品的现象。随葬品多为饰件。 I 、 III 区墓在环壕以外， II 区位于环壕之内，考虑到发现的两座墓均压在房址、灰坑之下的层位关系，及在二次发掘时，在其西部发现许多如 H126 等小荆山 I 段灰坑情况， II 区或为环壕修建之前的墓地。而 I 、 III 区应为环壕修建后人们利用的墓地。

（2）后李遗址的墓葬①

后李遗址共发现后李文化时期的墓葬 20 余座。由于晚期遗存的破坏无法弄清墓葬的分布规律。

从墓葬结构看，后李遗址后李文化时期的墓葬均为单人土坑墓。依据墓室位置不同，又可分为竖穴土坑墓及竖穴侧室墓两类。

---

① 济青公路考古队：《山东临淄后李遗址第三、四次发掘简报》，《考古》1994 年第 2 期。

竖穴土坑侧室墓。墓圹部分呈长方形。向下挖至一定深度后，再在墓壁一侧（或两侧）挖出侧室，侧室外侧较高，内侧较矮。除个别随葬陶支座等外，一般无随葬品。M111 墓道部分呈长方形，长 2.14、宽 0.6、深 0.6 米。侧室是在墓道北壁及东壁向外掏挖而成，平面呈不规则椭圆形，最大进深 0.55、高 0.1～0.3 米。葬式为单人仰身直肢葬，头向东，面向上。随葬品位于墓主人头部左侧墓道的填土中，有 3 件陶支座、1 件大蚌壳。

竖穴土坑墓。M96 为长方形竖穴土坑墓，呈长方形，墓口残长 1.25、宽 0.85、深 0.48 米。墓主人头部被打掉，仅存下肢骨及上半身的大部，头向西南，仰身直肢，没有发现随葬品。

后李遗址后李文化的墓葬存在竖穴侧室及竖穴土坑两类，前者头向多向东，后者多向西南。后李遗址发现的竖穴土坑墓与章丘小荆山遗址后李文化墓葬较一致，竖穴侧室墓目前仅见于后李遗址。

2. 与河南裴李岗、贾湖文化的对比

与裴李岗文化一样，后李文化的墓葬也有分区埋葬的现象，以竖穴土坑墓为主，未见葬具，墓主人多仰身直肢。但与裴李岗文化相比，两者也存在明显的差异。主要表现在：

（1）后李文化的竖穴土坑侧室墓不见于裴李岗文化，而前者也不见大型墓。

（2）后李文化大多数墓葬无随葬品，个别墓葬仅随葬少量的饰件；而裴李岗文化的墓葬中除随葬装饰品外，尚有生活用品和生产工具。

20 世纪 90 年代，在河南舞阳贾湖遗址共发掘贾湖文化墓葬 249 座[①]。通过对墓葬的分期发现，每一期墓葬均有不同的墓区或墓群。墓葬除个别为圆角长方形、长椭圆形外，绝大多数为长方形竖穴土坑墓。墓葬规模悬殊不大。墓向以西向为主，次为西南，少量为西北。

埋葬方式比较复杂，可分为一次葬、二次葬、一次葬与二次葬的合葬、迁出墓等四类。一次葬又可分为单人一次葬和多人一次葬两类；一次葬与二次葬的合葬也可分为一个一次葬与一个二次葬的合葬和一个一次葬与多个二次葬的合葬两类。其中以单人一次葬为主。一次葬多为仰身直肢，也

---

① 河南省文物考古研究所：《舞阳贾湖》，科学出版社，1999 年。

有少量俯身葬者。未成人的与成人一样葬于公共墓地中，婴儿实行瓮棺葬。

墓葬中大多有随葬品，无随葬品的墓占 24.1%。随葬品多在 1～20 件，多者如 M277 达 66 件。随葬品的种类有陶器、石器、骨器、牙器等，以骨器数量较多。

与后李文化相比，两者有以下明显区别：

（1）贾湖文化墓葬单人一次葬占 67.6%，其二次葬及合葬的葬俗不见于后李文化。

（2）贾湖文化墓葬大多有随葬品，且多实用器。后李文化的少量随葬品仅限于装饰品。

贾湖文化墓葬中随葬的龟甲、獐牙等风俗见于山东地区的大汶口文化，而后李文化的墓葬中则未发现。

裴李岗文化和贾湖遗址墓葬中出现较多随葬品的现象，说明当时的一些生活用品已经属于死者个人，私有制观念萌芽的程度比后李文化先进。

（二）北辛文化时期的墓葬

北辛文化已经发掘的约 50 座。发现墓葬的遗址有东贾柏、大汶口、后李。

1. 墓葬举例

（1）东贾柏墓地①

汶上东贾柏遗址现存面积约 4 万平方米。1988 年，中国社会科学院考古研究所山东队对该遗址进行了发掘，发现北辛文化时期的墓葬 23 座。墓葬主要集中在遗址的东部，以长方形竖穴土坑墓为主，近方形及椭圆形墓各一例。均无葬具。葬式以仰身直肢居多，也有上身仰直、下身盘屈的墓例（M8）。有单人葬、多人合葬、二次葬、迁出葬等埋葬方式。头向大多朝东。23 座墓葬中，除 7 座儿童墓及 1 座迁出墓外，其余 15 座墓共有人骨 17 具（M9 为三人合葬）。其中 10 具有拔除侧门齿的现象，年龄均在 20 岁以上。多数墓葬无随葬品。

M8 为椭圆形土坑竖穴墓。长 1.4、宽 1.2、深 0.18～0.21 米。墓向南。

---

① 中国社会科学院考古研究所山东工作队：《山东汶上东贾柏新石器时代遗址发掘简报》，《考古》1993 年第 6 期。

无葬具。墓内填有大块红烧土。墓主人为成年男性，仰身，上肢微屈，下肢盘屈较甚。无随葬品。

M9 为近方形的土坑竖穴墓，东西长 2.35、南北宽 1.53 ~ 1.77 米。中部的人骨被晚期遗迹破坏。为三人合葬墓，仰身直肢，均为男性，年龄在 18 ~ 24 岁之间，头向东。随葬品除有两枚骨镞外，其他如鼎、钵、支座等被敲碎后放置在墓葬之中。

M14 为长方形竖穴土坑墓，墓主人为一成年女性，单人仰身直肢葬。侧门齿被拔除。随葬品有骨笄、束发器、骨锥、骨针各一件。随葬的骨锥刺入胸腔，锥尖部分深入两节骨椎之间。

（2）后李墓地①

临淄后李遗址发掘北辛文化时期的墓葬 16 座。墓圹均为竖穴土坑墓，无葬具，无随葬品。葬式分为单人葬和双人合葬两类。单人葬 15 座，均为仰身直肢葬，头向东。除 M19 随葬 2 件陶鼎外，其余都没有随葬品。

后李 M19，已残。长方形土坑竖穴墓。长 2.15、宽 0.65、深 1 米。墓室周围有熟土二层台，无葬具。单人仰身直肢葬，头向东，面向上。墓主人脚端左侧二层台上放有 2 件陶鼎。双人合葬仅 M40 一座，墓圹长 1.82、宽 0.9 米，仅容两个骨架。墓主人均仰身直肢葬，头向东南。

（3）大汶口墓地②

大汶口遗址发掘的资料中，早期墓葬主要集中在遗址的西北部，是 1974 和 1978 年发掘的。在这一墓区内，发现北辛文化的墓葬 10 座，从层位上讲属同一时期，墓葬的方向基本一致，应是同一个墓地。这批墓葬多为长方形竖穴土坑墓，仅一座为圆形土坑墓。大部分没有葬具，有 1 座为瓮棺葬，2 座有石棺葬具。墓葬均为一次葬，除一例为成人与婴儿合葬外，均为单人仰身直肢葬，其中 3 例为屈肢葬。

① 济青公路考古队：《山东临淄后李遗址第一、二次发掘简报》，《考古》1992 年第 11 期；济青公路考古队：《山东临淄后李遗址第三、四次发掘简报》，《考古》1994 年第 2 期。

② 山东省文物考古研究所：《大汶口续集——大汶口遗址第二、三次发掘报告》，科学出版社，1997 年。

墓葬大部分无随葬品，其中4座有随葬器物，数量一般1~3件，随葬陶器主要有钵、三足碗、小口双耳壶等，骨器、牙器主要有矛、镞等。

人骨鉴定表明，10座墓葬中有8个为成人男女，两个为儿童。

M1017为长方形竖穴土坑墓，长2.08、宽1.06米。为合葬墓。一个为30岁左右的女性，另一个为婴儿。婴儿做侧身蹲状，面向南。成人身微侧向婴儿，面亦南向，上肢伸向婴儿，作抱孩子状。无葬具和随葬品。

M1011为长方形竖穴土坑墓，长2.3、宽0.8米。有石棺葬具。贴墓壁用页岩质自然石板砌出石框，无底板，顶部有盖板。死者为一45岁左右的男性，放于石框内，仰身直肢，随葬3枚牙镞。

2. 墓葬特点

北辛文化的墓葬具有以下特点：

（1）墓葬以长方形竖穴土坑墓为主，同时亦有方形、圆形或椭圆形土坑墓。

（2）绝大部分没有葬具，在大汶口遗址中发现石棺和瓮棺为葬具。这两种葬具为后来的大汶口文化和龙山文化的墓葬所继承。

（3）大部分墓葬没有随葬品，陶器随葬更少。一些小工具和装饰品是主要随葬品。

（4）拔牙等习俗在东贾柏墓地数量较多。在发现的17具人骨中，有10个拔除侧门齿。这些习俗被大汶口文化所继承。

（三）大汶口文化时期的墓葬

目前，山东境内发现大汶口文化遗址大约550余处，其中经过发掘重要墓地有泰安大汶口、兖州王因、邹县野店、枣庄建新、诸城呈子、广饶五村、傅家、莒县陵阳河、大朱家村、杭头、胶县三里河、日照东海峪等，发现2000余座。现选择重要的墓地加以分析。

1. 墓葬举例

（1）兖州王因墓地①

位于兖州王因镇王因村东南，发掘大汶口文化时期的墓葬899座，是目

---

① 中国社会科学院考古研究所：《山东王因——新石器时代遗址发掘报告》，科学出版社，2000年。

前海岱地区大汶口文化墓葬最多的一个墓地。

墓葬绝大部分为长方形土坑竖穴墓，墓圹一般长 1.7 ~ 2.3、宽 0.6 ~ 1 米，部分二次葬墓近方形或椭圆形，墓圹较小，边长多为 0.7 ~ 1.4 米。墓向以朝东或东南为主，个别向西。葬式多数仰身直肢，另有少量仰身屈肢、仰身折肢、侧身直肢、侧身屈肢、俯身直肢及俯身折肢。未发现明显的葬具痕迹，仅在少数墓底部见有黑色铺垫物。盛行单人一次葬，合葬墓亦较多见。合葬墓有一次葬和二次葬之分，一次葬多仰身直肢且骨骼完整，人数一般 2 ~ 5 人，均有随葬品；二次葬均属迁葬，仅把死者头骨、盆骨及主要肢骨集放在一起，有的分排陈放，少者 2 ~ 5 人，多者达 20 余人，一般不放随葬品。这两种合葬形式以同性合葬居多，异性少量。另有少量迁出葬，即把人骨中主要部分迁出，余骨及随葬品则留在墓中。普遍见拔牙和人工枕骨变形现象，还发现因口含小球而齿弓变形的独特习俗。随葬品不甚丰富，仅有 60% 的墓有随葬品，一般数量不超过 10 件，多者达 20 余件，以陶器为主，器形主要有腹形鼎、盆形鼎、带鋬手的壶形鼎及罐形鼎、钵形鼎、鼓腹罐形鼎、觚形杯、盆、钵、钵形豆、盆形豆、尊、漏器、鬶、双耳罐、鼓腹罐等，另有石、骨、角、牙器及龟甲等，多装饰品，生产工具较少。

王因墓葬主要为大汶口文化早期的墓葬，墓葬中虽然有的有随葬品，有的没有随葬品，但墓葬的规模差别不大，都没有发现葬具。

（2）大汶口墓地

位于泰安市泰山区和宁阳县的交界处，北距泰山约 30 千米。1959、1974 年和 1978 年曾进行过三次发掘，清理大汶口文化时期的墓葬 179 座。资料分别发表在《大汶口——新石器时代墓葬发掘报告》① 和《大汶口续集——大汶口遗址第二、三次发掘报告》中。

墓葬成组埋葬，一般 4 ~ 6 座为一列，每列呈西北—东南向。形制以长方形土坑竖穴为主，部分有二层台。墓圹一般长 1.8 ~ 2.4、宽 0.5 ~ 1 米，有的大墓长 3.3 ~ 4.2、宽 2.5 ~ 3 米。墓主大部分头朝东，少数向东南、西

---

① 山东省文物管理处、济南市博物馆：《大汶口——新石器时代墓葬发掘报告》，文物出版社，1974 年。

南或正西。盛行单人葬，亦有同性多人合葬墓和成年男女合葬墓，发现部分迁出葬。葬式仰身直肢最普遍，其次为侧身葬，偶见俯身葬和屈肢葬。多数墓无葬具，少数有木质葬具，即用原木贴墓壁堆垒成长方形或"井"字形木框，另有用鼎或瓮的残片覆盖身体做葬具。随葬品陶器最多，基本组合为鼎、觚形杯、豆、罐、壶、背壶、鬶、盉、双耳壶、盆、筒形杯、高柄杯、单把杯、钵、单把钵、碗、缸、匜、瓶、彩陶釜、漏缸（鼓）、尊、兽形器等。

大汶口墓地延续时间长，1974、1978 年发掘的主要是大汶口文化早期的墓葬，墓葬的规模和随葬品都存在较大的差异，例如 M2005 长 3.6、宽 2.45 米，随葬品多达 104 件，在一些陶器中还盛有猪下颌骨、牛头等。而小型墓长不足 2 米，宽度在 0.4 ~ 0.5 米，仅可以容纳死者，完全没有随葬品。在早期墓葬中没有发现木质葬具，M1018 以石棺为葬具，M1030 以两件盆相扣组成陶棺（瓮棺）。1959 年发掘的主要为大汶口文化中、晚期的墓葬，墓葬除规模和随葬品出现更大的差异外，还出现葬具的差异。

（3）野店遗址①

遗址位于邹城市（原邹县）峄山乡野店村，1971、1972 年曾进行过两次发掘工作，发现大汶口文化墓葬 89 座。

墓葬集中分布于 2 区和 4 区，在 2 区内有分组埋葬的现象。墓圹一般为长方形土坑墓，个别为不规则长方形或椭圆形小土坑。墓多向东或东南，个别北或南。墓多长 1.8 ~ 3、宽 0.7 ~ 2 米，大墓长 3 ~ 3.8、宽 2 ~ 2.5 米，小墓长不足 1.8、宽小于 0.7 米。土坑墓分竖穴和二层台两种，竖穴墓直壁，二层台一般四面皆有或仅存两面、三面。有二层台的墓大多有长方形或"井"字形葬具。婴儿或儿童墓习惯用罐、缸残片作葬具。葬式以单人仰身直肢葬居多，少量成年男女合葬墓，均按男左女右位置陈放。随葬品陶器最多，器形有釜形、罐形、盆形、钵形、壶形、盉形、连体鼎，觚形杯，钵形、盘形、盆形豆及罐、盆、鬶、盉、漏缸（鼓）、壶、背壶、尊、碗、钵、单把钵、瓶、缸、筒形杯、镂孔高柄杯、单把杯、觯形杯等。彩陶有单彩和白、红、深褐彩组成的复色彩陶，常见纹饰有"回"字形纹、花瓣纹、涡漩纹、"母"字形

_____

① 山东省博物馆、山东省文物考古研究所：《邹县野店》，文物出版社，1985 年。

编织纹、八角星纹、锯齿纹、圆点纹、平行线纹等。

　　野店大汶口墓葬延续时间较长，早期墓葬之间的差异较小，到中、晚期，墓葬之间的差异加大，并且出现木质葬具。

　　（4）莒县陵阳河、大朱家村、杭头墓地①

　　20 世纪 60～80 年代，在莒县陵阳河、大朱家村、杭头三个墓地共清理大汶口文化墓葬 80 座。这些墓葬多为大汶口文化晚期，有的可早至中期晚段，由于地理位置相近，时代基本一致，因此埋葬习俗基本相同。

　　这些墓葬皆为长方形土坑墓，墓向东或东南。一般墓长约 3 米、宽 2 米多，大墓长达 4.6、宽 3.8 米，小墓长度不到 1 米、宽 0.4 米左右。盛行单人仰身直肢墓，无合葬墓，个别为二次迁葬墓。部分大中型墓葬发现有"井"字形木棺。大型墓与小型墓随葬品差别较大，大型墓近 200 件，小型墓仅有几件。随葬品中各型高柄杯数量最多，约占总量的 45%。少数大墓中的大口尊在颈、腹部刻有图像符号。随葬品主要为陶器，陶器造型流行平底器及半环型纽（耳），器形主要有圆折腹罐形鼎、盆形鼎、鼓腹罐形鼎、单耳罐、单耳杯、单耳壶、豆、背壶、壶、盆、瓶、高柄杯、壶形盉、（残）袋足鬶、大口尊、鸮等，其次还有石钺、石斧、骨矛、骨笄、骨雕筒、玉笄、玉坠等。

　　特别值得注意的是杭头 M8，M8 为长方形竖穴土坑墓，葬具为一棺一椁，随葬品有 78 件，其中有刻划图像的陶尊。发掘者认为，杭头 4 座墓葬的年代为大汶口文化最晚段，说明在大汶口文化晚段，人们已经开始认识到棺椁的差异了。

　　（5）广饶傅家、五村墓地②

　　从 1985 年以来，为配合工程建设，在广饶的傅家和五村共清理大汶口

①　山东省文物考古研究所：《山东莒县陵阳河大汶口文化墓葬发掘简报》，《史前研究》1987 年第 3 期；山东省文物考古研究所等：《莒县大朱家村大汶口文化墓葬》，《考古学报》1991 年第 2 期；苏兆庆等：《山东莒县大朱家村大汶口文化墓地复查清理简报》，《史前研究》1989 年（增刊）；山东省文物考古研究所：《山东莒县杭头遗址》，《考古》1988 年第 12 期。
②　山东省文物考古研究所：《广饶县五村遗址发掘报告》，《海岱考古》（第一辑），山东大学出版社，1989 年。

文化时期的墓葬480余座，其中五村75座，傅家400余座。

这些墓葬多长方形土坑竖穴，墓圹一般长1.6~2.2、宽0.4~0.8米。墓向不一，多东北或东南向，少数西南或西向。未见葬具。葬式流行仰身直肢，偶见侧身屈肢。葬俗主要为单人一次葬，亦有不同性别和年龄的合葬墓，合葬人数2~3人，还有墓为仅存零星骨骼的迁出葬。头骨枕部人工变形现象较普遍，而拔牙现象罕见。多数墓无随葬品，有者数量也较少，一般1~2件，多者达4件，以陶器为主，陶器流行平底器，腹部或肩部常见纽饰或半环形耳，器形主要有折腹罐形鼎、鼓腹罐形鼎、鼓腹罐、敛口折腹罐、单耳罐、单耳壶、单耳豆形杯、钵形豆、钵、杯等，另有少量玉、石串饰或坠饰。

遗址时代属于大汶口文化中、晚期阶段。

2. 大汶口文化墓葬的特点

与后李文化、北辛文化墓葬相比较，大汶口文化墓葬更加复杂。

大汶口文化的墓葬除埋葬方式增多外，墓葬的规模、葬具、随葬品都有较大的差异，这些差异可以分为不同墓地之间的差异、同一墓地不同时期的差异和同一墓地相同时期不同墓葬之间的差异。

（1）从以上列举的墓地中，王因墓地与大汶口墓地（主要指1974、1978年发掘的墓葬）同属大汶口文化的早期，但大汶口墓地的墓葬规模及随葬品数量明显高于王因墓地。大汶口墓地除发现石棺、瓮棺外，人们有意对二层台进行了处理，如M2005，在墓的底部、四壁及二层台壁上抹一层黄色胶泥，墓坑的底部专门挖了放置死者的长方形葬坑等。傅家与陵阳河发现墓葬的年代基本一致，但前者墓葬之间没有明显的差异，每个墓葬中随葬品的数量非常少；陵阳河墓地随葬品非常丰富，多者近200件，并随葬大量酒器，出土许多带刻划图像文字的陶尊。这些迹象表明，在大汶口文化时期，不同的村落之间存在明显的差异，有学者认为，大汶口及陵阳河周围，是大汶口文化时期两个重要的中心聚落，而王因、傅家、五村等则应是普通聚落的代表。

（2）大汶口墓地从北辛文化晚期一直延续到大汶口文化的晚期，前后延续1800余年。在该墓地发现的北辛文化时期的石棺和瓮棺是目前山东地区发现最早的葬具，这一习俗被大汶口文化所继承。作为大汶口文化时期的中心聚落，大汶口墓地从大汶口文化早期，墓葬的规模和随葬品的数量就远远超过其他普通聚落的墓葬，从随葬品组合情况看，多为日常生活用品，很少有中、晚期等级较高的礼器。到大汶口文化中晚期，墓葬规模、随葬品的数量和种类、葬具都发生了变化，墓葬之间的差异进一步明显。与中心聚落不同时期墓葬有较大差异这一现象相比，在一些普通聚落如广饶傅家、五村、潍坊前埠下等遗址的墓葬中，不同时期的墓葬在规模和随葬品上差异很少，说明在普通聚落中，社会贫富分化远没有中心聚落那么明显。因此，大汶口文化社会分化首先是在中心聚落开始产生的。

（3）人们在对每个墓地进行分区研究时发现，在大汶口文化中、晚期的中心聚落中，即使同一墓区、同一时期的墓葬之间都存在着明显的差异，儿童墓与成人墓一样埋葬在同一墓区，有的儿童墓中还随葬大量的随葬品，如大朱家村 M31，不仅有随葬品，而且有木质葬具。说明在大汶口文化人们的观念中，儿童与成人具有同等的地位。而不同的墓葬之间，在墓葬的规模、随葬品的数量及葬具上都有明显的不同。研究者认为，埋葬在同一墓区的墓葬应为同一氏族（或家族）的墓葬，同一氏族（或家族）内墓葬的差异，在说明私有制普遍存在的同时，更表明当时存在比氏族（或家族）更小的私有制单位——家族（或家庭）的存在。与之同时，在普通聚落中，同一时期的墓葬差异较小，说明在普通聚落中贫富分化还不明显。

（四）龙山文化

发掘的许多龙山文化遗址中都有零星的墓葬。这些墓葬一般多为小型墓葬，由于发掘面积有限，无法了解墓地的整体情况。发现墓葬比较多且重要的有日照两城镇、东海峪、尧王城、临沂大范庄、潍坊姚官庄、胶县三里河、诸城呈子、栖霞杨家圈、青州凤凰台、泗水尹家城、兖州西吴寺、临朐西朱封等遗址。这些地点主要集中在鲁东南、鲁北及汶泗河流域。其中以鲁东南发掘的墓葬最多。初步统计龙山文化时期的墓葬已经发掘 1000 余座。

1. 墓葬举例

（1）泗水尹家城①

共发现龙山文化时期的墓葬 65 座。墓葬分布较零散，在遗址的中部有

---

① 山东大学历史系考古教研室：《泗水尹家城》，文物出版社，1990 年。

相对集中的两组墓葬，共计 18 座。从总体看，早期的墓葬排列整齐，晚期墓葬较散乱。墓葬多为长方形或近方形竖穴土坑墓，墓室的大小差别比较大，最大的 M15 东西长 5.8、南北宽 4.36、深 1.55 米。较小的墓葬长度不足 2 米，宽度 0.3 米，仅容死者的身体。墓葬大多为东西向，头向东或东南。埋葬方式有一次葬和二次葬之分，多仰身直肢葬。随葬品的数量不等，最多的达 40 余件，超过 20 件的有 10 座，有 27 座墓没有随葬品或仅随葬简单的骨、牙器。葬具有棺、椁。发掘者根据墓葬的规模、葬具及随葬品的多少分为四类，其中 5 座大型墓葬中有 1 座为两椁一棺的墓葬，其他 4 座为一椁一棺，并且墓葬的主人均为二次葬；29 座中型墓葬中多有木棺和较多的随葬品；小型墓大多无葬具和随葬品。

（2）临朐西朱封①

西朱封位于临朐县城南 5 千米弥河北岸的台地上。共发现的 3 座大型墓葬。墓葬位于遗址南部的断崖上，有 2 座是在断崖上暴露后发掘的。墓葬编号分别是 M1、M202、M203，以 M203 保存最完整。3 座墓葬之间距离较近，M202 同 M203 之间相距约 3 米，与 M1 墓不到 30 米。由于骨架保存不好，没有进行性别、年龄鉴定。发掘者根据现场情况认为 3 座墓葬的墓主人均为成人。

M203 墓室呈长方形，东西向。东西长 6.3~6.44、南北宽 4.1~4.55、残深约 1.5 米。葬具为两椁一棺。随葬品十分丰富。有陶器 50 件，其中 25 件为实用器，另有 25 件器形小巧，且烧制火候较低，应是一批非实用的明器；石器 13 件；骨器 5 件；玉器 9 件；绿松石片 95 片。此外从发掘情况看，还有一定数量的漆木器。

（3）胶县三里河墓地②

发掘龙山文化墓葬 98 座。这批墓葬排列不规整，有的分布稀疏，有的

①　山东省文物考古研究所：《临朐县西朱封龙山文化重椁墓的清理》，《海岱考古》（第一辑），山东大学出版社，1989 年；中国社会科学院考古研究所山东工作队：《山东临朐朱封龙山文化墓葬》，《考古》1990 年第 7 期。

②　昌潍地区艺术馆：《山东胶县三里河遗址发掘简报》，《考古》1977 年第 4 期；中国社会科学院考古研究所：《胶县三里河》，文物出版社，1988 年。

相当密集，还有的分散在遗址周围。墓葬间的打破关系比较复杂，但墓向基本一致。葬式以单人头西脚东的仰身直肢葬为主，个别屈肢葬和俯身葬。随葬器物主要放脚下，其中10多座墓葬人骨架附近放置海螺或蛤蜊壳，也有的手握獐牙或长条形蚌器。口含玉玲的有2座墓葬。没有随葬品的墓30座，均占墓葬总数的1/3，多数墓葬放置1~3件器物，有的仅放獐牙、海螺或蚌匙等。只有极少数墓器物多达20余件。

（4）诸城呈子墓地①

发掘龙山文化墓葬87座，均为长方形土圹竖穴，葬式为单人仰身直肢葬，头向多朝东，只M30、M39向西南；面向多朝上，有的向南或偏北，无一定规律。小孩与成人葬式相同，均葬在氏族公共墓地中，只是形制较小，有的还放置随葬品。随葬品主要为陶器，有的用獐牙和猪下颌骨随葬。随葬的陶器不仅有多少不同，更有粗细之分。大墓多随葬成套的生活器皿，如鼎、甗、鬶、盉、豆、盘、盂、盆、环足盘、碗、单耳杯、罐、瓮、壶等，其位置多在二层台两侧。猪下颌骨放在一般器物之间，蛋壳陶杯多与常用陶器分开。小型墓即使有随葬品，也只2~3件粗劣生活器皿，如鼎、罐、碗等。

2. 龙山文化的墓葬分类

根据墓葬的规模，可以将龙山文化墓葬划分为五类。

第一类，大型墓。墓葬规模宏大，葬具齐全，形制复杂，随葬品数量多且制作精良。除生活用品外，还有礼仪性用品，如玉器等，有用猪下颌骨随葬的现象。随葬品中有反映墓主人身份地位的玉冠、玉钺等；单人仰身直肢葬为主，也有二次葬、非正常埋葬等现象。

第二类，中型墓。墓葬规模小于第一类墓葬，发现于尹家城、三里河、尧王城、大范庄和呈子等遗址。有葬具和二层台，随葬品比较丰富，主要有陶器如鼎、鬶、罐、壶、盆、豆、碗、盒、蛋壳陶杯等。

第三类，小型墓。多数龙山文化遗址中都有这类墓。墓室一般长2米左右，宽0.5~1米，有的有棺，随葬品1~5件不等，有鼎、罐、杯等。

---

① 昌潍地区文物管理组：《山东诸城呈子遗址发掘报告》，《考古学报》1980年第3期。

第四类，狭小墓。墓圹极小，仅能容下尸体，有的需要把尸体弯曲后才可勉强填入墓室，没有随葬品。

第五类，没有墓圹，散乱地丢弃在灰坑中的死者。在以往的发掘报告中，往往归为灰坑或祭祀坑。从死者归属的角度，也应是埋葬的一种形式。这些死者被排除在氏族墓地以外，应是外来者的归葬之地。

这五类墓葬中，第一类应该是都城的主人或上层贵族的墓葬；第二类应为当时社会的上层或比较富有者的墓葬；第三、四类墓葬应是当时普通百姓的墓葬，他们没有或很少有随葬品，处于社会的下层；第五类应是外部族俘虏等，他们处于社会的最底层。

3. 墓葬特点

龙山文化时期的墓葬，大致有以下特点：

（1）墓葬形制都是长方形土坑竖穴墓。从埋葬形式来看，以单人仰身直肢葬为主，屈肢葬、俯身葬的数量较少。埋葬形式比大汶口文化简单。我们知道，在大汶口文化时期，存在各种形式的合葬墓，这种习俗在龙山文化时期基本消失。大汶口时期流行的手握獐牙的葬俗为龙山文化人们所继承。

（2）发现的墓葬中，许多没有随葬品的。有些墓葬的墓圹仅能容纳死者的身体；龙山文化无随葬品墓葬的比例远远超过大汶口文化，说明当时社会分化的加剧。在有随葬品的墓葬中，绝大多数以陶器为主，用生产工具或其他装饰品随葬的较少。例如，尧王城39座墓葬中，有随葬品的14座，其中多数以陶器为主要随葬品，少数墓葬随葬纺轮、蚌壳等。陶器有实用器和非实用器之分，非实用器又可以分为明器和礼器。明器一般制作粗糙，个体很小，而礼器则制作精良。

（3）墓葬规模比较明显地反映了等级差异。这表现在两个方面：首先，只有等级较高的都城一级的城市或其周围，才有大型墓葬的存在；其次，一些大型墓葬周围，没有中、小型墓葬的存在，说明当时的一些贵族阶层有自己单独的墓地。临朐西朱封墓地在发掘3座大型墓葬的同时，都进行过详细的调查、勘探工作。在大型墓葬的周围，没有发现其他的墓葬。而在大汶口文化的墓葬中，大型墓葬与中、小型墓葬共存在同一墓地，并且有规律地排列着，说明社会的上层还与本氏族的其他成员一样，死后埋葬在同一个墓地中。龙山文化社会上层单独开辟墓地的现象，说明他们已经脱离了其所在的氏族，成了高高在上的统治者。龙山文化与大汶口文化墓葬的这种差异，具有变革性的划时代的意义。

（4）第四、五类墓葬的大量存在，说明当时社会存在大量社会地位低下的人群，他们或者是社会的最贫困者，或许是由俘虏转化成的奴隶，社会的分层进一步明显。

（五）墓葬的发展阶段与等级差异

通过对山东史前不同时期墓葬情况的分析，我们认为，史前时期的墓葬大致可以分为以下三个阶段：

（1）后李文化—北辛文化阶段。墓葬规模较小，一般无葬具，随葬品主要为少量的装饰品和工具。到北辛文化晚期，出现石棺、瓮棺为葬具，一些墓葬开始随葬少量的陶器，在东贾柏等墓地发现拔牙和使用龟甲的习俗。该阶段是山东地区埋葬习俗形成时期。

（2）大汶口文化阶段。一些普通聚落的墓葬延续前一阶段的埋葬习俗。在一些中心聚落，墓葬的规模、随葬品的数量和种类发生了变化。到大汶口文化中期出现木质葬具，随葬品以鼎、豆、壶为基本组合；墓葬中随葬的陶器逐渐由生活用品中分化出来，成为非实用性的专用器。在同一墓地中，出现大、中、小三类墓葬，并且，随着时代的发展，各类墓葬之间的差异越来越明显。在大汶口文化墓葬中"象牙筒、'日火山'铭文、鬶、盉、瓴、杯的出现，都应看做文明的标志，而不仅是文化、生活日用品等一般性器物"①。在大汶口文化晚期，个别墓葬有棺有椁，棺椁制度开始出现（或萌芽）。

（3）龙山文化阶段。由于该阶段的考古工作主要以遗址特别是城址为中心，墓葬资料相对零散。该阶段的大、中型墓葬普遍使用木质的棺、椁为葬具，在尹家城、西朱封发掘的8座大型墓葬均有棺和椁为葬具，有的出现两椁一棺，棺椁制度基本形成。一些中型墓葬普遍使用木棺为葬具。值

---

① 苏秉琦：《再谈筹建考古实验站与课题问题》，《海岱考古》（第一辑），山东大学出版社，1989年。

得注意的是，这一时期没有随葬品的小型墓葬增多，大部分小型墓葬仅能容纳死者的身体，说明社会分化进一步明显；在一些灰坑和房址中出现大量随意安葬的骨架，有的骨架表明死者生前曾被肢解。这些被随意安葬的死者和作为祭祀用的死者与大型墓的主人构成了当时社会的两个对立面，阶级分化已成事实。

在对史前墓葬进行分析时我们还发现，至少从大汶口文化中期开始，已经出现了普通聚落与中心聚落的差异。墓葬之间在规模、葬具、随葬品上的巨大差异首先在中心聚落完成。到龙山文化时期，少数具有城墙或环壕的中心聚落墓葬之间的差异比较明显。无论大汶口文化时期还是龙山文化时期，那些遗址面积较小的普通聚落中，墓葬之间的差异相对较小。

山东地区埋葬习俗及礼仪对中原地区具有重要的影响，夏、商时期的礼器制度很大程度上接受了山东大汶口文化和龙山文化的影响。关于两者的关系我们将另文论述，兹不赘述。

山东地区史前考古之检讨

山东地区以田野为基础的现代考古是从史前考古开始的。20 世纪 30 年代初城子崖遗址的发掘，是中国史前考古的重要里程碑，在此后的七十多年里，经过考古工作者的不懈努力，逐步建立起山东地区史前文化发展序列。山东史前文化自身的特点，使之在中国史前考古中具有重要的位置，并由此奠定了山东在全国考古学领域的地位。认真总结、检查以往的工作，积极探讨山东地区史前考古今后的努力方向，对推动山东地区史前考古学研究，进而完善和促进中国史前考古的发展具有重要的作用。本文旨在对山东地区史前考古工作发现历程及研究状况进行综合分析，并根据以往的工作经验及存在的问题，对山东地区史前考古今后发展方向予以展望，以此引起大家对这一问题的重视，达到抛砖引玉的作用。

（一）山东史前考古的历程与研究状况

山东地区新石器时代文化基本从晚期到早期逐步发现的，对史前文化研究程度也是晚期研究工作较多，早期相对较少。旧石器文化除 20 世纪 60 年代发现新泰乌珠台人及 80 年代文物普查发现沂源猿人及一批旧石器和细石器点外，研究工作长期处于停滞状态。

1. 龙山文化的发现与研究

20 世纪 20 年代，"中国文化西来说"成为学术界的一种理论思潮，仰韶文化发现后，有学者更以此作为"西来说"的重要依据。为探索中国古代文明的起源，中国学者在中国大地上不断探索。1928 年，吴金鼎先生在龙山镇城子崖发现了以黑陶为代表的文化，他认识到这种文化应该是不同于仰韶文化的另一类原始文化，对研究中国商代文化起源具有重要作用。

在其后一年的时间里，吴金鼎先生先后四次（共用了十天的时间）对城子崖遗址进行了详细的调查，并在遗址上进行了两次挖掘工作①。吴金鼎先生是第一个发现和认识城子崖遗址的学者，为此后城子崖遗址的发掘工作提供了条件。

早期的发掘工作在 1930～1931 年，共进行了两次。发掘完成后，于 1934 年出版了发掘报告②，报告将城子崖的遗存分为两期：黑陶时代（即龙山文化）和灰陶时代（谭国文化，公元前 1200～前 200 年）。

龙山文化发现后，考古学者怀着对中国古代文明起源的浓厚兴趣，纷纷在各地寻找以黑陶为特征的"龙山文化"。到 1936 年，在山东、河南、安徽和浙江等地区先后发现了 70 余处龙山文化遗址。由于这些遗存都是有别于以红陶为特征的仰韶文化，大家都将之归为龙山文化。1939 年，梁思永先生根据已经发现的龙山文化的遗存，发表《龙山文化——中国文明的史前期之一》③。该文在概括了龙山文化的一般特征之后，根据观察到的各地文化"相"的显著区别，将龙山文化划分为三个区域：山东沿海区、豫北区和杭州湾区，明确提出各地所谓的"龙山文化"是有所区别的。

建国后，随着大规模经济建设的开展，田野考古的数量急剧增加，文化面貌与龙山文化接近的同类遗址发现的越来越多。这时，考古学界出现把凡是以灰黑陶为主要特征、时代早于商殷而晚于仰韶文化的遗存统统划归为龙山文化的趋向。这就导致了龙山文化的范围越划越大，其文化面貌也变得复杂的现象。当时人们认为龙山文化是分布于北起辽东半岛，南达福建、台湾，东至大海，西跨陕西、甘肃地区这一广大区域的文化。

这种现象很快引起人们的重视。20 世纪 50 年代末期，安志敏先生在论及龙山文化时，首次提出将以黄河中下游和沿海地区为分布中心的龙山文化划分为庙底沟二期文化、河南龙山文化、陕西龙山文化和典型龙山文化

---

① 吴金鼎：《平陵访古记》，中央研究院历史语言研究所集刊第一本第四分册，1930 年。

② 傅斯年、李济等：《城子崖——山东历城县龙山镇之黑陶文化遗址》，国立中央研究院历史语言研究所，1934 年。

③ 梁思永：《龙山文化——中国文明的史前期之一》，《梁思永考古论文集》，科学出版社，1959 年。

四个文化类型的概念①。同时指出，由于具有从仰韶文化向龙山文化过渡性质的庙底沟二期文化的发现，表明中原地区的龙山文化是继承仰韶文化而来，而山东地区的龙山文化则另有来源。稍后，夏鼐先生在长江考古队长会议上，把杭州湾地区的龙山文化称为良渚文化②。四种类型龙山文化的划分和良渚文化的独立，是人们在认识龙山文化的路途上迈出的一大步。从龙山文化在山东的发现到山东龙山文化作为一个独立的文化类型被提出来，经过了三十年的时间。这一认识上的飞跃，为山东龙山文化研究工作的深入奠定了基础。从此，人们开始走出"泛龙山文化"的误区，在各地寻找各自的文化发展轨迹。80 年代初严文明先生在《龙山文化和龙山时代》一文中首先提出龙山时代的概念③，并得到考古界大部分人的认可。应该说，从城子崖发掘到 80 年代初，龙山文化研究基本确定了龙山文化的分布范围及文化面貌，也有部分学者对类型、年代及性质问题进行了初步探讨。

从 20 世纪 80 年代中期开始，在山东地区陆续发现大量龙山文化城址，分别在邹平丁公、阳谷景阳岗城址出土带文字的陶片④，在泗水尹家城⑤、临朐西朱封⑥发现龙山时代的大型墓葬，这些重要发现使龙山文化研究再掀高潮。考古学者对龙山时代的区系类型、文化分期、社会性质、在中国文明起源中的作用和地位等问题进行了广泛的讨论。

最早对龙山文化提出分期的是尹达先生，他在《中国新石器时代》中，将龙山文化分为三期，即两城期、龙山期和辛村期，并提出"从地理分布上看，早期的两城镇在沿海的日照，晚期的辛村在河南北部的浚县，从而可以推想龙

① 安志敏：《试论黄河流域新石器时代文化》，《考古》1959 年第 10 期。

② 中国科学院考古研究所：《新中国的考古收获》，文物出版社，1961 年。

③ 严文明：《龙山文化和龙山时代》，《文物》1981 年第 6 期。

④ 山东大学历史系考古教研室：《邹平丁公发现龙山文化文字》，《中国文物报》1993 年 1 月 3 日；栾丰实：《丁公龙山城址和龙山文字的发现及其意义》，《文史哲》1994 年第 3 期；王守功：《景阳岗龙山城址考古有重要发现》，《中国文物报》1996 年 1 月 7 日。

⑤ 山东大学历史系考古教研室：《泗水尹家城》，文物出版社，1990 年。

⑥ 山东省文物考古研究所：《临朐县西朱封龙山文化重椁墓的清理》，《海岱考古》（第一辑），山东大学出版社，1989 年；中国社会科学院考古研究所山东工作队：《山东临朐朱封龙山文化墓葬》，《考古》1990 年第 7 期。

山文化的发展，可能是循着自东往西的方向"①。20 世纪 80 年代以后，考古学者根据自己的标准，对山东龙山文化提出不同的分期。总结起来，主要有二分法、三分法和四分法三种意见。栾丰实先生对各种分期结果进行系统的总结②，将各种分期列了详细的对应关系表。关于分期问题的研究基本告一段落。

　　关于山东龙山文化的类型研究，栾丰实先生根据文化面貌，将山东地区的龙山文化划分为尧王城、姚官庄、城子崖、尹家城、杨家圈等五个类型③，并对各个文化类型的分布地域及文化面貌进行了详细的说明，具有一定的代表性。笔者在栾丰实先生类型划分的基础上，根据山东地区的地理环境及古史传说资料，认为山东地区从大汶口文化—龙山文化时期，各个类型之间差异不是等同的。总体而言，鲁北、鲁南、胶东地区的文化面貌尽管整体存在一定的共性，但三个地区之间的差异是明显的。以此为基本出发点，将龙山文化分为胶东（杨家圈类型）、鲁北（城子崖类型、姚官庄类型）、鲁南（尹家城类型、尧王城类型）、鲁西（王油坊类型、景阳岗类型）四区七个类型④。进而认为，河南新砦一期许多文化因素与山东龙山文化鲁西区（景阳岗、王油坊类型）更为接近，应为山东龙山文化在中原的变体和发展⑤。

　　关于龙山时代的城址，早在 20 世纪 30 年代城子崖遗址发掘时就曾发现，由于大家对夯筑城墙的年代问题有所争议，给考古界留下了一个悬而未解的问题。1984 年，山东省文物考古研究所在寿光边线王遗址就发现龙山文化城堡⑥，此后山东省文物部门先后在邹平丁公⑦、临淄桐林⑧、阳谷

①　尹达：《中国新石器时代》，生活·读书·新知三联书店，1955 年。

②　栾丰实：《海岱地区考古研究》，山东大学出版社，1997 年。

③　栾丰实：《海岱地区考古研究》，山东大学出版社，1997 年。

④　王守功：《山东龙山文化》，山东文艺出版社，2004 年。

⑤　王守功、李繁玲等：《试析景阳岗龙山文化城址——也谈海岱文化对中原文明的影响》，《东方考古》（第 2 集），科学出版社，2005 年。

⑥　杜在忠：《边线王龙山文化城堡的发现及其意义》，《中国文物报》1988 年 7 月 15 日。

⑦　栾丰实：《邹平丁公新石器时代至汉代遗址》，《中国考古学年鉴·1992》，文物出版社，1994 年。

⑧　天齐：《田旺龙山文化城址面世》，《大众日报》1992 年 3 月 18 日；魏成敏：《临淄区田旺龙山文化城址》，《中国考古学年鉴·1993》，文物出版社，1995 年。

景阳岗①、五莲丹土②、日照两城镇③、茌平教场铺④等地发现龙山文化时期的城址。目前山东地区已经发现龙山文化时代的城址 8 处，此外在许多地方发现环壕聚落。

20 世纪 90 年代以来，围绕城市与文明起源问题，山东省文物考古研究所于 1992 年在章丘召开纪念城子崖遗址发掘 60 周年学术讨论会，2003 年山东大学历史文化学院与山东省文物考古研究所联合召开中国东方地区古代文明进程国际学术研讨会，许多国内外学者根据山东龙山文化发现的城市、文字、大型墓葬资料，对山东龙山文化社会状况及发展阶段提出自己的认识。归结起来有以下几种观点：（1）龙山时代大体上处于军事民主制时期，或已进入文明社会的边缘。（2）该阶段已属早期青铜文化，并已进入文明时代。（3）仰韶文化晚期（包括大汶口文化晚期和红山文化晚期等）大概就已经迈开了走向文明的步伐，龙山时代大概出现了许多酋邦或城邦国家，这是一种初级文明，而夏商则进入了比较成熟的文明时期。（4）龙山时代的城址并不表明已经进入文明或国家阶段，二里头文化即夏文明是中国文明的源头，而龙山时代尚未跨入文明的门槛。

此外，有的学者还就龙山时代的生态环境、居民体质、风俗习惯、族属国别、陶器和玉器制作等方面进行了专题研究。

值得特别注意的是，近年来张学海先生对山东龙山时代社会性质的理论探讨⑤及中美两城地区联合考古队在日照进行的区域调查⑥。这些理论探讨和方法尝试对今后山东地区龙山时代考古学研究具有重要的借鉴意义。

---

① 山东省文物考古研究所、聊城地区文化局文物研究室：《山东阳谷县景阳岗龙山文化城址调查与试掘》，《考古》1997 年第 5 期。

② 山东省文物考古研究所：《五莲丹土发现大汶口文化城址》，《中国文物报》2000 年 1 月 17 日。

③ 中美两城地区联合考古队：《山东日照市两城地区的考古调查》，《考古》1997 年第 4 期。

④ 贾笑冰：《鲁西龙山文化又添新类型》，《中国文物报》2001 年 12 月 17 日。

⑤ 张学海：《张学海考古论集》，学苑出版社，1999 年。

⑥ 中美两城地区联合考古队：《山东日照市两城地区的考古调查》，《考古》1997 年第 4 期。

张学海先生通过对章丘城子崖及阳谷景阳岗龙山文化城址周围调查及发掘资料的分析，认为在龙山文化时期，存在都、邑、居三个等次的社会结构。由于所用资料主要为 20 世纪 80 年代的调查资料，且发掘资料相对较少，一些观点和资料还需进一步补充落实。

1995 年底，山东大学与美国耶鲁大学、威斯康星大学、加利福尼亚大学的部分教授和研究生组成中美两城地区联合考古队对日照两城镇地区进行了"区域系统调查"。在 36 平方千米内，发现含有龙山文化时代遗物的地点 33 处，调查者在对调查资料进行整理时认为"龙山文化的遗址呈明显的等级状分布。从遗址的大小和所具有的功能的角度出发，可以将这些遗址和地点分为四类"。第一类是以两城为代表的"地区中心"；第二类是以丹土、尧王城、东海峪、小代瞳等为代表的"本地中心"；第三类为"一般聚落"；第四类为"遗物分布点"。从遗址的大小和性质分析，将三、四类合并，所发现遗址可以分为三个等次。由于此次调查采用的"区域系统调查"的方法，调查结果缺乏勘探资料佐证，遗址的调查面积与实际面积有很大的出入，一些包含遗物的地点可能不是古代遗址，因此该方法在我国的进一步利用尚需进一步改进。

2. 大汶口文化的发现与研究

大汶口文化是以 1959 年泰安大汶口遗址发掘而命名的文化。由于发现比较早，考古发掘的遗址和墓葬比较多，研究工作也比较深入。大汶口文化是继承北辛文化发展而来，距今约 6100～4600 年，前后延续了大约 1500 年的时间。在大汶口文化时期，社会生产力有了较快的发展，农业、手工业、养殖业都逐步走向成熟，社会财富开始丰富起来，出现了贫富分化，出现中心聚落与普通聚落、社会上层与社会下层的明显差异。玉器的使用、文字的出现、城市的形成，表明大汶口文化时期已经出现文明的萌芽。这一时期的考古工作主要集中在墓葬的发掘，这些发现为山东原始社会史增添了丰富的资料。大汶口文化的发现与研究可以分为三个阶段：20 世纪五六十年代的发现，70 年代文化性质的讨论，80 年代以来的探索与研究。

早在 1952 年，考古工作者在滕州岗上村发现了大汶口文化的彩陶片，但当时认为是仰韶文化的遗物。1957 年，在安邱景芝镇发掘了 7 座大汶口文化的墓葬，由于出土随葬品与龙山文化相近而被归为龙山文化。1959 年夏季，山东省文物管理处、济南市博物馆等单位，为配合津浦铁路复线建设工程，在宁阳堡头村抢救发掘了 133 座墓葬（后因该遗址大部分在泰安大汶口，故称"大汶口遗址"），获得大量陶器、石器、骨器和角器等文化遗物，这批丰富而又独具特点的资料，立刻引起了考古学界的普遍重视。关于其时代和性质，有龙山文化、仰韶文化、"新石器末期和商代前期"等不同的说法。

1961 年中国科学院考古研究所编著的《新中国的考古收获》中把大汶口墓地以"堡头类型"介绍，指出"这一遗存的文化性质具有它的特殊性，虽然基本上与典型的龙山文化相类似，但和青莲岗文化似乎也有某些联系。有人认为它可能是早期的'典型龙山文化'，也有人认为它可能是晚期的'典型龙山文化'，或者属于另一类型的文化遗存"。

1962～1963 年，中国科学院考古研究所对曲阜西夏侯遗址进行了发掘，首次发现了龙山文化灰坑叠压大汶口文化的层位关系。1963 年山东省博物馆试掘的蓬莱紫荆山遗址，也发现相同的层位关系。基于大汶口文化遗存早于龙山文化关系的确定，夏鼐先生于 1963 年正式提出了"大汶口文化"的命名，并得到学术界的认同①。

20 世纪 50～60 年代，大汶口时期的文化在山东及江苏北部很多地区都有发现。从 70 年代开始，学术界围绕这一时期两个地区的文化命名、文化类型、社会形制等问题进行了广泛的讨论。

在大汶口遗址发掘的同时，山东省文物部门还在莒县发现了大汶口时期的图像文字，并发现随葬品丰富的墓葬。1974 年，随着《大汶口》报告的发表，学术界开展了一场大汶口文化社会性质的大讨论。首先是唐兰先生根据大汶口文化晚期的墓葬材料以及陵阳河等地出土的陶文，视大汶口文化为初期奴隶社会文化，认为中国的文明史距今最少也有 6000 年。问题提出后，引起学术界广泛的注意，学术界许多学者不同意唐兰先生的这种观点。一般认为，大汶口文化早期阶段尚处在氏族公有制的末期，贫富分化不明显，多人合葬墓可能反映着氏族成员间血缘纽带还相当牢固，因此，认为大汶口文化处于母系社会末期向父系氏族社会过渡阶段；大汶口文化

① 夏鼐：《中国原始社会史的研究》，《历史教学》1963 年第 4 期。

中、晚期阶段，一些手工业部门已经脱离农业而独立发展，并出现了贫富分化，私有制正逐渐形成，男女合葬墓的出现，表明父权制已经确立，当时已进入父系氏族社会阶段。家族私有制进一步发展，社会已进入初级文明时代。关于这一时期大汶口文化性质的讨论文章，多收集到山东大学历史系考古教研室编辑的《大汶口文化讨论文集》中①。

　　江苏北部地区大汶口文化时期遗存的发现，使学术界对大汶口文化的分布范围、文化命名、文化分期等问题的讨论再掀高潮。1977 年 10 月，由南京博物院和文物出版社主持召开了"长江下游新石器时代学术讨论会"②，有学者将苏北地区这一时期的文化命名为青莲岗文化，并根据考古发现划分为青莲岗、刘林、花厅三个类型。安志敏先生认为"目前泛称的青莲岗文化，可能包括着不同的内涵，如所谓'刘林'和'花厅'类型，便与山东的大汶口文化基本一致，至少像这类遗址似不应再归入青莲岗文化"。吴山菁先生对于长江南、北地区文化的巨大差异，将青莲岗文化分为江北类型和江南类型以示区别。江南类型又进一步划分为青莲岗、刘林、花厅和景芝四期。严文明先生认为，应把山东和苏北地区以大墩子早、晚期墓所代表的一类遗存界定为青莲岗文化；而把 1959 年发掘的大汶口墓地为代表的较晚遗存，称之为大汶口文化。夏鼐先生认为，江南、江北类型"就整个文化面貌而论，是两种不同的文化。我以为还是分别定名较为妥当。为了避免混淆，'青莲岗文化'这一名辞似可避免不用。我建议把二者分别叫做'大汶口文化'和'马家浜文化'"。南京会议之后，大汶口文化的名称逐渐取代了江北青莲岗文化。

　　关于文化分期问题，考古界学者根据对资料的把握进行了分期，主要有以下几种意见：山东省博物馆把大汶口文化分为十一期三个发展阶段③。中国科学院考古研究所高广仁先生提出早期以刘林为代表，中期以 1959 年大汶口墓地早、中期墓为代表，晚期以大汶口墓地晚期为代表，提出大汶口的绝对年代在公元前 4500～前 2300 年之间④。此外还有六期和八期等不

---

①　山东大学历史系考古教研室：《大汶口文化讨论文集》，齐鲁书社，1979 年。

②　《长江下游新石器时代学术讨论会纪要》，《文物》1978 年第 3 期。

③　山东省博物馆：《谈谈大汶口文化》，《文物》1978 年第 4 期。

④　高广仁：《试论大汶口文化的分期》，《考古学报》1978 年第 4 期。

同的分期法①。

　　20 世纪 80 年代以来，随着考古工作的深入开展，大汶口文化的研究与探索不断深入。

　　1985～1986 年，山东省文物考古研究所对广饶五村遗址进行了两次发掘②，从 1985 年开始，对广饶傅家遗址进行了三次发掘，发现一批与鲁南地区文化面貌有明显区别的大汶口文化时期的遗物。有学者对其文化特征、分布范围、年代进行了分析，提出大汶口文化五村类型③。

　　1995～2000 年，山东省文物考古研究所先后四次对五莲丹土遗址进行发掘，发现大汶口晚期的城址。该遗址从新中国成立前就有大量玉器出土，一直认为主要属于龙山文化时期，此次发掘在龙山文化城址下发现大汶口文化城址，是山东地区大汶口文化城址的第一次发现。1999 年冬，山东省文物考古研究所对滕州西康留遗址进行勘探试掘工作，在遗址上发现两个大汶口文化时期的大型夯土台基④。这些重要遗迹的发现，大大增加了大汶口文化研究的内容。

　　豫东、皖北地区大汶口文化时期的考古发掘与研究工作也取得重要进展。20 世纪 50～90 年代，在豫东地区的颍、伊、洛河流域发现数十处大汶口文化时期的文化遗存。杜金鹏先生对这些遗址的文化面貌进行了分析，认为这些文化遗存属大汶口文化，提出大汶口文化"颍水类型"⑤，认为颍水类型的年代大致为公元前三千二三百年至公元前二千六七百年，前后延续了六七百年。颍水类型是东夷太皞部族创造的文化，对江汉地区的原始文化产生一定的影响，其与夏、商文化存在不可分割的

---

① 吴山菁：《略论青莲岗文化》，《文物》1973 年第 6 期；吴汝祚：《论大汶口文化的类型和分期》，《考古学报》1982 年第 3 期。

② 山东省文物考古研究所：《广饶县五村遗址发掘报告》，《海岱考古》（第一辑），山东大学出版社，1989 年。

③ 常兴照：《论五村类型》，《青果集——吉林大学考古系十周年纪念文集》，知识出版社，1998 年。

④ 山东省文物考古研究所、滕州市博物馆：《山东滕州市西康留遗址调查、钻探、试掘简报》，待刊。

⑤ 杜金鹏：《试论大汶口文化颍水类型》，《考古》1992 年第 2 期。

关系。

1989~1995 年，中国社会科学院考古研究所对安徽蒙城尉迟寺遗址进行了九个季度的发掘工作，并对周围 10 余处同时期的遗址进行了调查试掘工作。尉迟寺遗址为大汶口文化晚期的遗址，勘探这一时期围壕，围壕内有大量同时期的建筑遗址。发掘者认为，安徽北部在大汶口文化时期形成了以尉迟寺为核心的聚落群，尉迟寺遗址可能起到了中心聚落的性质，并提出"尉迟寺类型"的命名[①]。有学者根据尉迟寺类型的文化面貌，特别是遗址上发现的 5 个带图像文字与莒县一带出土图像文字的比较，认为尉迟寺类型是太皞部族向西迁移的文化遗存[②]。

栾丰实对海岱地区大汶口文化进行了细致的研究工作，结合大汶口文化的分期对地方类型进行了划分，将大汶口文化早期分为王因、刘林、紫荆山等三个地方类型；大汶口文化中期划分为大汶口、花厅、呈子、北庄、五村等五个类型；大汶口文化晚期划分为西夏侯、赵庄、陵阳河、三里河、尚庄、杨家圈、尉迟寺等七个类型。第一次动态地对大汶口文化的类型进行了划分，并对各个文化区进行了文化分期。其在《海岱地区考古研究》一书中，系统地总结了海岱地区史前考古的现状，是海岱文化区考古学研究的代表之作。

早在 20 世纪 70 年代，苏秉琦先生就指出："不能把黄河流域、长江流域的范围扩大到淮河流域来，很可能在这个区域存在一个或多个重要的原始文化"，苏鲁豫皖临境地区存在"与历史上所谓'徐夷'、'淮夷'有关的古文化问题"[③]，并提出"苏鲁豫皖课题"。高广仁、邵望平先生根据地

---

① 中国社会科学院考古研究所：《蒙城尉迟寺》，科学出版社，2001 年；王吉怀：《试论大汶口文化尉迟寺类型》，《考古求知集》，中国社会科学出版社，1997 年；《尉迟寺类型的学术意义》，《刘敦愿先生纪念文集》，山东大学出版社，1998 年；苗霞：《大汶口文化尉迟寺类型及其年代与分期》，《考古与文物》1998 年第 6 期；梁中和：《尉迟寺类型初论》，《青果集——吉林大学考古系建系十周年纪念文集》，知识出版社，1998 年。

② 王树明：《从陵阳河与大朱村发现陶尊文字谈起》，《东方考古》（第 1 集），科学出版社，2004 年。

③ 苏秉琦：《略谈我国东南沿海地区新石器时代考古》，《文物》1978 年第 3 期。

理地貌、古史传说、考古发现及苏秉琦先生关于"苏鲁豫皖课题"的设想，提出"淮系文化"①，认为淮系文化的源头为裴李岗文化，淮河流域许多新石器时代中期的文化大部分是裴李岗人迁徙形成的，大汶口文化时期各个类型文化是在裴李岗文化影响下产生的。应该说，在整个史前时期，淮河流域的文化存在很强的共性，应是一个单独的文化大区，但是否都由裴李岗文化发展或影响而产生，尚需进一步探讨。

3. 北辛文化的发现与研究

1964 年，中国科学院考古研究所与滕州市博物馆联合对薛河流域进行考古调查，在北辛村薛河的北岸，捡到一种带有细泥条堆筑纹的褐色陶片，并在断崖上发现出土这类陶片的文化层被大汶口文化时期的灰坑打破，因而认定它是一种更早的文化遗存。由于"文革"时期文物工作的停顿，直至 1978 年的秋天，中国社会科学院考古研究所山东队与滕县博物馆联合组建了北辛遗址考古发掘队，对这处遗址进行了第一次发掘，次年春天又进行了第二次发掘。获得一批独具特色的陶、石、骨、角器，尤以圆锥形或椭圆形足的鼎、打制和磨制的大型石铲、长方形或三角形石磨盘、石磨棒最具特色。发掘者鉴于此类遗存与大汶口文化有较明确的启承关系，两者的文化面貌存在明显差异，遂在 20 世纪 80 年代初首次提出"北辛文化"的命名②。

北辛文化的发现和命名，引起人们探寻山东地区大汶口文化之前史前文化的兴趣。郑笑梅先生在对 1974、1978 年大汶口遗址发掘资料整理和研究过程中，认识到该遗址的第 5 ~ 7 层应属北辛文化，两种文化间存在明晰的传承关系，明确提出大汶口文化与北辛文化的文化面貌及年代的区别③。

---

① 高广仁、邵望平：《析中国文明主源之——淮系文化》，《东方考古》（第 1 集），科学出版社，2004 年。

② 中国社会科学院考古研究所山东队、山东省滕县博物馆：《山东滕县古遗址调查简报》，《考古》1980 年第 1 期；中国社会科学院考古研究所山东队、山东省滕县博物馆：《山东滕县北辛遗址发掘报告》，《考古学报》1984 年第 2 期；伍人：《山东地区史前文化发展序列及相关问题》，《文物》1982 年第 10 期。

③ 郑笑梅：《试谈北辛文化及其与大汶口文化的关系》，《山东史前文化论文集》，齐鲁书社，1986 年。

到目前为止，山东境内已发现北辛文化遗址五六十处，经过发掘的有滕州北辛、西康留、济宁张山、玉皇顶、兖州西桑园、王因、泰安大汶口、汶上东贾柏、长清张官、章丘王官、邹平西南庄、临淄后李、青州桃园、烟台白石村、福山邱家庄等遗址。

由于北辛文化发现相对较少，对该文化的研究主要集中在文化面貌、文化分期与类型等问题。

最早对北辛文化提出分期的是北辛遗址的发掘者。在发表的报告中，将北辛遗址发掘资料分为早、中、晚三期，该遗址两次发掘的资料多属于中期。此后郑笑梅先生将大汶口遗址第 5 ~ 7 层归为北辛文化晚期，提出早晚两期说。早期以北辛遗址大多遗存为代表；晚期以大汶口遗址第 5 ~ 7 层为代表[1]。此后，随着 20 世纪 80 年代以来资料的增多，人们从地层学及类型学的结合上，对北辛文化提出了更详细的分期，其中，栾丰实先生将之分为三期六段，即将每期分为先后段[2]。王永波先生将河北北福地甲类遗存和炭山一期文化归入北辛文化，分为两期四段六组，不失为一家之言[3]。张江凯先生则将 90 年代山东地区新发现的后李文化归入北辛文化早期，从而提出四期说，其后三期与前文所述三期说基本一致[4]。王守功、兰玉富在《北辛文化相关问题的探索》一文中[5]，根据文化分期，将鲁中南地区分为三期五段，将鲁北地区分为三期。

到现在为止，北辛文化中做过碳 - 14 测定的遗址有北辛、大汶口、东贾柏、后李、白石村、大墩子、万北等遗址。从测量的 26 个数据看，绝大多数数据的树轮校正年代在距今 7345 ±215 ~ 5970 ±96 年之间。考虑到济宁张山及长清张官遗址的时代早于北辛遗址的年代，因此北辛文化早

① 郑笑梅：《试谈北辛文化及其与大汶口文化的关系》，《山东史前文化论文集》，齐鲁书社，1986 年。

② 栾丰实：《北辛文化研究》，《海岱地区考古研究》，山东大学出版社，1997 年。

③ 王永波：《关于后李文化的谱系问题——兼论北辛文化的内涵和分期》，《青果集——吉林大学考古专业成立二十周年考古论文集》，知识出版社，1993 年。

④ 张江凯：《略论北辛文化及其相关问题》，《考古学研究》（四），科学出版社，2000 年。

⑤ 王守功、兰玉富：《北辛文化相关问题的探索》，《齐鲁文博》，齐鲁书社，2002 年。

期应在距今 7500 年前后。从绝对年代看，北辛文化在鲁中南与鲁北地区的结束年代是不同的。在鲁中南地区，北辛文化与大汶口文化衔接的年代当在距今 6100 年前后。鲁北地区大汶口文化早期的遗址较少，代表北辛文化晚期的后李二期文化从文化面貌看晚于鲁中南 V 段，碳 – 14 年代在距今 6200 ~ 5900 年前后。由此可见，鲁北地区北辛文化的结束年代晚于鲁中南地区。

　　胶东半岛北辛文化的年代存在较大的争议。白石村遗址早期遗存所做碳 – 14 年代数据大致在距今 6100 ~ 5300 年。尽管对胶东地区碳 – 14 的测定存在一定的争议，但白石村二期早段的年代晚于后李二期当无疑义。由此可以发现，北辛文化类遗存在山东地区由鲁中南地区往北、往东其消亡的时间越来越晚，这或许体现了该文化在发展过程中因地域不同而出现的一种滞后性。

　　随着北辛文化在鲁中南、鲁北、胶东地区不断发现，各地文化面貌的差异逐步明早，栾丰实先生通过对北辛文化的研究，将之分为北辛、苑城、白石村、大伊山四个地方类型①，其中前三个类型主要分布在鲁中南、鲁北、胶东地区，后一个类型分布在苏北、皖北地区，因此有学者提出山东地区北辛文化类型应分为鲁中南、鲁北、胶东三个类型②。

　　此外一些学者根据资料对北辛文化的源流、经济形态、社会状况、自然环境及与周围文化的关系等问题进行了探讨。

　　关于北辛文化的来源看法不一，主要有三种观点③：一种观点认为其是承袭后李文化或后李文化的某些因素发展而来，两者之间存在较大的缺环；另有学者则认为"北辛文化是在后李文化、裴李岗文化的共同基础上发展起来的，泰山北侧的北辛文化，来自后李文化的因素更多些，泗河流域一带的北辛文化，则与裴李岗文化的关系更为密切"；有学者将大汶口遗址第 5 层、邱家庄遗址下层、北辛遗址 H32 和 H609，西南庄遗址的部分遗存归

①　栾丰实：《北辛文化研究》，《海岱地区考古研究》，山东大学出版社，1997 年。

②　山东省文物考古研究所：《山东 20 世纪的考古发现与研究》，科学出版社，2005 年。

③　王永波、王守功、李振光：《海岱地区史前考古的新课题——试论后李文化》，《考古》1994 年第 3 期；栾丰实：《北辛文化研究》，《海岱地区考古研究》，山东大学出版社，1997 年；张忠培、乔梁：《后冈一期文化研究》，《考古学报》1992 年第 1 期。

为后岗一期文化中期，并把"北辛文化"的晚期年代界定在距今 6500 ～ 6300 年之间，而后岗一期文化的绝对年代范围大致在距今 6400 ～ 5900 年间。这样"北辛文化"与后岗一期文化之间便具有了一定的传承关系。

对北辛文化的去向问题，考古界一致认为其直接发展为大汶口文化。两者的传承关系鲁中南地区表现得比较清楚。在王因、大汶口和玉皇顶遗址中，无论是地层叠压关系，还是在器物组合及典型陶器的演变上，都能找到直接证据。

4. 后李文化的发现与研究

1988 ～ 1990 年，为配合济青公路建设，山东省文物考古研究所对淄博市临淄区齐陵镇后李遗址进行了四个季度的发掘工作。在遗址第 10、11、12 层发现与其他新石器文化面貌不同的遗存，此类遗存的陶器均为含砂陶，不见泥质陶，器类简单。发掘者在第一、二次发掘简报中指出"第 10、11、12 文化层出土的遗物则展现出一种全新的文化面貌，陶制品几乎均为夹砂红陶和红褐陶，基本不见泥质陶。器类简单，造型古朴，主要为圜底器和平底器，未见三足器，代表性器物有深腹罐形釜和敞口盂等。就地层关系而言，此类遗存的相对年代要早于北辛文化晚期。从类型学的角度分析，似乎也早于邹平苑城西南庄发现的属于北辛文化早、中期的遗存。同类遗存过去曾在邹平孙家遗址发现，应属于一种新的（考古学）文化遗存"①。根据后李遗址新石器早期遗存的发现，1989 年冬，山东省文物考古研究所与济南市文物处的有关同志对济南市文物普查资料重新进行了核检。从以往普查拣选的遗物中，发现近 10 处含后李文化遗存或文化因素相近的遗址，大大增加了后李文化的范围和数量。

1991 年山东省文物考古研究所在龙山三村窑场（后定名为西河遗址）发现一处与后李一期文化面貌较一致遗址，发表了调查简报②。同年夏天，

---

① 济青公路考古队：《山东临淄后李遗址第一、二次发掘简报》，《考古》1992 年第 11 期；济青公路考古队：《山东临淄后李遗址第三、四次发掘简报》，《考古》1994 年第 2 期。

② 山东省文物考古研究所：《山东章丘龙山三村窑厂遗址调查简报》，《华夏考古》1993 年第 1 期。

山东省文物考古研究所对该遗址进行了抢救性发掘工作，获得一批重要的实物资料。

以上的调查、发掘工作表明，后李一期文化不仅有一组特点鲜明、组合稳定、重复出现的陶器群，并且有一定的时空分布范围，具备了考古学文化命名的条件，于是提出了后李文化的命名①。1991 年，山东省文物考古研究所对西河遗址发掘后，张学海先生认为后李遗址与西河遗址文化面貌存在一定的差异，后李与西河为不同类型的文化，进而提出"西河文化"的命名②。此外，也有学者认为后李文化与北辛文化两者之间年代相衔接，应为同一文化，提出"若视两者同为北辛文化，并将鲁北区的两期谓之后李类型，鲁中南区的则称为北辛类型可能会更好些"③。

目前发现的后李文化的遗址有：潍坊前埠下、临淄后李、张店彭家庄、邹平孙家、章丘小荆山、茄庄、绿竹园、摩天岭、西河、长清月庄等 10 余处。经发掘的有前埠下、后李、彭家庄、小荆山、西河等遗址。这些遗址大多分布于泰沂山系北侧海拔 40～50 米的山前丘陵和山前冲积平原上。

对后李文化研究主要包括文化性质与聚落形态、文化分期与年代、社会状况与自然环境等。

目前发现的后李文化遗址大多文化堆积单纯，有利于聚落形态的研究，因此后李文化遗址发掘过程中，大都注意了遗址的平面结构。山东省文物考古研究所通过多次对章丘小荆山遗址的勘探、发掘工作，在遗址上发现后李文化时期的环壕，从而确定该遗址为山东地区最早的环壕聚落。小荆山遗址环壕平面呈圆角三角形，三边长分别为 280、420、430 米，周长约 1130 米。环壕内东西 300、南北约 400 米，总面积约 5 万平方米。发掘及钻探资料表明，在环壕存在大量后李时期的房址、灰坑。西河遗址发掘面积较大，发掘后李文化时期的房址 20 余座，通过勘探发现遗址内的房址明显

①　王永波、王守功：《我省考古有重大发现》，《大众日报》1991 年 8 月 15 日第 1 版；王永波、王守功、李振光：《海岱地区史前考古的新课题——试论后李文化》，《考古》1994 年第 3 期。

②　张学海：《西河文化初论》，《张学海考古论集》，学苑出版社，1999 年。

③　张江凯：《后李早期陶器的类型学研究》，《中原文物》1998 年第 4 期。

分为不同的组别。有学者根据后李文化时期的村落布局及房屋建筑方式进行了探讨①。后李文化发现不久，就开始注意聚落布局研究，是后李文化研究过程与其他时期文化研究不同特点之一。

关于后李文化的类型问题，不少学者都进行过有益的探讨，并提出了各自不同的观点。有学者认为后李文化的分布范围除鲁北地区外，还应包括皖北地区，并以此为基础，将后李文化划分为三个不同的地方类型：（1）鲁北类型，以后李、西河、小荆山遗址为代表，包括鲁北地区已知的所有遗址。（2）前埠下类型，以前埠下遗址为代表，根据该地区已知考古学文化的分布情况推测，这一类型应分布在潍河流域及其以东的胶莱平原，并可能外延至半岛东部地区。（3）皖北类型，以小山口、古台寺遗址为代表，分布范围可能为淮河以北的苏、鲁、豫、皖交接地带②。笔者通过对后李文化的分期研究认为，目前发现的后李文化可与邹平西侧的长白山为界，分为东西两个类型，东部为后李类型，西部为西河类型③。

关于分期与年代问题，小荆山发掘报告中首先提出了后李文化的分期问题，发掘者根据地层及出土遗物，将小荆山遗址分为三期四段。此后，王永波先生在对后李遗址后李文化遗物整理过程中，将该遗址出土的后李文化遗存分为早、中、晚三期。此后，王守功等在后李文化课题研究成果中，将后李文化分为三期六段④。关于后李文化的年代，目前已经公布了后李、西河、前埠下遗址采集的近20个木炭标本碳－14数据，结合地层关系，一般认为其绝对年代约距今9500~7500年。

此外，一些学者对后李文化源流及与其他文化的关系、后李文化时期的自然环境及社会生活等问题进行了深入的探讨。

5. 近年来对新、旧石器过渡问题的探索

2004年6月中旬，沂源县文物部门在张家坡乡北桃花坪村"扁扁洞"发现一批人类及动物骨骼，笔者陪同中国科学院古脊椎动物与古人类研究

① 李振光等：《后李文化房址及相关问题》，《考古与文物》2004年增刊。
② 王永波：《关于类型与谱系的探讨》，《后李文化研究》，待刊。
③ 山东省文物考古研究所：《山东20世纪的考古发现与研究》，科学出版社，2005年。
④ 王守功：《后李文化的分期》，《后李文化研究》，待刊。

所有关专家一起到现场进行了考察。此后将采集的头骨及动物骨骼送北京大学考古系碳十四实验室进行了测定，测定年代为距今约 10000 ~ 8600 年。

2005 年 5 月，中国科学院古脊椎动物与古人类研究所、山东省文物考古研究所与淄博市、沂源县文物部门联合对该遗址进行了考古发掘。此次发掘的重要收获是：（1）在遗址的下层发现新石器时代早期的文化遗存，从而确定该遗址是新石器早期重要的洞穴遗址。（2）遗址下层发现活动面，活动面上有用火烧烤的痕迹。2004 年发现的人骨位于发掘区的东侧，应为当时的墓葬。（3）出土陶器、石器、骨器等重要遗物。

从发现的活动面、墓葬分析，"扁扁洞"为新石器早期人类活动和埋葬的场所，从发现磨盘、陶器情况看，人们在该洞内经过了一定时期的定居生活。

在扁扁洞遗址发掘的同时，孙波等同志对沂源县部分洞穴进行了调查工作，在土门镇的黄崖发现一处与扁扁洞相类的洞穴遗址，于 2007 年冬进行了发掘，出土部分陶片及动物遗骸。该洞穴出土的陶片中出现部分泥质陶，时代可能晚于扁扁洞。

以往在我国南方的江西、湖南、广西等地曾发现新石器早期洞穴遗址，为解决南方地区旧石器晚期向新石器早期过渡提供了重要的依据。沂源县扁扁洞遗址是目前我国北方新石器时代早期罕见的洞穴遗址，从出土遗物看，其与以往在鲁北地区发现的后李文化基本一致。它的发现和发掘，为山东地区旧石器晚期向新石器早期过渡提供了线索和依据。

6. 山东旧石器文化的发现与研究

山东旧石器时代考古发现与研究分为两个阶段：20 世纪六七十年代的零星发现及 80 年代以来的调查、发掘与研究。

1965 年 5 月在沂源县千人洞发现了一些动物化石，随后山东省博物馆派员前去调查，采到部分化石标本。此后中国科学院古脊椎动物与古人类研究所与山东省博物馆联合对千人洞进行考察并进行了调查，不仅获得一批哺乳动物化石，而且从洞内堆积中辨识出用脉石英打制的石器，证实这是一处旧石器时代晚期洞穴遗址[①]。千人洞遗存是山东旧石器时代考古

---

① 戴尔俭、白云哲：《山东一旧石器时代洞穴遗址》，《古脊椎动物与古人类》1966 年第 1 期。

的第一次发现，因而被称为"山东第一洞"。1966 年在新泰县发现了一颗智人牙齿化石，是古人类化石在山东的首次发现，命名为"乌珠台人"①。千人洞和乌珠台人的发现，说明泰沂山系周围存在大量旧石器时期的遗存。

此后山东旧石器时代考古工作基本处于停滞状态，只是在胶东半岛地区的蓬莱、长岛和海阳县发现一批打制石器和脊椎动物化石②。另在蓬莱县发现的 2 件用页岩打制而成的斧形器，有人认为属旧石器时期，由于缺乏同时代对应材料，其时代存疑。

在 20 世纪 80 年代的全国文物普查工作中，山东发现大量旧石器时代的文化遗存，考古界对一些地区的文化面貌有了新的认识，一些研究工作逐步展开。

1981 年 9 月在沂源县土门镇骑子鞍山的一个石隙裂缝中发现一个残破的人类头骨化石，后来对该地点进行过两次正式发掘，又发现七枚猿人牙齿化石。这些化石经吕遵谔先生等研究，归类为直立人，地质时代处于更新世中期，距今约三四十万年，被命名为沂源猿人③。

1982 年 5 月在兖（州）—石（臼所）铁路工程建设中，考古工作者在临沂市东侧凤凰岭的发掘工地中发现了 700 余件细石器。这批细石器不仅具有典型的细石器特征，而且数量较多、种类丰富，石制品组合齐全，有学者主张命名为"凤凰岭文化"④。凤凰岭细石器遗存发现之后，临沂地区文物部门随即展开广泛调查，在沂沭河流域发现了几十处同类遗存，比较重要的有临沂湖台、青峰岭、沂水宅科、大战地村，莒南烟墩岭、九顶莲花山，郯城黑龙潭、大尚庄等。山东省文物考古研究所主要对郯城县境内的马陵山区进行了细致而全面的调查，新发现以及复查的地点共计 40 处。中国社会科学院考古研究所先后在宁阳县、兖州市、汶上县、嘉祥县发现 44

① 吴新智、宗冠福：《山东新泰乌珠台更新世晚期人类牙齿和哺乳动物化石》，《古脊椎动物与古人类》1973 年第 1 期。

② 房仲甫：《长岛——海上古文化的摇篮》，《化石》1986 年第 1 期。

③ 吕遵谔、黄蕴平、李平生等：《山东沂源猿人化石》，《人类学学报》1989 年第 4 期。

④ 高广仁、邵望平：《中华文明发祥地之一——海岱历史文化区》，《史前研究》1984 年第 1 期。

处细石器地点①，使山东旧石器文化发现的范围进一步扩大。此后，文物部门又在临沂、枣庄、汶上、梁山等地发现一些旧石器地点。

为进一步了解山东旧石器时代的时代和文化面貌，临沂地区文管会于80年代初期对郯城黑龙潭地点进行试掘，1984年中国社会科学院考古研究所对郯城青峰岭、黑龙潭两地点进行更大规模的发掘，获得大量层位关系明确的细石器，经碳－14标本测定，出打制石器的地层距今22000年左右。

从20世纪80年代开始，一些学者开始对山东地区发现的旧石器文化进行研究，主要有对鲁中南与苏北文化关系及沂沭河流域第四纪地质地貌、动物群的研究。黄蕴平对上崖洞石制品进行显微镜微痕观察和实验对比研究；还有学者就山东旧石器的分布和埋藏规律、工艺技术及与中国其他地区的工艺传统作了比较研究，并且结合哺乳动物化石和植物孢粉分析，试图重建当时的生态环境，以期探讨古人类的适应模式②。

（二）山东史前考古不平衡性因素分析

1. 考古发现的不平衡

（1）旧石器（含细石器，下同）时代考古

山东地区以泰沂山系及胶东丘陵为界，将山东分为鲁南、鲁北及胶东三个区域。自20世纪六七十年代以来，山东地区陆续发现沂源猿人（距今40万年左右）、新泰乌珠台人（距今5万~2万年）等旧石器时代遗址。七八十年代以来，在山东各地陆续发现许多细石器文化的地点。由于缺乏专业人员，很少对旧石器遗址进行科学的发掘和研究工作，仅中国社会科学院考古研究所在马陵山进行过小规模的发掘工作。从现有资料看，山东地

---

① 山东省文物考古研究所：《山东郯城马陵山细石器调查报告》，《史前研究》1987年第1期；中国社会科学院考古研究所山东工作队：《山东汶泗流域发现的一批细石器》，《考古》1993年第8期。

② 何传坤、徐淑彬：《山东半岛旧石器时代晚期的古生态环境及适应模式》，《考古人类学刊》第49期；黄蕴平：《沂源上崖洞石制品的研究》，《人类学学报》1994年第1期；徐淑彬：《鲁东南旧石器考古的新收获》，《东南文化》1988年第2期；徐淑彬：《沂沭河流域十年来的旧石器考古发现》，《北京猿人第一头盖骨发现60周年论文集》，科学出版社，1992年。

区旧石器遗址分布情况是不平衡的，到目前为止，共发现旧石器时代地点100处左右。这些地点多在泰沂山系以南、以西和胶东地区。

20世纪80年代以来，在鲁北地区发现了后李文化。后李文化已经存在较先进的石器和陶器，说明这种文化应该经过较长时期的孕育和发展。在鲁北地区，应该有万年以上的旧石器遗址。由于旧石器调查做的较少，在鲁北地区很少发现旧石器时期的遗址。

就目前山东地区旧石器时代考古发现而言，由于调查工作做得不够细致，无论从地域联系上，还是从时间衔接上都存在许多空白。在研究方面，由于缺乏专业人员，基础工作较少，主要有中国科学院、中国社会科学院考古研究所和北京大学等单位的专家进行过初步研究。

（2）后李文化

后李文化是20世纪80年代末90年代初新发现的新石器时代文化。就其命名地后李遗址而言，早在60年代就进行过发掘工作。由于当时对这一文化的文化面貌还认识不清，所以将该遗址发现的新石器文化归为"大汶口文化"。后来的发掘资料表明，后李遗址新石器文化分为两个时期，即后李文化和北辛文化。

后李文化目前仅在鲁北地区发现十余处文物点，其他地区基本很少发现。特别是在鲁南和胶东地区，还没有发现典型的后李文化遗址。

笔者以前曾认为后李文化的分布范围为泰沂山系北侧海拔40~50米的山前丘陵和山前冲积平原上，这一结论是根据当时的发现得出的。就后李文化遗址发现看，具有很大的偶然性。后李遗址的后李文化是在配合工程中经大规模发掘无意中发现的，其他典型遗址如小荆山、西河、月庄、前埠下、逄家庄等遗址都是有在窑场或取土坑大量破坏后才得以发现的。目前发现的后李文化遗址一般面积较大，文化堆积单纯，只有在断崖上经过仔细查找才能发现一些房址、火坑等遗迹，文化层堆积十分单纯，即使是密集的勘探也很难确定文化层分布的范围。后李文化的墓葬更是难以发现，目前仅在后李和小荆山两处遗址发现。我们在对小荆山进行调查勘探时，在遗址西北部的断崖上发现6座分布较密集的墓葬，为弄清墓葬分布的范围，进行过详细的勘探，但在平面上没有发现一座墓葬。由此可见，以往的结论仅仅是按照当时的发现得出的，后李文化应分布在范围更大的山前及山前冲积平原上。

20 世纪末，在诸城市陆家庄发现一批石器，其形制与后李文化接近，当时没有发现陶器。后来兰玉富同志到现场进行了仔细调查，发现部分陶器残片。从残片看，陶器均为夹砂红陶或红褐陶，陶质与后李文化接近，但发现的器形均多为平底器，或为北辛文化时期。

从鲁南原始文化分布看，该地区存在大量距今 1 万年前后的细石器文化和距今六七千年的北辛文化，肯定应该有后李文化的遗存，由于缺乏详细的调查，因此还没有明确的后李文化遗存。目前在苏北、皖北地区发现一些与后李文化面貌相近的遗址①，因此，在鲁南地区应进行更细致的调查工作，以期发现后李文化时期的遗存。

2004 年 6 月上旬，在淄博市沂源县扁扁洞发现古人类化石，当时认为属于旧石器时代的遗存，2005 年发掘后发现其应为新石器早期文化遗存。此后在土门镇的黄崖发现北辛文化时期的洞穴遗址，说明在鲁南山区新石器时代一定时期内，穴居是一种重要的居住方式。从文化面貌和特征上应确定为一新的文化或文化类型，由于发现数量较少，对该类文化还无法做进一步的研究。

（3）北辛文化

北辛文化发现并命名已近 30 年，但到目前为止，北辛文化遗址发现或五六十处，鲁中南地区十余处，鲁北地区十余处，胶东地区三十余处（含邱家庄类型的遗址）。

北辛文化被作为一个考古学文化提出近 30 年，发现的遗址不足百处，经发掘的约 15 处。发掘的遗址中，发现的遗迹主要为灰坑；比较完整的房址发现数量较少，还不具备聚落研究的条件；发现墓葬的有大汶口、东贾柏、后李、白石村等遗址，发掘的墓葬数量不足 50 座，其中东贾柏遗址墓葬较多，有一定的布局。

---

① 中国社会科学院考古所安徽队：《安徽淮北地区的新石器时代遗址调查》，《考古》1993 年第 11 期；《安徽宿县小山口和古台寺遗址试掘简报》，《考古》1993 年第 12 期；邹厚本、谷建祥：《淮河下游三角洲新石器时代文化初论》，《"迎接二十一世纪的中国考古学"国际学术讨论会论文集》，科学出版社，1998 年。

关于胶东地区的北辛文化，有人认为白石村一期文化（白石村文化）属于北辛文化，其后的白石村二期、邱家庄类型属于大汶口文化早期①。因此，北辛文化无论从发现、发掘还是研究工作都存在很大的缺环。

近年来对济南市长清区张官遗址的发掘，发现一批北辛文化早期的遗存，该类遗存出土的陶器以夹砂陶为主，器类中存在大量的釜类器，鼎及泥质钵的数量较少，另有少量泥质壶，其文化特征明显具有后李文化向北辛文化过渡的特点②，为北辛文化的来源提供了比较明确的资料。

（4）大汶口文化

如前所述，大汶口文化发现近五十年来，在山东地区发现大汶口文化的遗址550处，其中经过发掘的约50处，大汶口文化研究取得丰硕成果，但是，这些发现与研究存在很大的不平衡性。

首先，从时空框架建立上，尽管从整个海岱文化区看，大汶口文化的类型和年代都基本得到解决，但就某一文化区而言，还存在很多发现与研究上的空白。在鲁北地区，人们确立了大汶口文化傅家五村类型，目前所能确定的傅家五村类型的年代大致相当于大汶口文化中期和晚期早段，很少发现大汶口文化早期的遗存。后李二期的年代大致在距今5900年前后，已经属于北辛文化的晚期，但与傅家五村类型有很大的差异。傅家五村类型是否由鲁北地区北辛文化发展而来？至少目前仍没有明确的答案。

同样原因，由于在鲁北地区没有发现大汶口文化晚期的遗存，那么，鲁北地区大汶口文化是否直接发展为龙山文化？我们知道，在龙山文化时期，东部黑陶的比例大于西部地区，在鲁中南及鲁东地区，大汶口文化晚期黑陶的比例不断增多，在器类上也有向龙山文化过渡的特征，但在鲁北地区大汶口文化晚期早段，基本以红陶、红褐陶为主，没有黑陶不断增多的特征，因此，鲁北地区大汶口文化晚期文化面貌及与龙山文化的关系，还需要大量的考古资料来证明。由此可见，在某种意义上，我们还不能笼

---

① 烟台市文物管理委员会：《山东烟台白石村新石器时代遗址发掘简报》，《考古》1992年第7期。

② 燕生东等：《长清张官遗址年代嬗变关系基本确定》，《中国文物报》2000年4月26日。

统地说，各地区的龙山文化是从各地区的大汶口文化发展而来。

其次，我们也不得不承认，山东地区大汶口文化发现和研究是以墓葬为主要对象，目前发掘的墓葬数量超过 2000 座，一些研究工作主要围绕墓葬资料进行，因此大汶口文化面貌、分期、分区等诸多方面的研究确切地说是大汶口文化墓葬问题的研究。以王因遗址发掘为例，王因遗址发掘面积为 10180 平方米，是山东新石器时代遗址中发掘面积最大的遗址，经过发掘清理大汶口文化时期的灰坑 423 个，残破的房址 14 座，墓葬达 899 座[①]。大汶口遗址三次发掘清理大汶口时期房址 3 座，灰坑 58 个，墓葬 179 座。由于发掘的大汶口遗址多以墓葬为主，因此报告发表时墓葬资料占主要部分。目前发表的大汶口遗址的资料大多如此。

按照马列主义的历史唯物史观，社会意识往往落后于社会存在，墓葬作为埋葬习俗的一部分，其所反映的社会意识应该是曾经存在（或当时仍然存在），因此，不能简单的根据墓葬资料去研究当时的社会状况。同时，大汶口文化特别是大汶口文化中、晚期，许多区域墓葬随葬品逐步成为随葬死者专用品，与人们平时使用的日常用品有一定的差距，这种现象越是中心聚落、越是社会阶层高的墓葬越明显，因此，墓葬所反映的物质文化面貌只能反映当时物质文化在另一个世界的那一部分。

枣庄建新遗址是一处大汶口遗存保存较为完整的遗址，遗址除大汶口文化遗存外，另有少量龙山文化遗存，遗迹之间打破关系相对简单，在 2781 平方米的发掘范围内发现大汶口文化时期的房址 27 座，灰坑 208 个，陶窑、水井各 1 座，墓葬 92 座，是大汶口文化遗址发掘中除墓葬以外发现大汶口遗迹最丰富的遗址之一。发掘者认为，发现的 27 座房址分为三个层面（时期），有的层面的房址可以分组[②]。但由于发掘面积有限，还无法进行聚落形态研究。

此外，尽管通过墓葬资料了解到，在大汶口文化时期已经存在中心聚

---

① 中国社会科学院考古研究所：《山东王因——新石器时代遗址发掘报告》，科学出版社，2000 年。

② 山东省文物考古研究所、枣庄市文化局：《枣庄建新——新石器时代遗址发掘报告》，科学出版社，1996 年。

落与一般聚落的差异，在五莲丹土遗址也发现大汶口文化晚期的城址，但这类工作做得相对较少，人们对大汶口文化时期的聚落研究还拿不出能够反映分布状况的实物资料。

（5）龙山文化

与大汶口文化发现、发掘资料相反，龙山文化时期的考古发现以遗址为主，墓葬资料严重不足。

如果说大汶口文化的分期、社会状况研究以墓葬资料为基础进行的，那么龙山文化的研究则主要依据居址的资料。目前，山东地区发现龙山文化遗址1500余处，发掘60余处，发掘的墓葬约1000座，这些墓葬零星分布在许多龙山文化遗址中。墓葬一般多为小型墓葬，由于发掘面积有限，无法了解墓地的整体情况。发现墓葬比较多且重要的有日照两城镇、东海峪、尧王城、临沂大范庄、潍坊姚官庄、胶县三里河、诸城呈子、栖霞杨家圈、青州凤凰台、泗水尹家城、兖州西吴寺、临朐西朱封等遗址。这些地点主要集中在鲁东南、鲁北及汶泗河流域。

随着龙山文化城址的发现及如西朱封、尹家城等大型墓葬的发掘，考古学者认识到龙山文化墓葬对研究中国古代文明起源的重要作用，因此也注意到龙山文化墓葬的寻找工作。城子崖遗址第二次发掘时，曾经专门派出勘探队伍，寻找城子崖遗址的墓葬，但由于龙山文化堆积较厚，很难通过勘探找到该时期的墓葬。笔者曾到西朱封遗址查看龙山文化墓葬出土的位置，墓地位于遗址的外部，系在生土上挖墓坑，由于同一土色的黄土堆积较厚，很难通过勘探发现。因此，龙山文化墓葬的发现不仅是意识问题，主要是技术和方法问题。

同时，山东地区龙山文化遗址堆积较厚，一般城址文化堆积都超过2米，厚者达4～5米，遗迹之间打破关系复杂，因此很难进行大面积的发掘，在单个遗址上很难作出居址的平面布局。以往对龙山文化城址的发掘，主要解决了文化面貌及年代问题，城市的布局基本没有弄清楚。近年来，北京大学在临淄桐林遗址、山东大学在日照两城遗址分别进行了较大规模的发掘，对每个区域进行详细的揭露，力求在一定范围内解决聚落布局问题，取得良好的效果。由于龙山文化遗址打破关系复杂，文化堆积较深的遗址难以解决平面布局问题，一些文化遗存单纯的遗址或文化堆积较浅的城址边缘地区对了解聚落形态具有重要的意义。

1995～1996 年，山东省文物考古研究所对阳谷景阳岗遗址进行了勘探、试掘工作。勘探资料表明，该城址面积 30 余万平方米，除中部 10 余万平方米被破坏较严重外，其他部分保存较好。景阳岗城址整体由城墙及城内的五个台基组成，城墙、台基之间是壕沟和通道，保存较好的部分文化堆积 1～2 米，除部分东周地层外，龙山文化遗存保存较完整。在城址的南部除城墙外，还有道路、房址及夯土台基。从发掘资料分析，景阳岗龙山文化城址从龙山文化中期延续到晚期早段，前后沿用了二三百年的时间，是山东龙山文化城址中龙山文化遗存保存较好的遗址。发掘者认为，景阳岗城址地处海岱文化与中原文化交接地带，对研究中华文明起源具有重要的作用。今后龙山文化城址的发掘应着重于对保存较好的城址进行大规模的细致揭露，以了解当时城市的基本布局。

2. 田野考古的不平衡

相对其他时期的考古而言，山东地区史前考古田野工作相对较多，取得的成绩最大。但是当我们利用发掘资料研究山东史前史时，这些资料就显得严重不足。目前山东地区发现的后李文化有 10 余处，发掘的遗址有 5 处；北辛文化遗址四五十处，发掘的遗址 15 处左右；大汶口文化遗址 550 余处，发掘的遗址约 50 处；龙山文化遗址 1500 余处，发掘的遗址约 60 处。这些发掘大多以蜻蜓点水式发掘为主，每个遗址发掘面积相对较少，缺乏对一个遗址进行全面的揭露。

形成这种蜻蜓点水式发掘的原因有两个方面：首先，以往史前考古以建立山东地区的时空框架为主要目标，因此，在一个遗址上文化堆积相对丰富的区域开几个探方，取得一批资料，对遗址进行分期；在一个区域内发掘几个相同时期的遗址，结合调查资料，就可以了解一个文化区的文化面貌和分期、年代问题。因此，发掘者喜欢在遗址中心文化堆积丰富的区域进行发掘，对居址结构、墓葬布局考虑较少。有的遗址发掘的面积很大，虽获得丰富资料，但对遗址的情况没有整体把握。今天我们看到的史前考古报告，其前言部分一般只介绍遗址的位置、发掘工作概况，有的也大致报告一下遗址的面积，但对遗址的基本内涵缺乏整体报道，例如遗址的具体范围，不同时期文化的分布，哪一部分是居址，哪一部分是墓葬。在发表的报告中，剖面图上对每个时代的地层堆积做了详细的分析和报道，而对空间分布缺乏整体的把握。一些遗址在发掘工作结束后也没有进行普探，所报告的遗址面积也是"调查面积"。

其次，20 世纪 80 年代以来，随着国家大型基本建设的不断增多，地方文物部门的主要精力多用于工程建设的考古工作，史前遗址发现相对较少，受工期限制，发掘工作不够细致，缺乏对遗址的整体把握。就山东地区而言，工程建设中的考古工作多以配合铁路、公路建设为主，这种线性工程使考古工作的对象只能是工程建设涉及的遗址的某一部分，工作范围不可选择。以建新遗址为例，建新遗址是目前发现的大汶口文化居址中保存最好的遗址，耕土层下即为大汶口文化时期的遗存（也有少量龙山文化时期的灰坑），1992～1993 年在滕州—枣庄高速公路涉及遗址的发掘范围内，大汶口的房址可以分为三个层面，一些区域墓葬与居址重叠，显然不同时期居址与墓地的范围有所移动。由于工程建设，发掘工作仅限于工程征地范围内，其他区域没有进行发掘。2006 年又进行了发掘，发现大汶口文化时期的房址、墓葬等。该遗址的考古工作随工程建设而动，由于工期、经费等原因，缺乏对遗址的总体保护研究规划，因此也没有解决大汶口文化村落布局问题。因此，对解决某一时期"瓶颈"问题的遗址，国家应按照课题研究的办法，给予充足的经费和时间，进行长期大规模的揭露和研究。

相对而言，在山东地区后李文化的发掘工作做得比较充分。后李文化遗址共发现十余处，经过发掘的遗址有后李、西河、小荆山、彭家庄、前埠下等，揭露面积约 1 万平方米。小荆山遗址经过两次发掘和勘探，发现山东地区最早的环壕，在遗址的东南部和西北部发现两个墓葬区，在遗址上发掘房址 10 座，在断崖上发现房址 30 余处，基本弄清了环壕聚落的布局。西河遗址先后经过两次发掘，发掘面积 1500 平方米，发掘部分主要是居住区，发掘房址 21 座，对了解后李文化时期的村落布局具有重要的作用。

大汶口遗址发掘中，20 世纪 80 年代北京大学对长岛北庄进行了五次发掘工作，揭露面积近 4000 平方米，清理了大汶口文化时期房基、灰坑、墓葬等遗迹，基本弄清了发掘区内聚落的布局。

龙山文化的考古发掘中，除北京大学在桐林、山东大学在两城遗址有计划的发掘外，2005 年，山东省文物考古研究所在胶州赵家庄揭露了稻田遗址，是田野考古一种新尝试。

以往对文化内涵丰富、层位关系复杂的遗址被视为"好遗址"，受到人们的重视，发掘时往往偏重于遗址的中心部位，遗址的布局没有得到关注。文化内涵不十分丰富，时代单纯、层位关系简单的遗址发现有一定的困难，也没有引起考古学者的足够重视，应该对这些遗址进行有计划的大规模发掘，以了解某一时期聚落的整体布局。

3. 多学科研究的不平衡

根据文物法要求，考古发掘工作一致由具有资质的考古单位承担。长期以来，除旧石器时代考古外，田野发掘工作主要由少数考古单位独立承担，因此考古学者的学识往往成为从发掘对象中获取信息资料多少的关键，且多学科对考古资料的需求使田野考古工作者为此背负了更沉重的负担。

山东地区史前考古最早的报告是城子崖遗址的发掘报告，该报告在进行遗物介绍时，对石质品岩性、动物种类及骨角器的制作方法进行了分析。大汶口遗址发掘整理过程中，整理者对制陶工艺进行了认真的研究，并进行了模拟实验，发现在 1200～1400℃高温下烧制的陶器与 M60 出土的白陶一样。1974 年出版的报告中还附录了对动物骨骼的鉴定报告[①]。

20 世纪 80 年代以来，人们越来越重视动植物等与人类相关的其他遗物的研究，田野工作中也开始注意这些资料的收集工作。《大汶口续集——大汶口遗址第二、三次发掘报告》中对木炭进行了碳 - 14 测试，对人骨、动物骨骼及出土的玉石器进行了鉴定[②]。《胶县三里河》中，也分别附录了对植物种子、鱼骨、鱼鳞、贝壳、石器、铜器的鉴定报告[③]。《枣庄建新——新石器时代遗址发掘报告》对人骨标本、动物遗骸、陶器制作工艺、石器质料、生物遗存做了鉴定，对孢子花粉、植硅石进行了分析。山东王因发掘过程中，潘其风、韩康信两位先生亲临发掘现场，亲自清理骨架，并做

① 山东省文物管理处、山东省博物馆：《大汶口——新石器时代墓葬发掘报告》，文物出版社，1974 年。
② 山东省文物考古研究所：《大汶口续集——大汶口遗址第二、三次发掘报告》，科学出版社，1997 年。
③ 中国社会科学院考古研究所：《胶县三里河》，文物出版社，1988 年。

鉴定。发掘报告中还附录了孢子花粉、龟类标本、动物标本、扬子鳄标本、石器标本的鉴定报告。邵望平先生提出根据遗址中软体动物标本复原古环境的课题，她与其他先生合作研究的成果不仅对当时、当地的生态环境做了确切的复原，而且是以软体动物遗存复原古环境专题研究的首例。

山东史前考古中进行的多学科研究还有以下工作：

为做好年代学研究，许多重要史前遗址都采集了大量的木炭或人骨标本进行碳 – 14 年代测定，目前山东地区史前考古碳 – 14 数据已经超过 100 个，基本建立了山东史前时期的年代序列；韩康信等先生对古代人骨的体质人类学研究；日本一些学术团体对少量人骨进行的 DNA 分析；张雪莲等先生通过碳 – 13 对古代食物结构的研究；山东省文物考古研究所与中国科技大学共同进行的利用陶土成分对陶器产地的分析研究；燕生东在胶州对龙山文化时期稻田遗址的揭露及组织的相关研究工作；靳桂云先生先后到多个史前考古发掘工地，提取各种土样，进行植物及遗址地质成因分析研究。

在进行体质人类学研究的同时，一些学者根据出土的人骨对古代医学进行过初步研究。2001 年韩先生在对山东省文物考古研究所发掘的广饶傅家遗址出土的人骨进行鉴定时，发现 M392 墓主颅骨右侧顶骨上有一直径为 31 毫米 ×25 毫米的近圆形颅骨缺损，推测墓主生前曾施行过开颅手术，且术后长时间存活。此后，山东省文物考古研究所与中国社会科学院考古研究所、山东大学齐鲁医院组成科研课题组，从考古学、体质人类学、医学三个方面进行综合研究和检查分析，认为 M392 年代约在大汶口文化中期偏晚阶段，其确切年代距今 5200～5000 年之间，由此可以进一步推断广饶傅家遗址 M392 墓主头骨开颅手术时间至少在 5000 年以前，是中国目前发现最早的古代开颅手术证据。此外，在一些墓地的人骨上也发现与医学有关的证据，如胶县三里河遗址发现臂骨曾断裂的痕迹，发掘者认为"M2127 墓主人下臂骨愈合的痕迹，虽可能是自然愈合，也说明当时人们已经有一定的护理知识"。

综上所述，山东史前时期考古工作中，考古学者已经注意到从各个方面尽可能地收集历史信息，但这些工作做得还远远不够，具体表现在三个方面：

其一，山东地区目前发表的史前时期报告中，除少量正式报告发表资料相对全面外，大部分是所谓的"简报"。这些简报大多只报告了发现的遗迹及生活、生产工具，对其他资料很少报道，并且对于许多遗址而言，这些报道可能成为当时发掘资料的"终身报道"，如果要了解其他更多的资料信息，必须依靠再发掘了。即使比较详细的报告中，对反映古代信息资料收集的程度也各有不同，许多发掘对一些资料的鉴定工作做得很少。

其二，在田野发掘中，除个别情况外，很少有考古学领域外的专家参与。因此，从主观意识上，考古学者想到的问题，成为从发掘对象中获取资料的全部。至于提取什么样的资料，如何提取，往往受到发掘者知识构成的支配。考古工作者提取的信息资料，往往达不到其他学科鉴定的需要，其他领域的研究人员，由于缺乏对分析（鉴定）资料背景环境的理解，也容易在结论上出现偏差。

就碳－14 测定年代问题，山东史前时期胶东地区绝对年代普遍偏晚，对此，笔者曾专门请教过有关专家，他们认为胶东地区不存在影响碳－14 测定年代的因素。但是由于测试者没有进入发掘现场采取样品，对标本保存的具体环境不十分清楚，只能从环境理论上大致而言，缺乏直接的证据。同时，就理论而言，一种文化面貌的形成不是一天能够形成的，文化传播有先后问题，因此就应该有时间的差异，目前同一文化在不同区域碳－14 数据差异，可能反映了文化形成期的差异，但由于条件限制，还没有人进行系统研究。

笔者曾请有关专家对发掘的新石器时代遗址出土的动物标本进行鉴定，动物专家曾提出过一个非常简单的问题：考古学者为什么不能像对待陶片那样对待动物遗骸呢？显然，我们在发掘过程中，对出土的陶片曾仔细寻找，认真拼对，而对动物遗骸标本，则能采集多少就采集多少，在进行遗物整理过程中，对研究生物的学者所需要的动物骨骼的关键部位也没有仔细拼对，因此，提供给研究者的资料带有很多的人为因素。

对出土文物的洗刷已经成为我们的习惯，但是，往往在洗刷的过程中，使人骨中碳十三、DNA 等资料信息丧失殆尽，石器、陶器等表面的植硅石成分被毁坏。孢子花粉分析也往往由于提交的标本缺乏代表性而缺乏科学的依据。

显然，我们不能苛刻地要求考古学者懂得每种资料提取的方法和手段，因为随着社会和学科的发展，其他学科领域对古代信息资料的需求会越来越广，越来越细致，考古学的发展需要其他学科的了解和参与。

其三，一些重要课题，如地理环境变迁等，还没有纳入到学者研究视野。就目前而言，我们对山东地区史前时期的地理环境还缺乏系统的研究。近万年来，山东地区的地理环境发生了很大的变化，主要表现在河道的改变、海岸线的变迁、原有湖泊的消失和新湖泊的形成及新石器以来随着人们改造自然能量的提高对地理环境的改造，在一些区域地理环境发生了沧海桑田的变化。由于缺乏对环境的系统研究，我们在文化分区和文化迁徙上所提出的地理环境往往是不准确的，影响了山东史前文化的研究。

总之，多学科的结合尽管在一些工地进行了尝试，但是还没有普及，没有形成多学科联合进行研究的工作模式。大部分工地的发掘还是以考古学者为主，只是在工地发掘完成后，针对需要解决的问题，请有关部门或专家进行一些鉴定测试工作，但有些因为技术问题使鉴定、测试标本出现这样或那样的问题，其结论或结果缺乏科学的依据。

（三）山东史前考古的展望

纵观山东地区考古工作，汉代以后属于零星资料的积累阶段；夏商周至秦汉时期已经积累了大量的资料，正在进行时空框架的构建过程，由于各地发掘工作的不平衡，还没有完全构筑起各地区的时空框架。而史前考古经过近80年几代考古工作者的努力，已经建立了旧石器—细石器—后李文化—北辛文化—大汶口文化—龙山文化的发展序列，文化区系类型相对清晰，史前时期的基本时空框架基本完成（尽管这一时空框架还有待进一步完善）。从这种意义上说，史前考古处于山东考古的领先地位。

山东史前考古已经建立了自己的时空框架，那么今后的考古研究工作除完善这个时空框架外，其工作中心是推动史前研究向恢复山东地区史前历史编年的方向发展。不认识到这一点，在方法论上长期停留在建立时空框架的基础上，必将影响史前考古在现有基础上的进一步发展。

如前所论，山东地区史前考古的检查与今后发展方向的探讨是一个系统工程，需要考古工作者长期进行认识—检讨与实践—发展，到再认识—

再检讨与实践—再发展的循环过程。笔者认为，在今后一个时期里山东史前考古应做好以下几个方面的工作。

（1）以文物普查为契机，了解整个山东地区史前文物分布的基本情况

目前，全国第三次文物普查已经全面展开，其规模之大，影响之广，要求之规范，对于史前考古学文化研究具有非常重要的作用。张学海先生曾利用第二次文物普查及自己的一些调查活动，认为在章丘城子崖一带及聊城景阳岗一带分别存在龙山文化时期都、邑、居结构的社会组织方式①，但其后仍认为，以往的调查还存在很多问题，需要在今后通过更细致的调查去解决。

20 世纪 60 年代以来，欧美考古学界已有过大量的区域考古研究实践。其基本思想是以田野调查为基础，将古代遗存置于一定地域范围和一定时间维度内进行综合考察，通过对古遗址赖以生存的内、外环境研究，探讨文化运动规律和人类社会发展法则，其中特别强调人类社会发展过程中与其生存环境的相互关系。

90 年代以来，区域考古研究成为中国考古学发展变化的一个新动向。从 1991 年开始，中国考古学界独立或与国外学术机构、大学联合，先后对晋南与豫西的垣曲盆地、日照市两城镇周围、内蒙古赤峰地区、河南安阳洹河流域、黄河河套地区、西北草原地区、甘肃东部和陕西西部地区、洛阳地区古代陵墓等进行了区域调查，这些调查都采用了卫星照片、电子地图、GIS、GPS 等先进技术手段，取得了丰硕的成果。

从 1995 年开始，山东大学与美国一些学术机构及大学联合在日照两城镇周围进行了系统区域调查，在 400 平方千米范围内，发现遗址 750 余处。调查者根据遗址时代及分布情况，认为"龙山时代的聚落形态呈现出明显的等级状分布"，"调查发现的龙山文化遗址共 199 处，按照遗址的大小规模，我们将该区域的龙山文化聚落分为四个等级"。调查者认为发现的龙山文化遗址可以分为 5 个聚落群，其中以两城镇为核心的聚落群是这一区域的文化中心，其他聚落群与两城聚落群之间存在隶属关系②。当然，由于系统

---

① 张学海：《张学海考古论集》，学苑出版社，1999 年。

② 中美两城地区联合考古队：《山东日照地区系统区域调查的新收获》，《考古》2002 年第 5 期。

区域调查国内运用中还存在很多问题，一些"遗址"可能是古代遗物散落地。我们以往配合工程的调查，根据散落遗物确定的文物点很多并不是真正考古学意义上的遗址，但是，这种系统区域调查覆盖密度大大超过一般的普查活动，并且这种调查往往是带有课题研究的性质，其目的性强，对史前聚落形态研究具有重要的意义。

因此，在进行文物普查的同时，我们可以根据山东地区史前考古研究的现状设置一些急需解决的课题，在一些区域进行系统的拉网式调查。两者结合可能在解决一些重要学术课题的同时，发现更多的地下文物点，例如：为解决新、旧石器过渡问题，就应在山地及山前平原地区根据这一时期遗址的特点进行细致的调查。从后李文化（包括万年前后的沂源扁扁洞遗址）的特点看，该时期的陶器基本是利用取之于遗址周围的自然土烧制而成，烧制火候较低，多为红陶或红褐陶，与自然土层差别很少，难以发现。应组织专门的人员，根据后李文化及旧石器晚期遗址分布的区域和特点，调查后李文化及旧石器向新石器过渡时期的文化遗存。

（2）以课题研究为出发点，解决一些重要的考古学和史学问题

就目前田野考古工作而言，由于各地的考古发掘工作多围绕国家重点工程建设进行，史前遗址发现和数量相对较少，且因工期和经费的限制，发掘范围往往局限于工程占压范围。这种田野发掘状况与学科发展很不适应。国家应根据现代文物保护工作的特点，加大对工程建设中文物保护课题研究的支持，对一些已经取得初步成果并具备进行课题研究条件的遗址补助部分发掘、研究经费，使一些涉及史前课题研究的遗址能够在课题研究中发挥更大的作用。

就山东地区目前史前时期考古现状分析，以后工作中应注意以下课题的研究：

1）在文物普查的基础上，进行旧石器及新、旧石器过渡时期的文化研究。山东地区中部的泰沂山系是整个华北平原东部一个独立的山系，山系周围是孕育中国古代文明的辽阔的平原地带，东部通过胶东丘陵和大陆架与韩国、日本等相邻，泰沂山系发现的旧石器时期的古人类化石和旧石器地点，说明该地区是旧石器时期人类活动的重要地区。有学者认为，山东地区的旧石器文化与韩国、日本等国家有密切的联系。因此，该地区旧石

器文化的调查研究，对东亚地区旧石器文化的研究同样具有重要的作用。

步入 21 世纪以来，山东地区的旧石器考古引起国内外专家的关注，一些单位和专家开始有计划地开展山东地区旧石器考古与研究工作。中国科学院古脊椎动物与古人类研究所与山东省文物考古研究所联合以桃花坪扁扁洞遗址发掘为契机，对山东地区旧石器开展调查，争取解决以下几个方面的问题：

①通过对泰沂山系周围及胶东丘陵地区的旧石器调查，弄清山东地区旧石器文化分布的基本情况，这是该项目的基础。在调查工作的同时，对以往资料进行收集。调查过程中，注意新石器时期早期遗址的调查，加强该地区旧石器文化向新石器文化过渡课题的研究。

②进行小量的试掘工作，进一步了解山东旧石器文化的基本面貌。试掘中注意年代标本和环境研究标本的采集和测试。

③对调查、试掘资料进行整理与研究，出版研究报告。

④在调查、试掘工作中注意加强交流与人才培养，使山东地区有能够进行旧石器文化研究的专业人员。

⑤在研究整理过程中，注意旧石器文化研究的基础设施建设，建立小型的能够进行基础研究的旧石器考古实验室。

山东地区旧石器时期考古尚处于起步阶段，需要与国内外一些学术机构或高等院校的横向联合，在此基础上，引进和培养自己的旧石器考古人才。

2）以文字、城市起源与发展为基础，做好文明探源工程的研究。

20 世纪 70 年代在莒县陵阳河周围发现的大汶口文化时期的图像文字曾引起人们对大汶口文化社会性质的讨论。有学者认为，大汶口文化已经出现了文字，应该步入文明社会①。尽管这种观点受到人们的质疑，但是，就目前考古发现看，山东地区应是中国古代文字重要的发源地之一。为做好古文字起源研究，北京大学与山东省文物考古研究所联合对山东地区发现的刻划符号及图像文字进行了研究。同时，山东地区至少从大汶口文化晚

---

① 相关论点及讨论见山东大学历史系考古教研室：《大汶口文化讨论文集》，齐鲁书社，1979 年。

期开始出现了城市。城市一直被当做文明出现的重要标志之一，因此山东龙山文化时期的考古很多是围绕城市进行的。到目前为止，我们已经对边线王、丁公、桐林、城子崖、两城、丹土、景阳岗、教场铺等所有发现的城址进行了勘探试掘工作。但是，由于种种原因，我们没能对一个城址进行详细的了解。如城子崖遗址，除 20 世纪 30 年代的发掘外，90 年代又进行了勘探发掘工作，发掘工作的重点是对城墙等进行解剖，对城内只做了少量的发掘，城内的基本布局还不清楚；丁公遗址作为山东大学考古专业的实习基地先后进行了 6 次发掘工作，发掘面积为 2000 平方米，也未能弄清整个遗址的布局。其他龙山文化城址发掘情况大致如此。

近年来，北京大学与山东省文物考古研究所联合对桐林遗址进行了大规模的发掘工作，发掘者力求从基础工作入手，弄清城址的基本布局；同时，山东大学也与美国一些学术机构和大学联合，对两城遗址进行了有计划的发掘工作。这些工作的开展，将有利于对山东龙山文化城址的深入研究。

在对龙山文化城址进行发掘的过程中，我们也注意到，大部分龙山文化遗址堆积较厚，遗迹之间打破关系复杂，大部分重要遗迹被打破的支离破碎，即使进行详细的发掘，也很难弄清城址内的基本布局。如临淄桐林城址，发掘者在遗址的中部发掘时，发现晚期堆积厚达四五米，等到清理完晚期遗存后，龙山文化遗存基本没有了。因此，我们应该选择一些堆积相对简单、延续时间短的城址进行大规模揭露，或许能够解决城址的布局问题。从这个角度看，阳谷景阳岗龙山文化城址具有重要的意义。

文字起源、城市结构与布局的研究对研究古代文明起源具有重要的作用。同时，现已经发现的少量龙山文化大型墓葬表明该时期社会差异非常巨大，部落首领（或国王）已经有自己单独的墓地，大型墓葬的寻找和发掘对古代文明起源研究具有同等重要的意义。

3）立足山东史前研究，探索夏、商文明起源研究。

受到行政区划的限制，我们在进行考古学文化研究时，首先注意到的是本省内的古代文化遗存。这在很大程度上影响了我们对一些问题的思考与研究。就大汶口文化研究而言，20 世纪 70 年代就有青莲岗、大汶口文化之争，其后在河南豫东地区发现了大汶口文化颍水类型也没有及时予以足够重视。早在 80 年代苏秉琦先生就曾提出苏鲁豫皖课题，由于各地缺乏一定的协作方式而没有很好地完成。

在鲁南、苏北地区，大汶口文化直接承接自北辛文化，文化渊源比较清晰，皖北、豫东地区的大汶口文化多属大汶口文化中、晚期。目前考古学者普遍认为，皖北、豫东地区的大汶口文化是从鲁南地区迁徙过程中在当地产生的物质文化遗留。李伯谦先生在对二里头文化因素进行分析时认为，二里头文化不是最早的夏文化，而应该是后羿乱夏以后的文化[①]。后羿为传说中山东地区鲁北地区的部族或部族首领。笔者认为，在距今 5500 ~ 4000 年之间，海岱地区曾经有两次大规模向中原的迁徙过程：第一次迁徙是大汶口文化时期，由鲁南地区沿淮河流域进入豫东地区，为太暤族团向中原的迁徙；第二次是龙山文化时期，鲁北地区部族沿古济水流域到达濮阳一带后，参与了与华夏族团争夺最高领导权的斗争，是为"后羿乱夏"，为后羿族团向中原的迁徙。

人们不禁要问，迁徙的人群是否又回迁？假如没有回迁，他们在中原地区又如何生活，创造了什么样的物质文化，对夏商文化产生了什么样的影响？以往人们在运用考古资料对夏、商进行研究中，往往只注意到物质文化面貌的本身，而没有注意到文化的族属及部族迁徙过程中文化的演变。迁徙后的部族到新的地域后会随着自然环境和社会环境的变化而产生改变，其与周围文化日渐融合而与部族原在地的文化发展轨迹产生偏离，文化可以改变，但其作为一个部族的性质不会改变，一些风俗习惯不会改变。因此，对豫东地区物质文化进行认真梳理，分清哪些是东夷集团进入中原之后创造的文化，哪些是华夏集团创造的文化，对夏代历史研究具有重要的意义。

笔者认为，从大汶口文化时期，豫东地区大部分区域分布着东夷集团的一些部族，尽管在与中原部族争夺领导权的斗争中互有消长，但他们一直没有完全退出。进而认为，根据传说和文献考证的商起源东方说，并不是指作为物质文化的岳石文化，而应指在大汶口或龙山文化时期从东方迁徙至豫东地区的东夷集团的某一部族，在夏代晚期推翻夏王朝，建立了有

---

① 李伯谦：《二里头类型的文化性质与族属问题》，《文物》1986 年第 6 期。

商一代。因此，从理论上讲，不能因为东夷集团迁徙至中原后文化面貌发生改变而否认其为东方夷人的族属问题，也不能因为岳石文化与商文化的差异而否定商民族起源于东方说。

4）加强各文化区与商周时期方国之间关系的研究

山东地区有很多远古时期的历史传说，其中许多历史传说反映了山东史前时期的历史史实。

笔者在《夷羿族团的衍变与考古发现辨证》一文曾指出：在山东地区，蚩尤传说之后，最早进入文献记载的是太皞、少皞氏。太皞、少皞氏二族发迹于鲁南地区，从史料看，两者活动地域基本相同，大致在鲁南、苏北、豫东一带。关于其称谓，傅斯年先生认为："太皞、少皞皆是部族称号，不是个人的私名……。至于太、少二字，金文本即大小，大小可以地域大小及人数众寡论，如大月氏、小月氏，然亦可以先后论，如太康、少康。今观太皞、少皞，即同处一地，当是先后有别。"① 太皞、少皞氏活动地域如此广泛，也绝非一个部族，当是代表了许多文化相近的部族，可称为"太皞族团"。

鲁北地区进入史料记载的时代较晚，东周时期人们追述这一地区的历史时，认为"昔爽鸠氏始居此地，季萴因之，有逢伯陵因之，薄姑氏因之，而后太公因之"（《左传·昭公二十年》）。爽鸠氏、季萴事迹远不可考，逢伯陵或与学射于羿的逢蒙有关，薄姑氏亦是夷羿族团的一个部族，因此，鲁北地区较多见于史载的应是夷羿。结合夷羿上射十日、下灭民害的传说，可知夷羿的早期活动可追述至大汶口文化晚期。文献中关于夷羿早期的记载十分简单，而夷羿族团在夏代前后的活动史料中却有较多的追述。这种现象说明，在龙山文化之前，鲁北与中原地区接触不多，因而人们知之甚少，而在此之后，由于与其他地区交往增强，其活动情况才广为人知。

胶东地区由于远离山东腹地，与中原地区更是相隔千里，因此，其活动情况鲜为人知。文献中，没有这一地区古史传说的记载。直到西周时期，人们仍笼统地称之为"莱夷"②。

---

① 傅斯年：《夷夏东西说》，《庆祝蔡元培先生六十五岁论文集》下册，1935年。
② 王守功：《夷羿族团的衍变与考古发现辨证》，《古代文明》（第1卷），文物出版社，2002年。

从物质文化看，北辛文化以来，山东各个文化区之间有走向统一的趋势，直至龙山文化时期，山东地区对周围文化的影响是主要的。岳石文化是海岱文化区走向分裂时期，由于鲁北地区受周围文化影响，文化面貌与鲁南、胶东地区出现明显差异。岳石文化之后的商周时期，山东地区受到周围特别是中原地区文化的影响，由于各地区对这种影响接受的层次及程度不同，各地文化面貌出现较大的差异，就物质文化讲，齐、鲁、薛、莒各国及胶东地区文化面貌各具特点，这些文化特点与其史前时期的文化面貌和文化传统是紧密相关的，因此，我们在研究山东地区商周时期古国历史时，应注意其本身的文化背景。

据文献记载，夏有九夷，"九夷"之间至少在文化习俗或社会组织上有一定的差异，否则不会将之分开称为"九夷"，那么，他们在文化面貌上是否也存在不同呢？龙山文化分为六个或七个类型，这些类型是否代表不同的"夷人"创造的文化？商代和西周时期，有大大小小不同的方国，由于地理环境及与周围地区交往程度不同，其自身的文化面貌和文化传统发生了不同程度的变化，如胶东地区，因与周围地区交往较少，直至西周时期（或春秋时期），一些地区仍保留其固有的文化传统，文化面貌也与该地区史前文化是一脉相承的。因此研究史前时期考古，应注意其对商周时期各方国历史文化的影响。

（3）以科技为支撑，积极开展多学科领域的研究

通过对考古学研究的理论与实践，我们发现考古学有更为广阔的领域和研究空间，开展多学科领域的研究，是历史和时代赋予我们考古人的重任。

《舞阳贾湖》报告分为上、下两册，上册系统地阐述了该遗址的文化内容、分期、年代、性质及与周围文化的关系，反映了一般报告的基本内容。下册分为九章，系统地对古环境、人类学、稻作农业、渔猎采集与家畜饲养、技术与工艺、聚落形态、原始宗教、契刻符号、骨笛（音乐）等方面进行了研究。该报告是目前发表的考古报告中，对其他学科进行研究最多的报告。在进行整理的过程中，发掘者对大量标本进行了鉴定和测试，从报告的后记中可以看出，发掘者至少对出土遗物（包括自然环境标本）进行了十四五种鉴定和测试①。

---

① 河南省文物考古研究所：《舞阳贾湖》，科学出版社，1999 年。

　　回顾山东地区史前考古报告，多学科研究明显存在不足，客观上是因山东地区 20 世纪 80 年代以来的发掘工作多为工程建设中的考古发掘，在工期和经费上都有一定的限度，但主观上也存在对史前考古领域的认识问题。尽管我们不可能对每个史前遗址进行系统发掘研究，至少我们可以像"种试验田"一样，先在一个或几个遗址上，联合其他学科的专家，进行多学科的综合研究工作。

　　目前，我们已经欣喜看到，山东文物部门的业务单位及山东大学等大专院校已经认识到科技考古的支撑作用，正在一些考古工地和研究领域进行多学科理论与实践研究的结合，并取得初步成果。

　　（4）以大遗址保护为契机，做好考古遗址公园建设中的考古工作

　　近年来，国家文物局十分重视大遗址保护中的考古工作，专门下发了《关于加强大遗址考古工作的指导意见》（以下简称《意见》）和《大遗址考古工作要求》（以下简称《要求》）。《意见》中明确提出"考古工作必须贯穿于大遗址保护与考古遗址公园建设始终"。《要求》中也强调"考古工作应贯穿遗址保护规划、保护和展示工程、考古遗址公园建设和管理的始终"。考古工作对大遗址及国家考古遗址公园建设的作用主要表现在：（1）大遗址考古是大遗址保护规划编制的基础。大遗址保护规划与国家考古遗址公园保护规划编制必须了解遗址的整体布局。这些资料必须依靠考古调查、勘探、发掘工作取得。（2）考古工作是认知遗址文化内涵的基础。无论是遗址规划还是遗址的本体保护，都必须最大限度地了解遗址的文化价值、内涵和特点。一个遗址的核心价值只能从考古资料的研究中获得。（3）考古成果是遗址展示的重要内容。大遗址展示要全面展现遗址的文化内涵，不但要展示考古发掘出土的文物，还要将发现的能够反映当时社会结构、生产工艺、风俗习惯的重要遗迹通过一定的形式展现出来。遗迹、遗物展示的相互结合，是大遗址展示工程的魅力所在。（4）考古过程的公众化使群众更能了解考古工作，保证人民群众的知情权、监督权、享有权，使大遗址保护工作为公众所知情、理解，逐步成为社会行为。

　　考古工作在为大遗址保护和考古遗址公园提供支撑的同时，其自身在学术研究和学科建设等方面也将有突破性发展。首先，每个大遗址规划需要有足够考古资料支持，史前时期大遗址保护规划的编制促使人们进一步通过考

古资料认识每一个遗址独有的文化内涵和历史价值，从而将我们的研究视野由单体的文物扩展到遗址本体，通过遗址之间相互关系的研究，可以进一步加深对不同文化区域文化关系的理解。其次，考古遗址公园建设中考古工作的连续性可以使我们在一个遗址上进行长期的考古工作，在一些考古遗址公园还可以建设工作站，对遗址进行较全面地勘探、发掘、研究工作，这对推动山东史前考古的发展具有决定意义。同时，史前大遗址保护工作大大增加了史前考古工作的数量（近年来，山东地区基本建设工程的考古中，史前遗址的数量所占比例非常小），为满足规划要求，对每个大遗址的勘探工作，将使我们对每个史前大遗址的范围及文化内涵有比较全面的认识。

目前山东全国重点文物保护单位中史前的遗址有 47 处，被列为国家"十二五"规划的有北辛、大汶口、城子崖、桐林、两城遗址等 5 项。其中泰安大汶口被列为第一批国家考古遗址公园项目，山东省文物考古研究所对其进行了详细的勘探，并开始进行大规模的发掘工作，取得突破性进展；章丘城子崖遗址被列为第二批国家考古遗址公园项目，结合中华文明起源工程研究项目，山东省文物考古研究所也启动了考古发掘工作并取得阶段性成果。随着大遗址保护和国家考古遗址公园建设，山东省史前考古将迈开新步伐，进入新阶段。

（四）余语

（1）纵观山东史前考古工作，大致有三个高潮时期：

①20 世纪 30～50 年代，随着城子崖遗址的发掘和龙山文化被认识，引起全国的重视，形成山东史前考古的第一个高潮。

②20 世纪 80 年代，随着大汶口文化研究的深入及图像文字的发现，引起考古学者对大汶口文化社会性质的讨论，形成山东史前研究的第二个高潮。

③20 世纪 80 年代末以来，随着龙山文化城址的发现、大型墓葬的发掘，围绕中国文明起源问题的研究，形成山东史前研究的第三个高潮。

但是，从 20 世纪 90 年代以来，随着基本建设工程的增多和国家考古工作重点的调整，山东史前考古的发展明显减弱。主要是基本建设工程涉及的史前遗址数量减少，主动发掘基本没有开展，考古工作者不能也没有在一个遗址上做扎扎实实的考古发掘与研究工作，多年来也很少开展多学科的研究工作，一些零星发掘带动不了课题的研究和学科的发展，从而使山东史前考古进入回落期。我们应该充分认识到山东史前考古面临的危机，以大遗址保护和课题研究为带动，促进山东史前考古的发展。

（2）经过考古学者的艰辛努力，在山东建立了史前考古的时空框架，确立了海岱文化区，夏商时期所谓的"东夷"、"夷人"，就是指创造海岱文化的部族或族团。这些族团中的一部分在大汶口文化和龙山文化时期曾向豫东地区迁徙，与中原其他文化相融合，共同建立了夏商文明。

进入中原地区的东夷部族尽管随着文化的融合，文化面貌产生很大的变化，但其文化传统仍保留东夷的特点，依然尊崇东夷部族自己的祖先。根据古史传说，大汶口文化和龙山文化时期，大致为传说中的"五帝"时期。历史文献中许多传说的记载，反映了这一时期民族（部族）之间的相互关系。传说中不仅记载了不同部族之间的融合，也表现了相互之间的矛盾与战争，这些传说随着考古资料的发现不断得到证实，如从尧帝时期开始对"三苗"的征伐活动，历经舜至禹三代，在考古学文化上，我们也的确发现了屈家岭文化向中原地区的渗透和影响，其后的石家河文化晚期发现大量中原地区文化因素，似乎表明尧舜禹对三苗征伐的最后胜利（石家河文化晚期大量瓮棺葬或为中原征伐三苗后的遗留）。

笔者认为"尧、舜、禹三代的所谓'禅让'制度，事实上是中原地区华夏与东夷两大族团联合后轮流执政的制度。禹之后，本应继位的是东夷族团的益。日益强大的华夏族团不愿将地位再转交给东夷族团，因此，禹将帝位传其子启，从此破坏了平衡各种势力的'禅让'制度"①。显然，从大汶口文化直至龙山文化时期，在中原地区有一支或数支可以与中原其他部族抗衡的东夷部族，辨识这些部族的文化，对研究夏商文明的起源具有重要的意义。

（3）从山东地区考古学研究状况看，只有史前考古建立起文化发展的时空框架，尽管这个时空框架中还存在许多需要解决的问题，研究工作存

---

① 王守功、李繁玲等：《试析景阳岗龙山文化城址——也谈海岱文化对中原文明的影响》，《东方考古》（第2集），科学出版社，2006年。

在不平衡性；同时期文化由于遗址、墓葬发掘资料的失衡而产生的研究和认识上的片面性；一些重大课题需更多的资料加以补充；多学科研究还有待深入等等，但是，如果认识不到时空框架建立后在研究方向上应进行转变，就会延误山东史前考古研究的进程，从而丧失山东史前考古在全国同时期考古学研究的地位，也失去史前考古在整个山东地区考古学领域的带头作用。

（4）随着考古学的深入发展，考古学家已经不单纯是社会科学的研究者，也成为自然科学的研究者。由于许多学科在一定历史时期（特别是史前时期）的发展研究资料需通过考古工作获得，古代遗存包含了恢复一些学科发展史的唯一材料。而古代文化遗址的发掘工作主要由考古工作者完成，因此，考古工作者的学识和对发掘工作资料的取舍成为一些学科基础资料的关键。目前考古学者通过掌握的资料包办了许多学科发展史的研究，如农业、植物考古、动物考古、盐业考古等等，并且随着科技手段的运用，需要研究的领域越来越多。考古学家已经不满足于对人类生产、生活活动遗留的研究，还包括许多自然遗存，因此，随着考古学"遗物"这一概念的外延不断扩大，对田野考古的要求就越来越高，考古学研究的领域就越来越多。

近年来，随着社会的发展及"文物热"，整个社会普遍重视文物保护及其研究工作。就像许多科学家读不懂史料一样，许多人读不懂考古资料。为此，考古工作者开始以科普的方式，使越来越多的人认识文物和文物工作。只有使全社会的人们都了解考古对恢复中国古史的重要作用，才能使许多其他学科领域的专家产生从考古资料中加强本学科、本领域研究的兴趣，他们才能走出自己的研究范畴，与考古学者共同进行多学科、多领域的研究。也只有多学科专家的自觉参与，才能使考古学多学科领域的研究更加深入。田野考古学努力的方向是在一定范围内的古文化遗址及周边环境中寻找到更多的信息，详细、准确、科学的报道这些信息，是考古学家及其他领域科学研究者们的共同责任，因此，我们应努力使发掘的每个史前时期遗址的资料，不仅成为历史文化研究的信息源，而且成为艺术、科学、农业、环境等各种学科的信息源。千百个史前遗址的发掘资料，将汇集为史前时期各学科的产生与发展研究的基本资料。这是历史赋予我们的责任，也需要一个漫长的发展过程。